# 貨幣金融學

主　編　李庚寅
副主編　戴　江

# 前言一

近幾年，應用型本科院校迅速發展，正逐漸成為當前和今後一個時期內，中國高等教育發展的重要組成部分。應用型本科院校作為高等院校一個新的辦學層次，其辦學定位、人才培養目標和培養模式，應不同於研究型本科院校。具體來說，在對學生的要求上，理論素養應較研究型本科院校學生低，實踐能力則應較研究型本科院校學生高。

但在實踐中，上述特點並未體現，實際上應用型本科院校的教學管理在很多方面仍沿襲研究型本科院校的做法。例如，在教材的使用上，就未有什麼區別。因此，編寫適應應用型本科院校辦學特色的教材，已迫在眉睫。本教材正是鑒於這一背景編寫的。

眾所周知，自20世紀60年代以來，金融有了長足的發展，金融已成為現代經濟的核心。貨幣銀行學作為金融學專業，甚至是經濟類專業的學科基礎課，地位十分重要。如何將當代金融發展的方方面面盡現在這一課程中，已成為該課程教材編寫的趨向。在課程的冠名上，就存在歧義，如「金融學」「貨幣金融學」「金融經濟學」「貨幣經濟學」等。

本教材的主要對象為應用型本科院校學生，根據我們幾年應用型本科院校教學的經驗，本教材編寫的宗旨如下：一是內容應力求簡潔。體系結構簡潔，難度適中，重在培養學生的實踐能力。二是盡量避免與相關課程的重複（不過，不能影響教材結構的嚴謹和系統性）。三是文字表述簡潔。四是內容的繁簡處理適當，重點突出。為此，本教材在體系結構上，未包括國際金融部分。在某些章節內容處理上，如利率的結構理論，西方經濟學者關於貨幣需求、貨幣供給的理論等內容或者略去，或者僅進行簡略的介紹。另外，在涉及理論內容的闡釋上，也較現行教材淺顯。遺憾的是，教材在理論上的要求是降低了，但在實務上的要求却未能相應提高，原因是貨幣銀行學畢竟是一門理論色彩較重、實務色彩較弱的課程。如何通過貨幣銀行學的教學，提高學生在金融方面的實踐能力，則是一個亟待深入研究的課題。為了彌補這一缺憾，本教材在各章節增加了較多的案例。

在本教材的寫作和出版過程中，我們得到了李特軍老師的大力支持和熱情幫助，我們表示衷心感謝。在編寫過程中，我們參閱和引用了大量國內外論著和相關資料，獲益匪淺，在此一併向相關作者和出版社謹致謝意。由於編者多系青年教師，學識和寫作水平有限，加之時間較緊張，全書論述不當和錯誤之處在所難免，敬請各位專家、學者和廣大讀者不吝賜教，我們不勝感激。

編者

# 前言二

　　本教材經過五年多時間的使用，基本上實現了初衷，其內容的安排較適用於應用型本科院校的學生，獲得了用書院校師生的一致好評。

　　2008年美國次貸危機爆發之后，相繼發生了希臘債務危機、義大利債務危機，以致爆發歐債危機，全球經濟至今尚未完全復甦。2015年6月15日，上證指數最高觸及5,178.19點后，隨即掉頭向下，並引發融資崩盤，到8月26日達到最低的2,850點，下跌了45％，中小板和創業板分別下跌44.6％和51.8％。股市的暴跌，對中國實體經濟也產生了巨大影響。另外，近年來互聯網金融的迅速發展，大大影響了傳統金融的格局，日益成為我們經濟生活不可或缺的組成部分。鑒於此，本教材增補「網路金融」「金融危機」兩章。考慮再三，我們最後將這兩章內容放在本教材最後，即第十一章和第十二章。顯然，《貨幣銀行學》已不適宜作為本教材之名了，故改稱《貨幣金融學》。

　　本教材仍由李庚寅主編，戴江任副主編，原各章編者不變。新增第十一章、第十二章分別由徐浩、戴江編寫，李庚寅審定。原教材中一些錯誤和不當之處，也由李庚寅、戴江、徐浩予以更正。

編者

# 目錄

## 第一章　貨幣 …… (1)
### 第一節　貨幣的職能 …… (2)
### 第二節　貨幣的形式及其演變 …… (5)
### 第三節　貨幣層次及其劃分 …… (9)
### 第四節　貨幣制度 …… (11)
### 第五節　貨幣的流通 …… (18)

## 第二章　信用和利息 …… (23)
### 第一節　信用 …… (25)
### 第二節　利息與利率 …… (31)
### 第三節　利率的作用 …… (40)
### 第四節　中國的利率體制及其改革 …… (44)

## 第三章　金融市場 …… (51)
### 第一節　金融市場概述 …… (52)
### 第二節　金融工具 …… (58)
### 第三節　貨幣市場 …… (64)
### 第四節　資本市場 …… (70)
### 第五節　衍生金融市場 …… (78)

## 第四章　金融機構體系 …… (84)
### 第一節　金融機構體系概述 …… (85)
### 第二節　銀行金融仲介 …… (95)
### 第三節　非銀行金融仲介 …… (105)
### 第四節　中國金融機構體系 …… (121)

## 第五章　商業銀行 ……………………………………………………（131）
### 第一節　商業銀行概述 ……………………………………………（132）
### 第二節　商業銀行業務 ……………………………………………（138）
### 第三節　商業銀行的經營原則與管理 ……………………………（145）
### 第四節　商業銀行的存款貨幣創造 ………………………………（151）

## 第六章　中央銀行 ……………………………………………………（158）
### 第一節　中央銀行概述 ……………………………………………（159）
### 第二節　中央銀行與政府的關係 …………………………………（166）
### 第三節　中央銀行的主要業務 ……………………………………（169）
### 第四節　金融風險與金融監管 ……………………………………（175）

## 第七章　貨幣供求與均衡 ……………………………………………（186）
### 第一節　貨幣需求 …………………………………………………（187）
### 第二節　貨幣供給 …………………………………………………（190）
### 第三節　貨幣供求均衡 ……………………………………………（196）

## 第八章　通貨膨脹和通貨緊縮 ………………………………………（205）
### 第一節　通貨膨脹的定義與類型 …………………………………（206）
### 第二節　通貨膨脹產生的原因 ……………………………………（209）
### 第三節　通貨膨脹的經濟效應 ……………………………………（213）
### 第四節　通貨膨脹的治理對策 ……………………………………（216）
### 第五節　通貨緊縮 …………………………………………………（219）

## 第九章　貨幣政策 ……………………………………………………（224）
### 第一節　貨幣政策及其目標 ………………………………………（225）
### 第二節　貨幣政策工具 ……………………………………………（231）
### 第三節　貨幣政策傳導機制理論 …………………………………（239）

第四節　貨幣政策效應 ………………………………………………… (243)

## 第十章　金融發展與金融創新 …………………………………………… (248)
　　第一節　金融深化與經濟發展 ………………………………………… (251)
　　第二節　發展中國家金融自由化改革 ………………………………… (255)
　　第三節　金融創新 ……………………………………………………… (264)

## 第十一章　網路金融 ………………………………………………………… (274)
　　第一節　網路金融概述 ………………………………………………… (275)
　　第二節　網路金融的發展現狀 ………………………………………… (277)
　　第三節　網路金融的風險與監管 ……………………………………… (290)

## 第十二章　金融危機 ………………………………………………………… (294)
　　第一節　金融危機的定義、類型及特徵 ……………………………… (295)
　　第二節　金融危機的理論 ……………………………………………… (300)
　　第三節　金融危機的成因分析 ………………………………………… (307)
　　第四節　金融危機的防範 ……………………………………………… (311)

## 參考文獻 ……………………………………………………………………… (317)

# 第一章　貨幣

**本章要點**

本章要求學生正確理解貨幣的含義和職能，瞭解貨幣的形式及其演變、貨幣的層次及其劃分的意義和依據，熟悉和掌握貨幣制度的含義、主要內容和演變過程以及貨幣流通的形式和渠道。本章的重點是貨幣的職能、貨幣的層次及其劃分、貨幣制度的演變。其中，貨幣制度的演變是本章的難點。

**布雷頓森林體系的形成及崩潰**

1944年7月，在美國新罕布什爾州的布雷頓森林召開有44個國家參加的聯合國與聯盟國家國際貨幣金融會議，通過了以「懷特計劃」為基礎的「聯合國家貨幣金融會議的最後決議書」以及「國際貨幣基金組織協定」和「國際復興開發銀行協定」兩個附件，總稱為「布雷頓森林協定」，形成「布雷頓森林體系」。

布雷頓森林體系主要體現在兩個方面：第一，美元與黃金直接掛鉤。第二，其他會員國貨幣與美元掛鉤，即同美元保持固定匯率關係。布雷頓森林體系實際上是一種國際金匯兌本位制，又稱美元—黃金本位制。布雷頓森林體系使美元在二戰後國際貨幣體系中處於中心地位，美元成了黃金的等價物，各國貨幣只有通過美元才能同黃金發生聯繫。從此，美元就成了國際清算的支付手段和各國的主要儲備貨幣。

以美元為中心的布雷頓森林體系的建立，使國際貨幣金融關係又有了統一的標準和基礎，結束了二戰前貨幣金融領域裡的混亂局面，並在相對穩定的情況下擴大了世界貿易。美國通過贈與、信貸、購買外國商品和勞務等形式，向世界散發了大量美元，客觀上起到了擴大世界購買力的作用。同時，固定匯率制在很大程度上消除了由於匯率波動而引起的動盪，在一定程度上穩定了主要國家的貨幣匯率，這有利於國際貿易的發展。據統計，世界出口貿易總額年平均增長率1948—1960年為6.8%，1960—1965年為7.9%，1965—1970年為11%；世界出口貿易年平均增長率1948—1976年為7.7%，而二戰前的1913—1938年，平均每年只增長0.7%。國際貨幣基金組織要求成員國取消外匯管制，也有利於國際貿易和國際金融的發展，因為這可以使國際貿易和國際金融在實務中減少許多干擾或障礙。

布雷頓森林體系是以美元和黃金為基礎的金匯兌本位制。其必須具備兩個基本前提：第一，美國國際收支能保持平衡；第二，美國擁有絕對的黃金儲備優勢。但是進入20世紀60年代後，隨著資本主義體系危機的加深和政治經濟發展不平衡的加劇，各國經濟實力對比發生了變化，美國的經濟實力相對減弱。1950年以後，美國除個別年度國際收支略有順差外，其餘各年度都是逆差，並且有逐年增加的趨勢。至1971年，

僅上半年，美國的國際收支逆差就高達83億美元。隨著國際收支逆差的逐步增加，美國的黃金儲備也日益減少。1949年，美國的黃金儲備為246億美元，占當時整個資本主義世界黃金儲備總額的73.4%，這是二戰后的最高數字。此后，這一數字逐年減少，至1971年8月，尼克松宣布「新經濟政策」時，美國的黃金儲備只剩下102億美元，而短期外債為520億美元，黃金儲備只相當於積欠外債的1/5。美元大量流出美國，導致「美元過剩」。1973年年底，遊蕩在各國金融市場上的「歐洲美元」就達1,000多億元。由於布雷頓森林體系前提的消失，暴露了其致命弱點，即「特里芬難題」。體系本身發生了動搖，美元國際信用嚴重下降，各國爭先向美國擠兌黃金，而美國的黃金儲備已難於應付，這就導致了從1960年起，美元危機迭起，貨幣金融領域陷入日益混亂的局面。為此，美國於1971年宣布實行「新經濟政策」，停止各國政府用美元向美國兌換黃金，這使西方貨幣市場更加混亂。1973年美元危機中，美國再次宣布美元貶值，導致各國相繼實行浮動匯率制代替固定匯率制。美元停止兌換黃金和固定匯率制的垮臺，標誌著二戰後以美元為中心的貨幣體系瓦解。

思考：

1. 什麼是「特里芬難題」？為什麼貨幣與黃金的聯繫最終會被切斷？
2. 有學者主張重建金本位制，你對此有什麼看法？

## 第一節　貨幣的職能

經濟生活中處處有貨幣，幾乎沒有與貨幣不存在聯繫的事物和地方。那麼，到底什麼是貨幣？這需要簡略地瞭解貨幣的起源，並在此基礎上對貨幣的本質有所認識。

### 一、貨幣的起源

關於貨幣的起源，歷史上有很多不同的說法，如先王制幣說（先王為了進行統治而選定某些難得的貴重的物品作為貨幣）；司馬遷的貨幣起源說（農工商交易之路通，而龜貝錢刀布之幣興焉）；創造發明說（貨幣是由國家或先哲創造出來）；便於交換說（貨幣是為解決直接的物物交換的困難產生的）；保存財富說（貨幣是為保存財富而產生的）。其實，貨幣是商品經濟發展的產物。在原始社會時期，不存在商品，也不存在貨幣。但是隨著社會分工與私有制的出現，情況發生了變化。每個人專門從事自己所擅長的一種或幾種勞動，而且勞動者生產出的產品歸自己所有，但是單個勞動者所生產出來的產品又不能滿足自己全部的需要，這樣在生產者之間必須相互交換產品。生產者是按照什麼比例來交換不同的產品呢？馬克思認為，一切商品都具有一個共同點，即都耗費了人類的一般勞動，因此商品的交換就必須按照勞動價值來進行交換。

在貨幣出現以前，商品交換主要採用直接的物物交換，但是這種形式並不是很方便，因為它要求參加商品交換的雙方在時間、地點、需求上保持一致，即「需求的雙重巧合」。因此，隨著交換行為的日益頻繁，交易者發現了在交易中經常被使用的「第三種商品」。只要先把自己的商品與這種「第三種商品」相交換，便可再用換來的

「第三種商品」交換自己想要的東西。最初，在交換過程中，多種商品都曾充當過這種「第三種商品」，后來隨著商品交換的長期發展，作為「第三種商品」的身分固定在某一種商品上，於是貨幣產生了。這裡的「第三種商品」，即馬克思所說的「一般等價物」。

## 二、貨幣的本質

研究貨幣的含義就是研究貨幣的本質，即貨幣到底是什麼的問題。貨幣是日常生活中經常使用的一個詞，有人認為它就是我們平常說的「錢」，也有人認為它就是「財富」，甚至是「收入」。馬克思則認為貨幣是固定充當一般等價物的特殊商品。

首先，貨幣是商品。從貨幣的歷史演變過程來考察，如果貨幣不是商品，生產貨幣不耗費社會勞動時間，它本身就沒有價值，就不能與其他有價值的商品相交換。其次，貨幣是固定充當一般等價物的特殊商品。貨幣雖然是從商品世界中分離出來的，但它具有一般商品所不具備的特徵。貨幣的特殊性就在於它作為一般等價物，能夠與其他任何商品相交換，一切商品都必須與貨幣相交換才能實現自己的價值，而這是普通商品所沒有的特徵。最後，由於貨幣作為一般等價物，可以用來購買一切商品，因而成為財富的象徵。

## 三、貨幣的職能

貨幣的職能就是貨幣所具有的功能，貨幣的具體職能有價值尺度、流通手段、貯藏手段、支付手段、世界貨幣。其中，價值尺度、流通手段是貨幣的基本職能。

### （一）價值尺度

貨幣執行價值尺度職能，是指貨幣被用來表現和衡量一切商品和勞務的價值，簡單地說，就是給商品標價。例如，某件衣服標價100元。顯然，價格是商品價值的貨幣表現。給商品標價並不一定要用到現實的貨幣，僅需要觀念上的貨幣就可以。但由於不同商品的價值不同，表現為貨幣的數量也不同，因而產生了用貨幣單位來表現貨幣的不同數量，如人民幣的元、角、分等。

貨幣執行價值尺度職能，便於不同商品進行比較，如一件衣服100元、一袋糧食80元、一輛小汽車15萬元等，從而使交易的成本大大減少。所以說貨幣執行價值尺度職能是商品交換的前提條件。執行價值尺度職能的貨幣具有壟斷性和獨占性。

### （二）流通手段

貨幣在商品交換中起媒介作用時執行流通手段職能，可簡單概括為「賣商品—貨幣—買商品」這樣一個過程。

貨幣在執行價值尺度職能和流通手段職能時的區別在於充當流通手段的貨幣不能是觀念上的貨幣，而必須是現實的貨幣。但是貨幣充當流通手段只是交換的手段而不是目的。因此，可以用權威證明的價值符號來代替，如銀行券以及信用貨幣制度下的紙幣。貨幣用來作為商品交換的媒介，表現出與其他商品交換的能力，即購買力，顯然與商品的價格成反比。

既然交易涉及現實的貨幣，那麼在一定的商品交易規模的前提下就產生了貨幣需求和貨幣供給的問題。這在后面的章節中會學習到，簡單地說就是如果實際流通中的貨幣量大於流通所需要的貨幣量就會造成通貨膨脹；反之，則會造成通貨緊縮。

馬克思說：「價值尺度和流通手段的統一是貨幣。」貨幣執行流通手段職能必須要瞭解商品的價格，而衡量商品價格的貨幣便是在執行價值尺度職能；商品要實際轉化為與自己價值相等的另一種商品，則需要有一個社會所公認的媒介。所以說價值尺度和流通手段的統一是貨幣。價值尺度和流通手段是貨幣的兩個最基本的職能。

(三) 貯藏手段

由於大多數人不會馬上花掉所有的現時收入，而會保留一部分貨幣留到將來再使用，在這種情況下，貨幣即執行貯藏手段職能。貨幣的貯藏手段職能是指貨幣暫時退出流通處於靜止狀態，作為財富的代表被儲藏起來。但是保留貨幣不只是儲存財富，更重要的是儲存購買力。

在金屬貨幣流通的時代，由於金銀本身具有價值，所以貨幣執行貯藏手段職能是價值在貨幣形態上的實際累積，並作為流通中貨幣量的蓄水池而發揮作用。當然，貨幣不是能執行貯藏手段職能的唯一形態，除貨幣以外人們還用各種非貨幣資產（商品、銀行存款、有價證券等）保存價值，以備將來之用。

需要指出的是，在現代信用貨幣制度下，紙幣本身沒有價值。對儲存者來說，儲存貨幣同樣具有累積和儲存價值的意義，但是從全社會來說，被儲存起來的貨幣又通過信用程序繼續流通到經濟當中去了，並沒有真正退出流通。

(四) 支付手段

貨幣作為價值的單方面轉移時執行支付手段職能。商品的支付手段職能最初出現在商品的賒購與賒銷中。由於商品已經早就從賣方轉移到買方，因此貨幣轉移時，已經不是作為商品交易的媒介，而是作為價值的獨立形式進行單方面的轉移。

貨幣執行支付手段職能還表現在賦稅、地租、借貸、財政的收支、銀行吸收存款和發放貸款、工資和各種勞動報酬支付中。貨幣作為支付手段與充當商品交換的媒介一樣，都必須是處於流通中的現實貨幣。貨幣作為支付手段，便利了商品交換，一定程度上解決了因流動資金不足而造成的買賣脫節現象，為信用的產生創造了條件。

流通中的貨幣往往是交替執行流通手段和支付手段的職能。

(五) 世界貨幣

世界貨幣職能就是貨幣跨越了國界，在世界範圍內執行上述四項職能。

並不是所有國家的貨幣都能執行世界貨幣職能。因為貨幣執行世界貨幣職能主要表現在以下幾個方面：一是作為國際支付手段；二是用於國際上的購買；三是代表社會財富在國與國之間進行轉移。而符合這些條件的貨幣往往屬於關鍵性的貨幣，即實現了自由兌換並且是被世界各國普遍接受的貨幣，如美元、英鎊、歐元和日元等。

貨幣的五個職能是密切聯繫的。首先，「價值尺度和流通手段的統一是貨幣」，價值尺度職能和流通手段職能是貨幣的基本職能。另外，貨幣的支付手段職能是由商品

信用交易發生的,但在進行信用交易時,貨幣要發揮價值尺度職能。其次,貨幣是通過信用的方式充當商品交換的媒介,因此貨幣的支付手段職能與價值尺度職能、流通手段職能的關係是密不可分的。並且正是因為貨幣具有流通手段職能和支付手段職能,人們才願意保存貨幣,貨幣才有貯藏手段職能。此外,貨幣只有在國內發揮價值尺度、流通手段、貯藏手段和支付手段的作用,才能超越國界在國際市場上實現世界貨幣職能。

**戰俘營裡的貨幣**[①]

第二次世界大戰期間,在納粹的戰俘集中營中流通著一種特殊的商品貨幣:香菸。當時的紅十字會設法向戰俘營提供了各種人道主義物品,如食物、衣服、香菸等。由於數量有限,這些物品只能根據某種平均主義的原則在戰俘之間進行分配,而無法顧及每個戰俘的特定偏好。但是人與人之間的偏好顯然是會有所不同的,有人喜歡巧克力,有人喜歡奶酪,還有人則可能更想得到一包香菸。可這種分配顯然是缺乏效率的,雖然戰俘們有進行交換的需要。

但是即便在戰俘營這樣一個狹小的範圍內,物物交換也顯得非常不方便,因為這要求交易雙方恰巧都想要對方的東西,也就是所謂的需求的雙重巧合。為了使交換能夠更加順利地進行,需要有一種充當交易媒介的商品,即貨幣。那麼,在戰俘營中,究竟哪一種物品適合做交易媒介呢?許多戰俘集中營都不約而同地選擇香菸來扮演這一角色。戰俘們用香菸來進行計價和交易,如一根香腸值10根香菸,一件襯衣值80根香菸,替別人洗一件衣服則可以換得兩根香菸。有了這樣一種記帳單位和交易媒介之後,戰俘之間的交換就方便多了。

思考:
1. 為什麼香菸會成為戰俘營中流行的「貨幣」?
2. 作為貨幣的理想材料應具備哪些特性?

## 第二節　貨幣的形式及其演變

歷史上的許多東西都充當過貨幣,在幾千年的歲月中,貨幣的形態經歷著由低級到高級的不斷演變過程。貨幣形式的演變實際上就是幣材的演變。幣材的變化與商品經濟不斷發展密切相關,表面上看,作為貨幣的材料是由人的主觀願望和法律規定的,但從深層次分析,幣材的選擇與經濟發達程度、流通便利需要以及貨幣在經濟中的地位、作用的變化有關。

---

① 戰俘營裡的貨幣 [EB/OL]. (2011-05-21) [2016-08-04]. http://202.205.10.58/2005/guojia/huobi-jinrongxue/Course/Index.htm.

## 一、實物貨幣

從貨幣發展史看，最早出現的貨幣形式是實物貨幣。作為貨幣，其價值與其作為普通商品價值相等，是在商品交換的長期發展過程中產生的最初的貨幣形式，如牲畜、皮革、菸草、珍珠、農具等。在中國，貝殼甚至都曾被當成貨幣來使用，從貨幣的「貨」字也能看出這一段歷史淵源。

實物貨幣的出現使得商品交易的便利性大大提高，但是由於實物貨幣不易標準化、不便攜帶、不易分割、容易磨損等缺陷，而逐漸被淘汰。

## 二、金屬貨幣

金屬貨幣是指以金屬作為貨幣材料，充當一般等價物的貨幣。金屬貨幣由於質地均勻、便於分割、堅固耐磨、不易腐蝕，既便於流通，也適合於保存等特點，在流通使用中逐漸取代了實物貨幣。

隨著人們冶煉技術的進步，剛開始出現的金屬貨幣是用銅或者鐵這種賤金屬來充當的，用金銀作為幣材是在銅鐵以後。由於金銀具有同質性、便於分割、體積小、價值大、便於保管等優越的自然屬性，成為貨幣的材料，即馬克思所說的「金銀天然不是貨幣，但貨幣天然是金銀」。到19世紀上半期，世界上大多數國家處於金銀復本位貨幣制度時期。

金屬貨幣最初以條塊狀稱量貨幣流通，每次交易須稱其重量估其成色，英鎊的「鎊」，五銖錢的「銖」都是重量單位，從中可以看出稱量貨幣的蹤跡。稱量貨幣在商品交易中有諸多不便，難以適應商品生產和交換發展的需要。為提高交易效率，一些信譽好的商人就在貨幣金屬塊上打上印記，標明其重量和成色，進行流通，於是出現了最初的鑄幣，即私人鑄幣。隨著市場的進一步擴大，鑄幣的重量和成色要求有更具權威的證明，國家便開始管理貨幣，並憑藉其政治權力鑄造貨幣，於是經國家證明一定重量和成色的，並鑄成一定形狀的國家鑄幣開始出現。

## 三、代用貨幣

代用貨幣是指代表金屬貨幣流通，並可以兌換金屬貨幣的貨幣。

初期流通的鑄幣是足值的，由於流通過程中的磨損、人為刮削以及偽造鑄幣等原因，鑄幣的名義價值與實際價值分離。貨幣充當交換媒介，只是交換的手段，而不是交換的目的。對於交易者來說，他們所關心的是能否購買相應價值的商品，流通手段本身有無價值或價值量的大小則無關緊要。結果，鑄幣逐漸向價值符號轉化，代用貨幣產生。

一般來說，代用貨幣主要是指政府或銀行發行的、代替金屬貨幣執行流通手段職能和支付手段職能的紙質貨幣，銀行券是典型的代用貨幣，中國歷史上出現過的銀票便屬此類。這種紙幣之所以能在市場上流通，從形式上發揮交換媒介的作用是因為它有十足的貴金屬準備，而且也可以自由地向發行單位兌換金屬或金屬貨幣。

代用貨幣的印刷成本遠低於鑄造金屬貨幣的成本，並且便於攜帶和運輸，大大節

省了流通費用，提高了交易的效率。

### 四、信用貨幣

信用貨幣是指流通領域充當流通手段和支付手段的信用憑證，主要是國家法律規定的，強制流通而不以任何貴金屬為基礎的獨立發揮貨幣職能的貨幣。

目前世界各國發行的貨幣，基本都屬於信用貨幣。信用貨幣是貨幣形式進一步發展的產物，是金屬貨幣制度崩潰的直接結果。第一次世界大戰和20世紀30年代發生的世界性的經濟危機，迫使主要資本主義國家先後脫離金本位和銀本位，銀行券不能再兌換金屬貨幣，貨幣開始與貴金屬脫鈎，信用貨幣便應運而生。當今世界各國幾乎都採用這一貨幣形態。

信用貨幣由國家和銀行提供信用保證，通常由一國政府或金融管理當局發行，其發行量要求控制在經濟發展的需要之內。信用貨幣具體包括輔幣、現鈔、銀行存款、電子貨幣等形態。

### 五、電子貨幣

隨著計算機技術的發展和互聯網的普及，貨幣的形態又發生了巨大的變化。顧客在購物時可以使用「電子貨幣」來進行支付，銀行在各銷售場所裝設終端機，顧客購物時只需要刷卡，電子計算機便會自動將交易額從買方的帳戶上扣除。電子貨幣大致有以下幾種形式：

（一）借記卡和貸記卡

借記卡和貸記卡十分相像，消費者可以用其來購買商品和服務，資金則以電子支付的形式從消費者的銀行帳戶轉移到商戶的帳戶，在這個過程中，銀行要收取一定的費用。例如，維薩（Visa）公司和萬事達公司都發行這種借記卡。貸記卡是類似於信用卡的一種帳戶，是銀行承諾向持卡人貸款以便實行購買行為的一種安排。事實上，貸記卡不是貨幣。

最早的信用卡是美國人於1915年發明的。當時一些汽油公司、旅行社、飯店和百貨公司為了招引顧客，在一定範圍內發行了信用卡，持卡人可憑卡購買該公司及其附屬機構的貨物和勞務，無須支付現金。當時，這樣的信用卡沒有第三者銀行參加，只是買賣雙方之間的信用工具。后來銀行插手其間，使之變為一種銀行信貸形式。電子計算機出現及應用，使快速而準確的記帳、結算成為可能，並使信用卡在西方國家得到普遍應用，成為一種國際流行的支付方式，有「一卡在身，通行世界」之說。

在中國，信用卡最早出現於1978年。為了促進中國外事活動和旅遊事業的發展，方便來華旅遊者，增加國家外匯收入，1978年，中國銀行廣州分行首先同中國香港東亞銀行簽訂了在廣州試辦東亞簽證卡兌付協議書，信用卡從此在中國出現。[①]

---

① 趙赴越，陸如川. 金融之最 [M]. 北京：中國財政經濟出版社，1988：33-34.

## （二）儲值卡

儲值卡是電子貨幣的更高級的形式。儲值卡類似於借記卡，只不過是消費者將預先需要消費的一定金額的貨幣存入卡中，以便消費時使用。例如，我們生活中的「校園卡」和「公交 IC 卡」都屬於儲值卡。

## （三）電子現金

電子現金出現在網路購物時，消費者可以通過在銀行開設網銀，把自己的帳戶與網路連接起來，在購買商品時，只需要在商品下點擊「購買」選項，消費者便從自己的銀行帳戶轉移資金到特殊的支付帳戶中去，商戶就可以向消費者寄發商品，消費者在收到貨物時確認收貨，之后貨幣從支付帳戶自動劃撥到商戶的銀行帳戶中去。由於電子現金貨幣十分方便，有人就會懷疑：「我們是否會過渡到無現金社會呢？」

### 作為價值貯藏手段的黃金[1]

當價格水平連年成倍提高的時候，貨幣的單位購買力即會消減一半。因此，通貨膨脹是在向貨幣徵收一項「稅」，稅率是每年的通貨膨脹率。貨幣的實際價值由於每年的通貨膨脹開始有值得注意的加速現象時，人們便試圖將貨幣轉換成看上去能抵禦通貨膨脹，而且能可靠保值的資產。歷史上，黃金比為這個目的而挑出的任何其他資產都更為合適。歷史上，文明社會總是渴望累積黃金，並且相信黃金的價值將經久不衰。

1834 年，黃金賣到大約每盎司（1 盎司約等於 28.35 克，下同）20 美元。事實上，19 世紀一個誘人的美元硬幣是 20 美元的金片，它是由一盎司上等金子做成的。1996 年，黃金的價格達到每盎司 400 美元。在漫長的歷史進程中，黃金價格的增長也伴隨著通貨膨脹的步伐前進，黃金成為抵禦通貨膨脹的一種良好的保值手段。

然而，在過去的幾十年裡，黃金只是在出現相當嚴重的通貨膨脹時才成為一種好的投資。20 世紀 70 年代，當第二次進入兩位數通貨膨脹時期時，黃金價格逐步攀升，並且幅度很大。1972—1980 年，黃金價格提高了 10 倍還要多。1980 年中的一個時期，投機熱一度把黃金價格抬升到每盎司 800 美元，而到了 20 世紀 80 年代初以后，當通貨膨脹出現明顯回落時，黃金價格才隨之降溫，有所回落。1982 年以來的這段時期，黃金已經不與通貨膨脹同步了，在過去的 15 年裡，甚至像儲蓄帳戶的銀行存折這樣的保守投資和美國政府債券都對黃金失去了熱情。

思考：

1. 如上所述，「黃金具有大自然恩賜的有限蘊藏量、吸引人的外觀和工業使用價值」，那麼黃金為什麼會退出流通呢？
2. 黃金退出流通后，為什麼在通貨膨脹時期，人們對黃金總是表現出極大的熱情？
3. 黃金作為貨幣與時下流通的信用貨幣最大的區別是什麼？

---

[1] 邁克爾‧G. 哈吉米可拉齊斯，卡馬‧G. 哈吉米可拉齊斯. 貨幣銀行與金融市場 [M]. 聶丹，譯. 上海：上海人民出版社，2003：19.

## 第三節　貨幣層次及其劃分

貨幣層次的劃分，即貨幣供應量的劃分。貨幣供應量是指一國在某一時點上為社會經濟運轉服務的，用於交易和投資的貨幣存量。貨幣供應量由包括中央銀行在內的金融機構供應的存款貨幣和現金貨幣兩部分構成。

### 一、貨幣層次劃分的意義和依據

為了避免產生經濟的波動和危機，貨幣的供給必須適應經濟發展的需要，這就要求政府客觀上對貨幣的發行以及信用的擴張加以控制。因此，貨幣層次的劃分應運而生。

由於不同流動性的貨幣對商品的購買力不同，而且不同流動性的貨幣自我派生能力不同，再加上不同流動性的貨幣對居民心理預期影響不同，因此對不同流動性的貨幣，中央銀行的控制力度和控制方法不同。

由於以上原因，中央銀行在進行貨幣投放和調控時就必須按流動性對貨幣量進行更細緻的劃分，並且找出對經濟影響力最大的部分，以便抓住重點、區別對待、有效控制，發揮貨幣對經濟的最優效應。

顯然，劃分貨幣層次的主要標準是不同資產的流動性。資產的流動性是指資產轉換為現實購買力的能力。除此之外，貨幣層次的劃分還要考慮到與有關經濟變化的相關性，一般來說，中央銀行是通過觀察和預測有關經濟情況繼而採取相應政策措施。因此，在確定劃分貨幣層次時，應力求能與有關經濟變化有較高的相關性。

### 二、各國貨幣層次的劃分

如上所述，各國一般根據貨幣的流動性原則，以存款及其信用工具轉換為現金所需時間和成本作為標準，劃分貨幣的層次，便於中央銀行對宏觀經濟運行進行監測和貨幣政策操作，按照不同的統計口徑確定不同的貨幣供應量。由於各國金融制度和金融市場發達程度不同，各國中央銀行都有自己的貨幣統計口徑，貨幣層次的劃分不盡相同。但是，無論存在何等差異，各國貨幣層次的基本框架大致相同，具體如下：

$M_1$ = 現金 + 活期存款（一般不包括官方機構和外國銀行在商業銀行的存款）

$M_2$ = $M_1$ + 準貨幣 + 可轉讓存單（其中，準貨幣指活期存款以外的一切公私存款）

美、英、日三國及國際貨幣基金組織具體的貨幣層次劃分如下：

(一) 美國聯邦儲備體系

$M_1$ = 通貨 + 旅行支票 + 活期存款 + 其他支票存款（如 NOW 帳戶、ATS 帳戶等）

$M_2$ = $M_1$ + 小額定期存款 + 隔夜回購協議 + 儲蓄存款與貨幣市場存款帳戶 + 貨幣市場共同基金份額（非機構）

$M_3$ = $M_2$ + 大額定期存款 + 貨幣市場共同基金份額(機構) + 定期回購協議 + 歐洲

美元

$L = M_3$ + 其他短期性流動資產（如儲蓄債券、商業票據、銀行承兌票據、短期政府債券等）

（二）英格蘭銀行

$M_1$ = 現金 + 私人部門持有的英鎊活期存款

$M_2$ = 現金 + 公共及私人部門持有的英鎊存款 + 其他存款（如一個月內通知銀行提取的零售性存款）

$M_3 = M_2$ + 英國居民持有的各種外幣存款

（三）日本銀行

$M_1$ = 現金 + 活期存款

$M_2 = M_1$ + 企業定期存款

$M_1 + CD = M_1$ + 企業可轉讓存單

$M_2 + CD = M_1$ + 定期存款 + 可轉讓存單

$M_3 + CD = M_2 + CD$ + 郵局、農協、漁協、信用組合、勞動金庫存款 + 信託存款

其中，CD（Certificate of Deposit），即存款證，是指持有人可收取利息的存款證書。

（四）國際貨幣基金組織

$M_0$ = 現金

$M_1 = M_0$ + 活期存款

$M_2 = M_1$ + 儲蓄存款 + 定期存款 + 其他存款

$M_3 = M_2$ + 商業票據 + 大額可轉讓定期存單

### 三、中國貨幣層次的劃分

目前中國將貨幣劃分為如下幾個層次：

$M_0$ = 流通中的現金

$M_1 = M_0$ + 企業活期存款 + 機關團體部隊存款 + 農村存款 + 個人信用卡存款

$M_2 = M_1$ + 居民儲蓄存款 + 單位定期存款 + 外幣存款 + 信託類存款 + 證券公司客戶保證金存款

$M_3 = M_2$ + 金融債券 + 商業票據 + 大額可轉讓定期存單等

雖然各國貨幣層次的劃分不同，但是各國均認為，$M_1$ 具有完全的獨立性，是人們普遍接受的交換媒介，是標準貨幣。$M_1$ 以外的短期金融資產都只是準貨幣，不能充當直接的交易媒介，但是潛在的購買力在一定條件下可能轉化為現實貨幣。

### 無現金社會的猜想[①]

早在數十年前，有關無現金社會的預測就已經出現，但直至今日，這個預測仍然

---

① 米什金. 貨幣金融學 [M]. 7版. 鄭豔文，譯. 北京：中國人民大學出版社，2006：54.

沒有變成現實。1975年，《商業周刊》曾經預言：「電子支付方式不久將改變貨幣的定義，並將在數年後顛覆貨幣本身。」近年來，通過智能卡培養消費者使用電子貨幣習慣的實驗項目仍然沒有成功。1995年誕生於英國的「Mondex」作為最早的儲值卡，雖然經過大力推銷，但使用範圍仍然局限在為數不多的英國大學校園中。在德國和比利時，雖然數以百萬的人民攜帶著嵌入計算機芯片的銀行卡，可以使用電子貨幣，但只有很少的人用這些東西來支付。為什麼我們向無現金社會行進的速度如此之慢呢？

雖然電子貨幣比紙質貨幣更為方便和高效，但多種因素阻礙了紙質貨幣體系的消亡。首先，要使電子貨幣成為主要的支付形式，需要花費較高的成本購置所需的計算機、讀卡器、通信網路等。其次，電子支付方式帶來了安全性和私密性的問題。我們經常從媒體的報導中知曉，未經授權的黑客闖入了某個計算機數據庫，並更改了其中儲存的信息。這種現象並不罕見，不法之徒很可能通過電子支付體系進入銀行帳戶，將其他人的帳戶資金據為己有。而要防止這種犯罪行為並非易事，需要開發一個全新的對付安全問題的計算機科學領域。利用電子支付方式還有另一個后果，就是會留下有關購買習慣的大量個人信息。人們擔心政府、雇主和商會會得到這些數據，從而侵入人們的私人領地。

這些討論的結論就是，雖然未來電子貨幣的使用會更加廣泛，但正如馬克·吐溫所言：「對現金消亡的判斷是誇大其詞了。」

思考：

歷史證明，幣材的選擇與經濟發達程度、流通的便利需要，貨幣在經濟中的地位、作用的變化有關。那麼，根據這一結論，無現金社會是否會成為現實？

## 第四節　貨幣制度

### 一、貨幣制度概述

（一）貨幣制度的定義

貨幣制度又稱貨幣本位制度，是指一個國家或地區以法律形式確定的貨幣流通結構及其組織形式。

在前資本主義時期，由於鑄幣權的分散，並未形成統一的貨幣制度；只是在資本主義社會才形成統一的、定型的貨幣制度，並大大促進了資本主義經濟的發展，也促進了資本主義信用事業的發展。

（二）貨幣制度的內容

1. 幣材的選擇

貨幣是固定地充當一般等價物的特殊商品，能用來交換到其他所有商品，故作為貨幣的材料必須具有一定的優越性。幣材的選擇也就是選擇本位貨幣的材料。在金屬貨幣流通下，用何種金屬鑄造本位幣，就稱為何種本位制度，如金本位、銀本位、金銀復本位等。在信用貨幣流通下，普遍實行紙幣本位制。

### 2. 貨幣名稱和價格標準

貨幣材料確定之後，就要確定貨幣單位的名稱。最初的貨幣單位同貨幣商品的重量單位是一致的。例如，英國的貨幣單位英鎊，原來是重一磅的銀的貨幣單位。中國秦朝時曾鑄造過的「半兩」銅錢，漢朝鑄造過「五銖」銅錢，其面上分別鑄有半兩、五銖字樣，與貨幣的含銅量是一致的。后來由於種種原因，貨幣單位名稱和重量單位逐漸脫離，如美元、新加坡元等。

規定貨幣的價格標準即規定貨幣單位的「值」。在金屬貨幣條件下，貨幣的值就是每單位貨幣所包含的貨幣金屬重量和成色。例如，1 美元含金量為 0.888,671 克。在信用貨幣流通的條件下，貨幣本身沒有價值，因此不再規定含金量，貨幣單位與價格標準融為一體，貨幣的價格標準便是貨幣單位及其劃分的等份，通常表現為與其他國家貨幣的比價。

### 3. 本位幣、輔幣及償付能力

本位幣是按照國家法律規定的貨幣金屬和貨幣單位所鑄成的鑄幣，是一個國家的基本通貨，是法定的計價和結算貨幣。本位貨幣的單位最小基數是一個貨幣單位，如 1 美元、1 加拿大元等。從事任何交易或產生債務，只要是用本位幣支付，無權要求改用其他形式的貨幣支付，所以說本位幣是最后的支付手段。另外，本位幣具有無限法償能力。所謂無限法償能力，是指不論每次支付多大的金額，只要是用本位幣支付，誰都不能拒絕接受，因為是法律賦予其強制的流通能力的。

輔幣是本位幣以下的小額貨幣，是貨幣單位的等分，主要供日常小額交易和找零之用。例如，美國的輔幣為「美分」，1 美元等於 100 美分；英國的輔幣是「便士」，1 英鎊等於 100 便士；中國的輔幣有「角」「分」等。輔幣與本幣不同，不具有無限法償能力，是有限法償，在一次交易中，若超過法律規定的數量，債權人可以拒絕接受。輔幣通常用賤金屬製造。

### 4. 發行保證制度

貨幣發行保證制度是指貨幣在發行時必須以某種金屬或者資產作為發行的后盾。例如，在金屬貨幣流通的條件下，貨幣發行要以貴金屬為準備，但是在現在的信用貨幣制度條件下，貴金屬已經退出了流通，發行準備的內容比較複雜，有的國家以外匯資產作為準備，也有的國家以市場待售商品作為準備。

## 二、貨幣制度的演變

貨幣制度經歷了一個不斷發展和演變的歷史過程。總體來說，貨幣制度劃分為金屬貨幣制度和信用貨幣制度，具體經歷了銀本位制、金銀復本位制、金本位制、信用貨幣制度的歷史發展過程。

（一）金屬貨幣制度

### 1. 銀本位制

銀本位制，即以白銀作為本位貨幣的一種貨幣制度。實行銀本位制的國家一般以白銀作為貨幣金屬。銀幣可以自由鑄造、自由熔化、自由地輸出與輸入；銀幣的面值與其所含的

白銀價值相一致，銀行券可以按面值兌現等量的銀幣和白銀；銀幣具有無限法償能力。

歷史上許多國家都採用過這種貨幣制度。中國從清宣統年間開始宣布實行銀本位制，直到1935年才宣布廢止。19世紀70年代以後，由於銀的開採量大大增加，導致銀價迅速下跌，白銀價格起伏不定，既不利於國內貨幣流通，也不利於國際收支，影響一國經濟的發展。資本主義國家紛紛廢除銀本位制，只有少數經濟落後的國家仍在使用。

2. 金銀復本位制

金銀復本位制是指以金、銀兩種金屬為幣材，同時鑄造金銀兩種本位幣，並在統一市場流通。金銀復本位制包括平行本位制、雙本位制和跛行本位制。

平行本位制條件下，金幣和銀幣都是一個國家的法定貨幣，都可以自由鑄造和自由輸出輸入，均具有無限法償能力。金幣和銀幣可以相互兌換，兌換的比率由市場價格確定，國家不予干預。正是由於金幣和銀幣的兌換比率是由市場價格確定，於是同一種商品必然產生兩種價格，並且這兩種價格會隨著金銀市場比價的變動而變動，從而使市場商品交換陷入較困難的境地。

雙本位制正是糾正平行本位制的不足而產生的。雙本位制條件下，金銀幣同樣是一國的本位貨幣，二者也具有無限法償能力，均可以自由鑄造和自由輸出輸入，與平行本位制不同的是，金幣和銀幣之間的交換比率用法律形式規定。但是當金幣與銀幣的法定比價與市場價格不一致時，市場價格偏高的貨幣稱為良幣，另一種貨幣則稱為劣幣，在價值規律作用下，市場上良幣逐漸稀少，劣幣充斥。例如，在雙本位制下，市場金銀比價1：10，法定金銀幣比價1：8。按法定比價，金幣價值被低估，銀幣價值則被高估，金幣實際價值高成為良幣，銀幣實際價值低則成為劣幣。人們就可以將100金幣熔化為金塊，在市場上按1：10換成銀塊，鑄成1,000銀幣，然後與官方按1：8兌換125金幣，獲取25金幣的利潤，並予以收藏。如此不斷循環往復，市場上的金幣逐漸減少，銀幣充斥市場。「劣幣驅逐良幣」的現象也被稱為「格雷欣法則」。

跛行本位制其實是不完全的金銀復本位制，是復本位制向金本位制過渡的一個階段。跛行本位制的特點是金幣和銀幣都是一國的本位貨幣，都具有無限法償能力，金幣與銀幣之間的比價是法律規定，但只有金幣可以自由鑄造，自由熔化，而銀幣不能自由鑄造，自由熔化。實際上銀幣已經失去本位貨幣的特徵，向金本位制過渡。

3. 金本位制

金本位制是指以黃金作為本位貨幣的貨幣制度，包括三種形式：金幣本位制、金塊本位制和金匯兌本位制。

金幣本位制條件下，以黃金作為本位貨幣材料，金幣直接參與流通，金幣可以自由鑄造和自由熔化，具有無限法償能力，黃金可以自由輸出與輸入，銀行券可以兌換等量金幣和黃金。

在此種條件下，由於本位幣的名義價值與實際價值相等，貨幣流通可以自由調節，從而促進了社會生產、信用和國際貿易的發展，對當時採用金幣本位制國家的經濟發展起到了較大的促進作用。

但第一次世界大戰的爆發，使得某些資本主義國家經濟受到嚴重的創傷，它們急於

恢復國內的經濟，於是紛紛開始限制黃金的流出，也就意味著對典型的金本位制的放棄。

在金幣本位制之後的相對穩定的時期，一些經濟實力較強的國家改行金塊本位制。金塊本位制也稱「生金本位制」或者「富人本位制」。之所以叫富人本位制是因為在金塊本位制的條件下，金幣在名義上仍然是本位幣並規定有含金量，但國內市場並不鑄造、不流通金幣，只流通代表一定數量黃金的銀行券，銀行券具有無限法償能力，但銀行券只在一定數額上能兌換金塊，而這個數額一般只有富人才能夠達到。例如，法國當時規定至少必須持有215,000法郎才能兌換金塊。

金匯兌本位制也稱虛金本位制。在此種本位制條件下，金幣是名義上的本位幣並規定含金量，本國貨幣與某一實行金幣本位制或金塊本位制國家的貨幣保持一定的固定比價。本國禁止金幣的鑄造與流通，國內實行銀行券流通，但是流通的銀行券不能兌換黃金，只能兌換外匯，其外匯可以在掛勾國家兌換黃金。可見，金匯兌本位制實際上是一種附庸性質的貨幣制度。

金塊本位制和金匯兌本位制均沒有金幣直接流通，都在價值符號與黃金的自由兌換間增加了障礙，是一種殘缺不全的金本位制，其實行的時間不長，並在1929—1933年世界性經濟危機的衝擊下崩潰。至此，大多數國家開始實行信用貨幣制度。

(二) 信用貨幣制度

1. 信用貨幣制度的定義

信用貨幣制度又稱管理紙幣本位制度，是以中央銀行或國家指定機構發行的信用貨幣作為本位幣的貨幣制度。流通中的信用貨幣主要由現金和銀行存款構成，並通過金融機構的業務投入到流通中去，國家通過種種方式對信用貨幣進行管理調控。

2. 信用貨幣制度的特徵

信用貨幣制度的特徵如下：

(1) 以紙幣為本位貨幣，由國家法律強制流通。

(2) 不與任何金屬保持等價關係，與黃金的聯繫逐漸削弱並最后取消。發行權集中於中央銀行或發鈔銀行，成為無限法償貨幣和最后支付手段。

(3) 紙幣的發行可以自由變動，不受一國所擁有的黃金數量的限制。

(4) 隨著金融發展程度的提高，現金流通的數量和範圍越來越小，非現金流通構成貨幣流通的主要部分。

(5) 紙幣通過銀行信用渠道注入流通，有著自身的特殊規律。

(6) 紙幣不具有自我調節功能，需要國家通過調控貨幣供應量來保持貨幣流通穩定。發行者為了穩定紙幣對內對外的價值，要對紙幣的發行與流通進行周密的計劃和有效地管理。因此，經濟學家又把信用貨幣制度稱為管理紙幣本位制度。

三、國際貨幣制度

國際貨幣制度是支配各國貨幣關係的規則以及各國進行各種交易支付所依據的一套安排和慣例。國際貨幣制度的主要內容有國際儲備資產的確定、匯率制度的安排、國際收支的調節方式。

(一) 布雷頓森林體系

為了消除金本位制崩潰后國際貨幣的混亂局面，1944年7月，在美國新罕布什爾州的布雷頓森林召開了有44個國家參加的聯合國與聯盟國家國際貨幣金融會議，通過了以美國「懷特計劃」為基礎的「聯合國家貨幣金融會議的最后決議書」以及「國際貨幣基金組織協定」和「國際復興開發銀行協定」兩個附件，總稱為「布雷頓森林協定」，形成布雷頓森林體系。

布雷頓森林體系主要體現在兩個方面：

（1）美元與黃金直接掛鉤。

（2）其他會員國貨幣與美元掛鉤，即同美元保持固定匯率關係。成員國貨幣匯率只能在上下1%限度內波動，如超過，各國中央銀行有義務進行干預，美國承諾各國中央銀行（簡稱央行）可按黃金官價向美國兌換黃金。

布雷頓森林體系實際上是一種國際金匯兌本位制，又稱美元—黃金本位制。它使美元在二戰后國際貨幣體系中處於中心地位，美元成了黃金的「等價物」，各國貨幣只有通過美元才能同黃金發生聯繫。從此，美元就成了國際清算的支付手段和各國的主要儲備貨幣。[①]

以美元為中心的布雷頓森林體系的建立，使國際貨幣金融關係又有了統一的標準和基礎，結束了戰前貨幣金融領域裡的混亂局面，並在相對穩定的情況下擴大了世界貿易。美國通過贈與、信貸、購買外國商品和勞務等形式，向世界散發了大量美元，客觀上起到擴大世界購買力的作用。同時，固定匯率制在很大程度上消除了由於匯率波動而引起的動盪，在一定程度上穩定了主要國家的貨幣匯率，這有利於國際貿易的發展。據統計，世界出口貿易總額年平均增長率，1948—1960年為6.8%，1960—1965年為7.9%，1965—1970年為11%；世界出口貿易年平均增長率，1948—1976年為7.7%，而二戰前的1913—1938年，平均每年只增長0.7%。國際貨幣基金組織要求成員國取消外匯管制，也有利於國際貿易和國際金融的發展，因為它可以使國際貿易和國際金融在實務中減少許多干擾或障礙。

布雷頓森林體系是以美元和黃金為基礎的金匯兌本位制。它必須具備兩個基本前提：一是美國國際收支能保持平衡；二是美國擁有絕對的黃金儲備優勢。

但是進入20世紀60年代后，隨著資本主義體系危機的加深和政治經濟發展不平衡的加劇，各國經濟實力對比發生了變化，美國經濟實力相對減弱。1950年以後，美國除個別年度國際收支略有順差外，其餘各年度都是逆差，並且有逐年增加的趨勢。至1971年，僅上半年，美國的國際收支逆差就高達83億美元。隨著國際收支逆差的逐步增加，美國的黃金儲備也日益減少。1949年，美國的黃金儲備為246億美元，占當時整個資本主義世界黃金儲備總額的73.4%，這是二戰后的最高數字。此後，逐年減少，至1971年8月，尼克松宣布「新經濟政策」時，美國的黃金儲備只剩下102億美元，而短期外債為520億美元，黃金儲備只相當於積欠外債的1/5。美元大量流出美國，導

---

[①] 二戰結束時，美國的工業製成品占世界製成品的一半，國民生產總值占全球資本主義國家國民生產總值的60%，對外貿額占世界貿易總額的三分之一以上，黃金儲備約占資本主義世界黃金儲備的四分之三，成為資本主義世界最大的債權國。

致「美元過剩」。1973年年底，遊蕩在各國金融市場上的「歐洲美元」就達1,000多億元。①

由於布雷頓森林體系前提的消失，暴露了其致命弱點，即「特里芬難題」，貨幣體系本身發生了動搖，美元國際信用嚴重下降，各國爭先向美國擠兌黃金，搶購黃金，黃金價格失控；而美國的黃金儲備已難於應付，這就導致了從1960年起，美元危機迭起，貨幣金融領域陷入日益混亂的局面。

為此，美國尼克松政府於1971年被迫宣布實行「新經濟政策」，停止各國政府用美元向美國兌換黃金，黃金官價失效，美元與黃金脫鉤，實行浮動匯率，這就使西方貨幣市場更加混亂。

為了恢復固定匯率制，1971年12月，「史密森學會協議」達成，其主要內容如下：1盎司黃金＝38美元（即美元貶值7.8%，其他國家貨幣相對升值，如日元升值7.66%，馬克升值4.6%，瑞士法郎升值4.61%），各國貨幣對美元匯率的波動幅度從1%上升到2.5%。

但因20世紀70年代兩次石油危機，資本主義國家出現了嚴重的通貨膨脹，1971年美元大幅度貶值（貶值10%），在1973年美元危機中，美國再次宣布美元貶值，導致各國相繼實行浮動匯率制代替固定匯率制。1975年，美國正式放棄黃金官價。1978年，國際貨幣基金組織宣布黃金不再作為各種法定匯價的共同尺度，國際貨幣體系實行浮動匯率制。美元停止兌換黃金和固定匯率制的垮臺，標誌著二戰後以美元為中心的國際貨幣體系瓦解。

（二）牙買加體系

布雷頓森林體系的缺陷導致其在1973年第一季度徹底崩潰。1976年1月，國際貨幣基金組織的國際貨幣制度改革及有關問題的臨時委員會在牙買加首都金斯敦達成了一個協議，稱為「牙買加協議」，形成牙買加體系。

在牙買加體系下，黃金與貨幣完全脫離聯繫，成為一種單純的商品，同時取消固定匯率制度，各會員國可根據自身經濟發展的狀況選擇不同的匯率制度，擴大特別提款權的作用，增加會員國的份額，增加向發展中國家的資金融通。

牙買加體系使得儲備資產多元化，國際貨幣制度的穩定性有所提高，同時彈性化的匯率安排，能夠適應世界經濟形勢多變的狀況。但是布雷頓森林體系的「特里芬難題」依然存在，而且多元化的儲備貨幣體系更容易產生動盪和經濟泡沫。

（三）歐洲貨幣體系

1979年3月，歐洲經濟共同體的8個成員國成立了歐洲貨幣體系，在以下幾方面達成了共識：第一，創立歐洲貨幣單位；第二，各成員國同意各自貨幣之間的匯率保持不變，而且相對於美元實行聯合浮動；第三，逐步建立歐洲貨幣基金。歐洲貨幣體系創立了一種新的貨幣單位，稱為歐洲貨幣單位，其價值和一攬子特定數量的歐洲貨

---

① 歐洲美元，即美國境外的美元存款和貸款，因為這種存貸款源於歐洲，故稱為歐洲美元。其特點是不在美國境內的金融界經營，既不受美國銀行法規的束縛，也不受美國銀行利率結構的支配。

幣掛勾。2002年1月1日，歐元現鈔和硬幣正式發行，歐元成為正式的「法幣」，歐洲貨幣聯盟成員國開始把原來的貨幣兌換成歐元，兌換期為半年。2002年7月以后，歐元成為歐洲貨幣聯盟範圍內唯一法定貨幣，本國的貨幣不再流通。

## 四、中國的貨幣制度

1948年12月1日，中國人民銀行成立，發行人民幣作為全國統一的貨幣，人民幣的發行標誌著社會主義貨幣制度的開始。

人民幣是中國唯一的合法通貨，國內一切貨幣的收付、結算和外匯牌價，均以人民幣作為價值尺度和結算單位，其他國家的貨幣嚴禁在國內市場流通。人民幣的主幣單位為「元」，輔幣單位為「角」和「分」。從人民幣的發行程序和人民幣產生的信用關係看，人民幣是一種不可兌現的信用貨幣。人民幣具有無限法償能力，本身沒有價值，國家授權由中國人民銀行統一發行，強制流通。人民幣的發行首先建立了嚴格的發行準備制度，主要以商品物資作為發行基礎；其次是信用保證，如政府債券、商業票據和銀行票據等，黃金、外匯儲備也構成人民幣發行準備。人民幣匯率實行以市場供求為基礎的、參考一攬子貨幣的、有管理的浮動匯率制度。人民幣實行有管理的貨幣制度

隨著中國恢復對香港和澳門行使主權，中國境內形成了「一國三幣」的格局，依照「一國兩制」偉大構想，香港和澳門作為中華人民共和國的特別行政區，享有高度的自治權，港幣和澳幣在內地和人民幣在香港、澳門都視同「外幣」處理。

**教授發行的「貨幣實驗」**[①]

義大利有一個非常富有的教授，名叫艾瑞提，他居住在義大利南部的一個小鎮上。2000年1月1日，他印刷了一種名叫「Simec」的「貨幣」。任何到該小鎮旅遊的遊客都可以用1里拉（義大利當時的貨幣，於2002年1月1日之後被歐元替代）從該教授手中換1「Simec」。到當年8月中旬，市場上已有將近200萬元的「Simec」在流通。

為什麼人們願意接受這種所謂的「貨幣」呢？原來艾瑞提教授曾經向當地商人做出承諾：允許商人們用1「Simec」向教授換2里拉。也就是說，教授用1「Simec」從遊客手中換1里拉這種方式發行「貨幣」，然后再用2里拉從商人們手中換回1「Simec」的方式回籠「貨幣」。市場上的「Simec」的大量出現，導致當地價格飛漲，商人們從中賺取利潤。

顯然，教授的發行「貨幣」實驗是存在嚴重邏輯問題的。因為這位教授實際是在做賠本買賣！幸運的是這個教授非常富有，實驗進行了將近一年。在經過一段短時期的火爆之後，由於商人們開始打折接受「Simec」，流通領域中的「Simec」大量減少。終於，許多人開始拒絕接受這種「貨幣」，「Simec」不再是價值尺度，也不再充當價值貯藏職能。其根本問題在於「Simec」並不是一種很好的貨幣，僅僅是依賴於教授個人的承諾而短期存在的一種支付手段。其命運必然以失敗而告終。最后只是在當地2001

---

① 蔣先玲. 貨幣銀行學［M］. 北京：對外經濟貿易大學出版社，2006.

年的新聞報紙上有這樣一條消息——「『Simec 貨幣』大約持續了一年」。

思考：

1. 上述實驗過程中，市場上的「Simec」為什麼會大量出現，並導致當地價格飛漲？

2. 在經過一段短時期的火爆之后，流通領域中的「Simec」為什麼又會大量減少，最后人們拒絕接受這種「貨幣」呢？

## 第五節　貨幣的流通

貨幣流通是指貨幣作為流通手段和支付手段在商品交換過程中所形成的連續不斷的運動，這與我們前面所提到的貨幣層次的劃分不同，貨幣層次的劃分是貨幣供應量的劃分。貨幣供應量是一國經濟中用於交易和投資的貨幣總量。貨幣供給量與貨幣流通量的區別在於前者是時點上的概念，是靜態的，而后者是一定時期範圍內的動態概念；兩者之間有一定的關係，一般來說貨幣流通量等於貨幣供給量乘以貨幣參加交易的次數。

雖然貨幣的流通是由商品的流通所引起的，但是二者又有本質的區別。貨幣流通是由商品流通引起的，並為商品流通服務，是商品流通的外在表現形式。貨幣流通有其相對獨立性，但會反作用於商品流通。商品流通和貨幣流通在量上不完全一致，這一點在紙幣制度下表現得尤為突出。

**一、貨幣流通的形式**

在社會主義市場經濟中，統一的貨幣流通表現為兩種形式：一是現金流通，是指現實的人民幣的流通，適用於小宗分散性的商品交易、商品零售以及單位和個人之間的貨幣收支。二是非現金流通，又稱轉帳結算，是指通過銀行帳戶劃轉款項而進行的存款貨幣的流通，適用於大宗集中性的商品交易、商品批發以及單位之間的經濟往來。

現金流通和非現金流通的聯繫主要表現在：兩者都在發揮流通手段和支付手段的職能，存款與現金可以相互轉化。儲蓄存款增加，居民手持的現金減少；反之，居民手持現金增加。

貨幣流通兩種形式的區別如下：

第一，服務對象不同。現金流通主要是為與個人收支有關的消費資料的零售服務的，非現金流通主要是為生產資料交換和大宗的消費資料交易服務的。

第二，受國家計劃控制程度不同。現金投放以後，作為居民收入的可以自由支配，以非現金形式流通的貨幣的運動處在銀行直接管理和監督之下，其計劃性強於現金流通。

第三，國家調節方法不同。對非現金流通，國家除了直接進行計劃調節外，還可以實行凍結存款等強制措施，但對現金流通，國家就不能強制控制，只能在個人自願的基礎上進行調節。

## 二、貨幣流通的渠道

在中國，由於對貨幣流通的兩種形式進行了較嚴格的劃分，因此現金流通與非現金流通形成了各自不同的流通渠道。

（一）現金流通渠道

中國的現金流通是以銀行為中心的，包括投放和回籠兩個方面。

現金投放的渠道主要有：發放工資和對個人的其他支出；農副產品收購支出；企業、機關、行政單位管理費支出；財政信貸支出，包括國家財政對農村投資的一大部分、銀行以現金形式發放的農業貸款、商業部門收購農產品的預購定金、國家對居民的各類救濟以及國家財政和銀行對居民支付的有價證券和存款的利息等；國家收購居民保存和發現的黃金以及其他工礦產品、收購廢舊物資等投放的現金。

現金回籠的渠道主要有：商品銷售收入，即企業用收取現金的方式銷售其掌握的商品獲取的收入，主要是日常用的消費品和部分農業生產資料的銷售，約占現金回籠總額的80%；服務銷售收入，即各類企事業單位提供的通信、交通、水電、文教衛生和生產設施及各類服務而獲得的收入；財政收入，即國家向居民徵收的以現金形式繳納的稅款、費用收入；信用收入，即銀行吸收的儲蓄存款、用現金形式收回的貸款等。

（二）非現金流通渠道

非現金流通的投放與回籠是連在一起的，如不考慮結算時間，投放與回籠同時發生。就非現金流通的服務對象的經濟活動性質來劃分，非現金流通的形式主要有：商品交易結算，即客戶間因商品買賣而發生的貨幣支付；勞動、服務結算，即客戶間因提供運輸、裝卸等各項非商品交易引起的貨幣支付；財政預算收支，即國家法規和政策規定的財政資金的上繳和下撥；銀行信貸收支，即銀行以非現金形式提供的貸款發放與回收，會引起存款貨幣的擴張與收縮、現金貨幣的增加和減少。

## 三、貨幣流通的管理

貨幣流通的管理要注意與商品流通相匹配。商品流通決定貨幣流通，貨幣流通為商品流通服務。一定時期內流通中所需貨幣量與待售商品數量和價格水平成正比，與貨幣流通速度成反比。在紙幣流通條件下，紙幣的發行量要以流通中所需金屬貨幣量為限。

在社會主義市場經濟條件下，對貨幣流通進行管理與調節，必須自覺遵循貨幣流通規律，防範和消除通貨膨脹與通貨緊縮。通貨膨脹和通貨緊縮都會對經濟發展和社會穩定造成嚴重危害。嚴重的通貨膨脹會引起社會收入和國民財富的再分配，擾亂價格體系，扭曲資源配置，使整個社會經濟生活出現混亂；嚴重的通貨緊縮會使可利用資源閒置浪費，經濟萎縮，失業人數增加，人民生活水平下降，引發社會和政治問題。近年來，由於固定資產投資增長過快，貨幣信貸投放過多，導致主要生產資料消費品價格上漲，物價上漲壓力增大。遵循貨幣流通規律，對貨幣流通進行有計劃的管理與調節，保持幣值和物價總水平的大體穩定，是經濟健康、平穩發展的重要保證。

中國的貨幣流通管理的項目如表1.1所示：

表 1.1　　　　　　　　　　中國的貨幣流通管理的項目

| 綜合管理 | 組織及人員管理 | 《中華人民共和國中國人民銀行法》《中華人民共和國人民幣管理條例》《中國人民銀行假幣收繳、鑒定管理辦法》《中國人民銀行人民幣發行庫管理辦法》 |
|---|---|---|
| | 材料報送與檢查 | |
| 人民幣流通管理 | 人民幣收付業務 | |
| | 殘損人民幣兌換 | |
| | 現金往來差錯管理 | |
| | 沉澱硬幣回籠 | |
| 反假貨幣管理 | 反假貨幣管理 | |
| | 假幣收繳與鑒定 | |
| 殘損人民幣復點差錯管理 | 差錯通報 | |
| | 重大差錯動態管理 | |
| 中心業務庫評級制度 | 制度建設與執行 | 《中國人民銀行殘缺污損人民幣兌換辦法》《中國人民銀行殘損人民幣銷毀管理辦法》 |
| | 設施建設 | |
| | 業務操作規範與管理 | |
| | 錢捆質量 | |
| | 現金調劑 | |
| | 券別結構 | |

# 「廣場協議」

20 世紀 80 年代初期，美國財政赤字劇增，對外貿易逆差大幅增長。美國希望通過美元貶值來增加產品的出口競爭力，以改善美國國際收支不平衡狀況。

1985 年 9 月 22 日，美國、日本、聯邦德國、法國以及英國的財政部部長和中央銀行行長（簡稱 G5）在紐約廣場飯店舉行會議，達成五國政府聯合干預外匯市場，誘導美元對主要貨幣的匯率有秩序地貶值，以解決美國巨額貿易赤字問題的協議。因協議在廣場飯店簽署，故該協議又被稱為「廣場協議」。

「廣場協議」簽訂后，上述五國開始聯合干預外匯市場，在國際外匯市場大量拋售美元，繼而形成市場投資者的拋售狂潮，導致美元持續大幅度貶值。1985 年 9 月，美元兌日元在 1 美元兌 250 日元上下波動，協議簽訂后不到 3 個月的時間裡，美元迅速下跌到 1 美元兌 200 日元左右，跌幅 20%。在這之後，以美國財政部部長貝克為代表的美國當局以及以弗日德·伯格斯藤（當時的美國國際經濟研究所所長）為代表的金融專家們不斷地對美元進行口頭干預，表示當時的美元匯率水平仍然偏高，還有下跌空間。在美國政府強硬態度的暗示下，美元對日元繼續大幅度下跌，最低曾跌到 1 美元兌 120 日元。在不到 3 年的時間裡，美元對日元貶值了 50%，也就是說，日元對美元升值了一倍。

有專家認為，日本經濟進入十多年低迷期的罪魁禍首就是「廣場協議」。但也有專

家認為，日元大幅升值為日本企業走向世界、在海外進行大規模擴張提供了良機，也促進了日本產業結構調整，最終有利於日本經濟的健康發展。因此，日本泡沫經濟的形成不應該全部歸罪於日元升值。

「廣場協議」簽訂后的10年間，日元幣值平均每年上升5%以上，這無異於給國際資本投資日本的股市和樓市一個穩賺不賠的保險。「廣場協議」簽訂后近5年時間裡，日本股價每年以30%、地價每年以15%的幅度增長，而同期日本名義國內生產總值（GDP）的年增幅只有5%左右。泡沫經濟離實體經濟越來越遠，雖然當時日本人均國民生產總值（GNP）超過美國，但日本國內高昂的房價使得擁有自己的住房變成普通日本國民遙不可及的事情。1989年，日本政府開始施行緊縮的貨幣政策，雖然戳破了泡沫經濟，但股價和地價短期內下跌50%左右，銀行形成大量壞帳，日本經濟進入十幾年的衰退期。

1987年，G5再度在法國盧浮宮聚會，檢討「廣場協議」以來美元不正常貶值對國際經濟環境的影響以及以匯率調整來降低美國貿易赤字的優劣性，在此期間美國出口貿易並沒有增長，而美國經濟問題的癥結在於國內巨大的財政赤字。於是「盧浮宮協議」要美國不再強迫日元與馬克升值，改以降低政府預算等國內經濟政策來挽救美國經濟。也就是說，「廣場協議」並沒有找到當時美國經濟疲軟的癥結，而日元與馬克升值對改善美國經濟疲軟的狀況根本於事無補。

相反的是，「廣場協議」對日本經濟則產生了難以估量的影響。因為，「廣場協議」之後，日元大幅度升值，對日本以出口為主導的產業產生相當大的影響。為了達到經濟成長的目的，日本政府便以調降利率等寬鬆的貨幣政策來維持國內經濟的景氣。從1986年起，日本的基準利率大幅下降，這使得日本國內剩餘資金大量投入股市及房地產等非生產工具上，從而形成了1990年著名的日本泡沫經濟。這個經濟泡沫在1991年破滅之後，日本經濟便陷入二戰後最長時期的不景氣狀態，一直持續了十幾年，日本經濟仍然沒有復甦之跡象。

思考：

美國斯坦福大學教授麥金農指出，「日元升值」是日本陷入通貨緊縮，十幾年沒有走出泡沫經濟陰影的「魔鬼」。然而，亞洲開發銀行原行長、現任日本央行行長黑田東彥不同意麥金農的說法。他認為，日本泡沫經濟的罪魁禍首不是「日元升值」，而是為緩解日元升值帶來的通貨緊縮壓力所採取的寬鬆貨幣政策。對此，你作何評價？

## 思考與練習

### 一、名詞解釋

貨幣　價值尺度　流通手段　價值貯藏　支付手段　世界貨幣　代用貨幣　信用貨幣　電子貨幣　貨幣制度　本位貨幣　無限法償　有限法償　平行本位　雙本位　金本位　金塊本位　金匯兌本位　格雷欣法則　國際貨幣制度　布雷頓森林體系　貨幣流通

## 二、簡答題

1. 貨幣的職能有哪些？各有什麼特點？請說明它們之間的關係。
2. 貨幣演變經過了哪些形式？各有什麼優缺點？
3. 貨幣層次劃分的意義和依據是什麼？
4. 貨幣制度經過了哪些變化？
5. 貨幣制度的構成要素有哪些？
6. 簡述信用貨幣制度的主要內容和特徵。
7. 為什麼說金塊本位制和金匯兌本位制是一種殘缺不全的金本位制？
8. 貨幣流通的形式和渠道有哪些？

## 三、論述題

1. 試根據貨幣形態演變發展過程分析：為什麼作為貨幣幣材的變化與商品經濟的不斷發展密切相關？
2. 試分析若社會公眾在資本市場上出售股票，並以儲蓄存款的方式存入銀行，對 $M_1$ 和 $M_2$ 將產生怎樣的影響？

# 第二章 信用和利息

## 本章要點

本章主要讓學生對信用、利息、利率等基本概念有較清晰的認識，熟悉和掌握信用的主要形式、利息的計算、利率的種類、利率管理體制；重點理解利率的決定因素和作用、如何運用利率調節經濟活動、利率市場化的意義和市場化進程。其中，複利的計算及其經濟意義、利率市場化是本章的難點。

## 一個縣城的金融風暴[①]

2004年5月16日，隨著一個叫李住的「會首」主動到福安市公安機關投案，一場金融風暴迅速席捲有著「電機城」之稱的閩東小城福安。李住的「倒會」事件在當地引發了連鎖反應，其後「倒會」現象愈演愈烈，最終釀成一場金融風暴。為了追討「會款」，「打砸搶事件」在當地頻頻發生，不少「會首」和卷款的會員紛紛外逃，原本寧靜的小縣城充滿了動盪和不安。

### 「標會」為何物？

流行於南方沿海地區的「標會」，最初是民間的一種互助融資方式，誰若急需錢用，便可以集合親朋好友、鄰里鄉親來「做會」，從中取得資金週轉。

「標會」的叫法以時間分，每月一次的「會」叫「月會」，每15天舉辦一次的「會」叫「半月會」，以此類推。「標會」通常由一名「會首」（又稱「會頭」）聚集十多人或數十人的「會員」來組成一個「會」，約定每月固定付款金額。例如，由10個人組成一個「會」，約定每人每次出資100元（「百元會」），每月舉辦一次（「月會」）。每一次「開標」時，會款總額是 $10 \times 100 = 1,000$（元），款收齊后大家出標，這1,000元會款將由出利息最多的人使用。比如會員中出利息10元、15元、20元、30元不等，30元為最高，則這些錢就全部歸出利息30元的人。這個人就等於以自己的100元，得到了其他9個人共900元的會款。但在第二次做「會」時，他就失去競標資格，而且從此以後每次要出資130元。「標會」的規則是每個人都要中標一次，如果一個「會」輪完，則第一個中標的人共要出資 $130 \times 9 = 1,170$（元），減去中標所得的900元，他最後實際上支付了270元的利息。第二輪出標不能比第一輪高，比如被出標25元利息的人中標，如果一個「會」輪完，他共要出資 $100 + 125 \times 8 = 1,100$（元）。越往后，利息累積得就越高，中標的人收益就越多。按照這一規則，只有最后中標的人才有錢

---

[①] 項開來. 一個縣城的金融風暴——福建省福安市民間標會「倒會」風波調查 [EB/OL]. (2004-07-21) [2016-08-05]. http://news.xinhuanet.com/focus/2004-07/21/content_1608269.htm.

賺，賺取的是其他 9 人所出利息的錢。「會首」的職責則是收錢和維持「標會」規則。

按照「標會」規則，第一次中標的人是要賠錢的，即賺取了 900 元，而付出了 1,170 元。但是，「會首」拿到這些錢後，往往又去參加「千元會」，「千元會」的「會首」拿了錢之後，往往又去參加「萬元會」……這樣會費越滾越大，眾多會員的資金就迅速聚集到「會首」手中。如果「會首」將資金挪作他用或週轉不靈，「標會」就會出問題。

**10 億元會款是如何聚集起來的？**

據統計，福安市這次「倒會」事件涉及金額已超過 9 億元，最后的金額可能遠遠超過這一數字。當地大部分家庭捲入這場金融風暴，不少家庭因此破產。「倒會」事件發生后，多名「會首」和卷款的會員逃往外地，為了追討會款、催逼債務，福安市一度發生多起「打砸搶事件」，嚴重影響當地的社會穩定。

2004 年 5 月 16 日，「會首」李住因資金短缺被迫「倒會」並主動到公安機關投案，以免會員追債不成對其進行人身傷害。初步查證，李住「標會」涉及金額達 9,000 多萬元，會員達 1,800 多名。李住的「倒會」迅速引發連鎖反應，福安市大部分「會」在此后相繼「倒會」。公安機關初步掌握的「會首」有 160 多人，報案登記的受害者逾萬人，涉及金額 9 億多元，有 35 名「會首」外逃。參加「標會」的既有普通群眾也有機關幹部，投入的會款從幾萬元到幾十萬元甚至幾百萬元不等。當地群眾估計，這次的「倒會」風暴涉及金額超過 10 億元，城關地區 80% 以上的家庭捲入其中。而福安市 2003 年的財政收入僅 2.3 億元，城關人口大約 16 萬人，如果以 10 億元計，平均每人被套資金超過 6,000 元。像李住這樣的大「會首」在當地就有十幾個，現年 26 歲、只有小學文化的陳麗萱就是其中之一。陳麗萱手下的會員數量龐大，她也因會員的支持當選為福安市人大代表。陳麗萱一人同時組織了多場「會」，她套住了多少資金誰都說不準，估計上億元。在一張會單上記者看到，陳麗萱組織的一個「30 人 × 5 萬元」的半月會，「標」一次籌集的資金最少是 150 萬元，如果全部「標」完，累計吸收的資金高達 5,000 萬元以上。她在福安市京都花園別墅區內的一套豪華別墅，內部裝修極為高檔，價值幾百萬元。由於資金龐大，她甚至不得不雇用專門的財務人員。「倒會」后，她的別墅被追債的會員砸得面目全非，裡面的家具則被洗劫一空，她的丈夫和兒子也逃往外地。

「標會」之所以能吸引這麼多人，是因為高額的回報率。在福安，「標會」的回報率一般都是 10%，這讓不少群眾把家底子都投到了「標會」中。現年 76 歲的林壽章是潭頭鎮千詩亭村人，他把全部積蓄 6 萬元入了「會」，見到「倒會」的風聲急忙跑到城關「會首」家要錢，可「會首」已不見蹤影，家中更是空無一物，老人於是鋪張草席睡在地上等著「會首」回來，身無分文的他一日三餐全靠周圍群眾接濟。下崗工人陳秀英將僅有的 7.4 萬元的「養命錢」入了「會」，家庭婦女何雪鳳也將全部家當 9.6 萬元交給了「會首」。「現在丈夫的精神都不正常了，整天說要殺我，今后的日子也不知道咋過。」何雪鳳說。「到年關時，到處都是逼債討債的，以前的親戚朋友現在都成了仇人，到時候跳樓的、喝藥的什麼都會發生。」不少群眾都向記者表達了相同的擔憂。

福安的「標會」最初是互助會，2002 年年底，部分「會首」開始惡意炒作，民間

「標會」開始出現質變。最初「標會」的金額並不大，而且都是月會，但后來出現五天會、十天會和天會，會款也從最初的 100 元發展為幾千甚至幾萬元，每天「標」一次的天會就如同高速運轉的吸錢機器。一個「30×1 萬元」的萬元天會，一個月下來僅本金就高達 900 萬元。而記者在採訪中發現，萬元會在當地十分普遍，甚至有 10 萬元、20 萬元的「會」。更為糟糕的是，開始出現「會連會」和「會中會」的情況，大會吸收小會的資金，最后資金集中於大「會首」手中，一旦一個環節出現問題，就會產生連鎖反應。

福安的民間「標會」的一個特點就是家族會，通過親友間的合股或者借款的形式，家族的資金都被吸入「會」中，一旦「倒會」，不是一家破產，而是一個家族破產。「現在不僅是自己沒錢了，而且借錢的地方也沒了，兄弟姐妹全套在裡面了。」投入了 120 多萬元會款的陳愛玉告訴記者。

思考：
1. 「標會」屬於何種信用形式？
2. 案例中「標會」是如何運作的？為什麼會「倒會」？

# 第一節　信用

## 一、信用的定義

「信用」（Credit）一詞，源於拉丁文，意為「信任、相信、聲譽」等。在中國的傳統文字中，如果講的是道德規範、行為規範範疇，與之相應的是一個「信」字；如果講的是經濟範疇，與之相應的是「借貸」「債」等。

在實際生活中，人們往往把「債務」與「信用」混為一談，但二者在理論上是有區別的。嚴格來說，它們是同一行為的兩個方面。在每一次借貸行為中，「債務」是指借款人將來還款的義務，而「信用」則是指貸款人將來收本息的權利，又稱債權。因此，人們常把債權債務關係說成是「信用關係」。

綜上所述，信用可以定義為以借貸為特徵，以還本付息為條件，體現著一定的債權債務關係，是不發生所有權變化的價值單方面的暫時讓渡或轉移。

信用的基本特徵就是以還本付息為條件的價值單方面轉移。

## 二、信用的主要形式

現代信用形式繁多，按信用主體的不同，可分為商業信用、銀行信用、國家信用、消費信用等主要形式。其中，商業信用和銀行信用是現代市場經濟中與企業的經營活動直接聯繫的最主要的兩種形式。

（一）商業信用

1. 商業信用的定義

商業信用是企業之間相互提供的、與商品交易直接聯繫的一種信用形式，主要採

取賒銷和預付貨款兩種基本形式。

商業信用是與商品交易相聯繫的，它的最初形式是商品的賒銷。借助於商業信用的賒銷形式，加速了商品價值實現的過程，從而使整個再生產過程連續不斷地進行。

2. 商業信用的特點

（1）商業信用是以商品形態提供的信用。由於商業信用是以商品形態提供的信用，因此，它同時包含著兩個性質不同的經濟行為，即買賣與借貸。以賒銷方式為例，一個企業把一批商品以延期付款的形式賣給另一個企業時，商品的買賣行為在一定意義上說是完成了，因為商品的所有權已從賣者手中轉入買者手中。但是由於商品的貨款並未馬上支付，從而買者就成為債務人，賣者則成為債權人，買者與賣者之間就形成了債權債務關係，即借貸。這裡借貸行為是在買賣商品的基礎上產生的。

（2）商業信用的債權人和債務人都是企業。由於商業信用是以商品形態提供的信用，因此不僅債務人是企業，而且債權人也必然是企業。債權人提供信用給別人，同時也就是以貨主的資格出售商品給其他企業。債務人接收商業信用，同時也就是向其他企業購買商品。

（3）商業信用的興衰和經濟週期的變化相一致。在經濟繁榮時期，生產規模擴大，生產的商品增多了，這時以信用形式出售的商品就增多，對商業信用的需求也增加了；相反，在經濟危機或經濟蕭條時期，企業的生產縮減，市場上商品充斥，而需求不足，這時企業對商業信用的需求也就隨之減少。這是因為企業以信用形式購入商品，主要是用於再生產的繼續進行。

3. 商業信用的作用

由於商業信用是與商品交易相聯繫的，其基本形式是賒銷和預付貨款，因此能直接為商品生產和流通服務，加速資金週轉，保證生產和流通過程的連續順暢。商業信用是現代信用制度的基礎。商業信用具有以下兩大優點：

（1）商業信用是直接信用，借貸雙方具有直接利害關係，有利於增加企業的責任感，提高經濟效益。

（2）商業信用的合理運用有利於推銷新產品和推銷滯銷產品，減少資金積壓。

4. 商業信用的局限性

商業信用的特點決定了其具有以下局限性：

（1）商業信用的規模受到限制。由於商業信用是企業之間提供的信用，其信用規模受企業自身資本實力的限制。一個企業所能提供的用於賒銷的商品，只能是以現款銷售以後剩餘的部分。如果該企業用全部商品提供商業信用，那麼該企業的資金週轉就將發生困難，該企業的再生產將無法維持。

（2）商業信用的方向受到限制。由於商業信用是企業之間彼此提供的信用，因此商業信用所提供的大多是生產資料。企業之間在彼此提供商業信用時，只能由生產生產資料的部門提供給需要生產資料的部門，而不能按相反的方向進行。例如，紡織業和食品業可以從機器製造業得到商業信用，但是它們卻不能向機器製造業提供商業信用。

商業信用的上述局限性使商業信用不能滿足現代信用經濟發展的需要，於是傳統

的商業信用開始發生變化。隨著現代金融市場的發展和金融工具的創新，企業融資出現了證券化趨勢。越來越多的企業用發行商業票據、企業融資券或企業債券的方式向社會籌集資金，這樣就使商業信用異化為一方（債務人）是企業，另一方（債權人）為社會公眾的一種直接信用形式。

(二) 銀行信用

為彌補商業信用的局限性，銀行信用應運而生。

1. 銀行信用的定義

銀行信用是商業銀行或其他金融機構以貨幣形式向企業提供的信用。銀行信用是現代信用的典型形態，是在商業信用發展的基礎上產生的。銀行信用克服了商業信用的局限性，因此對商品經濟的發展起到了巨大的推動作用，並成為現代信用經濟的主體。

2. 銀行信用的特點

銀行信用與商業信用不同，具有如下特點：

（1）銀行信用是以貨幣形態提供的信用。

（2）銀行信用的債權人是銀行或金融機構，債務人主要是企業。

（3）銀行信用的興衰與經濟週期的變化不一致。例如，在經濟危機時期，商品過剩，價格下跌，商品難以出售或按低價出售，人們為了清償債務，不得不大量借入貨幣，這時人們對銀行信用的需求大量增加。在經濟趨向繁榮時期，人們對銀行信用的需求不會立即增加。因為企業在停工以後重新開業時，一般先利用自有資金，在自有資金用完以後才會增加對銀行信用的需求，所以只有到了繁榮的後期，銀行信用的增長才與產業資本的增長保持一致。

3. 銀行信用的作用

銀行信用的特點使其克服了商業信用的局限性，銀行信用的作用主要表現在以下兩個方面：

（1）信用規模巨大，其規模不受自身自有資本的限制。由於銀行信用所動員起來的借貸資金，不僅僅是企業閒置的貨幣資金，而且還有社會各階層的貨幣收入和儲蓄，具有較穩定的資金來源。因此，銀行信用規模巨大，其規模不受自身自有資本的限制。

（2）銀行信用是以貨幣形式提供的信用，無方向上的限制。銀行信用是以貨幣形態提供的信用，貨幣作為一般等價物，由銀行集中起來的借貸資金可以貸放給國民經濟的任何生產部門，並無方向的限制。

由於銀行信用克服了商業信用的局限性，因此在現代市場經濟條件下，銀行信用佔主導地位，並成為現代信用制度的主體。這主要表現在商業信用的發展越來越依賴於銀行信用，如票據和債券的貼現、承購應收帳款業務等銀行信用都有效地解決了企業資金週轉的問題，從而把商業信用納入了銀行信用的軌道，並通過銀行信用來引導和控制商業信用。

雖然銀行信用在現代市場經濟體系中佔主導地位，但商業信用仍是現代信用制度的基礎。首先，從歷史上看，商業信用是先於銀行信用而存在的，銀行信用是在商業

信用發展到一定階段的基礎上才產生的。其次，商業信用是直接與商品生產和商品流通過程相聯繫的，從而直接為產業資本循環服務。在商業信用可能解決問題的範圍內，企業往往不必借助於銀行信用，而是直接通過商業信用來滿足它們對資金的需要。最後，隨著金融市場的迅速發展，商業票據的流動性日益加強，這使越來越多的企業利用商業信用籌集資金，進而出現商業信用發展的趨勢。因此，商業信用和銀行信用是現代市場經濟體系中兩種最基本的信用形式，並相互支持，共同發展。

（三）國家信用

國家信用的主體是政府，主要有籌資信用和投資信用兩種，前者政府是債務人，後者政府則是債權人。不過，現在國家信用一般指籌資信用。因此，國家信用可以定義為政府以舉債的方式向社會各經濟主體籌措資金。在國家信用中，國家或政府是債務人，以債權人身分出現的則是本國公民、企業、銀行和金融機構或外國政府、公民、企業和金融機構等。

國家信用最主要的形式是發行債券。債券又可分為公債券和國庫券，這是兩種典型的國家信用形式。其中，國庫券是政府為了解決短期預算支出的不足而發行的期限在1年以下的債券。公債券則是政府為了彌補財政赤字而發行的期限在1年以上的長期債券。

在現代經濟中，國家信用是國家經常採用的一種信用形式，在國家預算執行過程中，當財政收入與財政支出發生暫時脫節（即入不敷出）時，國家信用可以解決這種財政收支的暫時不平衡。另外，許多國家中央銀行調控貨幣供給常用的手段是進行公開市場業務操作，而公開市場業務操作的有效性以一定規模的國債及不同期限的國債合理搭配為前提條件。因此，國家信用成為財政政策和貨幣政策密切配合，共同發生作用的重要結合部。

（四）消費信用

消費信用就是由企業、銀行或其他消費信用機構向消費者個人提供的，用以滿足其消費方面貨幣需求的信用，包括分期付款、消費貸款、信用卡透支等。

企業在出售商品時，會對沒有現款或現款不足的消費者採取信用出售的方式，對於某些價值較高的耐用消費品（如汽車、家具和不動產等），更是經常採用分期付款的方法。消費信用不僅可以由企業向消費者提供，而且也可以由銀行或金融機構向消費者提供。

銀行提供的消費信用通常採用以下兩種形式：一種是直接貸款給消費者，用於購買商品和支付各種勞務；另一種是採用按揭形式，先由銀行同以信用方式出售商品的企業或商店簽訂貸款合同，然后銀行將貸款資金付給企業，以後由消費者分期付款償還銀行貸款。這種消費一般是中期的。此外，銀行和其他金融機構貸款給個人購買或建造住房也是一種消費信用，屬長期消費信用。

消費信用是在第二次世界大戰以後迅速發展起來的。1945年年末，美國的消費信用總額為57億美元；到1948年，增長了2倍，達170億美元；以後每年增加，到1973年，消費信用總額已超過1,600億美元。

消費信用對消費者來說，解決了消費者消費慾望與購買力暫時不足的矛盾；對整個社會來說，促進了消費品的銷售，擴大了消費需求；促進耐用消費品的生產和發展，帶動國民經濟的發展；促進新技術的應用、新產品的推銷和產品的更新換代。消費信用的不利影響是使未來消費縮小，增加債務負擔；容易助長信用膨脹，造成市場虛假繁榮和泡沫經濟，加劇生產與消費的矛盾和市場供求的矛盾。

### 三、信用與股份公司

(一) 股份公司的特點

股份公司的典型形式是股份有限責任公司，通常簡稱為股份有限公司。其特點如下：

(1) 公司的資本通過發行股票方式籌集，股票面值相等，每股金額不大，一般公眾有可能認購。現在大多數的股票是一個貨幣單位一股。

(2) 股票是股份有限公司的所有權憑證，其持有人稱為股東，股東對公司只負有限責任。

(3) 股票一般規定不能退股，但可以出售、轉讓。

(4) 股東可根據其所持股票數量而有相應的經營參與權，但對於分散的小量股票的持有者，這種經營參與權實際上沒有多大意義，不過是選擇一種保存自己財富的形式，真正決策者是少數持有巨額股票的股東。

(5) 公司的經營絕大部分是由專門的經理人員負責，他們並不一定是資本的所有者。

股份有限公司主要存在於那些資本規模巨大的經營領域，可以說，沒有股份公司這種集聚資本的形式，一些必須投入巨額資本的事業也難以推進。

(二) 股份公司與信用

股份公司的存在以信用關係的普遍發展為前提條件。

股份公司的資本是靠發行股票集聚的，而股票能夠發行出去，其前提是必須存在巨大的貨幣資金市場。商品貨幣關係的拓展，使持有貨幣的公眾極大地增加；與此同時，信用關係的迅速發展使那些只有少量剩餘貨幣的公眾改變了只把剩餘貨幣存在箱底的習慣，並尋找有利的投放場所。於是，一個不僅有大額貨幣資金進入，也有為數眾多的小額貨幣資金進入的信用市場形成了。有了這個市場，以票面金額不大、可以方便轉讓為特徵的股票就成為小額貨幣持有者的投資對象。當然，這也不妨礙其成為大額貨幣資金的投資對象。信用關係的發展，還使得短期閒置的貨幣資金進入信用市場，通過靈活的信用調劑，得到利用。

股票能成為廣泛的投資對象還有一個重要的前提，即股票持有者對公司行為只負有限責任，這也主要緣於信用關係的原則移入投資領域。有限責任制克服了大事業必須由分散的小額資金來支持，而如果要小額資金所有者負無限責任其就不可能投資的矛盾。

（三）所有權與經營權的分離

　　資本有兩方面的內容：一是對資本的所有權，即資本屬於誰；二是資本的職能，即賺取利潤的職能，這個職能只有通過資本的運用才能實現。這兩者往往結合在一起，即資本家本人運用自己的資本，實現資本的職能；這兩者也可能分離，如資本家委託旁人經營，而實現的資本收益由資本家分一部分給經營者。股份公司的出現使所有權和經營權的關係出現了具有本質意義的發展。

　　從所有權來說，一個股份公司的資本不是一個人的資本，也不是幾個人的資本，而是很多人的資本，因此是一種具有「社會性」的資本。在這種形勢下，所有權與經營權是必然要分離的。如果說，一個資本家獨資或幾個資本家合夥，他們可以選擇是自己經營還是請人經營，那麼在股份制下，眾多的股東一般是不可能自己直接經營公司的。

　　在股份公司發展的基礎上，經理人員形成一個階層，他們不是資本的所有者，而只是執行資本的職能。在這裡，資本的所有權已不再是發揮資本的職能的前提。資本從「私人的」變成「社會的」，資本的所有權必然要與經營權分離，經營權也不再以所有權為前提。

（四）股份公司在中國

　　鴉片戰爭之後，隨著帝國主義的入侵，一些股份制的外國公司進入中國。1869 年，上海已有從事股票經紀的外國商號以及專門從事外國企業的股票買賣的機構。19 世紀後半葉，清政府的洋務派創辦了一些近代軍用工業，如江南製造總局、金陵製造局等。隨後，清政府又興辦了一些官辦、官商合辦的民用工業，如輪船招商局、開平煤礦、漢陽鐵廠、上海機器織佈局等。這是中國最先採取股份公司形式的一批企業。到 20 世紀 30 年代，已有一批民族資本的股份公司從事工商業經營，特別是大的商業銀行多採用股份有限公司的形式。

　　中華人民共和國成立後，隨著沒收官僚資本和對生產資料所有制的社會主義改造的完成，大中型企業都轉化為公有制的國營企業。這些國營企業的「資本」都屬於國家，國營企業的新建和擴建，其投資則由國家財政統一籌集，股份公司的形式不再有存在的基礎。至於股票市場，在新中國成立之初便已被取締。

　　20 世紀 80 年代中期，在改革開放政策摸索推進的背景下，首先從籌集資金的角度提出了推行股份制，或稱「股份化」的問題。有的企業在職工中間或更大的範圍內發行股票，提出「入股自願，退股自由，利息從優，年終分紅」之類的辦法。顯然，這是一種很不規範的集資形式，與股份公司制度並無共同之處。

　　進入 20 世紀 90 年代以來，隨著中國企業管理制度，尤其是國有企業管理體制改革的深入，股份公司逐漸成為令人們廣泛關注的一種組織形式，並得到了迅速的發展。1997 年召開的黨的「十五大」明確了股份制是公有制的一種實現形式。由此，伴隨著建立現代企業制度的目標，股份公司這種組織形式得到了不斷發展。

## 第二節　利息與利率

### 舊中國有名的高利貸

自清光緒初年（1871年）至1946年，中國境內民間的高利貸有「驢打滾」「羊羔息」「坐地抽一」「印子錢」等種類。

「驢打滾」盛行於華北地區一帶，多在放高利貸者和農民之間進行。借貸期限一般為1個月，月息一般為3～5分，到期不還，利息翻番，並將利息計入下月本金。依此類推，本金逐月增加，利息逐月成倍增長，像「驢打滾」一樣。

「羊羔息」，即借一還二，如年初借100元，年末還200元。

「坐地抽一」，即借款期限1個月，利息1分，但借時必須將本金扣除十分之一，到期按原本金計息。例如，借10元，實得9元，到期按10元還本付息。

「印子錢」曾流行於全國各地，在抗日戰爭前的上海，借「印子錢」10元，放債人先扣下1元，實借出9元，分60天還清，連本帶利每天還兩角錢，到期要還12元。

思考：

案例中是用什麼方法計算利息？試用下面學習的計息方法計算並說明其中一個案例。

### 一、利息和利率的概念

利息是在信用關係中債務人支付給債權人的（或債權人向債務人索取的）報酬。利息隨著信用行為的產生而產生，只要信用關係存在，利息就存在。

利息率簡稱利率，是指一定時期利息額同本金額的比率，即：

$$r(利息率) = \frac{\triangle g(利息額)}{g(本金，借貸資本額或所貸資金額)}$$

### 二、利息的計算

（一）單利和複利

1. 單利

單利是指在計算利息額時，不論期限長短，僅按本金計算利息，對利息不再重複付息。其公式為：

$I = P \cdot r \cdot n$

$S = P(1 + r \cdot n)$

式中，I為利息額，P為本金，r為利息率，n為借貸期限，S為本利和。

［例2－1］某人借款100萬元，年利率為5%，借款期限為3年，請計算到期本利和及應付利息。

$I = 1,000,000 \times 5\% \times 3 = 150,000$（元）

$S = 1,000,000(1 + 5\% \times 3) = 1,150,000$（元）

2. 複利

複利是指在計算利息額時，要按一定期限將所生利息加入本金再計算利息，逐期滾算，直至借貸契約期滿。

利息的計算公式為：

$I = S - P = P[(1 + r)^n - 1]$

本利和的計算公式為：

$S = P(1 + r)^n$

[例2-2] 某人借款100萬元，年利率為5%，借款期限為3年，按複利計算到期本利和及應付利息。

$S = 1,000,000 (1 + 5\%)^3 = 1,157,625$（元）

$I = 1,000,000[(1 + 5\%)^3 - 1] = 157,625$（元）

（二）終值和現值

1. 終值（Future Value）

終值又稱將來值或本利和，是指現在一定量的資金在未來某一時點上的價值，通常記作 FV。

$FV = PV(1 + r)^n$

式中，PV 為現值或本金，FV 為終值或本利和，$(1 + r)^n$ 為複利因子。

[例2-3] 在年利率為5%時，假定現在有100萬元，3年後是多少錢？

$FV = PV(1 + r)^n = 1,000,000 \times (1 + 5\%)^3 = 1,157,625$（元）

2. 現值（Present Value）

現值是現在和將來（或過去）的一筆支付或支付流在今天的價值；或稱在用價值，即資金折算至基準年的數值；或稱折現值，即對未來現金流量以恰當的折現率進行折現后的價值。其用公式表示為：

$PV = FV/(1 + r)^n$

$$PV = \frac{R_1}{1 + i} + \frac{R_2}{(1 + i)^2} + \cdots + \frac{R_k}{(1 + i)^k} + \cdots + \frac{R_n}{(1 + i)^n} = \sum_{k=1}^{n} \frac{R_k}{(1 + k)^k}$$

式中，PV 為現值或本金，FV 為終值或本利和，$(1 + r)^n$ 為複利因子。

[例2-4] 在年利率為5%時，假定3年後需要1,157,625元，現在需要投資多少（即現值是多少）？

$PV = FV/(1 + r)^n = 1,157,625/(1 + 5\%)^3 = 1,000,000$（元）

（三）現值—終值的運用——淨現值（NPV）法則

淨現值（NPV）等於所有的未來流入現金的現值減去現在或未來流出現金現值的差額。

[例2-5] 假設100元的5年期公債售價為75元。若不考慮公債利息，在其他可

供選擇的投資方案中，最好的方案是年利率為8%的銀行存款。這兩個方案哪個好呢？

可用淨現值（NPV）法則來評估。

公債未來現金流入的現值計算如下：

PV = 100/(1 + 8%)$^5$ = 68.06（元）

銀行存款未來流入的資金價值計算如下：

FV = 75 × (1 + 8%)$^5$ = 75 × 1.469,3 = 110.20（元）

對上述情況進行分析，計算如下：

68.06 - 75 = -6.94（元）

100 - 110.20 = -10.20（元）

故不宜投資公債。

[例2-6] 一臺機器，賣方開價一次性支付現款為110萬元，如分四年平均支付，則每年支付30萬元，共計120萬元。在銀行存款利率為10%的情況下，對購買者來說選用哪一種支付方法更好？

根據公式計算如下：

PV = FV/(1 + r)$^n$
　 = 30/(1 + 10%) + 30/(1 + 10%)$^2$ + 30/(1 + 10%)$^3$ + 30/(1 + 10%)$^4$
　 = 95.093（萬元）

計算結果表明分期付款較一次性付款更合算。

### 三、利率體系

利率體系是指一個國家在一定時期內各種利率按一定規則構成的、互相依存和互相制約的系統。在一個經濟體系中任何時候都不只存在一種利率，而是存在多種利率，並且這些利率的相互作用對一般利率水平的決定產生影響。為了準確掌握利率的內涵，有必要對利率體系進行簡要分析。一般來說，利率體系主要包括以下幾個方面的內容：

（一）中央銀行再貼現利率和商業銀行存貸款利率

中央銀行再貼現利率是商業銀行將其貼現的未到期票據向中央銀行申請再貼現時所使用的利率。再貼現利率是中央銀行對商業銀行和其他金融機構短期融通資金的利率。再貼現意味著中央銀行向商業銀行貸款，從而增加了貨幣投放，直接增加貨幣供應量。再貼現利率的高低不僅直接決定再貼現額的高低，而且會間接影響商業銀行的再貼現需求，從而整體影響再貼現規模。再貼現利率在利率體系中發揮著核心和主導作用，反應和影響全社會的一般利率水平，體現一個國家在一定時期內的經濟政策目標和貨幣政策方向。

商業銀行存貸款利率又稱市場利率，是商業銀行及其他存款機構吸收存款和發放貸款時所使用的利率。商業銀行存貸款利率在利率體系中發揮基礎性作用，一方面反應貨幣市場上資金供求狀況；另一方面對資金的融通和流向起導向作用。商業銀行存貸款利率一般分為存款利率（或負債利率）與貸款利率。為了避免銀行和其他存款機構在吸收存款中出現惡性競爭，幾乎所有市場經濟國家都對銀行存款利率做出了明確

的規定和限制，而對貸款利率一般限制較少。

(二) 拆借利率與國債利率

拆借利率是銀行及金融機構之間的短期資金借貸利率，主要用於彌補臨時頭寸不足，通常是隔夜拆借，期限一般不超過半年。拆借利率是根據拆借市場的資金供求關係來決定的，能比較靈敏地反應資金供求的變化情況，是短期金融市場中具有代表性的利率。其他短期借貸利率通常是比照同業拆借利率加一定的幅度來確定的。

國債利率通常是指一年期以上的政府債券利率，是長期金融市場中具有代表性的利率。國債的安全性和流動性較高，收益性較好，因此國債利率水平通常較低，成為長期金融市場中的基礎利率，其他利率則參考國債利率來確定。

(三) 一級市場利率與二級市場利率

利率作為借貸資金的價格或成本，可視為金融投資所獲得的回報，因此經濟學中利率與收益率一般可以通用。

一級市場利率是指債券發行時的收益率或利率，是衡量債券收益的基礎，同時也是計算債券發行價格的依據。

二級市場利率是指債券流通轉讓時的收益率，真實反應了市場中金融資產的損益狀況。一般來說，二級市場收益高，會使債券需求增加，從而使發行利率降低；反之，會使發行利率提高。

在利率體系中，有一個處於關鍵地位，起引導和決定作用的利率，即基準利率。基準利率是金融市場上具有普遍參照作用的利率，其他利率水平或金融資產價格均可根據這一基準利率水平來確定。基準利率是利率市場化的重要前提之一，在利率市場化條件下，融資者衡量融資成本，投資者計算投資收益以及管理層對宏觀經濟的調控，客觀上都要求有一個普遍公認的基準利率水平作為參考。因此，從某種意義上講，基準利率是利率市場化機制形成的核心。

基準利率一般由中央銀行決定。以前大多數國家以中央銀行的再貼現率作為基準利率，而當前不少國家以公開市場業務作為主要的貨幣政策工具，因而採用國債利率作為基準利率。

## 四、利率的種類

(一) 年利率、月利率和日利率

根據計算利息的期限單位，利率可劃分為年利率、月利率和日利率。年利率以年為計算單位，以百分之幾來表示，按年利率計算的利息為年息；月利率以月為計算單位，以千分之幾來表示，按月利率計算的利息為月息；日利率以日為計算單位，以萬分之幾來表示，按日利率計算的利息為日息，日息按每月30天計算。

按照中國傳統的習慣，不論是年利率、月利率、日利率都用「厘」作為單位，如年息5厘、月息4厘、日息2厘等。雖然都叫「厘」，但差別極大。年利率的1厘是指1%，如貸出1萬元，1年的利息為100元。月利率的1厘是指0.1%，如貸出1萬元，

1月的利息為10元；不計複利，1年為120元。日利率的厘是指0.01%，如貸出1萬元，每日利息為1元；不計複利，每月按30天計，利息為30元，全年可收利息360元。過去和現在的民間，也常用「分」作為利率的單位。分是「厘」的10倍，如舊中國習慣用以作為利息率高低分界的「3分息」就是指月息3%。

（二）長期利率和短期利率

根據信用行為期限的長短，利率可分為長期利率和短期利率。1年期以上的融資行為稱為長期信用，相應的利率就是長期利率；1年期以下的信用行為稱為短期信用，相應的利率就是短期利率。

（三）固定利率和浮動利率

根據借貸期限內利率是否調整，利率可以分為固定利率和浮動利率。固定利率是指在借貸期限內保持不變的利率。這種計息方式的特點是簡單易行，但只適用於利率管制的國家或經濟穩定時期；若在通貨膨脹嚴重時期採用，會造成債權人的損失，在利率市場化的條件下，則對借貸雙方均不利。浮動利率是指在借貸期限內根據市場利率的變化定期調整的利率。實行浮動利率，必須首先在貸款協議中做出明確規定，然後根據市場利率的變化情況，每半年調整一次。這種計息方法比較麻煩，一般適用於中長期貸款。

（四）市場利率、官定利率和公定利率

根據是否按市場供求自由變動，利率可分為市場利率、官定利率和公定利率。市場利率是指隨市場供求而自由變動的利率；官定利率是指由政府金融管理部門或者中央銀行確定的利率，是國家為了實現宏觀調節目標的一種政策手段；公定利率是指由非政府部門的民間金融組織，如銀行公會等所確定的利率。

（五）名義利率和實際利率

按照利率與通貨膨脹的關係，利率有名義利率和實際利率之分。在通貨膨脹時期，名義利率很高，但實際利率卻很低，甚至是負利率。名義利率是不剔除通貨膨脹的因素，隨物價水平的變化而調整的利率；實際利率則是剔除通貨膨脹因素，能夠精確地反應真實籌資成本的利率。新聞媒體和銀行公布的利率都是名義利率，而實際利率則必須通過計算獲得。

名義利率與實際利率的關係是名義利率等於實際利率加上通貨膨脹率。可用公式表示如下：

$i = ir + p$

式中，$i$為名義利率，$ir$為實際利率，$p$為通貨膨脹率。

假如在1年裡，利率上升至8%，而通貨膨脹率卻達到10%，那麼在這一年內的實際利率是-2%。計算過程如下：

$ir = 8\% - 10\% = -2\%$

根據以上計算，即使年終債權人獲得了按年利率8%計算的利息，但以不變價格計算，卻損失了2%的利息。因此，實際利率越低，借款人借錢的願望越強烈，而貸款人

則越不願意貸出資金。

## 五、利率的決定

### (一) 馬克思主義的利率決定理論

馬克思的利率決定理論是以剩餘價值在不同資本家之間的分割為出發點的。利息是貸出資本家從借入資本的資本家那裡分割來的一部分的剩餘價值。剩餘價值表現為利潤，因此利息只是利潤的一部分。利潤本身就構成了利息的最高界限，社會平均利潤率就構成了利息率的最高界限。因為如果利息率達到平均利潤率的水平，借入資本的職能資本家將無利可圖，但利息率也不可能低到零，否則借貸資本家不願意貸出資本。因此，利息率應該在零和平均利潤率之間波動。

利息率取決於平均利潤率，使得利息率具有以下的特點：

（1）隨著技術的發展和社會資本有機構成提高，平均利潤率有下降的趨勢，因此利息率也有下降的趨勢。

（2）平均利潤率雖有下降的趨勢，但這是一個非常緩慢的過程，在某一特定的階段，往往是一個穩定的量。

（3）由於利息率的高低是兩類資本家分割利潤的結果，因此利息率的決定具有很大的偶然性，往往習慣、法律效應、競爭等因素都會直接影響利率的水平。

### (二) 西方經濟學的利率決定理論

#### 1. 古典利率理論

19 世紀 80 年代以前，西方古典經濟學家對利率的決定問題進行了大量研究，其中利率由資本供求關係決定的思想已廣為接受。但究竟資本的供給和需求是由哪些因素決定的，還未取得較為一致的意見。19 世紀八九十年代，奧地利經濟學家龐巴維克、英國經濟學家馬歇爾、瑞典經濟學家威克塞爾和美國經濟學家費雪等人對決定資本供給、需求的因素進行了研究，認為資本的供給來源於儲蓄，資本的需求來源於投資，從而建立了利率由儲蓄、投資共同決定的理論。因為該理論嚴格秉承古典學派重視實物因素的傳統，從而被稱為「古典利率理論」。

古典的利率理論認為，利率取決於邊際儲蓄曲線與邊際投資曲線的均衡點。投資是利率的遞減函數，投資流量隨利率的提高而減少，即利率提高，投資額下降；利率降低，投資額上升。儲蓄是利率的遞增函數，儲蓄流量隨利率的提高而增加，即利率越高，儲蓄額越大；利率越低，儲蓄額越少，儲蓄額與利率成正相關關係。古典的利率理論可以用圖 2.1 來表示。

在圖 2.1 中，I 曲線是投資曲線，向下傾斜，表示投資與利率負相關。S 曲線是儲蓄曲線，S 曲線向上傾斜，表示儲蓄與利率正相關。I 曲線與 S 曲線的相交 A 點對應的利率 $r_0$ 表示均衡利率。若邊際投資傾向不變，邊際儲蓄傾向提高，S 曲線向右平移，與 I 曲線形成新的均衡利率 $r_1$，$r_1 < r_0$，說明在投資不變的前提下，儲蓄提高導致利率下降。若邊際儲蓄傾向不變，邊際投資傾向提高，I 曲線向右平移，與 S 曲線形成新的均衡利率 $r_2$，$r_2 > r_0$，說明在儲蓄不變的前提下，投資的增加導致利率上升。

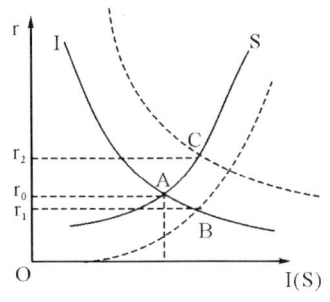

圖 2.1　古典利率理論

2. 流動偏好利率理論

　　流動偏好理論是凱恩斯提出的利率理論。凱恩斯認為，利率取決於貨幣的供求狀況，而貨幣的供給量取決於貨幣當局；貨幣的需求量主要取決於人們對現金的流動偏好。人們可以用其收入購買債券，從而獲得利息；人們也可以持有貨幣，從而滿足其交易的需求、謹慎的需求和投機的需求。凱恩斯認為，流動偏好即手持現金是利息的遞減函數，而利息則是放棄流動偏好的報酬。

　　如果人們對流動性的偏好強，願意持有的貨幣數量就增加，當貨幣的需求大於貨幣的供給時，利率上升；反之，人們的流動性偏好轉弱時，對貨幣的需求下降，利率下降。因此，利率由流動性偏好曲線與貨幣供給曲線共同決定（如圖2.2所示）。

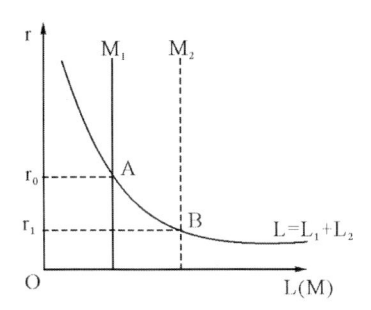

圖 2.2　流動偏好利率理論

　　貨幣供給曲線 M 由貨幣當局決定，貨幣需求曲線 L = $L_1$ + $L_2$。$L_1$ 表示交易和謹慎貨幣需求，$L_2$ 表示投機貨幣需求，L 表示貨幣總需求。貨幣需求曲線是一條由上到下、由左到右的曲線，越向右，越與橫軸平行。當貨幣供給曲線與貨幣需求曲線的平行部分相交時，利率將不再變動。貨幣供給的增加，將導致儲蓄的增加，不會對利率變動產生影響。這就是著名的凱恩斯「流動性陷阱」學說。

3. 可貸資金理論

　　新古典利率理論也被稱為可貸資金學說（the Theory of Loanable Funds），是對古典利率理論的補充，也是為了批判凱恩斯流動偏好理論而提出的。其首倡者是劍橋學派的羅柏森（D. H. Robertson）。該理論認為，市場利率不是由投資與儲蓄決定的，而是由可貸資金的供給和需求來決定的。可貸資金的需求包括投資需求和貨幣貯藏需求。

這裡的貨幣貯藏需求不是貨幣貯藏的總額，而是當年貨幣貯藏的增加額。其用公式來表示，即：

$D_L = I + \triangle H$

式中，$D_L$ 為可貸資金的需求量，I 為投資，$\triangle H$ 為貨幣貯藏的增加額。

可貸資金的供給也由兩部分組成：一是儲蓄，二是貨幣當局新增發的貨幣數量。其用公式來表示，即：

$S_L = S + \triangle M$

式中，$S_L$ 為可貸資金的供給，S 為儲蓄，$\triangle M$ 為貨幣當局的貨幣增發額。

可貸資金學說認為，$\triangle H$ 和 I 是利率的遞減函數，而 $\triangle M$ 卻是貨幣當局調節貨幣流通的工具，是個關於利率的外生變量。儲蓄與投資決定自然利率 $r_0$（當 I = S 時的利率）；而市場利率 $r_1$ 則由可貸資金的供求關係來決定，即 $r_1$ 取決於 DL = SL。其公式表示如下：

$I + \triangle H = S + \triangle M$

可以看出，如果投資與儲蓄這一對實際因素的力量對比不發生變化，按照該理論，貨幣供需力量對比的變化便足以改變利率。因此，利率在一定程度上是貨幣現象。

可貸資金理論從流量的角度研究借貸資金的供求和利率的決定，可以用於對金融市場的利率進行分析，有一定的實際意義（如圖 2.3 所示）。

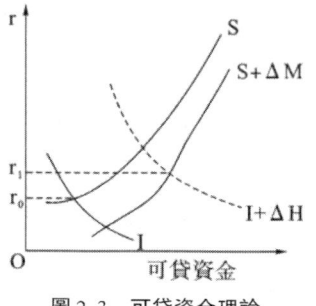

圖 2.3 可貸資金理論

### (三) 決定和影響利率變動的因素

#### 1. 平均利潤率

馬克思認為，資本主義利息是利潤的一部分，是剩余價值的一種轉化形態。因此，正常情況下，利率水平應介於零和平均利潤率之間，即利率水平隨著平均利潤率的變動而發生變化。馬克思的平均利潤率決定理論為我們分析判斷和預測實際利率水平的高低、制定利率政策提供了理論基礎。

#### 2. 資金供求狀況

借貸資金供求狀況的變化是影響市場利率變動的直接因素，資金供應增加，需求減少，市場利率下降；相反，資金供應減少，需求增加，市場利率上升。影響借貸資金供求狀況的因素是多方面的，有實際經濟因素，有純貨幣因素，還有心理因素。資金供求狀況可以說是各種影響利率水平因素的綜合反應。

3. 預期價格變動率

價格變動與名義利率變動有著直接的聯繫。要保持實際利率不變，在價格總水平上升時，名義利率也應上升；反之，名義利率應下降。因此，在確定利率時，既要考慮物價上漲對借貸資本本金的影響，又要考慮物價上漲對借貸資本利息的影響，並採取提高利率水平或採用附加條件等方式來減少通貨膨脹帶來的損失。

4. 銀行經營成本

銀行經營成本基本上包括兩部分，即支出和一般營業費用。銀行的利潤與其經營成本成反比，存款利息與貸款利率成正比。因此，存貸款利差越小，銀行利潤越少；存貸款利差越大，銀行利潤越多。

5. 國家產業政策等經濟政策

國家產業政策是銀行確定優惠利率扶植對象和利率優惠幅度的基本依據。而利率政策是中央銀行進行金融宏觀調控、實現宏觀經濟政策目標的一種工具，其確定不僅要考慮利率體系和金融市場的內在要求，還要服務於國家宏觀經濟調控的需要。當經濟處於繁榮時期，投資旺盛，市場資金需求強勁，市場利率較高且呈上升趨勢，這時中央銀行會採取偏緊的貨幣政策，提高基準利率以提高投資成本，抑制投資。相反，當經濟不景氣時，投資疲軟，市場資金需求不足，市場利率水平降低，這時中央銀行就會採取較為積極的貨幣政策，降低基準利率以降低投資成本，從而刺激投資。

6. 國際經濟環境

國際資金的流動影響一國的利率水平。如果資金流出，會減少一國的資金供給量，如果要制約貨幣資金的大量流出，就必須提高利率，但利率的提高會導致投資減少，利潤降低，當利息在利潤中的分割比例不變時，利率水平又會相應降低。一國利率水平還會受國際金融市場利率和匯率、國際商品的競爭、外匯儲備量的多少和利用外資政策的影響。

7. 經濟週期

在危機階段，許多工商企業由於商品銷售困難而不能按期償還債務，造成支付關係緊張並引起貨幣信用危機。資本家都不願意再以賒銷方式出售商品，而要求以現金支付。由於對現金的需求急遽增加，借貸資本的供給不能滿足需要，將使利率節節提高。進入蕭條階段，物價已跌到最低點，整個社會生產處於停滯狀態。與此相適應，借貸資本的需求減少，市場上游資充斥，利率會不斷降低。在復甦階段，投資增長，物價回升，市場容量逐漸擴大，增加了對借貸資本的需求，但借貸資本供給充足，職能資本家可以以低利率取得貨幣資本。進入繁榮階段，生產迅速發展，物價穩定上升，利潤急遽增長，新企業不斷建立，對借貸資本的需求很大。但由於資本回流迅速，信用週轉靈活，利率並不是很高。隨著生產的繼續擴張，借貸資本需求日益擴大，特別是在危機前夕，利率又會不斷上升。

**通貨膨脹與保值貼補**

當通貨膨脹率很高時，實際利率將遠遠低於名義利率。由於人們往往關心的是實際利率，因此若名義利率不能隨通貨膨脹率進行相應的調整，人們儲蓄的積極性就會

受到很大的打擊。比如在1988年，中國的通貨膨脹率高達18.5%，而當時銀行存款的利率遠遠低於物價上漲率，因此在1988年的前三個季度，居民在銀行的儲蓄不僅沒給存款者帶來收入，就連本金的實際購買力也在日益下降。老百姓的反應就是到銀行排隊取款，然後搶購，以保護自己的財產，因此就發生了1988年夏天銀行擠兌和搶購之風，銀行存款急遽減少。

針對這一現象，中國的銀行系統於1988年第四季度推出了保值存款，將名義利率大幅度提高，並對通貨膨脹所帶來的損失進行補償。表2.1給出了1988年第四季度到1989年第四季度中國的銀行系統三年保值存款的年利率、通貨膨脹補貼率和總名義利率，其中總名義利率等於年利率和通貨膨脹補貼率之和。保值貼補措施使得存款實際利率重新恢復到正數水平。以1989年第四季度到期的三年定期存款為例，從1988年9月10日（開始實行保值貼補政策的時間）到存款人取款這段時間內的總名義利率為21.50%。而這段時間內的通貨膨脹率，如果按照1989年的全國商品零售物價上漲率來計算的話，僅為17.80%，因此實際利率為3.70%。實際利率的上升使存款人的利益得到了保護，人們開始把錢存入銀行，使存款下滑的局面很快得到了扭轉。

表2.1　　　　1988—1989年中國的銀行系統對三年定期存款的保值率（%）

| 年·季度 | 年利率 | 通貨膨脹補貼率 | 總名義利率 |
| --- | --- | --- | --- |
| 1988·4 | 9.71 | 7.28 | 16.99 |
| 1989·1 | 13.14 | 12.71 | 25.85 |
| 1989·2 | 13.14 | 12.59 | 25.73 |
| 1989·3 | 13.14 | 13.64 | 26.78 |
| 1989·4 | 13.14 | 8.36 | 21.50 |

資料來源：《中國金融年鑒（1990）》

思考：

通貨膨脹時期，中央銀行為什麼要對銀行定期儲蓄存款實行保值貼補率？

## 第三節　利率的作用

### 一、利率發揮作用的環境和條件

在發達的市場經濟中，利率的作用是相當廣泛的。從微觀角度說，對個人收入在消費和儲蓄之間的分配、對企業的經營管理和投資等方面，利率的影響非常直接；從宏觀角度說，對貨幣的需求和供給、對市場的總供給與總需求、對物價水平的升降、對國民收入分配的格局、對匯率和資本的國際流動、對經濟成長和就業等方面，利率都是重要的經濟槓桿。

利率發生作用是以資金供求雙方均關心自身的經濟利益為前提條件的。調節利率就是通過調節資金供求雙方的經濟利益來調節資金的供給量和資金的需求量，實現貨

幣供求的均衡，達到宏觀經濟目標。

在發達的市場經濟中，利率的作用之所以極大，基本原因在於對於各個可以獨立決策的經濟人——企業、個人以及其他主體來說，利潤最大化、效益最大化是基本的準則，而利率的高低直接關係到它們的收益。在利益約束機制下，利率也就有了廣泛而突出的作用。中國過去是中央集中計劃體制，由於市場機制受到極強的壓制，利率沒有什麼顯著的作用。改革開放之后，市場機制的運行逐漸成熟，利率開始被重視，近些年來利率的作用在逐步增強。

利率發揮作用的條件具體可歸納為：

第一，市場化的利率決定機制。利率主要是通過市場和價值規律機制由市場供求因素決定的。當市場上資金供不應求，利率就會上揚；反之，資金環境相對寬鬆，利率就會下降。但如果從另一個角度看，利率如果有較高的伸縮自如的彈性，利率的變動，將會調節資金的供求，一方面引導社會資金合理流動，另一方面實現資金供求均衡，促進經濟持續穩定增長。

第二，靈活的利率聯動機制。利率體系中，各種利率之間相互聯繫、相互影響。利用利率的聯動機制，特別是中央銀行通過調整基準利率，來引起市場利率體系隨之變動，減少貨幣政策傳導過程中的障礙，實現宏觀經濟調控目標。

第三，適當的利率水平。利率水平過高，會抑制投資，阻礙經濟的發展與增長；利率水平過低，又不利於發揮利率對經濟的槓桿調節作用。在市場化利率決定機制形成的過程中，適當的利率水平一方面能真實地反應社會資金供求狀況，另一方面使資金借貸雙方都有利可圖，從而促進利率作用的發揮，推動經濟持續、穩定發展。

第四，合理的利率結構。合理的利率結構包括利率的期限結構、利率的行業結構以及利率的地區結構，可以體現經濟發展的不同時期、區域、產業及風險差別，彌補利率水平變動作用的局限性。

## 二、儲蓄的利率彈性和投資的利率彈性

由於個人儲蓄通常是構成社會總儲蓄的主要部分，因此用個人儲蓄作為代表加以說明。利率的作用有正反兩個方面：儲蓄總額相對於利率的提高，可以是增加，也可以是減少；儲蓄總額相對於利率的下降，可以是減少，也可以是增加。一般將儲蓄隨利率提高而增加的現象稱為利率對儲蓄的替代效應，將儲蓄隨利率提高而降低的現象稱為利率對儲蓄的收入效應。替代效應表示人們在利率水平提高的情況下，願意增加未來消費，即儲蓄，來替代當前消費。這一效應反應了人們有較強的增加利息收入從而增加財富累積的偏好。收入效應表示人們在利率水平提高時，希望增加現期消費，從而減少儲蓄，這一效應則反應了人們在收入水平由於利率提高而提高時，希望進一步改善生活水準的偏好。一般來說，一個社會中總體上的儲蓄利率彈性究竟是大是小，最終取決於上述兩種作用相互抵消的結果。由於兩種作用相互抵消，儘管利率的收入效應與替代效應分別看都很強，但利率的彈性卻有可能很低。至於儲蓄的利率彈性的方向是正還是負，則要取決於收入效應與替代效應的對比結果。

利率變化對投資所起的作用是通過廠商對資本邊際效益與市場利率的比較形成的。

如果資本邊際效益大於市場利率，可以促使廠商增加投資，反之則減少投資。但是，同樣幅度的利率變化以及利率與資本邊際效益的比對於不同廠商的影響程度則是不同的。例如，在勞動力成本，即工資，不隨利率下降而降低的情況下，對勞動密集型的投資，利率彈性就小些；對資本密集型的投資，利率彈性就會大些。另外，期限較長的固定資產投資的利率彈性會大些，存貨投資的利率彈性則較複雜。由於存貨的增減更主要地取決於產品銷售及其他成本，利息成本只是影響因素之一，因此需有較大幅度的利率變化，才能引致存貨投資量的明顯變化。

### 三、利率的功能

如上所述，利率作為經濟活動中重要的經濟變量，直接影響人們的經濟利益。其具體內容如下：第一，在宏觀經濟活動中通過影響儲蓄收益可以調節社會資本的供給，如提高利率可以增加居民儲蓄；第二，通過對投資成本的影響可以調節社會投資總量和投資結構，如提高利率會減少社會投資總量，而差別利率可以調節社會投資結構，總儲蓄和總投資的變動將影響社會總供求；第三，在微觀經濟活動中，利率可以通過影響企業的生產成本與收益發揮促進企業改善經營管理的作用；第四，通過改變儲蓄收益對居民的儲蓄傾向和儲蓄方式的選擇發揮作用，影響個人的經濟行為。

如此，利率成為重要經濟槓桿，在市場經濟中具有「牽一髮而動全身」的效應，對經濟的發展發揮著至關重要的作用。利率的功能如下：

（一）仲介功能

利率的仲介功能具體表現在三個方面：首先，利率聯繫了國家、企業和個人三方面的利益，其變動將導致三方利益的調整。其次，利率溝通金融市場與實物市場，特別是兩個市場上不同利率之間的聯動性，使金融市場和實物市場之間相互影響，緊密相關。最后，利率連接了宏觀經濟和微觀經濟，利率的變動可以把宏觀經濟的信息傳達到微觀經濟活動中去。

（二）分配功能

利率具有對國民收入進行分配與再分配的功能。一方面，利率從總體上確定了剩餘價值的分割比例，使收入在貸者和借者之間進行初次分配。另一方面，利率可以對整個國民收入進行再分配，調整消費和儲蓄的比例，從而使盈余部門的資金流向赤字部門。

（三）調節功能

利率的調節功能主要是通過協調國家、企業和個人三者的利益來實現的。利率既可以調節宏觀經濟活動，又可調節微觀經濟活動。利率對宏觀經濟的調節，主要是調節供給和需求的比例，調節消費和投資的比例關係等；利率對微觀經濟的調節，主要是調節企業和個人的經濟活動等，使之符合經濟發展的需求和國家的政策意圖。

（四）激勵功能

實現一定的物質利益是推動社會經濟發展的內在動力。利率就是通過全面、持久

地影響各經濟主體的物質利益，激發他們從事經濟活動的動力，從而推動整個社會經濟走向繁榮。例如，利息對存款人來說，是一種增加收入的渠道，高的存款利率往往是吸收社會資金的誘惑。當然，利息對於借款人來說，始終是一個減利因素，是一種經濟負擔。企業借款的金額越大，借款的時間越長，利率水平越高，企業需要支付的利息就越多，徵稅或業務經營的成本就越高，利潤就越少。因此，為減輕利息負擔，增加利潤，企業就有可能減少借款，通過加速資金週轉，提高資金使用效益等途徑，按期或提前歸還借款。

**基金經理表示：加息不影響投資決策**[①]

2007 年，在有著歷史紀念意義的 5 月 19 日，中國人民銀行宣布了加息及上調存款準備金率的決定，而且存款基準利率上調幅度高於貸款基準利率上調幅度。多數基金經理認為，此次加息並不意外，市場早有預期，加息對股市影響有限，不會影響他們的投資決策，他們也不會因此調整倉位。

不少基金經理表示，此次加息在 5 月 18 日的盤面中已體現出來，因此對市場的衝擊應該不會太大。深圳的一位基金經理就表示，加息並不會影響他的投資和決策，討論加息對市場的正面或負面影響，說到底只是一個選時的問題，因此他們的主要工作是精選個股，不看大市。

大成基金公司投資部副總監兼景宏基金經理劉明認為，此次央行調整政策在預料之中，對股市將產生短期影響，尤其是對地產、銀行板塊將產生負面影響。但就整個宏觀經濟來說，僅屬於微調。與加息一起出抬的政策還有人民幣匯率浮動幅度擴大至 5‰，這意味著人民幣升值會向一個更加廣闊的空間發展。他分析，具體到行業，銀行和地產都是能留下很多錢的行業，這兩個行業都是喜憂參半，好的是人民幣升值幅度更大，這兩個行業都會變得更有吸引力，不利的是房地產的營運成本會上升。

劉明表示，大成基金不會因為加息而改變投資策略，也不會因此調整倉位。因為就此判斷央行已經進入加息通道並不確切，持續加息的信號也不明確。即便加息會使資金局部分流，也不會對整個市場產生大的影響。

信達澳銀基金公司投資總監曾昭雄表示，央行此次「三率」同時調整，代表了新的貨幣市場方向，即在人民幣升值的趨勢下，市場可以接受更大幅度的匯率波動區間，同時提高了投資的機會成本。短期內，目前亢奮的股票市場受調控的影響可能不會很大，但成熟市場的經驗表明，管理層使用市場化的手段調控並不是一步到位的，投資者應該審慎對待持有的股票，重點考察其未來的業績增長能否降低目前較高的估值。曾昭雄認為，「三率」同時調整，表明管理層力圖抑制資產價格可能產生的泡沫，回收流動性勢在必行。此次調整對消費服務、銀行和地產等行業產生的影響並不會很大，信達澳銀基金公司仍然會堅持對公司價值的研究和判斷。

富國基金認為，此次加息的主要目的在於抑制經濟過熱和穩定通貨膨脹，對股市

---

[①] 基金經理表示：加息不影響投資決策 [EB/OL]. (2007-05-22) [2016-08-05]. http://www.chinaacc.com/new/184/186/2007/5/gj93111164822570022717-0.htm.

的發展並不會有直接的方向性影響。此次加息前，一年期存款利率僅為2.79%，低於3%的平均物價漲幅水平，加息後上調至3.06%，基本接近物價水平，有利於穩定通脹預期，保持物價水平的基本穩定。而此次存貸款利率之間的「不對稱調整」，一定程度上釋放出央行希望借此從股市回籠資金的信號。在股市處於4,000點高位的市場態勢下，此次加息將難免使股市面臨一定程度的回調壓力。

不過，富國基金認為，通過加息，讓一些風險承受能力過低的投資者回籠資金到銀行儲蓄，有利於降低股市中的投機套利氣氛，提高市場中的整體風險意識。而中國經濟良好的基本面仍具備承受一定程度的加息的能力空間，將利率與物價漲幅水平調整至接近的水平更有利於經濟的長遠發展。考慮到這兩點因素，此次加息必將有利於股市的長期發展。

不過，也有基金公司持謹慎態度，因為央行收縮流動性的態度堅決，可能在一定程度上影響上市公司的業績，而且市場正處於一種非常微妙的狀態，投資者在操作上應該隨機應變。

思考：

為什麼央行宣布加息，各基金公司經理均要分析其對股市是否產生影響？

## 第四節　中國的利率體制及其改革

### 一、改革開放以前的利率管理體制

與高度集中的計劃經濟體制的歷史背景相適應，長期以來，中國一直實行利率管制，即利率由國務院統一制定，由中國人民銀行統一管理。其特點如下：

(一) 利率水平偏低

新中國成立以來，特別是1956年以後，中國物價指數與利率水平呈反方向變化趨勢。以零售物價總指數來說，1950年為100，1965年為134.6，1978年為135.9，1982年為153.3；而銀行貸款利率水平1953年為年息8.3%，以後逐步降低，最高未超過年息7.2%，有時還降為年息5.04%或5.76%。這種低利率政策，從貸款方面看，造成企業對信用資金的過度需求，不利於信貸引導資金流向和資金供求，不利於扭轉企業流動資金占用多、週轉慢和緩解資金緊張的被動局面；從存款方面看，直接影響貨幣儲備和實物儲存之間的選擇，會減少銀行的存款。

(二) 利率結構不合理

利率結構不合理主要表現在：一是利差和利比不協調。所謂利差，是指貸款利息收入與存款利息支出之差。所謂利比，是指各種利率間依照利率制定原理和信用資金特點，保持一定比例關係的相互制約方式。當時出現的情況是企業定期存款利率低於個人定期存款利率、企業長期占用的資金和短期使用流動資金貸款無區別、結算貸款利率低於流動資金貸款利率等，造成存貨利率倒掛、利率間制約松散、存貸利差與經

濟發展逆向運動，沒有真正體現貨幣資金的時間價值。二是檔次少，利息的種類也隨著利率降低而不斷減少。當時中國利率不分行業、存貸款、長短期、企業經營狀況，均實行同一利率。這種辦法無視投資者對金融資產的不同需求，也不利於銀行信貸貫徹「區別對待、擇優扶植」的原則。

(三) 利率機制不靈活

利率的管理權限高度集中，並且利率標準是「幾十年一貫制」，沒有因勢而變，表現為大額小額存款一個樣、不同經濟發展水平一個樣、不同投資風險一個樣、資金充足和短缺一個樣。這樣做不利於國家產業政策的貫徹和產業結構的調整，不利於提高貸款的經濟效益。

## 二、經濟體制轉換時期利率體制改革的指導思想

(一) 要分析利率和利潤率的關係

依據馬克思的利息理論，利息來源於利潤，是從企業利潤中分割出來的。在資本主義市場經濟條件下，利率水平是受價值規律支配的，利潤水平對利率水平是有決定影響的。隨著中國市場經濟體制的建立，在確定利率水平時，不僅要考慮利潤總水平的情況，還要考慮各部門、各行業間的利潤是否合理以及主觀和客觀因素，如貸款時間長短、物價水平變化、國際市場貨幣利率等因素來確定不同的利率。

(二) 要考慮到資金供求與利率之間的相互作用

在市場經濟條件下，一般是銀根緊利率就高，銀根鬆利率就低。借貸資本的供需狀況決定著當時的市場利息的變化。中國高度集中計劃經濟年代的資金分配主要是通過計劃進行的，要受國家經濟政策和貨幣政策的干預，資金供求情況對利率高低影響較小。隨著中國市場經濟體制的逐步建立，資金供求關係將成為確定中國利率水平的一個重要因素，通過利率的高低來調節資金供求的作用日趨明顯。

(三) 要處理好存款利率和貸款利率的關係

如何求得合理的利差，關鍵要兼顧存款人、貸款人和銀行三者的利益。若三者關係處理不好，存款不來，貸款不去，銀行業務活動就難以開展。在這種情況下，也就談不上利率槓桿作用的發揮。

(四) 要兼顧物價水平變動的影響

從總體上說，保持一個穩定的、良好的貨幣環境，既是經濟健康運行的保證，也是利率充分發揮作用的前提條件。但是，由於種種原因，物價的變動是常事。一般來說，在通貨膨脹情況下，貨幣的幣值下降，物價上漲，就會提高利率；在通貨緊縮情況下，貨幣的幣值上升，物價下降，就要降低利率。兼顧利率與物價關係，一是要考慮一般物價水平；二是預期物價上漲率；三是要具體考慮不同利率與物價的關係。實質上利率總水平與物價總水平的關係十分密切。

### (五) 要設置一套靈活有效的利率管理體系

利率是一個體系，存貸利率之間、單位存款利率與貸款利率之間、各項存款利率之間、各項貸款利率之間、長期性存款利率和貸款利率之間等應協調配合。要建立靈活有效的利率管理體系，總的要求如下：一是既能控制，又能靈活，即中央銀行規定基準利率和利率的浮動幅度，在此基礎上，商業銀行有一定的確定利率的自主權；二是既有差別又能協調，即對不同行業、不同經濟成分、不同地區、不同貸款、不同經濟效益的利率的期限、種類和數量應有所差別，但差別利率之間必須保持一定的比例和制約關係；三是既要相對穩定又能因勢而變，既不像資本主義國家那樣，利率隨資本供求和借貸市場自發波動而經常波動，也不能「十幾年一貫制」，要依據經濟發展狀況而有所變化。

### (六) 要改革利息率在企業成本中列支的做法

從理論上說，利息應是利潤的分割，中國目前將利息攤入成本的做法人為地割斷了利息與企業利潤的內在聯繫，歪曲了利息的實質。從實踐上看，利息在企業成本中列支，利息支出轉嫁給國家和消費者，這不利於企業加強經營管理，也不利於市場物價的穩定。對此，必須適時地進行改革。

## 三、中國利率市場化的進程

### (一) 當前推進利率市場化的有利因素

利率市場化是中央銀行貨幣政策的基礎。沒有市場化的利率，就沒有連接企業、銀行和財政的紐帶。改革開放以來，中國利率改革取得了重大進展：適時地、多次地調整了利率，使中央銀行靈活運用貨幣政策工具進行間接調控的機制更趨完善；停辦新的保值儲蓄存款，恢復了存款利率彈性和利率槓桿的靈活性；試行儲蓄實名制和徵收利息稅，有利於調節收入分配；降低準備金存款利率，有利於增加商業銀行信貸資金的流動性和促使超額準備趨向正常化；放開同業拆借市場，更多地運用市場手段引導市場利率的波動；擴大對中小企業貸款利率的浮動幅度等。

上述改革措施所取得的成效，加上中國宏觀經濟穩定和金融市場已具有一定規模，應該說，為推進利率市場化創造了有利因素。

### (二) 利率形成市場化的國際經驗

以利率形成市場化為核心內容的利率改革是許多發達國家曾經面臨的重大課題。20世紀80年代以來，西方主要國家境內外自由利率市場的發展，直接衝擊了傳統的利率管制，並導致了全面的利率自由化。從具體國家看，美國是在高利率背景下以資金大規模地向自由利率的金融商品市場注入為突破口的；日本是從國內和國外兩條線索展開利率自由化的，在國內是促進國債市場的發展和市場利率的形成，在國外則是利用了歐洲市場的發展；英國則是以國內倫敦市場自由利率的發展為契機推進利率自由化的。

從國際一般經驗來看，利率市場化的一般步驟包括：第一，通過將利率提高到市場均衡狀態下來保持經濟金融運行的穩定；第二，完善利率浮動制，擴大利率浮動範圍，下放利率浮動權；第三，實行基準利率引導下的市場利率體系。從中國利率改革

的進展看，目前已經進入上述第三個階段，即通過推進金融市場的發展、金融資產的多元化，來推進利率形成機制的市場化，並根據市場利率的波動狀況，及時調整貸款利率，增大貸款利率的波動幅度，最后實現存款利率的市場化。

(三) 中國利率市場化的進程

從中國的實際情況和國際經驗看，中國利率市場化應該採取漸進的方式進行。其總體思路是：首先，從發展貨幣市場著手，形成一個更為可靠的市場利率信號；其次，以這一市場利率為導向，及時調整貸款利率，擴大其浮動範圍，並促進銀行間利率體系的建立和完善；最后，逐步放開存款利率。具體來說，中國利率市場化主要包括以下幾個方面的內容：

1. 推進貨幣市場的發展和統一、促進市場化的利率信號的形成

市場化的利率信號是在貨幣市場上形成的。這一信號的質量取決於貨幣市場的規模、運行的規範程度和效率、對經濟運行的影響力和覆蓋面等。因此，當前中國的利率改革，應該首先大力推進貨幣市場的發展和統一，使得貨幣市場上形成的利率信號能夠準確地反應市場資金的供求狀況，為整個利率改革的推進形成一個可靠的基準性利率。

中國目前貨幣市場發展規模小、水平低、貨幣市場分割嚴重，降低了貨幣市場對於經濟金融運行的影響力，貨幣市場上形成的利率信號失真嚴重。因此，當前應重點推進拆借市場和票據市場的發展。將拆借市場發展作為利率形成市場化的突破口，擴大拆借市場的覆蓋面和影響力，並將中央銀行的基準利率逐步由目前的再貸款利率轉變為拆借市場利率。由於拆借市場主要是短期資金融通的市場，拆借市場的利率代表了金融市場主體取得批發性資金的成本，能夠及時體現資金供求狀況的變動情況，因而在整個金融市場的利率結構中具有導向性的作用。

在此基礎上逐步放開貼現率，推進區域性票據市場的發展。目前的利率管理體制是：一方面，同業拆借利率和國債回購利率已經基本放開；另一方面，作為貨幣市場重要組成部分的貼現市場則依然實行嚴格管制，客觀上形成了貨幣市場的人為分割，阻滯了統一的市場化利率的形成。

2. 逐步放鬆利率管制

跟蹤市場利率及時調整貸款利率，進一步擴大貸款利率的浮動範圍。在此基礎上，中央銀行逐步放開對整個貸款利率的嚴格管制，轉而只根據市場利率確定一年期貸款的利率。

隨著拆借市場利率形成機制的不斷完善，中央銀行可以根據貨幣市場利率調整貸款利率，使貸款利率高於貨幣市場利率。在具體的政策操作中，要進一步擴大商業銀行的貸款利率浮動權，允許商業銀行根據不同企業的資信狀況和市場狀況確定不同的利率水平，保持商業銀行對利率變動的敏感性，促使商業銀行建立以市場為導向的利率定價機制，將中央銀行的利率政策意圖及時傳遞到市場上去，並通過其貸款及時將宏觀經濟運行狀況的變化反應到利率中來。

在此基礎上，中央銀行根據貨幣市場利率確定一年期貸款的基準利率，其他期限

的利率水平由商業銀行自主套算，同時進一步擴大貸款利率的浮動幅度。在浮動幅度足夠大時，貸款利率的管制也就相應放開了。

3. 推進銀行間利率體系的建立和完善

根據市場利率的波動狀況和資金供求狀況，動態調整中央銀行再貸款利率，使其成為貨幣市場的主導利率指標。逐步降低並取消準備金的利率，促使商業銀行積極參與貨幣市場交易和國債交易，推動中央銀行再貸款利率、貨幣市場利率、國債二級市場利率形成一個比較完善的銀行間市場利率體系。

4. 推進存款利率的市場化

從大額定期存單等品種開始，逐步擴大存款利率的浮動範圍。

## 日本利率市場化進程[①]

1977年4月，日本大藏省正式批准各商業銀行承購的國債可以在持有一段時間後上市銷售。經過17年努力，到1994年10月，日本已放開全部利率管制，實現了利率完全市場化。為了完成這一艱難而必要的金融自由化過程，日本大概經歷了如下四個階段：

1. 放開利率管制的第一步：國債交易利率和發行利率的自由化

日本經濟在低利率水平和嚴格控制貨幣供應量政策的支持下獲得迅速發展。但是，1974年之後，隨著日本經濟增長速度的放慢，經濟結構和資金供需結構也有了很大的改變，二戰后初期形成的以「四疊半」（意思為「狹窄」）利率為主要特徵的管制體系已不適應這種經濟現狀了。日本政府為刺激經濟增長，財政支出日漸增加，政府成為當時社會資金最主要的需求者。培育和深化非間接金融仲介市場的條件已初步具備。1975年，日本政府為了彌補財政赤字再度發行赤字國債（第一次是在1965年）。此後，便一發而不可收，國債發行規模越來越大。1977年4月，日本政府和日本銀行允許國債的自由上市流通。第二年開始以招標方式來發行中期國債。這樣，國債的發行和交易便首先從中期國債開了利率自由化的先河。

2. 放開利率管制的第二步：豐富短期資金市場交易品種

在1978年4月，日本銀行允許銀行拆借利率彈性化（在此以前，同業拆借適用於全體交易利率是基於拆出方和拆入方達成一致的統一利率，適用於全體交易參加者，並於交易的前一天予以明確確定）。1978年6月，日本銀行又允許銀行之間的票據買賣（1個月以后）利率自由化。這樣，銀行間市場利率的自由化首先實現了。

3. 放開利率管理的第三步：交易品種小額化，將自由利率從大額交易導入小額交易

實現徹底的利率自由化是要最終放開對普通存貸款利率的管制，實現自由化。如何在已完成利率自由化的貨幣市場與普通存款市場之間實現對接成為解決問題的關鍵。日本政府採取的辦法是通過逐漸降低已實現自由化利率交易品種的交易單位，逐步擴大範圍，最后全部取消利率管制。在這一過程中，日本貨幣當局逐級降低了CD（大額可轉讓存單）的發行單位和減少了大額定期存款的起始存入額，逐步實現了由管制利

---

① 日本利率市場化進程［EB/OL］.（2012-10-23）［2016-08-05］. http://bbs.pinggu.org/thread-2118607-1-1.html.

率到自由利率的過渡。

在存款利率逐步自由化的同時，貸款利率自由化也在進行之中。由於城市銀行自由利率籌資比重的上升，如果貸款利率不隨之調整，銀行經營將難以為繼。1989 年 1 月，三菱銀行引進一種短期優惠貸款利率，改變了先前在官定利率基礎上加一個小幅利差決定貸款利率的做法，而改為在籌取資金的基礎利率之上加百分之一形成貸款利率的做法。籌資的基礎利率是在銀行四種資金來源基礎上加權平均而得，這四種資金來源是：活期存款、定期存款、可轉讓存款、銀行間市場拆借資金。由於后兩種是自由市場利率資金，因此，貸款資金利率已部分實現自由化。隨著后兩部分資金在總籌資中比重的增加，貸款利率的自由化程度也相應提高。

4. 放開利率管制的第四步

在上述基礎上，日本實質上已基本完成了利率市場化的過程，之後需要的只是一個法律形式的確認而已。1991 年 7 月，日本銀行停止「窗口指導」的實施。1993 年 6 月，定期存款利率自由化，同年 10 月活期存款利率自由化。1994 年 10 月，利率完全自由化，至此日本利率自由化畫上了一個較完滿的句號。

日本的利率自由化過程對其他國家的利率自由化提供了一個很好的樣板。其基本特點可歸納為如下幾個方面：

（1）先國債，后其他品種；
（2）先銀行同業，后銀行與客戶；
（3）先長期利率后短期利率；
（4）先大額交易后小額交易。

思考：
中國為什麼要逐步實現利率市場化？日本的利率市場化進程對中國有何借鑑意義？

# 思考與練習

## 一、名詞解釋

信用　商業信用　銀行信用　國家信用　消費信用　基準利率　名義利率　實際利率
固定利率　浮動利率　單利　複利　利率體制

## 二、簡答題

1. 什麼是信用？信用的基本特徵有哪些？
2. 試比較商業信用和銀行信用的特點。
3. 什麼是消費信用？商業信用有什麼作用？
4. 什麼是利率？利率有哪些種類？
5. 簡述利率體系的內容。
6. 簡述利率發揮作用的環境和條件。
7. 簡述利率的功能。

三、論述題

1. 試舉例說明淨現值（NPV）法則在投資決策中的意義和作用。
2. 試分析投資利率彈性和儲蓄利率彈性。
3. 試述決定和影響利率的主要因素。
4. 什麼是利率管理體制？試述中國利率管理體制改革的進程。
5. 中國為什麼要實行利率市場化改革？
6. 試論述中國利率市場化的進程。

# 第三章　金融市場

**本章要點**

　　本章主要讓學生正確理解金融市場的定義及構成要素、金融工具的定義及其特徵、貨幣市場和資本市場的概念；重點掌握金融市場的功能、金融工具收益率的計算、貨幣市場體系和資本市場體系。其中，收益率的計算、衍生金融市場是本章的難點。

**紐約金融市場**

　　紐約是世界最重要的國際金融中心之一。第二次世界大戰以後，紐約金融市場在國際金融領域中的地位進一步加強。美國憑藉其在戰爭時期膨脹起來的強大經濟和金融實力，建立了以美元為中心的資本主義貨幣體系，使美元成為世界最主要的儲備貨幣和國際清算貨幣。西方資本主義國家和發展中國家的外匯儲備中大部分是美元資產，存放在美國，由紐約聯邦儲備銀行代為保管。一些外國官方機構持有的部分黃金也存放在紐約聯邦儲備銀行。紐約聯邦儲備銀行作為貫徹執行美國貨幣政策及外匯政策的主要機構，在金融市場的活動直接影響到市場利率和匯率的變化，對國際市場利率和匯率的變化有著重要影響。世界各地的美元買賣，包括歐洲美元、亞洲美元市場的交易，都必須在美國，特別是在紐約的商業銀行帳戶上辦理收付、清算和劃撥，因此紐約成為世界美元交易的清算中心。此外，美國外匯管制較鬆，資金調動比較自由。在紐約，商業銀行、儲蓄銀行、投資銀行、證券交易所及保險公司等金融機構雲集，許多外國銀行也在紐約設有分支機構，1983年世界最大的100家銀行在紐約設有分支機構的就有95家。這些都為紐約金融市場的進一步發展創造了條件，加強了紐約在國際金融領域中的地位。

　　紐約金融市場按交易對象劃分，主要包括外匯市場、貨幣市場和資本市場。

　　紐約外匯市場也是世界上最主要的外匯市場之一。紐約外匯市場並無固定的交易場所，所有的外匯交易都是通過電話、電報和電傳等通信設備，在紐約的商業銀行與外匯市場經紀人之間進行，這種聯絡就組成了紐約銀行間的外匯市場。此外，各大商業銀行都有自己的通信系統，與該行在世界各地的分行外匯部門保持聯繫，又構成了世界性的外匯市場。由於世界各地的時差關係，各外匯市場開市時間不同，紐約大銀行與世界各地外匯市場可以晝夜24小時保持聯繫。因此，紐約在國際的套匯活動幾乎可以立即完成。

　　紐約貨幣市場，即紐約短期資金的借貸市場，是資本主義世界主要貨幣市場中交易量最大的一個。除紐約金融機構、工商業和私人在這裡進行交易外，每天還有大量短期資金從美國和世界各地湧入與流出。和外匯市場一樣，紐約貨幣市場也沒有一個

固定的場所，交易都是供求雙方直接或通過經紀人進行的。在紐約貨幣市場的交易，按交易對象可分為聯邦基金市場、政府庫券市場、銀行可轉讓定期存單市場、銀行承兌匯票市場和商業票據市場等。

紐約資本市場是世界最大的經營中期、長期借貸資金的資本市場，可分為債券市場和股票市場。紐約債券市場交易的主要對象是政府債券、公司債券、外國債券。紐約股票市場是紐約資本市場的一個組成部分。在美國，有10多家證券交易所按證券交易法註冊，被列為全國性的交易所。其中，紐約證券交易所、納斯達克（NASDAQ）證券交易所和美國證券交易所最大，它們都設在紐約。

思考：

對比紐約，上海在建立國際金融中心的過程中還有哪些方面的工作需要做？

## 第一節　金融市場概述

### 一、直接融資與間接融資

直接融資是指資金供求雙方融通資金，其間不存在任何金融仲介機構涉入的融資方式。例如，通過證券市場，直接發售股票、債券等方式，使資金從儲蓄者流向需要資金的企業或部門。直接融資產生的金融工具為初級證券，即直接證券。在證券市場上，有經紀人和券商參與融資交易活動，仍為直接融資，原因是經紀人和券商的參與，僅是促成交易的發生，收取佣金，並未產生次級證券。

間接融資是指市場參與者通過金融仲介實現資金融通的方式。例如，個人和家庭的儲蓄資金通過銀行等金融機構集中起來，再通過金融機構的貸款渠道，融通給需要資金的企業、單位或個人。間接融資會產生次級證券，即間接證券。

直接融資與間接融資的主要區別在於資金從儲蓄部門流向投資部門時，是否有銀行或其他金融機構參與並充當信用仲介，是否有次級證券的產生。

從理論上講，間接融資可以提高效率，在緩解融資雙方的信息不對稱和風險防範上以及降低交易成本、提高交易效率上，間接融資較直接融資具有一定的優勢。但在實踐中，直接融資的便捷、手續簡單的特點，間接融資則無法替代；尤其是金融市場日益發達後，直接融資工具不斷湧現，融資優勢也不斷展現。因此，現實生活中，直接融資和間接融資實質上互有優勢，互為補充，共同發展。事實上，兩種融資方式並沒有太大的優劣之分，兩者的邊界逐漸模糊。

在市場經濟條件下，直接融資和間接融資都有其存在和發展的客觀經濟條件，各有功用，不可或缺。但在一國或地區，直接融資和間接融資的主輔問題視各國國情或地區情況而定。就中國國情來說，在相當長時期，中國仍將保持以間接融資為主、直接融資為輔的融資格局，但其間直接融資將呈快速發展的趨勢。

金融市場運作流程圖如圖3.1所示：

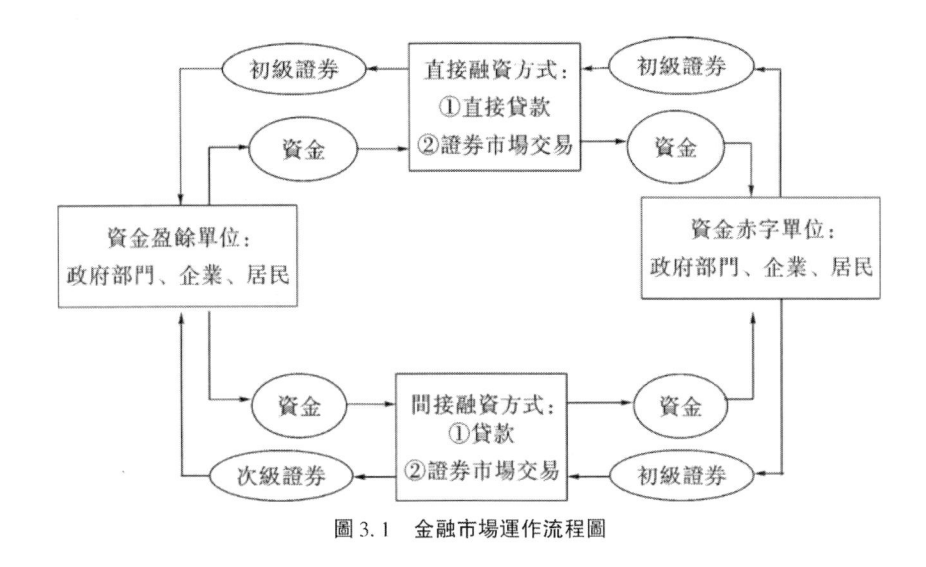

圖 3.1　金融市場運作流程圖

## 二、金融市場的概念

　　金融市場（Financial Market）是指貨幣和資本的交易活動、交易技術、交易制度、交易產品和交易場所的集合。換言之，金融市場是以金融工具為交易對象而形成的資金供求關係及其機制的總和，金融市場是商品經濟發展的產物。

　　在商品經濟條件下，隨著商品流通的發展，生產日益擴大和社會化，社會資本迅速轉移，多種融資形式和種類繁多的信用工具得以運用和流通，金融市場逐漸形成並不斷發展。金融市場是以貨幣信用關係的充分發展為前提的，是實現資金融通的場所。商品經濟借助金融市場「平臺」，聚集並實現資金的分配，並通過利率伸縮自如的彈性，調節並努力實現資金供求的均衡。隨著現代電子技術在金融領域裡的廣泛運用和大量無形市場的出現，使得許多人傾向於將金融市場理解為金融商品供求關係或交易活動的總和。

　　金融市場體系是現代社會最重要的發明之一。其基本功能就是將稀缺的貨幣和資本從閒置者手中轉移到需求者手中，實現經濟的不斷增長和社會生活福利水平的不斷提高和改善。在金融市場，股票、債券和其他各種各樣的金融工具得到交易，利率得到確定，金融產品和服務在世界範圍內被提供。如果沒有金融市場及其資金的提供，現代社會經濟生活的每一部分都不可能像現在這樣正常運行。

　　在市場經濟條件下，金融市場是統一的市場體系的一個重要組成部分，其與生產資料市場、消費品市場、勞動力市場、技術市場等各類市場相互聯繫、相互依存，共同構成統一市場的有機體。在整個市場體系中，金融市場是聯繫其他市場的紐帶，商品經濟的持續、穩定、協調發展，離不開完備的金融市場體系。因為無論是生產資料還是消費品的買賣以及技術和勞動力的流動，都要通過貨幣的流通和資金的運用來實現，都離不開金融市場的配合。因此，可以認為金融市場是市場經濟的中樞和主導，其在市場體系中起著紐帶和仲介的作用，引導和協調其他各類市場的活動，透視和反

應社會經濟的狀態。

### 三、金融市場的基本要素

金融市場的構成要素主要包括交易主體、交易對象、交易工具和交易價格等。

**(一) 交易主體**

金融市場的交易主體，即金融市場的交易者。參與金融市場交易的機構或個人，或者是資金的供給者，或者是資金的需求者，或者是以雙重身分出現。如果從參與交易的動機來看，金融市場的交易主體可以更進一步細分為投資者（投機者）、籌資者、套期保值者、套利者、調控和監管者等。對於金融市場來說，市場主體具有非常重要的意義。

一般說來，金融市場的主體主要包括：

1. 居民個人與家庭

居民個人與家庭主要是以非組織成員的身分參加金融市場活動的居民個人。個人在金融市場上，主要是資金供應者，其目的多為調整自身金融資產結構或追求投資收益的最大化。

2. 工商企業

工商企業經常是金融市場上的資金需求者。企業在生產經營活動中，總會因各種原因而產生資金不足的問題，而彌補資金不足除向銀行借款外，另一有效辦法就是在金融市場上發行有價證券。作為市場上經常的資金需求者，並不影響工商企業成為市場上的資金供應者，當企業在經營活動中存在閒置資金時，可通過購買其他赤字單位發行的有價證券進行投資，以實現資產的多樣化。

3. 政府機構

政府作為金融市場的交易主體，充當著雙重角色。其一是作為資金的需求者和供應者，其二是作為市場活動的調節者。從世界各國來看，政府部門是金融市場上資金的主要需求者。例如，為了彌補臨時性財政收支缺口或是為了籌措某些重點工程建設資金，政府可通過在金融市場上發行政府債券來籌集所需資金。政府部門也會向金融市場提供資金。其途徑之一是對原有負債的償還，償還債務的資金大部分會被重新投入金融市場。當財政收支出現結餘時，政府還可能提前償還債務。其途徑之二是通過銀行等金融部門將資金投向市場。另外，許多國家政府部門不僅在國內金融市場上是重要的參與者，而且還積極介入國際金融市場的金融活動，它們或者是國際金融市場的資金提供者，或者是國際金融市場的資金需求者。政府可通過中央銀行對金融市場進行干預和調節。

4. 金融機構

金融機構包括存款性金融機構和非存款性金融機構，存款性金融機構是指經營各種存款並提供信用仲介服務以獲取收益的金融機構。存款性金融機構是金融市場的重要參與者，也是套期保值和套利交易的重要交易主體。金融機構主要包括商業銀行、儲蓄機構、信用合作社等金融機構。非存款性金融機構在資金來源方面與存款性金融

機構的顯著不同是，它們不直接吸收公眾存款，而是通過發行證券或以契約的形式聚集社會閒散資金。這些機構包括保險公司、退休養老基金、投資銀行、投資基金等金融機構。各類金融機構是金融市場的重要參與者，作為資金供應者，它們可以在金融市場上大量購買赤字單位發行的直接證券；作為資金需求者，它們則可以通過向市場發行間接證券來獲取資金。

5. 中央銀行

作為金融市場的參加者之一，中央銀行不同於其他四類交易主體，中央銀行在一國金融體系中居於主導地位，是專門從事貨幣發行、辦理對其他銀行的業務，負責制定和執行國家的貨幣信用政策，進行金融管理和監督，控制和調節貨幣流通與信用活動，對中央政府負責的特殊金融機構。中央銀行不是單純的資金需求者和資金供應者，而是信用調節者。中央銀行參與金融市場的活動主要是為了實施貨幣政策，調節和控制貨幣供應量以實現穩定貨幣、穩定經濟的目標。

(二) 交易對象和交易工具

金融市場上的交易對象無論具體形態如何，都代表著一定量的貨幣資金，其交易都是實現貨幣資金的所有權或使用權轉移的過程。

貨幣資金作為金融市場的交易對象，是通過其載體——金融商品或金融工具進行的。金融工具又稱融資工具、信用工具或金融產品，是證明債權債務關係並據以進行貨幣資金交易的合法憑證。這種工具必須具備規範化的書面格式、廣泛的社會可接受性和可轉讓性以及法律效力。

需要指出的是，金融工具對於持有者來說，則是金融資產。金融資產的種類極多，除股票、債券外，還包括保險單、商業票據、存單以及種種存款、貸款和現金等。

(三) 交易價格

金融市場的交易價格是指交易過程中金融工具的價格，即金融工具所代表的價值，也就是交易中一定量的貨幣資金及其所代表的利率或收益率的總和。金融市場的交易價格在金融市場上主要是由供求雙方決定的。

## 四、金融市場的結構和功能

(一) 金融市場的結構

與過去將金融市場僅視為證券交易市場不同，現在一般將金融市場定義為包括銀行信貸、證券交易、黃金外匯買賣等在內的廣義金融市場。因此，根據宏觀經濟調控、金融監管和分析研究的需要，可以根據不同標準，將金融市場劃分為不同類型。

1. 按金融工具的類型或交易的標的劃分

按這種方法，金融市場可劃分為信貸市場、證券市場、外匯市場、黃金市場等。

2. 按融資期限劃分

按這種方法，金融市場可劃為貨幣市場和資本市場。

貨幣市場是短期資金市場，是指融資期限在一年以下的金融市場。由於該市場所

容納的金融工具主要是政府、銀行及工商企業發行的短期信用工具,具有期限短、流動性強和風險小的特點,在貨幣供應量層次劃分上被置於現金貨幣和存款貨幣之後,稱為「準貨幣」,因此將該市場稱為貨幣市場。

資本市場是長期資金市場,是指證券融資和經營一年以上的資金借貸和證券交易的場所,也稱中長期資金市場。資本市場的職能是為資金的需求者籌措長期資金。資本市場的交易活動方式通常分成兩類,一是資本的需求者通過發放和買賣各種證券,包括債券和股票等;二是資本的需求者直接從銀行獲得長期貸款。

3. 按金融市場功能劃分

按這種方法,金融市場可劃分為證券發行市場和證券交易市場。

證券發行市場又稱為初級市場或一級市場,是指各種新發行的證券第一次售出的活動及場所。證券的發行通過認購和包銷方式行銷。由於證券的發行者不容易與分散的、眾多的貨幣持有者進行直接的交易,因此包銷是證券發行的主要行銷方式。

證券交易市場又稱為流通市場或二級市場,是進行各種證券轉手買賣交易的市場。證券交易市場按組織方式又可分為場內市場和場外市場。場內市場,即證券交易所市場,證券交易所是依據國家有關法律規定,經政府主管部門批准設立的證券集中競價的有形市場。場外市場又稱櫃臺市場,是指在證券交易所之外進行證券買賣的市場。在發達的市場經濟國家還存在第三市場和第四市場。第三市場的交易相對於交易所交易來說,具有限制少、成本低的優點。第四市場是大宗交易者利用電腦網路直接進行交易的市場。機構投資者在證券交易中所占的比例越來越大,它們之間的證券買賣數額大,通常避開經紀人直接交易,以降低成本。

4. 按交割的時間和性質劃分

按這種方法,金融市場可劃分為現貨市場和期貨交易市場。

現貨市場是指現金交易市場,即買者付出現款,收進證券或票據;賣者交付證券或票據,收進現款。這種交易一般是當天成交當天交割,最多不能超過三天。期貨交易是指交易雙方達成協議后,不立即交割,而是在一定時間後進行交割。

5. 按交易場所的性質劃分

按這種方法,金融市場可劃分為有形市場和無形市場。

有形市場是指有固定的交易場所、專門的組織機構和人員以及有專門設備的組織化市場。無形市場則是一種觀念上的市場,即無固定的交易場所,其交易是通過電傳、電話、電報等手段聯繫並完成。

6. 按地理位置劃分

按這種方法,金融市場可劃分為國內金融市場和國際金融市場。

國內金融市場與國際金融市場之間有著一定的聯繫。歷史上,往往是隨著商品經濟的高度發展,最初形成了各國國內金融市場。當各國國內金融市場的業務活動逐步延展,相互滲透融合後,就促成了以某幾國國內金融市場為中心的、各國金融市場聯結成網的國際金融市場。或者說,國際金融市場的形成是以國內金融市場發展到一定高度為基礎的。同時,國際金融市場的形成又進一步推動了國內金融市場的發展。

(二) 金融市場的功能

金融市場上資金的運動具有一定規律性，由於資金余缺調劑的需要，資金總是從多余的地區和部門流向短缺的地區和部門。另外，資金可脫離實際產業部門的需要而單獨運行。這樣一來，金融市場上資金的運動軌跡就如圖3.2所示：

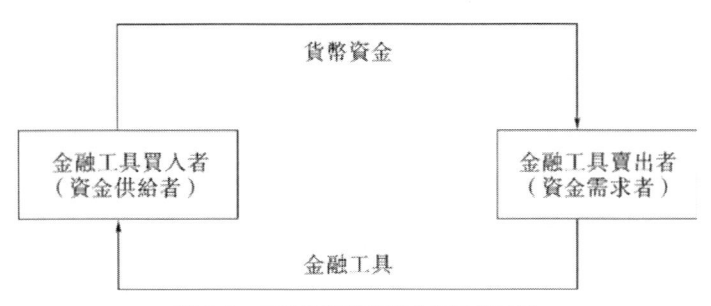

```
                    貨幣資金
        ┌─────────────────────────┐
        │                         │
  ┌──────────┐              ┌──────────┐
  │ 金融工具買入者 │              │ 金融工具賣出者 │
  │（資金供給者） │              │（資金需求者） │
  └──────────┘              └──────────┘
        │                         │
        └─────────────────────────┘
                    金融工具
```

圖3.2　金融市場貨幣資金運動示意圖

金融市場的功能可以從不同的方面進行描述，一般認為金融市場發揮以下功能：

1. 聚集和分配資金的資源配置功能

借助金融市場的交易組織、交易規則和管理制度，金融市場為籌資人和投資人開闢了更廣闊的融資途徑，擴大了資金供求雙方接觸的機會。金融市場為金融資產的變現提供了便利，便利的金融資產交易和豐富的金融產品選擇，降低了交易成本，提高了資金的效率。金融市場為各種期限、內容不同的金融工具互相轉換提供了必需的條件。金融市場價格的波動和變化，反應和調節資金供求關係，能夠迅速有效地引導資金合理流動、提高資金配置效率，導致資源的流動和再分配，實現資源的合理配置。

2. 分散與轉移風險功能

金融市場為市場參與者提供風險補償機制有兩種實現方式：一是保險機構出售保險單；二是金融市場的發展促使微觀經濟主體投資多樣化、金融資產多樣化和金融風險分散化。各經濟主體通過金融市場的發展，進行組合投資，並為長期資金提供了流動的機會，為對沖交易、期貨交易進行套期保值提供了便利，為經濟持續、穩定發展提供了條件。另外，居民通過選擇多種金融資產、靈活調整剩余貨幣的保存形式，增強了投資意識和風險意識。金融市場的發展可以促進金融工具的創新。金融工具是一組預期收益和風險相結合的標準化契約，多樣化金融工具通過對經濟中的各種投資所固有的風險進行更精細的劃分，使得對風險和收益具有不同偏好的投資者能夠尋求到最符合其需要的投資。

3. 調節經濟功能

金融市場為金融管理部門進行金融間接調控提供了條件。金融調節，既有經濟總量的調節，又有經濟結構的調節。金融間接調控體系必須依靠發達的金融市場傳導中央銀行的政策信號，通過金融市場的價格變化引導各微觀經濟主體的行為，實現貨幣政策調整意圖。發達的金融市場體系內部，各個子市場之間存在高度相關性。隨著各類金融資產在金融機構儲備頭寸和流動性準備比率的提高，金融機構會更加廣泛地介入

金融市場運行之中，中央銀行間接調控的範圍和力度將會伴隨金融市場的發展而不斷得到加強。

4. 信息聚集功能（反應微觀、宏觀、國際經濟信息）

金融市場作為信息的聚集地、國民經濟的晴雨表，為資金供求雙方提供各種經濟信息，直接或間接反應國家貨供應量的變動趨勢等。金融市場作為信息的聚集地，可以降低交易的信息搜尋成本和信息識別成本。金融市場幫助降低信息搜尋與信息識別成本的功能主要是通過專業金融機構和諮詢機構發揮的。

## 第二節　金融工具

### 一、金融工具的概念

金融工具又稱信用工具，是借貸雙方建立信用關係，能夠證明金融交易金額、期限、價格的一種書面憑證。在一般情況下，金融工具對於發行者來說是一種債務，對於購入者或持有者來說則是一種債權。

### 二、金融工具的特徵

（一）償還性

各種信用工具按其不同的性質，都有不同的償還期。償還期是指信用工具實際存在的有效期，或者說是債務人在還債日前所剩餘的時間。金融工具包括各種票據與證券都規定有明確的償還期限，這是信用有償性特徵的體現。不過，有兩種極端情況：一種是銀行活期存款隨時可以提取，其償還期限為零；另一種是股票或永久性債券，永不還本，其償還期為無限。

（二）流動性

流動性是指信用工具在短時間內可以兌現為現金的能力。某種金融工具流動性的強弱，實際上包括兩方面的含義：一是它能不能方便地變現，二是變現過程中價值損失的程度及交易成本的大小。對信用工具的所有者來說，為轉移投資方向或避免因市場「價格」波動而蒙受損失，必然會提出將手中的信用工具隨時轉讓出去或變為現金的要求。除此以外，流動性和變現性也是信用工具本身的要求。一切信用活動的根本目的在於融通資金，如果為信用活動服務的工具的本身缺乏應有的流動性和變現性，融資便利的程度就會受到影響，那麼信用工具也就失去了存在的前提和必要性。一般來說，流動性與償還期成反比，即償還期越長流動性越差；流動性與債務人的信用能力成正比，即債務人的資信等級越高，流動性就越強。流動性還與金融工具在市場上的表現有關，即那些越受歡迎，市場需求越大的金融工具，流動性就越強。

（三）風險性

信用工具常見風險有兩種：一種是信用風險或稱違約風險，指債務人不履行合同，

不能按約定的期限和利率按時還本付息，這類風險與債務人的信譽、經營狀況有關。例如，銀行儲戶有時也會受到銀行破產清理的損失。信用風險也與金融工具種類有關。例如，股票中的優先股就比普通股風險低，一旦股份公司破產清理，優先股股東比普通股股東有優先要求補償的權利。信用風險對於任何一個金融投資者都存在，因此認真審查投資對象，充分掌握信息是至關重要的。另一種是市場風險，指因利率變化或證券市場上行情波動造成信用工具價格下跌，以致給投資者帶來損失。

一般來說，信用工具的風險性與償還期成正比，償還期越長的信用工具風險性越大；與債務人的信譽及經濟實力成反比，即債務人的信譽較好和經濟實力較強，信用工具的風險較小；與流動性成反比，即具有高度流動性的信用工具，其風險性較小；與收益率成正比，風險性小的信用工具，其收益率往往較低，反之則高。1987年10月股市暴跌風潮席捲美國時，有約1.8億股東在19日這一天共損失財產約5,000億美元。因此，在金融投資中，審時度勢，採取必要的保值措施非常重要。

（四）收益性

投資者持有一定數量的金融工具，是以放棄一定量貨幣的流動性作為代價的，理應獲得一定的補償，故信用工具應有適當的收益率，使投資者或資金供應者有一定的回報或利息收入。收益率是指持有信用工具所取得的收益與本金的比率，有下列三種計算方法：

1. 名義收益率

名義收益率又稱票面利率，即票面上規定每期應付的利息額與票面金額的比率。

［例3-1］某債券面值為1,000元，票面利息為每年50元，則票面利率計算如下：

票面利率 = 50 ÷ 1,000 = 5%

2. 即期收益率

即期收益率是指票面規定的利息與該信用工具當期市場價格的比率。其公式如下：

即期收益率 = 票面利息/證券市場價格 × 100%

［例3-2］某10年期債券面值為1,000元，當前市價是950元，票面年利息為50元，則即期收益率計算如下：

即期收益率 = 50 ÷ 950 × 100% = 5.3%

3. 平均收益率（或稱到期實際收益率）

平均收益率是指證券在整個有效期內，每年淨收益（即票面利息與年平均資本損益之和）同市場價格（對買者來說是本金）的比率。其公式如下：

實際收益率 = 淨收益/市場價格 × 100%

= (年票面利息 + 年均資本損益)/市場價格 × 100%

或 $\dfrac{(年票面利息 + 年資本損益)}{(市場價格 + 票面面值) \div 2} \times 100\%$

［例3-3］一張票面為100元，年利率為10%的5年期的證券，若分別以95元、105元市價購進，其到期收益率分別計算如下：

以 95 元購進到期收益率 $= \dfrac{10+(100-95) \div 5}{(95+100) \div 2} = 11.28\%$

以 105 元購進到期收益率 $= \dfrac{10+(100-105) \div 5}{(105+100) \div 2} = 8.78\%$

### 三、信用工具的種類

信用工具種類很多，近些年來隨著金融創新的推進，更多的信用工具及品種湧入經濟生活之中。按不同的標準，可以將信用工具劃分為不同類型。

(一) 按融通資金的方式劃分

按這種方法，信用工具可分為直接信用工具和間接信用工具。前者如政府、工商企業和個人所發行的國庫券、公債券、商業票據、股票、公司債券、抵押契約等；後者如銀行或其他金融機構所發行的銀行券、存單、金融債券、銀行票據和支票等。

(二) 按投資者是否掌握所投資產的所有權劃分

按這種方法，信用工具可分為所有權憑證和債權憑證。所有權憑證，如股票，代表著其持有人（股東）對股份公司的所有權，每一股同類型股票所代表的公司所有權是相等的，即「同股同權」；債權憑證，如債券、商業票據、可轉讓大額定期存單、貸款合同、銀行承兌匯票等。債券的本質是債權債務的證明書。債券購買者與發行者之間是一種債權債務關係，債券發行人便是債務人，債券投資者（債券持有人）便是債權人。

(三) 按信用關係存續時間的長短劃分

按這種方法，信用工具可分為短期信用工具和長期信用工具。短期信用工具也稱貨幣市場金融工具，一般是指提供信用的有效期限在 1 年或 1 年以內的信用憑證。長期信用工具也稱資本市場金融工具，是指信用期限在 1 年以上的各種有價證券，包括股票、公司債券、公債。

1. 短期信用工具

（1）商業票據。商業票據是商業信用工具，是企業之間商品交易時產生的一種債權債務關係的書面憑證，其特點是具有無因性、不可爭辯性、可以流通轉讓。商業票據包括交易性商業票據和融資性商業票據。

①交易性商業票據。交易性商業票據是在商品流通過程中，反應債權債務關係的設立、轉移和清償的一種信用工具，包括商業匯票和商業本票。

商業匯票是出票人簽發的，委託付款人在指定日期無條件支付確定的金額給收款人或者持票人的票據。商業匯票實質上是債權人向債務人發出的付款命令，但須經債務人（或付款人）簽章承兌，商業匯票才能生效。

商業本票是債務人向債權人發出的支付承諾書，承諾在約定期限內支付一定的款項給債權人。

②融資性商業票據。融資性商業票據是由信用級別較高的大企業向市場公開發行

的無抵押擔保的短期融資憑證。由於融資性商業票據僅以發行者的信用作為保證，因此不是所有的公司都能夠發行商業票據，通常只有那些規模巨大、信譽卓著的大公司才能發行。這種商業票據一般具有面額固定且金額較大（10 萬美元以上）、期限較短（一般不超過 270 天）的特點，而且都採用貼現方式發行。

（2）銀行票據。銀行票據是指由銀行簽發或由銀行承擔付款義務的票據。銀行票據主要包括銀行匯票、銀行本票、銀行簽發的支票等。

銀行匯票是指由出票銀行簽發的，由其在見票時按照實際結算金額無條件付給收款人或者持票人的票據。銀行匯票的出票銀行為銀行匯票的付款人。單位和個人各種款項的結算，均可使用銀行匯票。銀行匯票可以用於轉帳，填明「現金」字樣的銀行匯票也可以用於支取現金。申請人或者收款人為單位的，不得在「銀行匯票申請書」上填明「現金」字樣。

銀行本票結算是申請人將款項繳存銀行，由銀行簽發本票，並據以辦理轉帳結算或支取現金的結算方式。銀行本票適用於同城範圍內的商品交易、勞務供應及其他款項的結算。銀行本票分為定額本票和不定額本票兩種。定額本票的面額分別為 1,000 元、5,000 元、10,000 元、50,000 元。銀行本票的付款期限為 2 個月。銀行本票一律記名，也可以背書轉讓。

（3）支票。支票是出票人簽發的，委託辦理支票存款業務的銀行或者其他金融機構在見票時從其存款帳戶上無條件支付確定的金額給指定的收款人或者持票人的票據。出票人一般為企業。支票主要有現金支票和轉帳支票、記名支票和不記名支票、即期支票和定期支票、保付支票和空頭支票等。

（4）信用證。信用證（Letter of Credit，L/C）是指開證銀行應申請人的要求並按其指示向第三方開立的載有一定金額的，在一定的期限內憑符合規定的單據付款的書面保證文件。信用證是國際貿易中最主要、最常用的支付方式。

在國際貿易活動中，買賣雙方可能互不信任，買方擔心預付款后，賣方不按合同要求發貨；賣方也擔心在發貨或提交貨運單據後買方不付款。因此，需要兩家銀行作為買賣雙方的保證人，代為收款交單，以銀行信用代替商業信用。銀行在這一活動中所使用的工具就是信用證。信用證是一種銀行開立的有條件的承諾付款給受益人的書面保證文件。

可見，信用證是銀行有條件保證付款的書面文件，已成為國際貿易活動中常見的結算方式。按照這種結算方式的一般規定，買方先將貨款交存銀行，由銀行開立信用證，通知異地賣方開戶銀行轉告賣方，賣方按合同和信用證規定的條款發貨，銀行代買方付款。

（5）旅行支票。旅行支票是一種定額本票，其作用是專供旅客購物和支付旅途費用。旅行支票與一般銀行匯票、支票的不同之處在於旅行支票沒有指定的付款地點和銀行，一般也不受日期限制，能在全世界通用，客戶可以隨時在國外的各大銀行、國際酒店、餐廳及其他消費場所兌換現金或直接使用，是國際旅行常用的支付憑證之一。旅行支票是一種全球範圍內被普遍接受的票據，在很多國家和地區都有著如同現金一般的流動性，不僅很多商場和酒店都支持旅行支票的付款，旅行支票也可以在旅行地

兌換為當地的貨幣使用。

2. 長期信用工具

（1）股票。股票是股份有限公司公開發行的，用以證明投資者的股東身分和權益，並能據以獲得股息和紅利的憑證。

股票具有不可償還性、收益性、流通性、風險性和參與性。

常見的股票類型主要有普通股和優先股。

①普通股。普通股是指在公司的經營管理和盈利及財產的分配上享有普通權利的股份，代表滿足所有債權償付要求及優先股股東的收益權與求償權要求後對企業盈利和剩余財產的索取權。普通股構成公司資本的基礎，是股票的一種基本形式，也是發行量最大、最為重要的股票。目前在上海證券交易所和深圳證券交易所中交易的股票，都是普通股。

普通股股東享有的權利如下：

第一，參與公司經營的表決權。普通股股東一般有出席股東大會的權利，有表決權和選舉權、被選舉權，可以間接地參與公司的經營。

第二，股息紅利的分配權。普通股的股利收益沒有上下限，視公司經營狀況好壞、利潤多少而定，公司稅后利潤在按一定的比例提取了公積金並支付優先股股息后，再按股份比例分配給普通股股東。

第三，優先認購新股的權利。當公司資產增值，增發新股時，普通股股東有按其原有持股比例認購新股的優先權。

第四，請求召開臨時股東大會的權利。

第五，公司破產后依法分配剩余財產的權利。不過這種權利要等債權人和優先股股東權利滿足后才輪到普通股股東行使。

②優先股。優先股是相對於普通股而言的，主要是指在利潤分紅及剩余財產分配的權利方面，優先於普通股。優先股的主要特徵有享受固定收益、優先獲得公司紅利的分配、優先獲得公司剩余財產的清償，但是沒有參與公司經營的表決權。

除此之外，中國股市還存在幾種具有中國特色的股票類型，如國家股、法人股、轉配股等。

（2）債券。債券是政府、金融機構、工商企業等機構直接向社會籌措資金時，向投資者發行，承諾按一定利率支付利息並按約定條件償還本金的債權債務憑證。

債券具有償還性、流通性、安全性、收益性。

債券按不同標準，可劃分為不同的類型。

①按發行主體不同，債券可劃分為國債、地方政府債券、金融債券、企業債券。

國債往往是為了彌補國家財政赤字，或者為了一些耗資巨大的建設項目以及某些特殊經濟政策甚至為戰爭籌措資金。

地方政府債券一般用於交通、通信、住宅、教育、醫院和污水處理系統等地方性公共設施的建設。

金融債券是銀行、保險公司、證券公司、信託投資公司、資產管理公司等金融機構在資金來源不足的時候發行的債券。金融債券的資信通常高於其他非金融機構債券，

違約風險相對較小，具有較高的安全性。因此，金融債券的利率通常低於一般的企業債券，但高於風險更小的國債和銀行儲蓄存款利率。

企業債券是一些公司為了籌措資金而發行的債券。由於企業主要以本身的經營利潤作為還本付息的保證，因此企業債券風險與企業本身的經營狀況直接相關。企業債券是一種風險較大的債券。在企業發行債券時，一般要對發債企業進行嚴格的資格審查或要求發行企業有財產抵押，以保護投資者利益。企業債券由於具有較大風險，其利率通常也高於國債和地方政府債券。

②按付息方式不同，債券可劃分為貼現債券（零息債）與附息債券。

貼現債券（零息債）是折價發行的，這種債券無須用利息率去計算它的利息額，因為它的面值與發行價格的差價（即債券的貼息部分）就是債券到期償還時應該得到的投資收益。

附息債券是平價發行的、分期計息，分期支付利息，債券上附有息票，息票上標有利息額、支付利息的期限和債券號碼等內容。

③按利率是否變動，債券可劃分為固定利率債券和浮動利率債券。

固定利率債券不考慮市場變化因素，發行成本和投資收益可以事先預計，不確定性較小，但債券發行人和投資者仍然必須承擔市場利率波動的風險。

浮動利率債券的票面利率是隨市場利率或通貨膨脹率的變動而相應變動的。也就是說，浮動利率債券的利率通常根據市場基準利率加上一定的利率差（通貨膨脹率）來確定。浮動利率債券往往是中長期債券，它的種類也較多，如規定有利率浮動上限和下限的浮動利率債券、規定利率到達指定水平時可以自動轉換成固定利率債券的浮動利率債券、附有選擇權的浮動利率債券以及在償還期的一段時間內實行固定利率而另一段時間內實行浮動利率的混合利率債券等。債券利率的這種浮動性也使發行人的實際成本和投資者的實際收益事前帶有很大的不確定性，從而導致較高的風險。

④按償還期限長短，債券可劃分為長期債券、中期債券、短期債券。

一般說來，償還期限在 10 年以上的為長期債券；償還期限在 1 年以下的為短期債券；償還期限在 1 年或 1 年以上、10 年以下（包括 10 年）的為中期債券。中國國債的期限劃分與上述標準相同，但中國企業債券的期限劃分與上述標準有所不同。中國短期企業債券的償還期限在 1 年及 1 年以內，償還期限在 1 年以上 5 年以下的為中期企業債券，償還期限在 5 年及 5 年以上的為長期企業債券。

⑤按募集方式不同，債券可劃分為公募債券、私募債券。

這裡的公募和私募，可以簡單地理解為公開發行和私下發行。公募債券的發行人一般有較高的信譽，發行時要上市公開發售，並允許在二級市場流通轉讓。私募債券發行手續簡單，一般不到證券管理機關注冊，不公開上市交易，不能流通轉讓，就好比我們私底下相互借款的那種「哥倆好」的交易。

⑥按擔保性質不同，債券可劃分為無擔保債券、有擔保債券。

債券的發行者經營狀況好、信譽高，以其經營效益作為還款保證，無須用其他形式的財產來作為還款保證，其發行的債券為無擔保債券。有擔保債券是指均註明了借款人如果經營不善，具體用什麼財產抵債的約定。如果是以不動產作為擔保的債券，

稱為抵押債券；如果是以動產或權利作為擔保的債券，稱為質押債券；如果是由第三人或第三人的財產來擔保的債券，則歸於保證債券類。

## 第三節　貨幣市場

　　貨幣市場是指融資期限在1年以內（包括1年）的資金交易市場，又稱為短期資金市場。在該市場上流通的金融工具主要是一些短期信用工具，如國庫券、商業票據、銀行承兌票據、可轉讓定期存單等。由於交易的期限較短、可變現性強、流動性高，因此短期金融工具又可稱為「準貨幣」，於是將該市場稱為貨幣市場。

　　貨幣市場的基本功能在於實現資金的流動性。貨幣市場上的融資活動主要是為了保持資金的流動性，從而便於各類經濟主體可以隨時獲得或運用現實的貨幣。貨幣市場的存在和運轉，一方面可以滿足支出赤字單位的短期資金需求；另一方面也為支出盈餘單位的暫時閒置資金提供了獲取盈利機會的出路。

### 一、票據市場

　　票據市場（Paper Market）指的是在商品交易和資金往來過程中產生的以匯票、本票和支票的發行、擔保、承兌、貼現、轉貼現、再貼現來實現短期資金融通的市場。票據市場是以商業票據作為交易對象的市場。票據市場有狹義與廣義之分，狹義的票據市場僅指交易性商業票據的交易市場，廣義的票據市場則包括融資性商業票據和交易性商業票據。以下從廣義角度介紹票據市場的構成。

（一）票據貼現市場

　　貼現是指商業票據（大多為承兌匯票）持票人為獲取流動性資金，將未到期的票據向銀行（或其他金融機構）貼付一定利息後，轉讓給銀行（或其他金融機構）的票據行為。具體而言，即持票人在票據未到期而又急需現款時，以經過背書的未到期票據向銀行申請融通資金，銀行審查同意後，扣除自貼現日起至票據到期日止的利息，將票面餘額支付給貼現申請人。由此可見，通過貼現活動，持票人可將未到期的票據提前變現，從而滿足融資的需要。銀行貼現付款額計算公式如下：

　　銀行貼現付款額 = 票據面值（1 − 年貼現率 × 未到期天數/360）

　　[例3−4] 一張一年期面值為1,000元的票據要求銀行貼現，銀行確定該票據的貼現率為5%，銀行此時應付出的貼現金額是多少？

　　銀行貼現付款額 = 1,000 − 1,000 × 5% = 950（元）

　　從表面上看，票據貼現是一種票據轉讓行為，但實質上票據貼現構成了貼現銀行的授信行為，實際上是將商業信用轉化成了銀行信用。銀行辦理票據貼現後，如果遇到頭寸不足，可持已貼現的但尚未到期的票據再向其他銀行或中央銀行辦理貼現。貼現銀行持票據向其他銀行申請貼現，稱為「轉貼現」。貼現銀行持票據向中央銀行申請貼現稱為「再貼現」。

## (二) 票據承兌市場

承兌是指商業匯票簽發后，經付款人在票面上簽字蓋章，承諾到期付款的一種票據行為。凡經過承兌的匯票統稱為「承兌匯票」。如果是經付款人本人承兌則為「商業承兌匯票」；如果是由銀行承兌則為「銀行承兌匯票」。由於銀行的信譽要比一般付款人的信譽高，因此銀行承兌匯票的安全性及流動性都要好於商業承兌匯票，在票據承兌市場上流通的大多為銀行承兌匯票。

銀行承兌匯票既可在國內貿易中由銀行應購貨人請求而簽發，也可在國際貿易中由出口商出票、經進口商銀行承兌而形成。由於匯票經銀行承兌后，銀行要承擔最後付款責任，實際上是銀行將其信用出借給了承兌申請人，因此承兌申請人要向銀行繳納一定的手續費。可見，銀行通過承兌匯票可以增加經營收入。

## (三) 商業本票市場

商業本票市場的參與者主要是工商企業和金融機構。發行者一般為一些規模大、信譽高的金融公司和非金融公司，發行目的是要籌措資金，前者主要是為了擴大消費信用，后者主要是解決短期資金需求及季節性開支，如支付工資、繳納稅金等。商業本票的投資者主要是保險公司、投資公司、商業銀行、養老基金及地方政府等。儘管該種商業本票沒有抵押擔保，但是由於發行者的聲譽較高，風險還是比較低的，因此上述機構比較樂於投資。商業本票的發行一般採用貼現方式，其發行價格可用公式表示為：

發行價格＝面額－貼現金額

$$貼現金額 = 面額 \times \left(1 - 年貼現率 \times \frac{未到期天數}{360}\right)$$

[例3-5] 某公司擬發行票面金額為100,000元、年貼現率為6%、期限為60天的商業本票。該票據的發行價格計算如下：

發行價格＝100,000×(1－6%×60/360)＝99,000（元）

## 二、同業拆借市場

同業拆借市場是指銀行及非銀行金融機構之間進行短期性的、臨時性的資金調劑所形成的市場。

同業拆借市場最早出現於美國。中國開放同業拆借市場始於1984年。從1996年1月1日起，中國人民銀行決定在35個大中城市的融資中心和具有法人資格、達到一定規模的商業銀行間實行聯網，建立全國統一的同業拆借市場。目前進入市場的除各家商業銀行外，還有城市、農村信用合作社聯社、證券公司和基金管理公司等一批非銀行金融機構。

相對於其他市場而言，同業拆借市場有以下幾個主要特徵：

## (一) 同業拆借主要限於金融機構參加，首推商業銀行

西方國家的許多大商業銀行都把拆入資金作為一項經常性的資金來源，或者是通

過循環拆借的方式（今日借明日還，明日再借次日再還），使其貸款能力超過存款規模；或者是減少流動性高的資產（如庫存現金、各種短期證券等），以增加高盈利資產的規模，而在需要額外清償能力時就進行拆借。與此同時，許多中小商業銀行出於謹慎的原因會經常保存超額準備金，為使這部分準備金能帶來收益並減少風險，其往往是通過拆借市場向大銀行拆出。於是同業拆借又成為中小商業銀行一項經常性的資金運用。

(二) 拆借期限短

同業拆借的期限一般都控制在1年以內。不過，由於拆借目的的不同，同業拆借在期限上存在著較大的差別，最短的只有1天（今日拆入、明日歸還），最長的可達1年。根據拆借目的的不同，一般將同業拆借市場上的交易分為以下兩種：

1. 同業頭寸拆借

同業頭寸拆借主要是指金融機構為了軋平頭寸、補充存款準備金和票據清算資金而在拆借市場上融通短期資金的活動，一般拆借期限為1天。

2. 同業短期拆借（或同業借貸）

同業短期拆借（或同業借貸）主要是指金融機構之間為滿足臨時性的、季節性的資金需要而進行的短期資金拆借，這一類的拆借期限相對較長。

(三) 拆借利率市場化

同業拆借利率一般由拆借雙方協商決定，而拆借雙方又都是經營貨幣資金的金融機構，因此同業拆借利率最能反應市場資金供求狀況，並對貨幣市場上的其他金融工具的利率變動產生導向作用，這就使得同業拆借利率由此而成為貨幣市場上的核心利率。正是基於同業拆借利率在利率體系中的這種重要地位，在現代金融活動中，同業拆借利率已被作為觀察市場利率走勢的風向標。

拆借市場的存在，不僅為銀行之間調劑資金提供了方便，更重要的是為社會資金的合理配置提供了有利條件。當外部資金注入銀行體系後，通過銀行同業拆借市場運行，這些資金能夠較均衡地進入經濟社會的各個部門和單位。

也正因為如此，大多數國家的中央銀行已把同業拆借利率作為貨幣政策的操作目標，通過貨幣政策工具的運用，影響同業拆借利率，進而影響長期利率和貨幣供應量的變化，從而實現既定的貨幣政策目標。

### 三、大額可轉讓定期存單市場

大額可轉讓定期存單（Negotiable Certificate of Deposit, CD）是一種由商業銀行發行的有固定面額、可轉讓流通的存款憑證。CD於1961年由美國花旗銀行首次推出。CD最初是美國商業銀行為逃避金融管理條例中對存款利率的限制、穩定銀行存款來源而進行的一項金融業務創新，後由於CD的實用性很強，既有益於銀行，又有益於投資者，故很快發展為貨幣市場上頗受歡迎的金融工具。

從形式上看，銀行發行的CD也是一種存款憑證，是存款人的債權憑證，與普通定期存款單似乎無異，但實際上CD有著不同於普通定期存款單的特點。其主要表現在以

下方面：

第一，不記名。普通定期存款單都是記名的，而 CD 不記名。

第二，可轉讓。普通定期存款單一般都要求由存款人到期提取存款本息，不能進行轉讓，而 CD 可以在貨幣市場上自由轉讓、流通。

第三，金額大且固定。普通定期存款單的最低存款數額一般不受限制，並且金額不固定，可大可小，有整有零，而 CD 一般都有較高的金額起點，並且都是固定的整數。

第四，期限短。普通定期存款單的期限可長可短，由存款人自由選擇，而 CD 的期限規定在 1 年以內，利率較高。CD 的利率由發行銀行根據市場利率水平和銀行本身的信用確定，一般都高於相同期限的普通定期存款利率，而且資信越低的銀行發行的 CD 的利率往往越高。

大額可轉讓定期存單市場具有以下幾個主要特徵：

第一，利率趨於浮動化。20 世紀 60 年代初，CD 主要以固定利率發行，存單上註明特定的利率，並在指定的到期日支付。進入 20 世紀 70 年代後，隨著市場利率波動的加劇，發行者開始增加浮動利率 CD 的發行。

第二，收益與風險緊密相連。CD 雖然由銀行發行，但是也存在一定的信用風險和市場風險。信用風險主要來自 CD 到期時而其發行銀行無法償付本息。市場風險主要是在持有者急需資金時卻無法在二級市場上將 CD 立即轉讓或不能以合理的價格轉讓。由於 CD 的風險要高於國庫券，甚至要高於同期的普通定期存款，因此其利率通常也要高於同期的國庫券和普通定期存款。

在金融市場發達的國家，CD 市場已成為貨幣市場的重要組成部分。對於銀行來說，發行 CD 無疑是一種極好的籌資辦法，可以使銀行獲得穩定的資金來源，同時也為銀行提高流動性管理能力提供了一種有效手段。銀行可以通過主動發行 CD 來增加負債，以滿足擴大資產業務的需要。對於投資者來說，由於 CD 都是由銀行發行的，信用較高，並且到期前可以轉讓變現，並有較高的利息收入，因此投資於 CD 可使投資者獲得一種流動性強、收益性高的金融資產。此外，CD 市場的存在對於中央銀行的信用調節也具有積極意義，中央銀行可通過調整基準利率以影響市場利率水平，由此影響 CD 的利率，並進而影響 CD 的發行量，從而達到間接調控銀行信用創造的目的。

## 四、國庫券市場

國庫券又稱短期政府債券，是一國政府部門為滿足短期資金需求而發行的一種期限在 1 年以內的債務憑證。

在政府遇有資金困難時，可通過發行政府債券來籌集社會閒散資金，以彌補資金缺口。從廣義上看，政府債券不僅包括國家財政部門發行的債券，還包括地方政府及政府代理機構發行的債券。從狹義上說，政府債券僅指國家財政部所發行的債券。西方國家一般將財政部發行的期限在 1 年以內的短期債券稱為國庫券。因此，從狹義角度說，短期政府債券市場就是指國庫券市場。

短期政府債券市場具有以下幾個特徵：

第一，貼現發行。國庫券的發行一般都採用貼現發行，即以低於國庫券面額的價格向社會發行。

第二，違約風險低。國庫券是由一國政府發行的債券，有國家信用作擔保，故其信用風險很低，通常被譽為「金邊債券」。

第三，流動性強。由於國庫券的期限短、風險低、易於變現，故其流動性很強。

第四，面額較小。相對於其他的貨幣市場工具，國庫券的面額比較小。目前美國的國庫券面額一般為 10,000 美元，遠遠低於其他貨幣市場工具的面額（大多為 10 萬美元）。

國庫券市場的存在和發展具有積極的經濟意義。首先，就政府來說，不需增加稅收就可解決預算資金不足的問題，有利於平衡財政收支，促進社會經濟的穩定發展。其次，就商業銀行來說，國庫券以其極高的流動性為商業銀行提供了一種非常理想的二級準備金，有利於商業銀行實行流動性管理。再次，就個人投資者來說，投資於國庫券不僅安全可靠，而且可以獲得穩定的收益，並且操作簡便易行。最後，就中央銀行來說，國庫券市場的存在為中央銀行進行宏觀調控提供了重要手段，中央銀行通過公開市場業務操作，在證券市場上買賣國庫券，不僅可以直接左右市場貨幣供應量，而且還可以借助於對市場利率水平所產生的影響來達到調節市場貨幣供應量的目的。

**五、回購市場**

回購市場是指通過回購協議進行短期資金融通的市場。所謂回購協議，是指證券持有人在出售證券的同時，與證券購買商約定在一定期限後再按約定價格購回所售證券的協議。例如，某交易商為籌集隔夜資金，將 100 萬元的國庫券以回購協議賣給甲銀行，售出價為 999,800 元，約定第二天再購回，購回價為 100 萬元。在這裡，交易商與甲銀行進行的就是一筆回購交易。注意，在回購交易中先出售證券、後購回證券稱為正回購；先購入證券、后出售證券則為逆回購。該例中交易商所做的即為正回購，而甲銀行所做的則為逆回購。回購交易實際上是一種以有價證券（大多為國債）為抵押品的短期融資活動。在回購交易中，證券持有者通過出售證券融入資金，而證券購買者通過買入證券融出資金。

回購市場有以下幾個主要特徵：

第一，參與者的廣泛性。回購市場的參與者比較廣泛，包括商業銀行、非銀行金融機構、中央銀行和非金融機構（主要是企業）。一般而言，大銀行和證券交易商（特別是政府證券交易商）是回購市場上的主要資金需求者，它們通過出售所持有的證券，可以暫時獲得一定的資金來源，以緩解流動性不足的問題。

第二，風險性。儘管在回購交易中使用的是高質量的抵押品，但是仍會存在一定的信用風險。這種信用風險主要來源於當回購到期時，而正回購方無力購回證券，那麼逆回購方只有保留證券，若遇到抵押證券價格下跌，則逆回購方會遭受一定的損失。

第三，短期性。回購期限一般不超過 1 年，通常為隔夜（即今日賣出證券，明日再買回證券）或 7 天。

第四，利率的市場性。回購利率由交易雙方確定，主要受回購證券的質地、回購

期限的長短、交割條件、貨幣市場利率水平等因素的影響。

## 國外貨幣市場基金的形成和發展

貨幣市場基金是指以貨幣市場工具為投資對象的基金，是投資基金的四個主要品種之一。

根據不同投資目標和收益特性，投資基金可以分為股票型基金、債券型基金、混合型基金和貨幣市場基金四大類。這四種基金通常由專業基金管理公司通過出售基金單位憑證的形式集中投資者的零散資金並將其統一投資於金融市場，運用投資組合的方式爭取收益最大化和風險最小化，對於獲得的資產組合收益在扣除一定比例的管理費用后再按照認購的基金份額數支付給基金單位憑證持有人的投資方式。前三類基金的投資對象主要為股票、債券（剩餘期限超過397天）等資本市場上的金融工具。而貨幣市場基金的投資對象為貨幣市場短期金融工具，投資對象涵蓋了短期國債、商業票據、大額可轉讓存單、回購協議、銀行承兌匯票等主要貨幣市場工具，屬於開放式基金的範疇。

貨幣市場基金最早於1972年出現在美國。當時的美國政府出抬了限制銀行存款利率的Q條例，存款的收益性受到重大影響，銀行存款對投資者的吸引力驟然下降。因此，投資者急於為自己的資金尋找新的能夠獲得貨幣市場現行利率水平收益的投資渠道，貨幣市場基金就在這種情況下應運而生。

目前，在發達的市場經濟國家，貨幣市場基金在全部基金中所占的比例較大。以貨幣市場基金的發源地美國為例，在短短30多年時間裡，美國的貨幣市場基金發展迅猛，取得了驕人的成績。從1991—2001年的12年間，流入貨幣市場基金的現金流雖然每年情況都不同，但年均增長率達到46.55%。由於貨幣市場基金受到越來越多投資者的偏好，因此不斷有基金公司加入到這一產品的發行中，導致貨幣市場基金的數量穩步增長。經過多年的發展后，美國的貨幣市場基金已經形成了穩定的客戶基礎，並深受投資者青睞，貨幣市場基金成為股票基金之后又一種很好的投資渠道，其資產規模、基金數量都呈現一種穩步增長的態勢。到2001年，美國貨幣市場基金的資產規模達22,853億美元之巨，貨幣市場基金數量也達到了創紀錄的1,015只，投資者帳戶4,720萬個，是貨幣市場基金發展史上的巔峰。2001年後，美國貨幣市場基金由於聯邦利率的持續下降而呈下降趨勢，2005年比2001年下降了16%，但這之後又進入平穩發展時期。截至2005年年末，美國的貨幣市場基金資產淨值為20,405.4億美元，占美國投資基金份額的23%。

由於貨幣市場基金起始於美國，其產生和發展的原因最具代表性，長期以來的實踐所累積的管理經驗也相對更為成熟，而且在其發展過程中還伴隨了20世紀90年代的經濟騰飛，因此不論是從基金數量上還是從基金規模上看都在全球基金市場上占據著絕對的領先位置。截至2005年年底，美國基金資產淨值規模占世界基金份額的55%。

自美國之後，歐洲經濟發達國家以及日本、中國香港地區的貨幣市場基金也逐漸產生和發展起來，並在證券投資基金中佔有重要地位。

同美國比較，歐洲貨幣市場基金的發展相對滯后。截至2002年年底，四種主要投

資基金的資產總值在歐洲地區投資基金資產總規模中的分佈大致如下：債券型基金占29.29%，位列第一；股票型基金占29.26%，位列第二；貨幣市場基金占19.19%，位列第三；平衡型基金及其他基金則占14.85%，位列第四。股票型基金與債券型基金的資產規模基本持平，均大大領先於貨幣市場基金的發展。

但是從地區經濟一體化角度看，歐洲金融市場區域一體化趨勢日益增強，為未來歐洲投資基金業以及歐洲貨幣市場基金的發展拓寬了空間。目前歐元區貨幣市場已經建立並運作多年，歐洲股票市場和債券市場也得到不同程度的一體化發展，歐洲金融市場區域一體化已經逐步形成。在歐洲的相關法律、監管、行政以及其他區域性條款等政策性條款一體化得以實現後，歐洲投資基金業會獲得更大的發展空間。特別是在歐元區貨幣市場的示範效應下，貨幣工具種類的豐富多樣、投資範圍與交易方式的靈活彈性、清算與結算技術的電子化改進、貨幣市場投資主體的日趨增多等，都會促進歐洲貨幣市場基金的未來發展。

就全球範圍而言，貨幣市場基金的出現和發展不僅打破了貨幣市場的傳統格局，還引起了投資基金行業的一系列改革。截至2005年年末，全球貨幣市場基金規模約占投資基金總規模的19%。

貨幣市場基金在美國和歐洲市場上均得到了長足的發展，而且在這兩個市場上的發展歷程各具特色，都對中國發展貨幣市場基金業務有一定的參考和借鑑意義。商業銀行應該積極學習國外商業銀行的經驗，尤其是在經營貨幣市場基金中的成功經驗，積極應對基金業的挑戰，不斷提高自身經營管理水平，促進金融產品創新，提高中間業務收入水平，以加強自身的競爭力。此外，鑒於近年來世界各個地區之間的經濟合作不斷加強、世界經濟一體化進程不斷深入，中國商業銀行可以參考歐元區貨幣市場的發展進程，深化與其他國家和地區金融機構的合作，豐富貨幣市場工具，為亞太地區經濟一體化作好戰略性的準備。

思考：

1. 貨幣市場基金的發展對商業銀行將產生什麼影響？
2. 現在有人說，貨幣市場基金有替代商業銀行的趨勢，對此你有什麼看法？為什麼？

## 第四節　資本市場

資本市場（Capital Market）是指以期限在1年以上的金融工具為媒介，進行長期性資金交易活動的市場，又稱長期資金市場。其主要參與者有個人、企業、金融機構和政府。近年來，像保險公司、養老基金等金融機構，作為機構投資者也活躍在資本市場上。

資本市場相對於貨幣市場，其特點是期限長、風險大、收益高；金融工具性能差異很大；金融工具的交易市場往往採用有形與無形相結合的方式，既有大量證券交易所，也有規模巨大的場外無形市場。

## 一、證券發行市場

(一) 證券發行市場的概念

證券發行是證券發行人將某種證券首次出售給投資者的行為，屬於第一次交易，故證券發行市場也稱為「一級市場」或「初級市場」。證券發行市場具有證券創設功能，任何權利憑證若要進入證券市場並實現流通，必須首先取得合法的證券形式，證券發行則是使證券得以流通和轉讓的前提。證券發行市場上的發行對象，可以是從未發行過證券的發行人創設的證券，也可以是證券發行人在前次發行後增加發行的新證券，還可以是因證券拆細或合併等行為而發行的證券。中國目前最常見的是企業通過股份制改造並發行新股票或上市公司為了增加股本，以送股或配股等方式發行的新股票。上述情況都具有創設新證券的性質，屬於證券發行活動。

一方面，證券發行市場為資金需求者提供了融資的場所，資金需求者可以通過在一級市場上發行股票、債券等籌集資金；另一方面，證券發行市場也為資金供應者提供投資機會，謀求證券投資收益。

證券發行市場與證券流通市場不同，一般沒有一個有形的特定場所，有時證券的出售是在發行者和投資者之間直接進行的，但更多的是通過仲介機構進行，因此可以說發行市場是由發行者、證券仲介和投資者三者構成的。由於證券發行過程是證券初次進入市場，故一級市場又稱初級市場。

(二) 證券發行市場的特點

證券發行市場是整個證券市場的基礎，其內容和發展決定著證券交易市場的內容和發展方向。證券發行市場具有以下特點：

1. 證券發行是直接融資的實現形式

證券發行市場的功能就是聯結資金需求者和資金供給者，證券發行人通過銷售證券向社會招募資金，而認購人通過購買其發行的證券提供資金，將社會閒散資金轉化為生產建設資金，實現直接融資的目標。

2. 證券發行市場是個無形市場

證券發行市場通常不存在具體的市場形式和固定場所，新發行證券的認購和銷售主要不是在有組織的固定場所內進行，而是由眾多證券承銷商分散地進行，因而是個抽象的、觀念上的市場。

3. 證券發行市場的證券具有不可逆轉性

在證券發行市場上，證券只能由發行人流向認購人，資金只能由認購人流向發行人，而不能相反，這是證券發行市場與證券交易市場的一個重要區別。

(三) 證券發行市場的構成

證券發行市場由證券發行人、證券認購人、證券承銷商和專業服務機構構成。

1. 證券發行人

證券發行人又稱發行主體，是為籌措資金而發行股票或債券的企業單位、政府機

構、金融機構或其他團體等，也包括在本國發行證券的外國政府和公司。證券發行人是證券發行市場得以存在與發展的首要因素。

2. 證券認購人

證券認購人就是以取得利息、股息或資本收益為目的而根據發行人的招募要約，將要認購或已經認購證券的個人或機構。證券認購人是構成證券發行市場的另一個基本要素。在證券發行實踐中，證券投資者的構成較為複雜，可以是個人，也可以是團體。這裡的團體主要包括證券公司、信託投資公司、共同基金等金融機構和企業、事業單位以及社會團體等。在證券發行市場上，投資者人數的多少、購買能力的強弱、資產數量的大小、收益要求的高低以及承擔風險能力的大小等，直接影響和制約著證券的發行。當證券進入認購者或投資者手中，證券發行市場的職能也就實現了。

3. 證券承銷商

證券承銷商主要是媒介證券發行人與證券投資者交易的證券仲介機構。證券承銷商是聯結發行人、認購人的橋樑和紐帶，接受發行人的委託，通過一定的發行方式和發行渠道向認購人銷售發行人的證券。中國目前從事證券承銷業務的機構主要是經批准有承銷資格的證券公司、金融資產管理公司和金融公司等。

4. 專業服務機構

專業服務機構包括證券服務性機構和經濟鑒證類機構以及其他服務機構。證券服務性機構包括證券登記結算公司和證券信用評級機構等，其主要作用是為發行人和認購人進行股權或債權註冊登記和評估發行人信用級別。會計師事務所的主要作用是為發行人進行財務狀況審計，為認購人提供客觀的財務信息。資產評估機構的作用是運用合理的評估方法確定發行人和某些認購人的資產質量。律師事務所的作用是以合法的手段排除發行過程中的法律障礙，並就發行人申請證券發行時所處的法律狀態出具法律意見書。

(四) 證券的發行方式

1. 公募發行和私募發行

公募發行又稱公開發行，是指發行人通過仲介機構，以公開營銷等方式向不特定的社會公眾廣泛地發售證券，募集資金的業務模式。為適應更廣大投資者的需求，公募沒有合同份數和起點金額的限制。因為涉及眾多中小投資人的利益，監管當局對公募資金的使用方向、信息披露內容、風險防範要求都非常高。

私募是面向少量的、特定的投資者發行證券，募集資金的方式。參加人一般應具有一定的經濟實力、風險識別能力和風險承擔能力。

2. 代銷和包銷

代銷是指證券發行人委託承擔承銷業務的證券經營機構（又稱為承銷機構或承銷商）代為向投資者銷售證券。承銷商按照規定的條件，在約定的期限內盡力推銷，到銷售截止日期，證券如果沒有全部售出，那麼未售出部分退還給發行人，承銷商不承擔任何風險。在代銷過程中，承銷機構與發行人之間是代理委託關係，承銷機構不承擔發行風險，因此佣金很低。代銷比較適合於那些信譽好、知名度高的大中型企業。

它們的證券容易被社會公眾所接受，用代銷方式可以降低成本。

包銷是指證券發行人與承銷機構簽訂合同，由承銷機構買下全部或銷售后剩余部分的證券，承擔全部發行風險。對證券發行人來說，包銷不必承擔證券發行不出去的風險，而且可以迅速籌集資金，因而適用於那些資金需求量大、社會知名度低而且缺乏證券經驗的企業。與代銷相比，包銷的成本也相對較高。

(五) 證券的發行價格

證券的發行價格是以票面金額為基礎，主要決定於票面利率以及票面利率與市場收益率的關係，同時還與發行成本、發行者與承銷機構的信譽、市場供求狀況等有關。

發行價格與票面面額是兩個不同的概念，發行價格可以低於或高於債券的票面金額，這樣形成幾種不同價格的發行方式，如折價發行、溢價發行、平價發行。

當發行價格低於票面金額出售時，稱為低價發行或折價發行，在多數情況下，債券是低價發行，低於票面金額部分實際上成為發行成本的組成部分之一；當發行價格高於票面金額出售時，稱為溢價發行，溢出部分實際上降低了發行成本。只有當平價發行時，債券發行價格才與票面面額一致。

(六) 證券信用評級

證券信用評級是指專門的信用等級評定機構根據證券發行者提供的信息材料，並通過調查、預測等手段，運用科學的分析方法，按照一定的標準，對擬發行或已發行的證券質量、信用、風險等進行公開和客觀的評價定級，將債券發行人的信用狀況和償債能力進行分析、評估，並將其結果公布的活動。證券評級的目的是將評定的證券信用等級指標公之於眾，以彌補信息不充分或不對稱的缺陷，保護投資者的利益。

證券評級機構是專門從事證券投資研究、統計諮詢和對有價證券（包括股票和債券）的優劣或證券發行者的還本付息能力進行等級評定的機構。在西方發達國家，證券評級機構是專門從事證券評級的股份公司，都是獨立的企業，不受政府控制，也獨立於證券發行者、投資者以及證券交易所、證券經營機構等仲介人之外。因此，他們評定的結果都比較客觀。證券評級機構聚集了大量的證券分析、市場研究、會計、統計、法律等方面的專家，保證了評級的準確性、權威性、可靠性。

證券評級制度最早起源於美國。1909 年，美國人約翰·穆迪（John Mody）在《鐵路投資分析》一文中首先運用了證券評級的分析方法。從此以後，證券評級的方法便推廣開來，並為許多國家所採用。現在，在國際金融市場上發行有價證券一般都要經過國際知名的信用評級機構的評級。目前，世界上著名的證券評級公司，美國主要有標準·普爾公司、穆迪投資服務公司、費奇投資服務公司等。

證券評級的主要內容是：考察證券發行公司的實力與資信；考察證券發行公司的財務狀況；考察證券發行公司的經營管理水平、人員素質以及公司的特許經營權、租賃關係和專利等無形因素；考察投資者承擔的風險。

證券評級的主要作用是：作為投資者確定資金投向的關鍵參考指標；幫助發行人順利發債，減少成本；在一定程度上有助於解決市場信息不對稱的問題，能提高市場效率。

## 二、證券流通市場

(一) 證券流通市場的概念

證券流通市場是指已發行的證券通過買賣交易實現流通轉讓的場所，又稱二級市場、次級市場或證券交易市場。證券流通市場一般由兩個子市場構成，一是證券交易所市場，其交易有固定的場所和固定的交易時間，是最重要的集中證券流通市場；二是場外交易市場，即證券經營機構開設的證券交易櫃臺，不在證券交易所上市的證券可申請在場外交易市場進行交易。

證券流通市場的主要功能在於有效地集中和分配資金。其具體功能如下：

(1) 促進短期閒散資金轉化為長期建設資金。

(2) 調節資金供求，引導資金流向，溝通儲蓄與投資的融通渠道。

(3) 二級市場的股價變動能反應出整個社會的經濟情況，有助於勞動生產率的提高和新興產業的興起。

(4) 價格合理、交易自由、信息靈通、法規健全、管理縝密的證券流通市場有利於保證買賣雙方的權益都受到嚴密的保護。已發行的證券一經上市，就進入二級市場。投資人根據自己的判斷和需要買進和賣出證券，其交易價格由買賣雙方來決定，投資人在同一天中買入證券的價格是不同的。

(二) 證券流通的組織方式

1. 證券交易所

證券交易所是證券市場發展到一定程度的產物，是依據國家有關法律、經政府主管機關批准設立的證券集中交易的有形市場，也是集中交易制度下，證券市場的組織者和一線監督者。中國有四個證券交易所：上海證券交易所、深圳證券交易所、香港聯合證券交易所、臺灣證券交易所。

證券交易所的主要功能是提供證券交易場所、形成與公告價格、集中各類社會資金參與投資、引導投資的合理流向、制定交易規則、維護交易秩序、提供交易信息、降低交易成本、促進股票的流動性等。

證券交易所分為公司制和會員制兩種。這兩種證券交易所均可以是政府或公共團體出資經營的（稱為公營制證券交易所），也可以是私人出資經營的（稱為民營制證券交易所），還可以是政府與私人共同出資經營的（稱為公私合營制證券交易所）。

證券交易所組織有下列特徵：

(1) 證券交易所是由若干會員組成的一種非營利性法人。構成股票交易的會員都是證券公司，其中有正式會員，也有非正式會員。

(2) 證券交易所的決策機構是會員大會（股東大會）及理事會（董事會）。其中，會員大會是最高權力機構，決定證券交易所基本方針；理事會是由理事長及理事若干名組成的協議機構，負責制定為執行會員大會決定的基本方針所必需的具體方法以及制定各種規章制度。

(3) 證券交易所的執行機構有理事長及常任理事。理事長總理業務。

（4）證券交易所的會員包括股票經紀人、證券自營商及專業會員。

2. 場外交易市場

場外交易市場也稱櫃臺交易市場或店頭交易市場，是證券市場的一種特殊形式，是指證券經紀人或證券商不通過證券交易所，將未上市或已上市的證券直接同顧客進行買賣的市場。

場外交易市場沒有固定的交易場所，具有分散性，規模有大有小。買賣的證券大多是未上市證券，無法實行公開競價，場外交易管制少，較靈活，但風險較大。

場外交易市場主要有櫃臺交易市場、第三市場、第四市場。

櫃臺交易市場是通過證券公司、證券經紀人的櫃臺進行證券交易的市場。該市場在證券產生之時就已存在，在交易所產生並迅速發展後，櫃臺交易市場之所以能夠存在並持續發展，其原因在於：一是交易所的容量有限，並且有嚴格的上市條件，客觀上需要櫃臺交易市場的存在。二是櫃臺交易比較簡便、靈活，並且節省了仲介成本，滿足了投資者的需要。三是隨著計算機和網路技術的發展，櫃臺交易也在不斷地改進，其效率已大大提高。

第三市場是指已上市證券的場外交易市場。第三市場產生於1960年的美國，原屬於櫃臺交易市場的組成部分，但其發展迅速，市場地位提高，被作為一個獨立的市場類型對待。第三市場的交易主體多為實力雄厚的機構投資者。第三市場的產生與美國的證券交易採用固定佣金制密切相關，固定佣金制使機構投資者的交易成本變得非常昂貴，場外市場不受證券交易所的固定佣金制約束，因而導致大量上市證券在場外進行交易，遂形成第三市場。第三市場的出現，成為證券交易所的有力競爭對手，最終促使美國證券交易委員會（SEC）於1975年取消固定佣金制，同時也促使證券交易所改善交易條件，使第三市場的吸引力有所降低。

第四市場是投資者繞過傳統經紀服務，彼此之間利用計算機網路直接進行大宗證券交易而形成的市場。第四市場的吸引力在於：買賣雙方直接交易，無經紀服務，其佣金比其他市場少得多，交易成本低；無須通過經紀人，有利於匿名進行交易，保持交易的秘密性；大宗交易如在交易所內進行，可能給證券市場的價格造成較大影響，在場外進行則不會衝擊證券市場；計算機網路技術的運用可以廣泛收集和存儲大量信息，通過自動報價系統，信息靈敏，成交迅速。

(三) 證券的轉讓價格和股票價格指數

1. 證券轉讓價格

證券轉讓價格公式如下：

證券轉讓價格＝預期證券收益/市場利率

2. 股票價格指數

股票價格指數是指金融服務機構用統計學中的指數方法，編製的通過對股票二級市場上一些有代表性的公司發行的股票價格進行平均計算得出的數值，是對股市動態的綜合反應。世界主要股票價格指數有道·瓊斯股價指數、標準·普爾股價指數、倫敦《金融時報》股價指數、日經股價指數、香港恒生股價指數。

股票價格指數的計算方法主要有算術平均法、綜合平均法、加權平均法。

股票價格指數計算程序為：選出成分股票，確定計算方法（即計算成分股的平均價格）、確定基期和基數，將報告期與基期比較（即計算股價指數）。

[例3-6] 3種股票2015年4月3日價格分別為15元、20元、25元，若以該日為基期，基數為100點，現假定2016年3月5日這3種股票價格分別為20元、30元、40元，請計算其股價指數。

$$[(20+30+40) \div 3] \div [(15+20+25) \div 3] \times 100 = 150（點）$$

[例3-7] 下列為10種股票價格及其交易情況，請計算其股價指數。

| 股票種類 | A | B | C | D | E | F | G | H | I | J |
| --- | --- | --- | --- | --- | --- | --- | --- | --- | --- | --- |
| 價格（元） | 1 | 2 | 3 | 4 | 5 | 6 | 7 | 8 | 9 | 10 |
| A日交易量（股） | 10 | 20 | 30 | 40 | 50 | 60 | 70 | 80 | 90 | 100 |
| B日交易量（股） | 100 | 90 | 80 | 70 | 60 | 50 | 40 | 30 | 20 | 10 |

$I_A = (1 \times 10 + 2 \times 20 + \cdots + 10 \times 100) / (10 + 20 + 30 + \cdots + 100) = 7$

$I_B = (1 \times 100 + 2 \times 90 + \cdots + 10 \times 10) / (100 + 90 + \cdots + 10) = 4$

若以A日為基期，基點為100點，則：

$(4 / 7) \times 100 = 57（點）$

## 美國奧蘭治縣破產[①]

1994年12月6日，美國加利福尼亞州（簡稱加州）的奧蘭治縣根據《聯邦破產法》第九章向聖地安那聯邦法院申請破產保護。近60年來，美國的縣級地方政府破產案將近500件，但與以往不同的是，奧蘭治縣破產涉及金額較之以前破產的縣涉及的金額大得多，虧損額高達16.9億美元，是美國有史以來金額最大的縣級地方政府破產案。

位於加州南部的奧蘭治縣，是美國最富庶的地區之一，平均每戶年收入4.6萬美元（全加州平均水平為3.6萬美元），著名的迪士尼樂園就位於該縣境內。

為增加財政收入、彌補財政資金的不足，奧蘭治縣以通過發行市政債券籌集的巨額資金、縣公共機構和鎮政府的行政基金、退休金及公積金等資金創建了縣財政投資基金。到1994年，基金規模達到74億美元，參與單位有187個。

基金管理人羅伯特·西純出生於1925年，是奧蘭治縣一位資深的財政員，他通過競選已經連任該縣司庫長達24年之久。西純管理的基金，其投資績效一直居加州同類基金的前列，投資年收益率高達9%，比加州州政府基金高出50%。僅1988—1994年的7年間，他的投資基金就增長近8倍。

那麼，奧蘭治縣財政基金的巨額虧損是如何造成的？這必須從投資基金資產組合

---

[①] 美國奧蘭治縣破產 [EB/OL]．(2011-05-22) [2016-08-6]．http：//wenku．baidu．com/link？url=zTJRi8-lA-geIPP0HQhiLTdv8k52uLtnAn1gv1dSOgjCYMPoFnD0aisnU0fOv9UMKc4ZtnjNZLktzHEcdOWrUYiJ8Ftj2gbWBcfIbnlUkXy．

的構成說起。實際上，該投資基金的資產組合包括如下兩大組成部分：

第一部分包括美國財政部和其他政府機構的債券，與衍生金融產品投資無關。這些債券的期限大部分在5年或5年以下，購買債券的資金最初來源於市政債券發行收入，但西純採用了不斷地以購入的債券作抵押借入短期貸款，並以之再購入債券的策略。西純以上述資產作為抵押，向華爾街經紀行借入130億美元，使投資基金帳面金額高達200億美元，在長期債券利率高於短期貸款利率的情況下，這種高槓桿率的投資策略能夠產生巨額盈利。但是，如果利率走向與預期相反，就會使基金的短期借貸成本提高，一旦超過其持有的投資收益率，投資基金就會遭受虧損。例如，1993年10月，西純利用每6個月滾轉一次的短期貸款，購買了面值為12,480萬美元的5年期美國財政部債券，實際年收益率為4.61%，由於當時6個月期的短期貸款利率為3.31%，如果持有期間利率的期限結構不變，基金每年可以從這筆投資中獲得1.3%的盈利，也就是160萬美元。但實際情況却是到了1994年年底時，6個月期的貸款利率猛升至6%左右，原預定的基金帳面利潤不但消失，反而僅此一項投資就使基金虧損150多萬美元。

奧蘭治縣財政基金投資組合的第二部分由各種所謂的組合證券組成。組合證券為衍生金融產品的一種新形式，通常是由一些與政府有關的機構負責發行，然后由一些大投資銀行根據投資者的不同需要進行裁剪后，再出售給這些投資者。組合證券的定價比較複雜。例如，財政基金在1994年2月美國聯邦儲備理事會首次提高短期利率之后，通過美林證券公司等投資銀行購買了由聯邦全國抵押貸款協會發行的1億美元的「分階段逆向債券」，根據合同，基金最初可以獲得7%的利率，直到5月份為止。此后的利率每3個月變動一次，計算方法為用10%減去當時的3個月期倫敦同業拆借利率。從1996年起，計算方法變為按11.25%減去同業拆借利率。這一「分階段逆向債券」將在1999年到期，屆時可將原來的投資本金1億美元收回。但由於1994年5月起，短期利率不斷上升，持有這種證券的收益率便不斷下降，5月降為5.1%，8月和11月又分別降至4.9%和3.9%。與此同時，短期融資的利率却不斷上升，由此造成投資基金巨額虧損。

除了投資「分階段逆向債券」外，奧蘭治縣財政基金還於1993年7月參與了另一筆衍生產品投資。奧蘭治縣向聯邦住宅貸款銀行購買了面值為1億美元的5年期「雙重指數債券」。根據合同，這種債券的利率第一年固定為6%，以后每6個月調整一次，計算方法是用當時的10年期財政部國庫券利率減去6個月期的倫敦同業拆放利率，再加上3.1%。隨著短期利率的提高，到了1994年7月，該債券利率按上述合同規定調整為5.065%。如果按照1995年年初的市場利率計算，1995年1月這種「雙重指數債券」的新利率將進一步下調至4.2%，它將因大大低於該基金為購買此類債券而支付的貸款利率而出現虧損。

上述投資組合能夠獲利的前提是市場利率趨於下降，長期利率高於短期利率，並且長短期利率間的差額不變甚至能夠擴大。西純作出上述投資決策的基本理由是他認為美國經濟正在復甦，聯邦儲備委員會理應放鬆利率以支持復甦過程。實際上，這也是當時經濟界頗為流行的想法。

但是，1994年美國長短期利率的發展趨勢正好與西純的預料相反。從1993年第四

季度起，美國經濟出乎意料地強勁增長，1993年第四季度和1994年第一季度、第二季度、第三季度國內生產總值增長率分別高達7%、3.5%、4.1%和3.9%，大大超出美國聯邦儲備委員會劃定的經濟增長安全區，使美國經濟的通貨膨脹壓力increased。為抑制通貨膨脹率上升，1994年美國聯邦儲備委員會6次提高短期利率，將短期貸款利率從年初的3%推升至年末的5.5%。經濟的強勁增長，也促使了人們對通貨膨脹率上升的預期，使投資者不願在中長期資本市場投資，從而造成了美國中期債券利率的急跌。一方面，美國長短期利率增大這種變化，使奧蘭治縣財政基金短期借貸的融資成本提高，超過了其持有的投資組合的收益率；另一方面，市場利率的上升也使基金持有的固定利率債券及逆向債券的價格下跌，造成基金出現巨額的帳面虧損。

1994年12月1日，奧蘭治縣公布了74億美元的財政基金面臨16.9億美元帳面虧損的事實。為防止因暫時的不能支付而導致債權人沽售資產和抵押品，以取得緩衝時間籌集資金解決債務的償還問題，12月6日，奧蘭治縣及其財政基金向聖地安那聯邦法院申請破產保護。

思考：

1. 奧蘭治縣為什麼要創建縣財政投資基金？
2. 奧蘭治縣財政基金投資組合的投資預期是什麼？為什麼1994年美國長短期利率的發展趨勢正好與其預期相反？
3. 我們應從美國奧蘭治縣破產事件中吸取什麼教訓？

## 第五節　衍生金融市場

衍生金融市場是以金融衍生工具為交易對象的市場。金融衍生工具也稱為衍生證券，是指以一些原生工具的存在為前提，以這些工具為買賣對象，價格也由這些原生工具決定的金融工具。

金融衍生工具的產生和發展是經濟發展到一定階段的必然結果。近年來，金融衍生工具在金融領域中的地位越來越重要。國際金融市場最顯著、最重要的特徵之一就是金融衍生工具的迅速發展。20世紀80年代，各種金融衍生工具異軍突起，獲得了長足的發展；進入20世紀90年代，需求變得更為複雜，供給技術不斷創新，金融衍生工具市場由美洲、歐洲向亞太地區乃至全球不斷拓展，競爭日趨激烈。當代的金融衍生工具已經對國際金融市場產生了深刻影響。

金融衍生工具主要包括遠期合約、期貨、期權、互換等。金融衍生工具具有一種「雙刃劍」性質，它們在為投資者提供轉移風險手段的同時，也為投資者帶來了巨大的風險，從而給金融市場乃至整個經濟埋下了不穩定的因素。

### 一、遠期交易市場

遠期交易是指交易雙方約定在未來某一特定日期，按預先簽訂的協議交易某一特定資產的合約。

遠期外匯交易又稱期匯交易，是指交易雙方在成交后並不立即辦理交割，而是事先約定幣種、金額、匯率、交割時間等交易條件，到期才進行實際交割的外匯交易。遠期外匯買賣的特點是雙方簽訂合同后，無須立即支付外匯或本國貨幣，而是延至將來某個時間；買賣規模較大；買賣的目的主要是為了保值，避免外匯匯率漲跌的風險。

在遠期外匯交易中，外匯報價較為複雜。因為遠期匯率不是已經交割或正在交割的實現的匯率，而是人們在即期匯率的基礎上對未來匯率變化的預測。因此，外匯市場中的遠期交易通常被表達為高於（升水）或低於（貼水）即期匯率的差價。如果要獲得實際遠期外匯價格，只需將差價與即期匯率相加即可。

當某貨幣在外匯市場上的遠期匯價高於即期匯率時，稱為升水。例如，即期外匯交易市場上美元兌歐元的比價為 1：0.90，3 個月期的美元兌歐元價是 1：0.88，此時歐元升水。當某貨幣在外匯市場上的遠期匯價低於即期匯率時，稱為貼水。例如，即期外匯交易市場上美元兌歐元的比價為 1：0.88，3 個月期的美元兌歐元價是 1：0.90，此時歐元貼水。

## 二、期貨交易市場

金融期貨交易是指買賣雙方事先就某種金融工具的數量、交割日期、交易價格、交割地點等達成協議，而在約定的未來某一時刻進行實際交割的交易。

期貨交易市場基本上是由四個部分組成，即期貨交易所、期貨結算所、期貨經紀公司、期貨交易者（包括套期保值者和投機者）。

### （一）期貨交易所

期貨交易所是為期貨交易提供場所、設施、服務和交易規則的非營利機構。期貨交易所一般採用會員制，入會條件非常嚴格，各期貨交易所都有具體規定。首先要向期貨交易所提出入會申請，由期貨交易所調查申請者的財務的資信狀況，通過考核，符合條件的經理事會批准方可入會。期貨交易所的會員席位一般可以轉讓。期貨交易所的最高權力機構是會員大會，期貨交易所經營運作等方面的重大決策由全體會員共同決定。會員大會下設董事會或理事會，一般由會員大會選舉產生，董事會聘任期貨交易所總裁，負責期貨交易所的日常行政和管理工作。

### （二）期貨結算所

當今各國期貨結算所的組成形式大體有三種：第一種是期貨結算所隸屬於期貨交易所，期貨交易所的會員也是期貨結算會員；第二種是期貨結算所隸屬於期貨交易所，但期貨交易所的會員只有一部分財力雄厚者才成為期貨結算會員；第三種是期貨結算所獨立於期貨交易所之外，成為完全獨立的期貨結算所。

期貨結算所的功能和作用主要是負責期貨合約買賣的結算；承擔期貨交易的擔保；監督實物交割；公布市場信息。

期貨結算所大部分實行會員制。期貨結算會員必須繳納全額保證金存放在期貨結算所，以保證期貨結算所對期貨市場的風險控制。期貨結算所的最高權力機構是董事會（理事會），日常工作由總裁負責。

### (三) 期貨經紀公司

期貨經紀公司（或稱經紀所）是代理客戶進行期貨交易，並提供有關期貨交易服務的企業法人。在代理客戶期貨交易時，期貨經紀公司收取一定的佣金。作為期貨交易活動的仲介組織，期貨經紀公司在期貨市場構成中具有十分重要的作用。

一方面，期貨經紀公司是期貨交易所與眾多交易者之間的橋樑，拓寬和完善期貨交易所的服務功能；另一方面，期貨為交易者從事交易活動向期貨交易所提供財力保證。期貨經紀公司內部機構設置一般有結算部、按金部、信貸部、落盤部、信息部、現貨交收部、研究部等。一個規範化的期貨經紀公司應具備完善的風險管理制度、遵守國家法規和政策、服從政府監管部門的監管、恪守職業道德、維護行業整體利益、嚴格區分自營和代理業務、嚴格進行客戶管理、經紀人員素質高等條件。

### (四) 期貨交易者

根據參與期貨交易的目的劃分，期貨交易者基本上分為兩種人，即套期保值者和投機者。套期保值者從事期貨交易的目的是利用期貨市場進行保值交易，以減少價格波動帶來的風險，確保生產和經營的正常利潤。進行這種套期保值的人一般是生產經營者、貿易者、用戶等。投機者參加期貨交易的目的與套期保值者相反，他們願意承擔價格波動的風險，他們的目的是希望以少量的資金來博取較多的利潤。期貨交易所的投機方式可以說是五花八門，多種多樣，其做法遠比套期保值複雜得多。在期貨市場上，如果沒有投機者參與，其迴避風險和發現價格兩大功能就不能實現。投機者參加交易可增加市場的流動性，起到「潤滑劑」的作用。

## 三、期權交易市場

期權交易是指期權的買方有權在約定的一定時刻或時期內按照約定的價格買進或賣出一定數量的金融資產，也可以根據需要放棄行使這一權利。

顯然，期權交易是一種權利的買賣。買主買進的並不是實物，只是買一種權利，這種權利使買主可以在一定時期內的任何時候以事先確定好的價格（一般稱為協定價格）向期權的賣方購買或出售一定數量的某種證券，而不管此時證券市場價格的高低。這個「一定時期」「協定價格」和買賣證券的數量及種類都是在期權合同中事先規定的。在期權合同的有效期內，買主可以行使或轉賣這種權利。超過規定期限，合同失效，買主的期權也隨之作廢。

期權分為看漲期權（也稱買進期權）和看跌期權（也稱賣出期權）兩種。看漲期權的買主可以在期權有效期內的任何時候按協定價格向期權的賣主購買事先規定數量的某種證券。相反，看跌期權的買主可以在期權有效期內的任何時候按協定價格向賣主出售事先規定數量的某種證券。期權交易合同有統一標準，對交易金額、期限及協定價格均有統一規定，這為期權市場的發展創造了便利條件。隨著金融市場的發展和投資多樣化，期權交易的對象從最初的股票，逐漸發展為黃金、國庫券、大額可轉讓存單及其他一些產品。

期權交易的具體做法，以看漲期權為例，甲看準股市行情趨好，於是便通過經紀

商與乙簽訂一筆看漲期權合同，合同約定 3 個月內甲享有按每股 10 元的價格（一般為合同簽訂時的價格）購買 1,000 股 A 公司普通股票，或放棄購買的權利。為此甲因購買此項權利向乙支付價款（或稱期權費用）250 元。3 個月後當期權合同到期，如股價上升為每股 11 元，甲即行使期權，從每股 10 元的合同價格購入 1,000 股，然後按市價賣出，賺取 1,000 元，扣除買入期權費用 250 元，淨盈利 750 元。如果合同到期時股價下跌至每股 9 元，甲這時行使期權，就會損失 1,250 元（含期權費用）。而甲放棄期權則僅損失費用 250 元。從上面的例子可以看出期權交易類似期貨交易，只是期權交易中期權的購買者是否按原合同行權具有選擇的權利，從而較之期貨交易風險大大降低。

期權交易不同於現貨交易，現貨交易完成後，所交易的證券的價格就與賣方無關，因價格變動而產生損失或收益都是買方的事情。而期權交易則是在買賣雙方之間建立了一種權利和義務關係，即一種權利由買方單獨享有，義務由賣方單獨承擔的關係。期權交易賦予買方單方面的選擇權，在期權交易合同有效期內，當證券價格波動出現對買方有利可圖的局勢時，買方可買入期權或賣出期權，合同為買入期權的內容，賣方必須按合同價格收購證券。期權交易在合同到期前，買方隨時可以行使期權，實現交割，而期貨交易的交割日期是固定的；期權交易合同的權利和義務劃分屬於買賣的單方，只對賣方具有強制力，而期貨交易合同的買賣雙方權利和義務是對等的，合同對於買賣雙方都具有強制力，雙方必須在期貨交易的交割日按合同規定的價格進行交易。

### 四、互換交易市場

互換交易是將不同貨幣的債務、不同利率的債務或交割期不同的同種貨幣的債務，由交易雙方按照市場行情簽訂合約，在約定期限內相互交換，並進行一系列支付的金融交易行為。

這種交易的淵源是背對背貸款。比如說，一家法國公司向一家美國公司貸出一筆為期 5 年的歐元貸款，利率為 10%，而這家美國公司反過來又向這家法國公司貸出一筆等值的同樣為期 5 年的美元貸款，利率為 8%。通過這一過程，這兩家公司就交換了本金和利息支付，這就等於法國公司按固定匯率以一定量的歐元換取一定量的美元。從本質上來說，這是一種遠期外匯交易。這種背對背的貸款在 20 世紀 70 年代很盛行。1981 年，出現了貨幣互換，接著又出現了利息率互換及通貨利息率相混合的互換。

互換交易主要有以下幾種：

（1）利率互換。利率互換是指雙方同意在未來的一定期限內根據同種貨幣的同樣的名義本金交換現金流，其中一方的現金根據浮動利率計算出來，而另一方的現金流根據固定利率計算出來。

（2）貨幣互換。貨幣互換是指將一種貨幣的本金和固定利息與另一種貨幣的等價本金和固定利息進行交換。

（3）商品互換。商品互換是一種特殊類型的金融交易，交易雙方為了管理商品價格風險，同意交換與商品價格有關的現金流。商品互換包括固定價格及浮動價格的商品價格互換和商品價格與利率的互換。

（4）其他互換。其他互換具體有股權互換、信用互換、氣候互換和互換期權等。

互換交易與其他衍生工具相比有著自身的優勢，具體如下：

（1）互換交易集外匯市場、證券市場、貨幣市場和資本市場業務於一身，既是融資的創新工具，又可運用於金融管理。

（2）互換能滿足交易者對非標準化交易的要求，運用面較廣。

（3）用互換套期保值可以省却對其他金融衍生工具所需頭寸的日常管理，使用簡便，並且風險轉移較快。

（4）互換交易期限靈活，長短隨意，最長可達幾十年。

（5）互換交易的產生使銀行成為互換的主體，因此互換市場的流動性較強。

但是，互換交易本身也存在許多風險。信用風險是互換交易所面臨的主要風險，也是互換方及仲介機構因種種原因發生的違約拒付等不能履行合同的風險。另外，由於互換期限通常多達數年之久，對於買賣雙方來說，還存在著互換利率的風險。

互換交易風險的承擔者如下：

（1）合同當事者雙方。在互換交易中，合同當事者雙方要負擔原有債務或新的債務，並實際進行債務交換。

（2）仲介銀行。仲介銀行在合同當事人雙方的資金收付中充當仲介角色。

（3）交易籌備者。交易籌備者的職責在於安排互換交易的整體規則，決定各當事者滿意的互換條件，調解各種糾紛等。交易籌備者本身不是合同當事者，一般由投資銀行、商人銀行或證券公司擔任，收取（一次性）一定的互換安排費用，通常為總額的 0.125% ~ 0.375%。

## 中國航油（新加坡）股份有限公司操作原油期貨期權導致巨虧[①]

在新加坡掛牌上市的中國航油（新加坡）股份有限公司（以下簡稱中航油）發表聲明稱該公司由於操作風險較高的原油期貨期權等金融衍生工具不當，導致虧損約 5.5 億美元，這個數額基本與該公司的市值相當。中航油已向新加坡高等法院申請召開債權大會，以重組債務。這一事件嚴重打擊了市場對於中資股的信心，也打擊了中國內地企業海外上市的勢頭。

中航油在聲明中指出，由於石油價格達到了歷史新高的每桶 55 美元，該公司必須面對大量需要繳納保證金的未平倉和約，然而該公司已經沒有足夠資金來繳納巨額保證金，不得不承認在石油衍生工具交易中蒙受了巨大損失。

中航油的母公司與擁有 2% 中航油股份的淡馬錫控股公司正在商討中航油重組計劃，兩家公司可能會註資 1 億美元，挽救中航油，並在中航油重組后成為主要股東。擁有中航油 60% 股份的中國航空油料集團是中航油的母公司，此前有消息稱，中國航空油料集團已經售出了中航油 15% 的股份，換取平倉資金。

中航油此次金融投機行為帶來的關聯影響深遠。該公司占據了中國飛機燃料市場的三分之一，在行業內部一直處於壟斷地位。受巨額虧損影響，中航油關於投資阿拉

---

[①] 劉洋. 國際金融投機巨虧大案回放：都是金融投機惹的禍 [EB/OL]. (2004-12-08)[2016-08-06]. http://www.ce.cn/new_hgjj/gjbd/zhqt/200412/08/t20041208_2512942.shtml.

伯聯合首長國國家石油20%股權以及收購英國富地石油在中國華南航空油料公司股權的計劃，都已經暫緩或者擱置。

同時，中航油事件的影響不是局部的。據有關專家分析，中航油事件將嚴重打擊未來一個階段內國際市場對於中資股的信心，中資股信用危機可能由此產生。另外，這一事件將對中國內地企業海外上市造成不良影響，海外機構對中國內地企業掛牌多持觀望態度。

實際上，類似的金融衍生工具不當操作事件早已有之，中航油事件並不是其中損失最大、影響最大的一起。但是，對於剛起步的中國海外掛牌上市企業來說，這個打擊的力度不亞於過去任何一起國際知名的金融投機事件。

思考：

案例中說，類似中航油投資金融衍生工具不當操作事件早已有之，中航油事件也不是其中損失最大、影響最大的一起，那麼明知投資金融衍生工具風險很大，為什麼一些中資機構卻頻頻進行這一投資呢？

## 思考與練習

### 一、名詞解釋

金融市場　直接融資　間接融資　金融工具　衍生金融工具　商業票據　商業匯票
股票　銀行承兌匯票　貨幣市場　CD市場　同業拆借市場　國庫券市場　回購協議
資本市場　證券發行市場　證券交易市場　證券交易所　遠期交易　期貨交易
期權交易　互換交易

### 二、簡答題

1. 試比較直接融資、間接融資的優缺點。
2. 如何認識金融市場在經濟中的功能？
3. 簡述金融工具的概念及其特徵。
4. 簡述股票和債券的區別。
5. 貨幣市場都有哪些參與者？他們各有何交易動機？
6. 為什麼說CD的出現是金融創新的萌芽？
7. 簡述證券發行市場的構成。
8. 簡述證券的發行方式。
9. 簡述證券交易市場的構成。

### 三、論述題

1. 運用相關知識論述中國貨幣市場的發展情況。
2. 什麼是股票價格指數？試述其編製的一般原理和作用。
3. 試述衍生金融市場的交易對象及其主要功能。

# 第四章 金融機構體系

**本章要點**

本章主要讓學生重點掌握金融機構及金融機構體系的概念、銀行金融機構和非銀行金融機構的構成、中國金融機構體系概況；對中央銀行、商業銀行、政策性銀行、投資銀行、保險公司、投資基金等金融機構的基本特徵和主要業務有一定程度的瞭解。本章的難點是正確理解西方金融機構體系的變革及其發展趨勢。

**美國共同基金**

美國現代的共同基金已經經歷了 70 多年的發展歷程，1996 年年末以 35,390 億美元的資產總額雄居全美第二大金融資產，占全世界共同基金資產總額的 55%。截至 1996 年年末，美國有超過 6,200 個共同基金，代表著廣大的、多種類型的投資目標，從保守型到進攻型，投資於包羅萬象的證券中。美國投資公司研究會根據基金的基本投資目標將共同基金大概分成以下三大類：

1. 股票基金

（1）進攻成長型基金尋求最大的資本成長，現實的收入不是重要的因素，而未來的資本所得才是主要目標。這種基金投資於非主流股票、非熱門股票，運用投資技術捲入巨大的風險，以期獲得巨大的利潤。

（2）成長型基金投資在發展前景非常好的公眾公司的股票，但風險性比進攻成長型基金要小。

（3）成長和收入型基金尋求長期資本成長和現在的收入相結合，這種基金投資於股票的標準是價值增長的和展示出良好的、連續的支付紅利的記錄。

（4）貴金屬、黃金基金主要投資於與黃金和其他貴金屬發生聯繫的股票。

（5）國際基金主要投資於美國以外的公司的股票。

（6）全球性綜合基金投資於全世界的股票，包括美國的公司。

（7）收入股票基金尋求收入的高等級，主要投資於有良好的紅利支付記錄的公司股票。

2. 債券和收入基金

（1）靈活組合基金允許基金管理者預先處理或對市場條件的變化做出相應的反應，去決定投資於股票、債券或貨幣市場。

（2）餘額基金通常在尋求保值投資者的資本，支付現在的紅利收入的基礎上實現資本的長期增值，其組合由債券、優先股和公眾股混合而成。

（3）收入混合基金尋求收入的高等級，這種基金主要投資於能產生現實收入的證券，包括股票和債券。

（4）收入債券基金尋求高等級的現實收入，這種基金投資於混合的企業和政府債券。

（5）美國政府收入債券基金投資於多樣的政府債券，包括美國國庫券、聯邦政府擔保抵押證券和其他政府票據。

（6）全國政府抵押協會基金主要投資於全國政府抵押協會擔保的抵押證券。

（7）全球性債券基金投資於全世界的國家和企業債券，包括美國在內。

（8）企業債券基金主要投資於企業債券，部分投資於國庫券或聯邦政府機構發行的債券。

（9）高回報債券基金尋求非常高的回報，但是相對於企業債券基金會承擔很大程度的風險，這種基金主要是投資於低信用等級的企業債券。

（10）國家、市政債券長期基金尋求收入免繳稅金，其投資的債券發行者是州和市政府，為學校、高速公路、醫院、橋樑和其他市政建設籌集資金。

（11）州和市政債券長期基金尋求收入免繳聯邦稅和州稅，但只限於本州的居民，其投資的債券發行者只是單個州。

3. 貨幣市場基金

（1）應納稅的貨幣市場基金尋求持續、堅固的淨資產價值，這種基金投資於貨幣市場中短期的、高等級的證券，如美國國庫券、大銀行的存款證明書和短期商業債券，這種組合的平均期限是 90 天或更短。

（2）免稅的國家貨幣市場基金尋求其收入免繳稅金和最小的風險，這種基金投資於短期的市政債券。

（3）免稅的州貨幣市場基金尋求其收入免繳聯邦稅和州稅，但限於本州居民，這種基金投資於發行者是單一州的短期的市政債券。

此外，美國共同基金還有特定的基金或部門的基金。特定的基金包括生物工程基金、小公司成長基金、指數基金和社會準則基金等。部門的基金主要投資於特定的證券市場的部門，也投資於其他的共同基金。廣泛的可供選擇的基金適應了不同客戶的要求，幫助客戶達到多樣的財務目標。

思考：

1. 什麼是共同基金？它是如何運作的？

2. 你對共同基金在中國的發展狀況是否瞭解？對其運行的績效是否進行過分析和研究？結論如何？

# 第一節　金融機構體系概述

## 一、金融機構和金融機構體系的概念

### （一）金融機構

1. 金融機構的概念

金融機構泛指專門從事金融業務、協調金融關係、維護金融體系正常運行的組織。

金融機構的基本功能是提供支付結算服務；融通資金；降低交易成本並提供金融服務便利；改善投融資活動中的信息不對稱狀況；進行風險的轉移、分散與管理。

金融機構是特殊的企業，與一般經濟單位之間既有共性，又有特殊性。其特殊性主要體現在：金融機構的經營對象是貨幣資金，經營內容是貨幣的收付、借貸及各種與貨幣資金運動有關或與之相聯繫的各種金融業務；金融機構與客戶之間主要是貨幣資金的借貸或投資關係，金融機構在經營中必須遵循安全性、流動性和盈利性原則。金融機構風險主要表現為信用風險、擠兌風險、利率風險、匯率風險等，金融機構的危機對整個金融體系的穩健運行構成威脅，甚至引發嚴重的政治危機或社會危機。

金融服務業與一般產業的區別主要表現在：金融資產與實物資產相比具有其他產業無法比擬的極高比率；所支配營運的資本規模與權益資本的比率相對其他產業高；屬高風險產業。

2. 金融機構的特點

（1）在金融機構掌握的全部資產中，金融資產的規模大大高於實物資產的規模。

（2）在金融機構支配的營運資本中，負債比例比較大，而自有資本所佔比例極低，一般在10%左右。貸款的資金來源主要是靠負債，自有資本實際上只是起到一個規避風險、彌補損失的作用。自有資本的比例越高，說明銀行抗風險能力和經營實力越強。因此，現在的金融監管要求銀行要保證充足的資本率。

（3）業務經營的風險極高，風險管理非常重要。

3. 金融機構在社會經濟活動中的作用

（1）金融機構可以為資金供求雙方提供融資便利，降低融資成本。作為存款人和貸款人的仲介，以吸收存款或發行融資證券的方式匯集各種期限和數量的資金，通過信貸等方式投向需要資金的社會各部門，使融資雙方的融資交易活動得以順利進行，促進了資金從盈餘者向短缺者的流動。其具體表現為四個方面：一是改善金融資產的期限限制。金融機構可以同時向資金供求雙方提供不同到期期限的金融產品，因此在金融機構的參與下，短期的資金供給有可能間接地支持長期的資金需求。二是增加了金融資產的分割性。金融仲介機構通過出售金額不等的金融商品，可以達到吸引零散的資金供給來滿足巨額資金需求的目的。三是通過規模經營和專業化運作，可以合理控制利率，並節約融資交易的各項費用支出，使交易成本得以降低。四是提高金融資產的流動性。金融仲介機構提供的相當一部分金融產品具有高度的市場流動性，因而可以大大降低金融資產的交易成本。

（2）金融機構可以為貨幣流通提供支付結算業務，節省成本，提高資金的效率。支付結算是實現社會經濟活動中的貨幣給付、資金清算的重要手段。支付結算作為商品交換的媒介，是連接資金和經濟活動的紐帶。其對減少現金使用、提高資金效益、促進商品流通、保證經濟活動的正常進行和健康發展具有重要的作用。支付結算在社會經濟活動中的作用在於：有利於加速資金週轉，促進商品交易的發展；有利於加強資金管理和增強全社會的票據意識、信用觀念；有利於減少現金使用，節約現金流通與管理費用，便於調節貨幣流通。

（3）金融機構可以轉移、分散和管理風險。金融機構的這一作用具體表現為如下

兩方面：一是金融仲介機構可以直接對資金需求方的市場行為、財務狀況、經營運作等方面加以監督，減少風險。金融仲介機構還可以通過對不同風險資產的組合來降低資金風險。二是信息不對稱所引致的巨大的交易成本限制了信用活動的發展，阻礙了金融市場正常功能的發揮。以銀行為主的間接融資形式可以比直接融資更好地解決信息不對稱問題。這主要表現在金融機構較之其他經濟主體具有信息揭示優勢、信息監督優勢、風險的控制和管理優勢。

（4）金融機構可以提供經紀人服務。金融仲介機構還可以為籌資者和投資者提供各種類型的交易服務、金融諮詢服務、資信評估服務、資金籌集的組織服務、投資項目的推銷服務、保險服務和信託服務等。

(二) 金融機構體系

1. 金融機構體系的概念

金融機構體系是指各種金融機構構成的相互聯繫的統一整體。金融市場上的各種金融活動都要借助於一定的金融機構來完成，金融機構是金融市場不可缺少的仲介主體。現代金融機構種類繁多，各種金融機構組成相互聯繫、分工協作的統一體便構成了金融機構體系。一國社會經濟條件對該國金融機構體系的構成具有制約作用，各國經濟發展狀況不同，因此形成了不同的金融機構體系。

世界上主要有以下三種金融機構體系：

（1）以中央銀行為核心的金融機構體系。現在絕大多數市場經濟國家都實行這種體系。

（2）沒有中央銀行的金融機構體系。例如，新加坡並未單獨設立中央銀行，而是將中央銀行的職能由多家機構共同完成。

（3）高度集中的金融機構體系。蘇聯和改革開放前的中國都實行這種模式。

世界各國的金融機構體系一般包括金融業務的經營機構和金融活動的監督與管理機構。其中，除金融業務經營機構外，其他都是政府的職能機構，負責金融政策、制度、法規的制定與執行以及金融業務活動的監督與管理。現階段世界各國的金融機構體系中，起著舉足輕重作用的無一例外的是銀行機構體系。

在市場經濟條件下，各國金融體系大多數是以中央銀行為核心來進行組織管理的，因而形成了以中央銀行為核心、商業銀行為主體、各類銀行和非銀行金融機構並存的金融機構體系。在中國，形成了以中央銀行（中國人民銀行）為領導，國有商業銀行為主體，政策性銀行以及保險、信託等非銀行金融機構和外資金融機構並存與分工協作的金融機構體系。

2. 金融機構體系的構成

（1）從性質和功能上劃分：銀行金融機構和非銀行金融機構。

銀行金融機構是對經營貨幣和信用業務的金融機構的總稱。這些金融機構主要從事存貸款業務和支付業務，充當信用仲介和支付仲介。存款是其重要的資金來源，存貸款利差是傳統的收益來源之一。銀行金融機構按其職能劃分，可以分為中央銀行、商業銀行、專業銀行；按銀行業務的地域劃分，可以分為全國性銀行和地方性銀行；

按資本來源劃分，可以分為股份制銀行、合資銀行、獨資銀行。

非銀行金融機構是專門從事某項專門的、特定的金融業務的金融機構，包括保險、證券投資、信託、郵政儲蓄（現叫郵政儲蓄銀行，已歸到銀行類金融機構）、融資租賃等金融業務。非銀行金融機構主要有保險公司、信託投資公司、租賃公司、財務公司和基金公司等。

銀行金融機構和非銀行金融機構都是基於人們對多種金融產品和業務的多樣化需求而產生的，而且都促進了整個經濟的發展。但銀行金融機構和非銀行金融機構是有區別的，銀行金融機構和非銀行金融機構的區別主要表現在以下兩個方面：第一，從起源看，銀行金融機構和非銀行金融機構有與銀行不同的各自獨特的產生淵源。例如，保險公司的起源最初是為了解決航海中的運輸風險，證券機構的起源是為了提供更多的交易機會，信託投資公司的起源是為了遺產的轉移和管理，融資租賃公司則是為了中小企業融資困難而建立的。第二，銀行金融機構和非銀行金融機構有各自獨特的業務範圍和業務領域。在原分業銀行經營條件下，銀行金融機構和非銀行金融機構的主要區別就在於能否經營存款業務（主要是活期存款）以及由此而產生的是否具有信用創造的功能；不過在混業經營條件下，這一界限已經模糊。

（2）從資金是否主要來源於存款劃分：存款性金融機構和非存款性金融機構。

存款性金融機構是指從個人和機構接受存款並發放貸款的金融仲介機構。

非存款性金融機構是指利用自行發行證券的收入或來自於某些社會組織或公眾的契約性資金，並以長期投資作為其主要資產業務的金融仲介機構。

存款性金融機構和非存款性金融機構的主要區別如表4.1所示：

表4.1　　　　　　　　金融仲介機構的主要資產和負債表

| 金融機構類型 | 主要負債（資金來源） | 主要資產（資金運用） |
| --- | --- | --- |
| 存款性金融機構 | | |
| 商業銀行 | 存款 | 工商信貸和消費者信貸、抵押貸款、政府證券和市政債券 |
| 儲蓄貸款協會 | 存款 | 抵押貸款 |
| 儲蓄銀行 | 存款 | 抵押貸款 |
| 信用合作社 | 存款 | 消費者信貸 |
| 非存款性金融機構 | | |
| 保險公司 | 保費 | 公司債券、政府證券、市政債券、抵押貸款、股票 |
| 投資公司 | 股份 | 債券和股票 |
| 養老金 | 雇員和雇主繳款 | 公司債券和股票 |
| 財務公司 | 商業票據、股票、債券 | 消費者信貸和工商信貸 |

由於當今社會金融創新的不斷發展，市場競爭日益激烈，金融機構從而逐漸呈現從專業經營向多元化綜合經營發展的趨勢。

（3）從經營目標劃分：商業性金融機構和政策性金融機構。

商業性金融機構是以利潤最大化為唯一經營目標的金融機構。

政策性金融機構一般由政府出資創立或扶植，不單純以利潤最大化為目標，而是為了扶持、推動、倡導和輔助國家產業政策的實施，不與商業性金融機構競爭，只在有限的業務領域針對特定對象提供金融服務。

此外，金融機構體系從股權、資本的構成可劃分為國有金融機構、民營金融機構、股份制金融機構、合資金融機構等；從經營範圍可劃分為國內金融機構、跨國金融機構、國際金融機構等。

## 二、西方金融機構體系的變革及其趨勢

20世紀30年代以前，由於西方各國政府對銀行經營活動限制很少，各國的商業銀行不僅可以從事各種銀行性的業務，還可以從事許多非銀行性的業務。但是隨後的金融危機，使得許多經濟學家把經濟的衰退歸因於銀行的這種混業經營制度。因此，許多國家認定商業銀行只適宜經營短期工商信貸業務，並以立法的形式將商業銀行類型和投資銀行類型的業務範圍進行了明確的劃分。例如，美國在1933年推出了《格拉斯—斯蒂格爾法案》，其中明確規定：商業銀行不得從事屬於投資銀行經營的證券投資業務。類似的國家還有英國和日本，但是也有一些國家繼續實行混業經營。在之後相當長的一段時間，經濟學家關於分業和混業的爭論一直存在。但是20世紀70年代以後，各種原因導致商業銀行重新轉向混業經營的模式，這種轉變到20世紀80年代的時候達到了一個頂峰。

（一）金融機構業務範圍的變化

1. 變化概況

20世紀80年代以來，由於銀行定期存款比重的上升和金融債券的發行，使商業銀行可以獲得大量長期資金來進行更多的業務活動，特別是長期信貸和投資業務。同時，商業銀行面對其他金融機構的挑戰日益增多，導致商業銀行的利潤率不斷降低，迫使商業銀行從事各種更為廣泛的業務活動。各主要發達國家的金融機構突破原有的專業化業務分工，走上綜合經營各種金融業務的道路，即走上混業經營的道路。這具體表現在如下兩個方面：

（1）放寬銀行和非銀行金融機構業務領域或資產組合的限制，允許銀行和非銀行金融機構經營更廣泛的業務領域，特別是允許商業銀行在經營傳統的存、貸、匯業務的同時，經營證券、信託甚至保險業務。

從1986年開始，英國重新允許商業銀行進入投資銀行領域。加拿大於1987年取消了銀行、證券業分離制，1991年通過了銀行、信託公司、保險公司可以通過子公司實現業務交叉的方案，1992年又允許銀行通過子公司經營信託業務和保險業務，並允許設立大型複合金融機構。目前，加拿大全部證券公司都已被大商業銀行所持股，獨立經營的信託公司也所剩無幾，一些大商業銀行已經開始設立分支機構經營某些保險業務。日本在20世紀80年代中期開始出現一些銀行業和證券業混業經營的情形。日本於

1981年頒布新《銀行法》規定銀行可以經營國家債券、地方政府債券、政府保付債券的買賣；1998年頒布《金融體系改革一攬子法》，允許各金融機構跨業經營各種金融業務。美國的《格拉斯—斯蒂格爾法案》的執行也不順利，各類型金融機構均採取一系列方法鑽該法案的漏洞，再加上金融自由化進程的加快，要求廢除該法案的呼聲越來越響亮。美國於1999年11月通過了《金融服務現代法法案》，這一法案的推出實際上是廢除了《格拉斯—斯蒂格爾法案》，允許銀行、保險公司和證券公司以金融控股公司的方式相互滲透並在彼此的市場上進行競爭。這標誌著西方國家分業經營模式的最終結束，混業經營成為國際金融業發展的大趨勢。

（2）專業化分工的突破還表現在同類金融機構之間互相侵入對方「領地」。

在日本，按金融機構原來的業務分工，商業銀行只能從事短期金融業務，不能籌集長期資金。1981年6月，日本的商業銀行開辦了「指定日期定期存款」業務，打破了長短期金融機構業務的分工。在英國，商業銀行和清算銀行的差別也逐漸消失。

2. 變化的原因

世界各國金融機構的這種轉變不是偶然的，其發展的原因有如下幾個方面：

（1）經濟發展走向成熟，使資金的供求狀況發生了根本的變化。第二次世界大戰之後，西方各國經濟逐漸恢復並開始高速增長，各種投資機會迅速增加，資金需求也急遽上升。銀行作為資金需求者和資金盈餘者之間資金分配的仲介，傳統的放貸業務隨著經濟的不斷發展，已不適應發展的需要，更多的融資渠道和融資方式出現並供選擇，迫使商業銀行不斷地拓展業務。

（2）金融創新模糊了銀行業、證券業、信託業的傳統分界。面對激烈的競爭，各金融機構為了擴大資金來源，又要避開法規的限制，不得不設計出新的金融工具。例如，美國投資銀行為繞開不得吸收存款的限制，創造出了貨幣市場互助基金。信託投資公司以信託投資的形式吸收顧客的小額資金，然後集中投資於高利率的大額可轉讓存單。

（3）國債市場的迅速發展促進了資金分流。第二次世界大戰後，凱恩斯主義在各國盛行，為了刺激經濟的發展，各國政府推行赤字財政，發行大量國債。國債的大量發行使西方各國的有價證券市場獲得迅速發展，而商業銀行受到經濟週期的影響，利潤卻不增反減。同時，政府對國債實行鼓勵措施，又把大量的銀行存款吸收到國債市場上來，更造成了商業銀行資金相對下降和投資銀行資產增加，銀行紛紛要求取消對混業經營的限制。

（4）新技術的弊端限制了銀行業務的發展。新技術革命大大提高了個人和企業的金融應變能力，直接導致了新型金融工具的出現，為金融創新奠定了技術基礎，也對金融機構的規模經濟提出了新的要求。但是，計算機的購置加重了金融機構的負擔。由於「分業經營」限制的存在，金融機構付巨資購置的計算機系統，往往因為業務量小、業務種類有限而不能充分利用。中小銀行和證券公司自不必言，就是大的銀行或證券公司也不能達到最佳的盈利規模。因此，各金融機構想方設法繞過監管限制，增加業務，逐步突破原業務限制的藩籬。

(二) 金融機構之間的併購浪潮

隨著近年來全球競爭的加劇和金融風險的增加，國際上許多大銀行都把擴大規模、擴展業務以提高效益和增強抵禦風險能力作為發展新戰略，國際金融市場掀起了聲勢浩大的跨國購並（即兼併和收購）浪潮。金融機構的併購與重組成為金融機構全球化的一個突出特點。全球金融業併購浪潮，造就了眾多的巨型跨國銀行。銀行併購使全球金融機構的數量減少，單個機構的規模相對擴大，銀行業的集中度迅速提高。

1. 銀行併購概念的界定及特徵

銀行併購泛指一家銀行與其他用戶或非銀行市場主體之間的併購行為，併購銀行通過這種行為來實現資產經營一體化。銀行併購包括兩種類型的經濟行為：銀行合併和銀行股權收購。銀行合併又可以分為吸收合併與新設合併。吸收合併是指銀行與銀行或其他企業之間的合併，其中一家因吸收了其他銀行或企業而成為存續企業。例如，1991年美國化學銀行和漢華銀行以換股形式合併后仍沿用化學銀行的名稱。新設合併是指兩家或兩家以上的銀行通過合併創建一個新的銀行，原有的銀行不再存在。例如，1996年排名世界第一位的日本東京三菱銀行便是由日本東京銀行和三菱銀行合併成立的，其合併后的核心資產達到278億美元，總資產達到7,030億美元，國內機構388家，海外機構200家，成為當時世界排名第一的銀行。銀行股權收購是指一家銀行在股票市場上通過購買股票的方式控制另一家銀行的經營決策權的一種行為。例如，1998年12月德意志銀行出資101億美元收購美國信旱銀行全部股權。

2. 銀行併購的動因

（1）規模經濟。通過併購，擴大經營規模，可以增強公眾信心，擴大市場份額；能夠以較低的成本獲得優越的技術優勢；通過業務多樣化，獲得範圍經濟。

（2）規避風險。伴隨著金融競爭加劇，不確定性因素增多，商業銀行面臨的風險越來越大。但作為經營貨幣信用的特殊企業，某家銀行一旦爆發危機，很可能會發生多米諾骨牌效應，誘發擠兌風潮，衝擊整個金融體系的穩定。因此，通過併購，擴大資產規模，增強實力和競爭力，化解危機有時也成為銀行併購的一種動機。

（3）銀行業務全球化的客觀需要。20世紀90年代中期以來，國際銀行業的併購之風達到了前所未有的水平，而且有不斷升級的趨勢。追求規模擴張和強強聯合是這次併購浪潮的最大特點。例如，花旗銀行與旅行者公司的合併報價高達820億美元，新成立的花旗集團總資產達7,000億美元，排名美國第二。在這次併購中，還出現了銀行併購證券公司或保險公司等其他非銀行金融機構的新局面。

（4）銀行業務範圍全能化的客觀要求。隨著金融創新的不斷發展，傳統的銀行業務受到了來自證券、保險、基金等非銀行金融機構的強烈衝擊，尤其是融資證券化趨勢使銀行傳統的信貸業務受到了極大的擠壓。為應對新的挑戰，銀行紛紛拓展業務範圍，向「金融百貨公司」的方向發展，而各國放松金融管制的金融自由化風潮也為銀行全能化消除了制度壁壘。

3. 銀行併購的影響

（1）銀行併購對自身發展的促進。簡略地說，主要有突破進入壁壘，拓展經營邊

界；獲取高新技術，發揮技術壟斷優勢；實現高效率擴張，擴大市場佔有率及規模經濟；提高資本充足率，降低成本，分散風險；利用經驗曲線效應，提高經營管理水平。

(2) 銀行併購對社會的有利影響。銀行併購對社會的存利影響如下：

①提高資源的配置效率。併購本身是對經濟資源的重組，這些經濟資源會向著資源最有效配置的條件流動。例如，1995年8月28日，美國兩家最大的銀行——化學銀行與花旗·曼哈頓銀行合併，從而成為美國最大的銀行。新銀行採用花旗銀行這一名稱，其成為向企業發放貸款的領頭羊、最大的證券交易商、第三大抵押債權人、第四大信用卡發行人。兼併后由於消除了不必要的重複工作以及減少經營費用，花旗銀行每年可以節約成本約15億美元，資源利用率顯著提高。

②增加社會金融產品供給。銀行併購之後，併購各方的業務整合為一個公司內部的業務，業務種類擴大，能夠提供的金融產品會有所增加。

③促進經濟發展。銀行併購使得銀行資本相互融合，資金來源更加廣泛、穩定。工商企業能夠得到更長期、更充足的資金運用於投資，支撐經濟的持續發展。

④減少金融危機的發生，保證經濟和社會的穩定。銀行併購大多數是強強聯合，併購之後，資本實力大大增強，抵禦風險的能力也得到顯著的提高，在金融危機發生時，能夠抑制社會震動，使社會保持穩定。

(3) 銀行併購的負面效應。銀行併購的負面效應如下：

①導致過度壟斷，從而降低效率。某些強強聯合的銀行併購往往最終會導致超級銀行的產生，這些超級銀行勢必會對業務形成壟斷，而過度壟斷會降低資源配置的效率。

②在一定程度上影響了市場運行效益。一方面，壟斷一旦形成，銀行可以隨意制定貸款的價格，資金需求者的利益受到損失，有可能減少投資規模，經濟發展受阻；另一方面，合併后的銀行在文化方面肯定存在諸多的摩擦，需要時間去磨合，這樣也會影響銀行的運行效率。

③增加了風險及失業人數。前面提到的化學銀行和花旗銀行的併購，使紐約銀行業處境困難，從1988年起，紐約銀行已經減少了40,000多個銀行職位，相當於所有職位總數的1/3。

1990—1999年全球著名併購重組案如表4.2所示：

表4.2　　　　　　　　　　1990—1999年全球著名併購重組案

| 時間 | 發起併購公司 | 併購對象 | 併購方式 |
| --- | --- | --- | --- |
| 1991.7 | 華友銀行 | 漢華銀行 | 合併 |
| 1991.8 | 美國商業銀行 | 太平洋銀行 | 合併 |
| 1992 | 美洲銀行 | 安全太平洋公司 | 合併 |
| 1993.2 | 香港匯豐銀行 | 密德蘭銀行 | 收購 |
| 1995.6 | 第一聯合銀行 | 第一富達銀行 | 收購 |
| 1995.7 | 芝加哥第一銀行 | NBD銀行 | 合併 |

表4.2(續)

| 時間 | 發起併購公司 | 併購對象 | 併購方式 |
| --- | --- | --- | --- |
| 1995.7 | 華友銀行 | 大通銀行 | 合併 |
| 1995.8 | 美國化學銀行 | 花旗·曼哈頓銀行 | 合併 |
| 1996.4 | 富民銀行 | 第一洲際銀行 | 合併 |
| 1996 | 日本三菱銀行 | 東京銀行 | 合併 |
| 1997.4 | 信孚銀行 | 艾利克斯·布朗銀行 | 收購 |
| 1997.10 | 瑞士信貸第一波士頓 | 巴克萊銀行 | 收購 |
| 1997.11 | 美林集團 | 水星資產管理公司 | 收購 |
| 1997.12 | 瑞士聯合銀行 | 瑞士銀行 | 合併 |
| 1998.1 | 巴黎銀行、西班牙銀行 | 百富勤集團 | 收購 |
| 1998.1 | 美國國民銀行 | 巴耐特銀行 | 合併 |
| 1998.2 | 京華證券 | 山一證券 | 收購 |
| 1998.2 | 摩根士丹利 | 添惠公司 | 合併 |
| 1998.4 | 美國國民銀行 | 美洲銀行 | 合併 |
| 1998.4 | 花旗銀行 | 旅行者公司 | 合併 |
| 1998.4 | 美國第一銀行 | 芝加哥第一銀行 | 合併 |
| 1998.12 | 德意志銀行 | 美國信孚銀行 | 收購 |
| 1999.2 | 法國興業銀行 | 巴黎巴銀行 | 合併 |

資料來源：金曉斌．銀行併購論［M］．上海：上海財經大學出版社，1999：162－233，251．

## 歐洲銀行業的重組浪潮

### 之一：義大利四大主要銀行為確保在本國金融界的領先地位而進行合併

1999年3月21日，義大利市值最高的銀行——義大利聯合信貸銀行突然提出以其價值164億美元的股票通過換股的方式與義大利商業銀行合併，擬定合併后的銀行總資產將達到2,600億歐元，市值達387億歐元，將居歐洲第五位。數小時之后，義大利最大的銀行集團——聖保羅意米銀行董事會即通過了一項97億美元的換股計劃，實現了與羅馬銀行的合併，組建了一個總資產達2,860億歐元、總市值達302億歐元的銀行集團。

### 之二：法國興業銀行與巴黎巴銀行形成優勢互補型的強強聯合

1999年2月1日，全球位居第31位的法國興業銀行與位居第38位的巴黎巴銀行宣布合併成為興巴集團。巴黎巴銀行以投資銀行業務和實業參股在法國銀行業著稱，但是該行的零售業務與巴黎國民銀行等其他幾家法國大銀行相比還是有不小的差距。法國興業銀行因網點遍布國內甚至整個歐洲大城市，零售業務是該行強項，在國際結算、儲蓄、信貸、外匯等銀行傳統業務方面均屬世界一流的國際銀行，而法國興業銀

行的投資銀行業務却發展有限。兩行合併后具有優勢互補、規模效應、避免過多裁員等顯著效果，合併后擁有資本金210億歐元，資產總額6,790億歐元，員工78,000人，成為法國第一大銀行、歐洲第三大銀行、世界第四大銀行，達到超強銀行的效果。

### 之三：德意志銀行為增強自身實力而進行的收購活動

早在1993年，德意志銀行就收購了英國老牌投資銀行——摩根格林費爾銀行，組建了德意志摩根格林費爾銀行，在國際投資銀行中心的倫敦站穩了腳跟。1998年12月，德意志銀行為了加強在美國市場的地位，趁世界第51位的美國投資銀行——信孚銀行遭受虧損之際，集重金出擊，以100億美元的巨資一舉收購了信孚銀行，成為在美國最大的外資銀行。

### 之四：巴黎國民銀行為了改變自身不利地位而強行收購法國興業銀行和巴黎巴銀行

1999年3月10日，巴黎國民銀行突然提出合併計劃，以興業銀行股票溢價14%、巴黎巴銀行股票溢價24%的價格在市場上強行收購，以求達到持有兩行股票50.01%的多數權而完成合併。合併后，新銀行資產總值將達到8,500億歐元，資本市值達510億歐元，員工達13.5萬人，成為世界上最大的銀行。這一換股計劃也得到了法國銀行監管當局的支持。

### 之五：瑞士銀行為了發揮優勢、甩掉包袱而進行的拋售型的重組

1999年3月5日，瑞士銀行宣布已與世界排名第29位的英國渣打銀行達成協議，將該行投資銀行部在世界各地的分支機構負責的瑞士以外的全球貿易融資以3億法郎的價格賣給渣打銀行。1998年，瑞士銀行的投資銀行部的利潤為43.36億瑞士法郎，比整個銀行的稅前利潤還多。唯有投資銀行部出現了稅前10.21億瑞士法郎的虧損。究其原因可歸於東南亞金融危機的繼續惡化以及俄羅斯金融危機、巴西金融危機的接連爆發，美國長期資本管理公司的破產，歐美股市的大幅波動等。該行在1998年的金融動盪中共損失了14億瑞士法郎。此外，原瑞士銀行和原瑞士聯合銀行在合併前各自在發展中國家的投資銀行業務敞口較大，共約百億美元。

瑞士銀行痛定思痛，斷然採取措施，實施戰略性調整，出售瑞士以外的全球貿易融資業務，還計劃在之后3年內陸續出售部分房地產資產，以改善資產質量。通過這次戰略性調整，瑞士銀行將放棄在全球除瑞士以外的貿易融資業務，停止或大量減少如國際貿易結算、商業貸款、項目融資、銀團貸款等資本投入較大的商業銀行業務，集中力量專門經營投資銀行業務，以充分發揮自己的優勢，與美國的投資銀行一爭高下，力爭成為世界數一數二的投資銀行。

思考：

1. 歐洲金融業，特別是銀行業的兼併、重組浪潮，是否代表銀行業發展的最新趨勢？為什麼？

2. 歐洲銀行業的兼併、重組浪潮，對中國銀行業的發展有哪些啟示？中國銀行業如何應對其競爭？

## 第二節　銀行金融仲介

### 一、中央銀行

中央銀行（Central Bank）是由政府出面組織或授權賦予旨在集中管理貨幣儲備並統一鑄造和發行貨幣的銀行。中央銀行是國家最高級別的金融機構和最具有權威性的金融機構。中央銀行不以營利為目的，雖然接受存款，但是所有存款都屬於存款準備的集中，均不支付利息。中央銀行的業務經營對象是政府、銀行及其他金融機構。中央銀行負有調節金融的職責，其資產具有最大的流動性。中央銀行是發行的銀行、銀行的銀行、政府的銀行。其具體內容見本書第六章。

### 二、商業銀行

商業銀行（Commercial Bank）是依法接受活期存款，並主要為工商企業和其他客戶提供貸款以及從事短期投資的金融仲介。現代意義上的商業銀行起源於文藝復興時期，其組織制度主要有四種：單元銀行制、總分行制、銀行控股公司制和連鎖銀行制。商業銀行的主要業務是吸收存款，發放貸款。商業銀行的主要功能是引導資金從盈餘單位流向赤字單位。商業銀行能以派生存款的形式創造貨幣。其具體內容見本書第五章。

### 三、專業銀行

專業銀行是指有專門經營範圍和提供專門性金融服務的銀行。專業銀行一般包括儲蓄銀行、合作銀行和抵押銀行、清算銀行四類。

（一）儲蓄銀行（Savings Bank）

儲蓄銀行是專門經辦居民儲蓄，以儲蓄存款為其主要資金來源的專業銀行。世界上第一家地方儲蓄銀行是於1817年由慈善團體在荷蘭建成的，英、德等國於18世紀末和19世紀初也相繼設立了儲蓄銀行。中國目前沒有專門的儲蓄銀行，為個人提供儲蓄及其他金融業務是由商業銀行辦理的。

1. 儲蓄銀行的種類

從不同的角度，儲蓄銀行可以劃分為不同的類型。

（1）按照制度構成的方式不同，儲蓄銀行可分為互助制儲蓄銀行、股份制儲蓄銀行和國有制銀行。

互助制儲蓄銀行吸收儲蓄存款，並用來發放抵押貸款，一般採用「互助性」或「合作性」的公司結構，是存款人的銀行。這類機構在西方較為成熟。

股份制儲蓄銀行是指按股份公司的模式建立，銀行屬於全體股東，類似於股份公司。

國有制儲蓄銀行是指儲蓄銀行成立是由國家出資的，原聯邦德國的儲蓄銀行就是

這一種類型。

（2）按照是否設立分支機構，儲蓄銀行可分為單一制儲蓄銀行和分支制儲蓄銀行。

單一制儲蓄銀行是指銀行只由一個獨立的銀行機構經營，不設立任何分支機構的儲蓄銀行。大多數早期的儲蓄銀行均為單一制儲蓄銀行。單一制儲蓄銀行由於規模有限，因此業務受到限制，但管理較為方便。

分支制儲蓄銀行是指儲蓄銀行除設立總行之外，還在其他地方設立分支機構，其分支機構的業務和內部事務一律遵照總行的規章和指示辦理。分支制儲蓄銀行由於分支機構眾多、規模較大，因此可能籌措的貨幣資金較多。另外，由於銀行規模大，有利於現代化設備的採用，便於提供各種方便的金融服務。但是對於儲蓄銀行的管理層來說，規模大也導致了管理的困難。

除了普通儲蓄銀行外，一些國家還存在郵政儲蓄銀行，即輻射郵政系統的儲蓄銀行，如加拿大和日本。中國郵政儲蓄銀行有限責任公司於2007年3月6日正式成立，是在改革郵政儲蓄管理體制的基礎上組建的商業銀行。中國郵政儲蓄銀行承繼原國家郵政局、中國郵政集團公司經營的郵政金融業務及因此而形成的資產和負債，繼續從事原經營範圍和業務許可文件批准、核准的業務。

2. 儲蓄銀行的職能

儲蓄銀行具有信用仲介、貨幣—資本轉換、引導消費和服務四大職能。

（1）信用仲介職能。信用仲介職能是指儲蓄銀行通過自身信用活動充當經濟行為主體之間貨幣借貸的中間人。儲蓄銀行媒介的對象主要是個人或家庭，它吸收個人或家庭閒置的貨幣收入，並通過貸款提供給個人或家庭借款人。

（2）貨幣—資本轉換功能。貨幣—資本轉換功能是指儲蓄銀行能把眾多小額的、分散的貨幣集中起來，通過貸款的形式，投入到生產過程中去，使這一部分資金成為企業的追加資本。

（3）引導消費功能。引導消費功能是指儲蓄銀行可以通過吸收存款和發放貸款來引導人們提前消費或延遲消費等行為。

（4）服務功能。服務功能是指儲蓄銀行在辦理業務、獲得收益的同時，為小儲蓄者提供更多樣化的儲蓄便利，並附加很多的融資服務、諮詢服務等。

3. 儲蓄銀行的業務

儲蓄銀行的主要業務包括負債業務和資產業務。

（1）負債業務。負債業務即資本來源包括自有資本和吸收存款兩部分。自有資本相當於儲蓄銀行的啓動資金，是銀行開展業務經營的基礎，歸銀行自身所有，包括三個部分：互助資本、股份資本和國有資本。吸收存款是儲蓄銀行的主要負債業務，其具體分類類似於商業銀行的存款。

（2）資產業務。資產業務即儲蓄銀行資金的應用項目包括發放貸款和證券投資。儲蓄銀行的貸款業務包括抵押貸款、消費信貸和工商信貸三種類型。抵押貸款是指借款者以一定的抵押品作為保證向銀行取得的貸款。這種貸款是儲蓄銀行的主要資產業務。消費信貸是金融創新的產物，是指儲蓄銀行開辦的用於自然人（非法人或組織）個人消費目的（非經營目的）的貸款。工商信貸是儲蓄銀行對工商企業發放的一種週

轉性非抵押貸款。證券投資業務是指儲蓄銀行可以在二級市場上購買由政府或公司發行的有價證券。

以上所述只是儲蓄銀行的一些基本業務，但是近年來，儲蓄銀行的業務範圍不斷擴大，甚至向商業銀行的經營領域延伸。

(二) 合作銀行

合作銀行（Cooperative Bank）是指由私人和團體組成的互助性合作金融機構。

1. 合作銀行及其組織形式

（1）按社員承擔的責任不同，合作銀行可分為無限責任制合作銀行、有限責任制合作銀行和保證責任制合作銀行。

有限責任制合作銀行和無限責任制合作銀行最大的區別就在於對外的責任承擔上。有限責任制合作銀行指合作銀行以其全部資產，但股東卻僅以其出資額為限對合作銀行所負債務承擔責任。因此，有限責任制合作銀行對股東而言非常有利，股東可以只承擔有限的責任，卻可以從合作銀行獲得無限的分紅。同時，由於社員只承擔以其股份為界限的清償責任，因此會促進和鼓勵小額資金盈餘者加入合作銀行。

無限責任制合作銀行則指銀行和股東都要以其全部財產對債務承擔責任。無限責任制合作銀行能減少委託—代理問題的影響，社員會更加積極地參與銀行的經營管理，因為一旦銀行出現經營不善的局面，社員損失更多。但這一制度也會阻礙小額資金盈餘者對合作銀行參股，因為一旦銀行出現經營不善的局面，社員之間債務分擔是不均衡的。由於社員可以自願加入或退出銀行，一旦銀行出現經營不善的局面，社員為避免其承擔無限清償責任，會紛紛選擇退出銀行，逃避債務，這一行為更加快了銀行的破產倒閉。

在保證責任制合作銀行的情況下，社員的責任範圍不會超過其認股額或保證額的範圍。其實，保證責任制合作銀行是介於無限責任制合作銀行和有限責任制合作銀行之間的一種合作銀行組織形式，集二者的優點於一身，是一種較為理想的合作銀行組織形式。

（2）按組織體制不同，合作銀行可分為單一制合作銀行和系統持股制合作銀行。

單一制合作銀行類似於單元制的商業銀行，其業務只由一個獨立的合作銀行機構經營而不設立分支機構。西方國家的早期合作銀行多屬於這一類型。這種合作銀行的優點是：首先，由於銀行在各自區域內獨立經營，可以增強銀行的競爭能力，防止壟斷；其次，合作銀行由於是根據實際需要成立的，因此吸收資金具有一定的地域性，能夠防止地區性的發展不平衡；最後，由於每家合作銀行不對外設立分支機構，銀行規模較小，組織較嚴密，銀行管理較容易。但是單一制合作銀行也有其弊端：首先，規模小使得銀行抵禦風險的能力減弱，易受到經濟波動的衝擊；其次，由於銀行不設立分支機構，尤其是在當前電子計算機廣泛應用的條件下，銀行的業務發展和金融創新必然受到限制；最後，由於不設立分支機構，銀行數目眾多，對合作銀行的統一有效管理形成了阻礙。

系統持股制合作銀行是指合作銀行是一個股權銀行集團，但是分成多個層次，自

下而上逐級參股的一種銀行外部組織體制。

（3）按是否獨立，合作銀行可分為獨立型合作銀行和混合型合作銀行。

獨立型合作銀行是指不依附於任何經濟組織，也不隸屬於某一經濟組織的單獨運行的一種合作銀行。混合型合作銀行則完全相反，是指依附或者隸屬於某一經濟組織的一種合作銀行。大多數情況下，混合型合作銀行隸屬於農業合作組織中，作為農業合作組織的一個子系統。例如，日本和韓國的農村信用合作組織就是這一形式的典型代表。

2. 合作銀行的職能

合作銀行具有以下三種職能：

（1）信用仲介職能。合作銀行的信用仲介職能是指合作銀行能夠將社員的分散資金集中起來，通過貸款的形式將得到的資金發放出去，借貸給社員使用，起到了媒介資金融通的作用。但是需要注意的是，合作銀行在執行這一職能時並不像商業銀行一樣以盈利為目的，合作銀行信用仲介的目的是幫助社員解決生產經營中的資金困難。

（2）補充職能。一般的商業性金融機構類似於企業，是以盈利為目的的，這就導致了並不是所有的資金需求者都能夠得到自己想要的資金，如一些農民及小生產者往往無法得到其需要的資金。合作銀行的補充職能是指補充商業性金融機構的不足。由農民和小生產者組建的合作銀行恰恰可以為他們提供資金的融通，彌補了商業性金融機構的業務空白。

（3）服務職能。合作銀行的服務職能是指除為社員提供貸款之外還為社員提供所需要的各種金融服務。

3. 合作銀行的業務

合作銀行的業務包括負債業務和資產業務。

（1）負債業務。合作銀行的自由資本是指銀行社員或股東成立合作銀行時而投入銀行的貨幣資金和保留在銀行中的利潤，包括股本、儲備金和保證金以及捐贈。股本也叫做社員股金，是由社員認購的社會資本。儲備金是從合作銀行的盈利當中留成的部分。保證金是合作銀行為了應付業務風險而設立的專門經費，相當於呆帳準備金，用於應付貸款損失。捐贈包括社會捐贈和國家捐贈。

吸收存款是合作銀行對存款戶的一種負債，是合作銀行的主要資金來源，也是合作銀行資產業務的基礎，屬於被動型的負債，卻是獲取經常性資金的主要來源，包括活期存款、定期存款和儲蓄存款。這幾類存款的性質類似於商業銀行的存款性質。

發行債券可以為合作銀行籌集到資金，屬於主動型的負債。合作銀行發行的債券以短期債券和長期債券為主。但是由於合作銀行一般是由私人或團體組成的一種合作性質的金融機構，其地位和作用遠遠低於商業銀行，因此一般合作銀行發行的債券規模小、信譽度不高，使得發行債券這樣一種融資渠道在大多數合作銀行中所占比重較小。

（2）資產業務（主要是發放貸款）。合作銀行發放的貸款按照不同的分類方法有不同的種類。

按照貸款期限長短不同劃分，貸款可以分為短期貸款和中長期貸款。合作銀行的

短期貸款通常是指一些臨時性、季節性貸款，主要用於直接貸款、透支和票據的貼現，也可稱為流動資金貸款，通常期限不超過兩年。中長期貸款是指貸款期限在兩年以上的貸款，主要用於購置生產資料和建造住宅等。

按照受益者的身分不同劃分，貸款可以分成私人貸款和集體貸款。私人貸款是合作銀行對個人會員發放的貸款。集體貸款是合作銀行對作為會員的集體組織發放的貸款。

此外，按照貸款用途不同劃分，貸款可以分為農業貸款、商業貸款和工業貸款；按照貸款保障程度不同劃分，貸款可以分為信用貸款和擔保貸款；按照貸款利率高低不同劃分，貸款可以分為普通貸款和優惠貸款；按照貸款償還期限不同劃分，貸款可以分為活期貸款和定期貸款；等等。

(三) 抵押銀行

抵押銀行（Mortgage Bank）是以土地、房屋等不動產作抵押辦理放款業務的專業銀行。抵押銀行的資金來源主要是發行不動產抵押證券來募集，也可以通過短期票據貼現和發行債券來籌集資金。抵押銀行不接受存款，不經營結算業務，是專業化的抵押貸款仲介機構。抵押銀行不是真正意義上的貸款人，但的確可以通過它獲得住宅抵押貸款。其資金運用有兩類：一類是以土地為抵押品的長期貸款，貸款的對象主要是土地所有者或農場主；另一類是以城市不動產為抵押品的貸款，貸款的對象主要是房屋所有者或經營建築業的資本家。

由於不動產抵押品常因處理時不易出售，易造成資金占壓，因而專門的抵押銀行不多。因此，商業銀行正大量涉足不動產抵押貸款業務，而不少抵押銀行也開始經營一般信貸業務。

(四) 清算銀行

清算銀行（Clearing Bank）是指能直接參加票據交換所進行票據清算的銀行。票據交換是指在同城範圍內銀行間相互代收、代付票據進行相互清算。這是一種集中辦理轉帳清算的制度。一般由中央銀行管理，通過票據交換所進行。應收大於應付款的差額增加在中央銀行的存款；應收小於應付款的差額減少在中央銀行的存款。票據清算的結算原則是維護收付雙方的正當權益，中央銀行不予墊款。其優點是便利資金清算，節省大量現金使用。國際上最早的票據交換組織為英國倫敦的票據交換所，成立於1775年。

## 四、政策性銀行

政策性銀行（Policy - related Bank）是由政府投資設立的、根據政府的決策和意向專門從事政策性金融業務的銀行。

(一) 政策性銀行的基本特徵

1. 組織方式上的政府控制性

世界各國的政策性銀行大多是由政府出資創立的，如日本的輸出入銀行、開發銀

行及各金融公庫，美國的進出口銀行，韓國的開發銀行等都是由政府出全資創立的。其他的許多的政策性銀行往往為了減輕政府的財政壓力，由政府部分出資。不論出資額的大小，從組織形態方面來考察，世界各國的政策性銀行都處於政府的控制之下。

2. 行為目標的非盈利性

政策性銀行雖然也是金融機構，但是屬於特殊的金融機構，其經營活動主要是圍繞國家的整體利益和社會利益、配合國家的經濟政策而開展的，不以獲利為目的，如果出現虧損，一般有國家財政支持。因此，政策性銀行往往被要求從事一些其他金融機構不願意參與的、具有較高金融風險和商業風險的項目。

3. 融資準則的非商業性

政策性銀行的業務主要是配合國家的經濟政策，不以獲利為目的。一般來說，政策性銀行發放的貸款利率低於一般貸款的中長期貸款，只要項目是符合國家產業政策要求的，利率甚至可以低於其籌資成本。另外，政策性銀行也可以對其他金融機構所發放的符合國家產業政策的貸款提供償還擔保、再融資及利息補貼等。

4. 業務領域的專業性

政策性銀行的業務領域完全不同於一般的商業性金融機構的業務領域，這也是由於政策性銀行的行為目標是非盈利性所決定的。社會經濟中總是存在著這樣一些行業或部門，這些行業或部門要麼投資規模大，要麼見效比較慢，由於一般的商業性金融機構是以盈利為目的的，它們不會給這些行業或部門提供融資，但是這些行業或部門又對國家經濟發展具有重大影響，如農業部門、基礎產業部門、出口貿易部門，這就需要政府通過設立專門的金融機構予以特殊的資金支持，以達到社會的整體協調和政府的宏觀經濟管理的目的。

5. 信用創造的差別性

政策性銀行不同於一般的商業性銀行的地方還體現在信用創造的差別性上面。政策性銀行的資金一般來自於國家財政或者發行金融債券，這些資金一般都是銀行體系已經創造出來的貨幣；政策性銀行的資金運用一般都是專款專用，因此政策性銀行不具有創造貨幣的功能；政策性銀行不用繳納存款準備金。

(二) 政策性銀行的職能

1. 信用仲介職能

政策性銀行是金融機構的一種，當然具有金融機構最基本的職能——信用仲介職能。政策性銀行的信用仲介職能是指政策性銀行將政府財政撥付和發行金融債券籌集來的資金，發放中長期貸款。

2. 經濟結構調節職能

前文講到，商業性金融機構無法完全解決市場中資源的有效配置問題，政策性銀行對那些盈利較低甚至無盈利的行業或產品的生產則是從國民經濟的整體利益出發予以資金支持，彌補了市場機制的這一缺陷，推動國民經濟的均衡發展。

3. 執行政府經濟政策職能

政策性銀行不以獲利為目的，而是以貫徹國家產業政策為主要職能。

(三）政策性銀行的分類

一般來說，大多數國家成立的政策性銀行主要有如下三種：

1. 開發銀行

開發銀行是指為經濟開發提供投資性貸款的銀行。為適應經濟發展的需要，各國都普遍開設開發銀行。第一家開發銀行誕生於比利時，成立於1822年，其主要職能是促進新工業的創立。開發銀行的資金來源渠道主要有資本金、發行債券、吸收存款、借入資金。其中，資本金大多依靠政府財政資金；發行債券往往由於有政府擔保，吸引力較大；吸收存款並不是開發銀行獲得資金的主要來源，存款的種類主要是定期存款和大額可轉讓定期存單等；借入資金包括內資和外資，借入的內資主要是從政府方面得到的官方資助，還可以從中央銀行和其他金融機構借入資金，利率一般比較優惠，而借入的外資也是用於引進技術設備，支持經濟的發展。開發銀行資金運用主要有貸款、投資、債務擔保。其中，貸款主要投向符合國家經濟政策的一些重點開發建設項目，特點是期限長，有的時候長達20～30年；投資是指開發銀行參與某一項目的籌建併購買一定的股權資本；債務擔保主要是開發銀行為了使得需要貸款的國家建設項目能夠得到更廣泛的融資，為這些項目的企業提供擔保。

2. 農業政策性銀行

農業政策性銀行主要是為貫徹和配合政府農業政策，為農業提供特別貸款，主要是低利率的中長期優惠性貸款，旨在促進和保護農業生產與經營。農業政策性銀行的資金來源多樣化，主要包括借入政府資金、發行債券、借入其他金融機構資金、吸收存款和國外借款等。農業政策性銀行資金運用主要有貸款、擔保和發放補貼。

3. 進出口政策性銀行

進出口政策性銀行也稱為進出口銀行或輸出入銀行、外貿銀行。有的國家則稱之為出口信貸公司、出口信貸擔保公司、出口信貸保險公司等。進出口政策性銀行是國家支持和推動進出口尤其是出口，促進國際收支平衡、帶動經濟增長的金融機構。進出口政策性銀行的資金來源主要有政府撥入資金、借入資金、發行債券籌集資金和其他渠道籌集資金等，各國具體又有所不同。進出口政策性銀行的資金運用主要有貸款、擔保與保險等。進出口政策性銀行所承擔的保險業務不同於商業性保險機構，商業性保險機構一般只承保商業風險，而政策性金融機構以政府作為強大後盾來承擔政治風險。

（四）中國的政策性銀行

1. 國家開發銀行

國家開發銀行成立於1994年3月17日，其經營的目的是貫徹國家宏觀經濟政策，籌集和引導社會資金，緩解經濟社會發展的瓶頸制約，以融資推動市場建設和規劃先行，支持國家基礎設施、基礎產業、支柱產業和高新技術等領域的發展和國家重點項目建設；向城鎮化、中小企業、「三農」、教育、醫療衛生和環境保護等社會發展瓶頸領域提供資金支持，促進科學發展和和諧社會的建設；配合國家「走出去」戰略，積極拓展國際合作業務。

國家開發銀行的資金來源主要靠向金融機構發行政策性金融債券來解決。國家開發銀行的資金運用包括兩部分：一部分屬於「硬貸款」，即國家開發銀行將發行政策性金融債券籌集的資金直接貸給投資項目，到期向項目單位收回資金；另一部分屬於「軟貸款」，即國家開發銀行將屬於資本金性質的資金以長期優惠貸款的方式，按投資項目配股需要，貸給國家控股公司和中央企業集團，由它們對項目進行參股、控股。

2. 中國進出口銀行

中國進出口銀行成立於1994年7月1日，其主要職責是貫徹執行國家產業政策、外經貿政策、金融政策和外交政策，為擴大中國機電產品、成套設備和高新技術產品出口，推動有比較優勢的企業開展對外承包工程和境外投資，促進對外關係發展和國際經貿合作，提供政策性金融支持。

中國進出口銀行的主要業務範圍如下：

（1）辦理出口信貸（包括出口賣方信貸和出口買方信貸）；
（2）辦理對外承包工程和境外投資類貸款；
（3）辦理中國政府對外優惠貸款；
（4）提供對外擔保；
（5）轉貸外國政府和金融機構提供的貸款；
（6）辦理本行貸款項下的國際國內結算業務和企業存款業務；
（7）在境內外資本市場、貨幣市場籌集資金；
（8）辦理國際銀行間的貸款，組織或參加國際、國內銀團貸款；
（9）從事人民幣同業拆借和債券回購；
（10）從事自營外匯資金交易和經批准的代客外匯資金交易；
（11）辦理與本行業務相關的資信調查、諮詢、評估和見證業務；
（12）經批准或受委託的其他業務。

3. 中國農業發展銀行

中國農業發展銀行是1994年4月19日成立的國有農業政策性銀行，直屬國務院領導。中國農業發展銀行的主要任務是按照國家的法律、法規和方針、政策，以國家信用為基礎，籌集農業政策性信貸資金，承擔國家規定的農業政策性和經批准開辦的涉農商業性金融業務，代理財政性支農資金的撥付，為農業和農村經濟發展服務。中國農業發展銀行在業務上接受中國人民銀行和中國銀行業監督管理委員會的指導和監督。

中國農業發展銀行目前的主要業務如下：

（1）辦理糧食、棉花、油料收購、儲備、調銷貸款；
（2）辦理肉類、食糖、菸葉、羊毛、化肥等專項儲備貸款；
（3）辦理糧食、棉花、油料加工企業和農、林、牧、副、漁業的產業化龍頭企業貸款；
（4）辦理糧食、棉花、油料種子貸款；
（5）辦理糧食倉儲設施及棉花企業技術設備改造貸款；
（6）辦理農業小企業貸款和農業科技貸款；
（7）辦理農業基礎設施建設貸款，支持範圍限於農村路網、電網、水網（包括飲

水工程）、信息網（郵政、電信）建設，農村能源和環境設施建設；

（8）辦理農業綜合開發貸款，支持範圍限於農田水利基本建設、農業技術服務體系和農村流通體系建設；

（9）辦理農業生產資料貸款，支持範圍限於農業生產資料的流通和銷售環節；

（10）代理財政支農資金的撥付；

（11）辦理業務範圍內企事業單位的存款及協議存款、同業存款等業務；

（12）辦理開戶企事業單位結算；

（13）發行金融債券；

（14）資金交易業務；

（15）辦理代理保險、代理資金結算、代收代付等中間業務；

（16）辦理糧棉油政策性貸款企業進出口貿易項下的國際結算業務以及與國際業務相配套的外匯存款、外匯匯款、同業外匯拆借、代客外匯買賣和結匯、售匯業務；

（17）辦理經國務院或中國銀行業監督管理委員會批准的其他業務。

中國農業發展銀行註冊資本為200億元人民幣。其資金的來源如下：

（1）業務範圍內開戶企事業單位的存款；

（2）發行金融債券；

（3）財政支農資金；

（4）向中國人民銀行申請再貸款；

（5）同業存款；

（6）協議存款；

（7）境外籌資。

中國農業發展銀行的營運資金來源長期以來主要依靠中國人民銀行的再貸款，從2005年開始加大了市場化籌資的力度，目前暫未開展境外籌資業務。截至2006年12月末，中國農業發展銀行向中國人民銀行再貸款餘額為3,870億元，金融債券餘額為3,131億元。

中國農業發展銀行的營運資金目前主要用於糧棉油收購等流動資金貸款。截至2006年12月末，中國農業發展銀行各項貸款餘額為8,844億元，其中糧油貸款7,454億元，棉花貸款1,173億元。

**英國的銀行體系**

英國是世界上金融業最發達的國家之一。倫敦是英國的金融中心，也是世界上主要的國際金融中心之一。倫敦的金融地位形成於英鎊作為主要的國際儲備貨幣的年代，而在第二次世界大戰後隨著英國經濟地位的下降受到了削弱，但從20世紀70年代以來隨著美元危機和歐洲貨幣市場的興起，倫敦的金融中心地位又重新得到了恢復。

倫敦的優勢在於具有相對穩定的金融體系和政治環境，大批擁有豐富的專業知識和技能的銀行家及不同層次的各種專業人才，優良的基礎設施和通信網路，在語言、時區及地理位置上的優越性等。除上述優勢外，英國的銀行體系也具有其自身的特點，下面我們分別加以介紹：

一、中央銀行——英格蘭銀行

英格蘭銀行是英國的中央銀行，於1694年根據國王特準法成立。英格蘭銀行是英國第一家註冊的有限公司性質的股份銀行。當時的英格蘭銀行並不是專門的中央銀行，它同其他的私人銀行一樣，也辦理一般的存放款業務。直到1833年，英國國會規定只有英格蘭銀行發行的鈔票才具有無限法償能力，從而奠定了英格蘭銀行作為英國中央銀行的基礎。1946年2月，英國政府頒布新的《英格蘭銀行法》，將英格蘭銀行的全部股本收歸國有。從此，英格蘭銀行成為國有化的中央銀行。英格蘭銀行受政府財政部控制，為政府機構。英格蘭銀行在發表自身的觀點上有一定的獨立性，是金融界中具有權威性的代言人。英格蘭銀行除了依照銀行法執行對銀行業的監管之外，還承擔了對金融市場的管理職能。英格蘭銀行在鼓勵行業自律，尤其是在保險和證券業務中發揮了重要的作用。此外，英格蘭銀行還承擔了管理英國的債務和外匯儲備職能、管理和發行紙幣及鑄幣的職能及政府的銀行的職能，同時對政府的經濟和貨幣政策提供顧問服務。

20世紀80年代以來，調整後的英格蘭銀行的管理機構分為三大部分：第一，金融結構和監管，有銀行監督處、金融結構和制度處。第二，政策和市場，有工業金融處、統計處、經濟處、金邊債券處、貨幣市場處、外匯處、地區處和國際處。第三，經營和服務，有營業部、註冊處、印刷廠和工商服務部。

二、英國的銀行機構

英國所有的銀行機構必須有英格蘭銀行的批准才可以吸收存款，一些特定的活動需要特殊的業務執照，但對不同機構的活動沒有很明確的限制。英國的銀行機構主要可分為以下幾種：

（一）零售銀行（Retail Banks）

在英國，零售銀行是零售銀行業務和貨幣傳送活動的主要機構。這些銀行屬於英國最大的銀行之列，同時也是英國最主要的國際性銀行。英國的零售銀行主要分佈於英格蘭和威爾士，這些銀行主要包括巴克萊銀行（Barclays Bank）、國民西敏寺銀行（National Westminster Bank）、密德蘭銀行（Midland Bank）、勞埃德銀行（Lloyds Bank）、蘇格蘭皇家銀行集團（Royal Bank of Scotland Group）等。另外，「Giro Bank」是由郵政局建立的提供一般性活期存款及貨幣運送服務的銀行，也屬於零售銀行。

（二）承兌行（Accepting Houses）

這些機構是屬於承兌業協會的具有悠久歷史的商人銀行。其傳統的業務是進行貿易融資，提供較大比例的承兌工具。現階段承兌行雖然受到了銀行業的激烈競爭，但其發行的票據仍可以在英格蘭銀行進行貼現。現在承兌行的業務已經擴大到企業融資、投資管理、貸款及銀團業務領域。

（三）商人銀行（Merchant Banks）

商人銀行的業務起源於18世紀的歐洲商業活動。最初的業務是為商人的票據進行承兌，而后逐漸從原來的貿易融資服務發展到為政府和企業提供長期的資金以及其他專業性的服務和諮詢。在英國，從事這類業務的金融機構稱為商人銀行，其具有向企業、政府提供專業性的服務和諮詢的職能，而很少運用自身資本，類似於美國的投資

銀行。但是英國的商人銀行具有一定的吸收存款的職能，可以歸類為存款機構。

商人銀行業務的發展與貿易和資本市場的發展有著密切的聯繫。商人銀行的業務大體包括短期和中期資金融通、長期融資、投資管理、經紀服務及其他新興服務。與傳統的商業銀行相比，商人銀行對市場的依賴性更強。

商人銀行發展至今，主要有以下幾種存在形式：一是商業銀行通過兼併、購買、參股或建立附屬公司擁有商人銀行，這類方式現在較為普遍；二是獨立的商人銀行；三是全能性銀行直接經營商人銀行業務。

（四）貼現行（Discount Houses）

貼現行構成了倫敦貼現市場協會，由一些指定的銀行的貨幣交易部門組成，從事高度專業化的銀行業務。貼現行主要業務包括承銷英格蘭銀行每週財政部票據的出售，進行英鎊短期金融工具的交易，如政府票據、銀行票據、商業票據、英鎊存款證以及短期政府債券等；向英格蘭銀行進行追索（因英格蘭銀行為彌補短期資金的不足可以從貼現行購買票據或進行直接貸款）。

（五）外國銀行

從19世紀開始，大量的歐美國家銀行便在倫敦金融城裡建立了自己的業務機構，使倫敦成為國際性的金融中心。目前，在倫敦的外國銀行大約有540家，包括外國銀行和國際性合作銀行的分行及其附屬機構。

（六）其他金融機構

其他金融機構包括建築業協會（接收存款、為住房建設和購買提供融資）、融資公司（提供消費信貸）以及國民儲蓄銀行等。

思考：

試比較中國與英國的銀行體系。

## 第三節　非銀行金融仲介

### 一、保險公司

（一）保險及保險公司概述

保險是以契約形式確立雙方經濟關係，以繳納保險費建立起來的保險基金，對保險合同規定範圍內的災害事故所造成的損失進行經濟補償或給付的一種經濟形式。保險公司是專門經營保險業務的金融機構，保險屬於經濟關係與法律關係的統一。通常情況下，保險是以大數法則為經營基礎，集合眾多經濟主體所繳納的保險費用，來分擔少數經濟主體的經濟損失。保險人與被保險人是保險中的兩個基本主體，保險人有收取保費的權利，也有承擔風險責任的義務；被保險人有得到經濟補償的權利，也有繳納保費的義務。

保險業的發源地在英國，起源於海上保險業務，但是產生之初並沒有形成規模，直到1871年「勞埃德保險社」的成立，才宣告保險公司正式登上歷史舞臺。

(二) 保險公司的基本職能

1. 風險轉移職能

人們參加保險的目的就是轉移風險。經濟生活中，因不確定性人們常常面臨許多風險，一旦成為事實，就會造成損失，給經濟主體帶來的影響可能是巨大的。因此，人們非常希望能將風險轉移出去。保險人接受投保人的保險合同其實就是承擔了投保人的風險。保險人集中了大量風險之後，可以運用大數法則，預測發生保險損失的概率，可以化偶然為必然，為投保人降低損失。

2. 損失分散職能

購買保險合同其實並不是使得災害事故真正不發生或者離開被保險人，而是保險公司可以借助眾多經濟主體的財力，給遭受損失的被保險人以經濟補償，分散他們的損失。保險體現的是一種經濟關係，保險公司就是利用這種經濟關係來分散少數被保險人的災害事故的發生。

3. 實施補償職能

保險實施補償是指在保險合同規定的範圍內的保險事故如果出現並且給被保險人帶來損失的情況下，保險人則按契約予以賠償。

4. 信用仲介職能

信用仲介職能是各種類型的金融機構的最基本的職能。保險公司把眾多經濟主體的保險費用積聚起來之後，根據大數法則算出發生災害事故的概率，預留出一部分賠償的資金，其餘的資金就可以用於投資項目了。這其實就是起到一個媒介資金的作用。

(三) 保險公司的特點

保險公司的特點主要如下：

（1）保險業務是在社會經濟互助原則下建立起來的一種經濟補償制度，使少數人的損失由多數人來共同分攤。

（2）保險業務的計算基礎是概率論。

（3）保險補償是通過集合多數經濟單位共同籌集資金，建立集中的保險基金來實現的。

（4）保險關係一般是通過投保人與保險人在自願原則下簽訂保險合同來實行的，保險合同受國家法律保護。

（5）保險公司是經濟法人，是實行獨立經營的經濟實體。

(四) 保險公司的組織形式

各國的社會制度和經濟體制不同，保險公司的組織形式也可能不同。一般來說，保險公司可以劃分成如下幾種：

（1）國有保險公司，即由國家或政府投資設立的保險經營組織，由政府或其他公共團體所經營。其目的是：一是以盈利為目的作為增加財政收入的手段；二是以政策的實施為宗旨，並無盈利的動機。其組織形式既可以是舉辦商業保險的保險組織，也可以是舉辦社會保險的保險組織。國有保險公司目前是中國保險公司的主要組織形式

之一，在中國保險市場上佔有重要地位。

（2）個人保險公司，即以個人名義承保的保險公司，目前在英國比較盛行。

（3）私營保險公司，即由私人投資經營的保險公司，多數以股份公司的形式出現。

（4）合作保險公司，即由各個成員共同組成的，專為成員提供其所需要的保險的一種保險公司，如相互保險公司。

（5）公私合營保險公司，即由政府和私人共同投資經營的保險公司。

（6）自保保險公司，即專為本系統服務的保險公司，一般由大公司成立，只為本公司內部的保險事務服務。

（五）保險公司的分類

1. 人壽保險公司

人壽保險公司（Life Insurance Company）是為投保人因意外事故或傷亡造成的經濟損失提供經濟保障的金融機構。

人壽保險公司的資金主要來源於投保人所繳納的保費，此外還有一些是其資產業務的收入。由於預測人口死亡率以及某個年齡段的人罹患某種疾病的概率，人壽保險公司可以精確估計未來對投保人給付的金額。於是，人壽保險公司可運用的資金相對穩定，可以持有流動性不高的長期資產，如公司債券、商業抵押貸款。1995年，美國人壽保險公司所購買的債券加上抵押貸款約佔人壽保險公司總資產的50%。

2. 財產意外傷害保險公司

財產意外傷害保險公司（Property and Casualty Insurance Company）是對法人單位和家庭住房提供財產意外損失保險的金融機構。世界上最著名的財產意外傷害險公司是英國的勞埃德保險社。美國最大的財產意外傷害保險公司是美國州立農業保險公司（State Farm）和好事達保險公司（Allstate）。

財產意外傷害保險公司的資金來源同樣是投保人所繳納的保費。財產意外傷害保險公司能給任何類型的事件提供保險，包括火災、盜竊、過失、醫療事故、地震和交通事故。由於財產損失相對於死亡率和疾病率而言不確定性更大，因此相比人壽保險公司，財產意外傷害保險公司的資金相對不穩定。財產意外傷害保險公司的大部分資產為具有較高流動性和安全性、收益高的政府債券和公司債券，也有一部分投資於公司股票。

3. 再保險公司

再保險公司（Reinsurance Company）是指從事再保險業務的公司。再保險是保險業用以分散從投保人處承擔風險的一種機制。再保險將保險風險及保費的一部分分配給另外一家保險公司，這對於小保險公司尤為重要。

（六）中國的保險公司

中國保險行業的發展歷史最早可以追溯到200多年前，新中國的保險行業發展歷史業可以追溯到1949年第一家國有保險公司的成立，但真正意義上的中國現代商業保險發展歷史只能是從1979年保險業恢復經營算起的30多年。自恢復保險業經營以來，保險行業發展異常迅猛。截至2010年年底，中國保險市場上的保險公司數量由初期的

1家發展到146家，年保費收入由初期的4.6億元增加到1.47萬億元，保費收入環比增長率達到20%以上，全保險行業保險營銷員發展到330萬人，全保險行業總資產規模突破5萬億元。其中，有7家保險公司資產超過1,000億元，2家保險公司資產超過5,000億元，1家保險公司資產超過10,000億元。

目前中國保險市場上的保險機構主要有保險集團或控股公司、保險公司、再保險公司、保險資產管理公司、保險專業仲介公司、外資保險公司代理處等。保險公司按照經營類型的不同主要可分為四類公司，分別是原保險公司、再保險公司、保險仲介公司和保險資產管理公司。其中，原保險公司是保險市場的主體。原保險公司按照保險業務範圍的不同又可分為人身險公司、財產險公司和養老險公司。其中，人身險公司和財產險公司占整個行業保險公司的絕大多數。人身險業務主要包括人壽保險、健康保險、意外傷害保險等保險業務。截至2010年年底，人身險業務實現保費規模10,632.3億元，人身險保險公司多達61家，其中中資公司34家，外資公司27家。財產險業務主要包括財產損失保險、責任保險、信用保險、保證保險等保險業務。截至2010年年底，財產險業務實現保費3,895.6億元，財產險保險公司也多達55家，其中中資公司35家，外資公司20家。養老險公司目前有5家，截至2010年年底養老險業務實現保費357.4億元。

## 二、投資銀行

投資銀行（Investment Bank）是指主要從事證券發行、承銷、交易、企業重組、兼併與收購、投資分析、風險投資及項目融資等業務的非銀行金融機構，是資本市場上的主要金融仲介。由於投資銀行業的發展日新月異，對投資銀行的界定也顯得十分困難。投資銀行是美國和歐洲大陸的稱謂，英國稱之為商人銀行，在日本則指證券公司。國際上對投資銀行的定義主要有四種：第一種，任何經營華爾街金融業務的金融機構都可以稱為投資銀行；第二種，只有經營一部分或全部資本市場業務的金融機構才是投資銀行；第三種，把從事證券承銷和企業併購的金融機構稱為投資銀行；第四種，僅把在一級市場上承銷證券和在二級市場交易證券的金融機構稱為投資銀行。

（一）投資銀行的產生和發展

投資銀行的早期活動開始於15世紀歐洲的商人銀行。其成立之初的主要目的是為海上貿易提供資金融通支持。到了19世紀的時候，美國一些工商企業為了滿足發展的資金需要，發行了許多票據，於是產生了一些專門經營票據融資的商號來為這些票據提供貼現便利，這就是投資銀行的雛形。到了19世紀后期，美國的投資銀行開始從事政府債券和鐵路債券等基礎設施債券的承銷，進而開創了投資銀行的基礎業務，為企業及大型項目通過發行證券的方式提供融資服務。20世紀初，投資銀行家已控制了證券的大宗批發業務，並以承包人的身分為企業籌資立下了汗馬功勞。

投資銀行是高槓桿率的公司，表4.4列出了全美十大投資銀行2001年第一季度和2000年第一季度的營業額及市場佔有率的情況。

表 4.3　　　　　　　　　　　十大投資銀行營業額及佔有率

| 投資銀行名稱 | 2001 年第一季度市場 營業額（億美元） | 2001 年第一季度市場 佔有率（％） | 2000 年第一季度市場 營業額（億美元） | 2000 年第一季度市場 佔有率（％） |
| --- | --- | --- | --- | --- |
| 高盛 | 11.31 | 15.1 | 12.30 | 14.8 |
| 所羅門美邦 | 11.08 | 14.8 | 9.13 | 11.0 |
| 瑞士信貸第一波士頓 | 10.73 | 14.3 | 9.17 | 11.1 |
| 摩根士丹利 | 9.57 | 12.8 | 13.35 | 16.1 |
| 摩根大通 | 9.41 | 12.6 | 11.91 | 14.4 |
| 美林 | 9.13 | 12.2 | 9.96 | 12.0 |
| 雷曼 | 4.83 | 6.4 | 6.02 | 7.3 |
| 加拿大帝國銀行 | 4.29 | 5.7 | 4.02 | 4.8 |
| 美國銀行 | 3.25 | 4.3 | 3.97 | 4.8 |
| 貝爾斯登 | 1.38 | 1.8 | 3.08 | 3.7 |

（二）投資銀行的特徵

1. 投資銀行的業務品種具有廣泛性

投資銀行的業務涉及整個金融領域，特別是資本市場的相關業務。投資銀行區別於其他金融企業的標誌是其在資本市場上買賣的商品是「企業」及相關的「股權」或「債權」。現代投資銀行除了經營傳統的業務，如證券的發行、承銷和交易業務等，還開發出了兼併與收購、基金管理、風險投資、投資諮詢等業務，其業務範圍已經觸及了世界各國的經濟與金融業的核心。

2. 投資銀行的技術具有專業性

投資銀行所掌握的技術具有相當程度的專業性，即結合專門的技術和客戶的需求來解決實際的問題。投資銀行往往需要根據客戶的特點，進行針對性的服務。例如，美國的美林證券比較善於組織項目融資和資產重組，第一波士頓公司擅長組織辛迪加包銷證券、安排私募債券和策劃公司合併等。同時，由於投資銀行的主要資產還是來自於人才的能力，因此這也體現了專業性。

3. 投資銀行的發展具有創新性

投資銀行的發展與金融業務創新和金融衍生工具的創新密切聯繫。隨著金融業競爭的加劇，投資銀行為了謀求更大的發展，利用自己所擁有的人才、技術、信息等優勢以及良好的銀企關係，通過不斷創新來滿足客戶的多元化需求。

（三）投資銀行的組織形式

1. 合夥制投資銀行

在歷史上，初期的投資銀行都是家族企業，採用合夥制的組織形式。這種組織形式形成的原因在於投資銀行與早期商人企業存在的歷史淵源關係。早在中世紀，在義

大利及地中海沿岸的商業城市就已出現了家族企業。其產生源於法律上的繼承關係。當時，個體商人在經濟活動中地位十分重要，這些商人一般均要將其經營的商號及財產遺留給后代，由后代來繼承，若繼承人為數人，而各繼承人均不願將先輩留下的商號分拆繼承，而願繼續共同經營時，原有的商號便由獨資性質變為由數個繼承人按份額共有的家族企業，這種家族企業本身就是合夥企業的一種形式。由於投資銀行就是從早期的商人企業演進而來的，因此初期的投資銀行自然採取了這種家族經營團體的合夥制組織形式。例如，羅斯柴爾德、巴林、漢布羅、布朗、摩根、塞格利曼、戈德曼薩奇等英美的投資商號在第一次世界大戰前均為家族式合夥制企業，有些直到第一次世界大戰后仍保持家族合夥經營的形式。

投資銀行採用合夥制的組織形式具有一定的優點，表現如下：

（1）私人銀行家比合股銀行的管理者能更迅捷地做出經營的反應和決策，同時由於他是合夥所有者之一，因而亦可代其合夥夥伴進行決策。

（2）由於私人銀行家在長期的經營過程中累積了特殊的經驗和學識，沿襲著企業的傳統，因而他往往擁有通常是兼職的股份銀行董事們在某種程度上所沒有的技巧和專業訓練。

（3）兼職的股份銀行董事有時亦擁有自己經營的企業，由此他們可能會成為股份銀行的潛在競爭者，而合夥銀行則不存在類似的問題。

（4）合夥銀行因承擔無限責任也具有股份銀行在某種程度上所不具有的優勢。只要合夥人還夠富有，除了最大的那些股份銀行外，合夥銀行對客戶一般能提供更大的安全保證。

可能正是由於上述原因，眾多的英國商人銀行直到第一次世界大戰后仍保持著家族經營的合夥制組織形式。

投資銀行的合夥制組織形式從根本上說也具有諸多致命的缺陷，主要如下：

（1）在合夥制組織形式下，投資銀行的資本實力受到很大限制。投資銀行經營的業務都具有很高的風險性，加之競爭的加劇，就要求投資銀行必須擁有充足的資本實力和不斷增加的新的資本來源，而合夥制組織形式難以滿足這一要求。一方面，儘管銀行的合夥人均屬富庶的家族，但因參與經營的合夥人有限，企業規模不大，因而使合夥銀行的資本總量難以與具有巨大籌資能力的股份銀行相抗爭；另一方面，在合夥形式下，一旦合夥人由於某種原因（如健康原因、意見不合）而退伙，也會使銀行的資本受到嚴重削弱。由於這一原因，不少家族型的合夥制投資商號往往只延續一兩代即告失敗。

（2）家族式的合夥制組織形式使投資銀行難以面向社會招賢納才，從而妨礙著經營管理水平的提高。在合夥制組織形式下，投資銀行往往在本家族的範圍內選用經營管理人員，以保持家族對銀行的控制。由於人才的使用受到家族門第的限制，因而很難保證優秀經營管理人才的后續補充。一旦本家族內缺乏合格的人才，勢必使那些平庸無能之輩登上管理崗位，從而嚴重影響銀行的經營管理水平。

（3）合夥銀行缺乏資本累積機制和組織上的穩定性。一方面，許多合夥銀行不具有擴充資本的內在動力和要求，經營獲利后很少考慮用於資本累積，而是全部用於合

夥人間的按比例分配，因而妨礙著銀行資本規模的擴大；另一方面，在合夥制下，家族銀行眾多兄弟合夥人之間也往往會因志趣不同或意見不合而散夥，從而導致企業分崩離析。

（4）合夥制下企業承擔的無限責任對各投資銀行家族也是一種潛在的威脅。在合夥制的組織形式下，企業對其債務承擔無限的清償責任，這就意味著所有合夥人的私有財產，除少量的以外，在法律上都可用於公司債務的清償。因此，銀行經營的失敗往往會導致整個家族的終結。在歷史上，眾多家族的破產都由此而發生。

由於家族式合夥企業存在上述內在缺陷，因此許多投資銀行逐漸摒棄了這種落後的組織形式，隨即向現代股份制的組織形式轉化。

2. 股份制投資銀行

股份制投資銀行是指兩個或兩個以上的利益主體，以集股經營的方式自願結合的一種投資銀行組織形式。股份制投資銀行具有如下股份制企業的主要特徵：

（1）發行股票，作為股東入股的憑證，股東一方面借以取得股息，另一方面參與投資銀行的經營管理。

（2）建立投資銀行內部組織結構，股東代表大會是股份制投資銀行的最高權力機構，董事會是最高權力機構的常設機構，總經理主持日常的生產經營活動。

（3）具有風險承擔責任，股份制投資銀行的所有權收益分散化，經營風險也隨之由眾多的股東共同分擔。

（4）具有較強的動力機制，眾多的股東都從利益上去關心銀行資產的運行狀況，從而使銀行的重大決策趨於優化，使銀行發展能夠建立在利益機制的基礎上。

3. 合資投資銀行

合資投資銀行是指由多個投資人共同出資成立的投資銀行，投資人一般來自兩個或兩個以上不同的國家和地區。

4. 國有投資銀行

國有投資銀行是指由國家出資建立的投資銀行。中國改革開放后的投資銀行類機構都是國家出資成立的。

（四）投資銀行的業務

1. 投資銀行的負債業務

投資銀行的負債業務主要是發行自己的股票和債券，還會利用回購協議來進行短期借款。此外，有些國家的投資銀行還會接受定期存款。

2. 投資銀行的資產業務

（1）證券承銷業務。證券承銷（Securities Underwriting）是指一級市場上股權和債權的承銷，這是投資銀行最本源、最基礎的業務，被稱為投資銀行的傳統核心業務。

證券承銷可以分為兩種方式，即包銷和代銷。包銷是指投資銀行認購發行人所發行的債券，然后在債券市場上分售給一般投資者的承銷方式。包銷可以分為以下兩種方式：

①全額包銷，即投資銀行與發行人簽訂協議，由投資銀行墊付資金，全額購入發

行人債券，然后再向一般投資者發售。

②余額包銷，即投資銀行和發行人簽訂協議，投資銀行幫助發行人出售債券，在發行期結束時，如果債券仍有剩余，則由承銷商購入余額，伺機賣出。余額包銷方式一般是配合認股權發行而採用的，並非公司所有股東都會行使認股權，根據投資銀行與發行人協議，投資銀行在發行期結束時，有義務購入未使用的認股權所代表的股份。

在包銷方式下，發行風險完全轉嫁給承銷商，承銷商的收益率較高，獲得發行價格與承銷購入價格之間的差價；發行人則能確保發行成功，籌集到所需資金，當然其所付出的籌資成本也是比較高的。

代銷是指投資銀行僅作為發行人的發行代理機構，幫助發行人盡力推銷債券，在發行期結束時，如果尚有債券沒有發售完，則由發行人自行收回，投資銀行不承擔任何責任。在這種承銷方式下，承銷商不承擔任何的發行風險，債券能否發售成功的風險全由發行人承擔，因而發行人也僅僅付給承銷商一定的手續費。這種方式一般用在債券發行註冊制的國家中，因為某些公司歷史不長、行業前景不明朗，所以承銷商不願意擔負過大的發行風險。

(2) 證券經紀業務或自營業務。這類業務是指投資銀行在二級市場上代客戶買賣證券或以自有資金買賣證券。代客戶買賣證券屬於經紀業務，自營買賣證券屬於投資業務。根據從事的業務範圍，經紀業務有狹義和廣義之分。狹義的經紀業務是指投資銀行不動用自有資金買賣有價證券，而是作為有價證券買賣雙方的仲介人，按照投資者的委託指令在證券交易場所，包括證券交易所和場外市場的交易櫃臺，買入或者賣出有價證券的業務。而廣義的經紀業務除了代客買賣之外，還包括投資諮詢業務、客戶資產管理業務、投資計劃和創新業務等業務形式。

投資銀行在開展自營業務時是充當交易商的角色。交易商是指為自己的帳戶買賣證券而不是作為經紀人代理買賣股票的證券機構。投資銀行從事銷售業務所獲取的利潤都是買賣差價或佣金，是投資銀行提供服務所收取的服務費。自營業務的利潤則來自其持倉行為，投資銀行在這裡持有某種股票的頭寸並非是做市的需要，而是期望從價格水平的波動中獲取利潤。在美國，投資銀行業內的經紀人、做市人與交易人涇渭分明。經紀人和做市人合稱銷售人員，而自營業務的操作者稱為交易人員。

(3) 項目融資業務。項目融資指投資銀行作為融資顧問，設計以項目資產為基礎的融資方式，並在一定程度上參與融資。項目融資需要進行精心周密的調研分析和有效的組織，全面瞭解和分析投資項目的建設程序，能夠在遇到問題時有足夠的經驗和能力採取對策。投資銀行在長期的經營活動中，與當地的各類股東和公共部門建立了廣泛和深入的聯繫，這些部門可以發揮自身的優勢在項目融資中作為仲介人，把項目融資中的有關各方聯繫在一起，組織相關專業人員共同進行項目的可行性研究，最終為項目投資籌措融通所需的資金。因此，投資銀行在項目融資中的作用主要是為資金的供應者和需求者提供仲介服務，並針對投資者和資金需求者雙方的需求和特點創造性地設計出能夠平衡雙方利益的融資結構和證券產品，為雙方架起橋樑。

(4) 企業併購業務。開展企業併購業務，投資銀行主要是作為併購顧問（M & A Adviser）協助企業進行兼併、收購等股權重組活動。併購顧問業務被稱為投資銀行的

現代核心業務。併購是資本市場走向成熟的表現。企業併購是一項極其複雜的交易過程，涉及諸多的經濟、政策和法律問題，如商業交易的基本政策、金融法、會計法、公司法以及稅法等，因此企業併購過程往往有投資銀行的參與。併購業務是投資銀行的核心業務之一。投資銀行參與到併購當中，擔當併購中買方或者賣方的財務顧問，提供併購諮詢服務，包括選擇併購對象、利用財務模型進行定價、參與價格談判、設計融資支付方式、制訂併購后的整合方案等，有時甚至提供過橋貸款，從中獲得豐厚的收益。

（5）理財和諮詢服務。理財業務指投資銀行受客戶委託管理公司資產，根據協議管理，運用受託資金，並獲得相應報酬，具有信託業務性質。諮詢服務主要是指投資銀行為客戶提供財務、融資、項目決策、戰略規劃等方面的意見和建議，收取諮詢費。

（6）基金管理業務。基金管理（Fund Management）是指投資銀行參與基金的發起、銷售、管理和運作，是基金業務的最重要當事人。各投資銀行對基金資產管理的程序各不相同，但大致都包含確定投資政策、實施資產分析、構建資產組合、監視並修正資產組合和評估資產組合。其中，實施資產分析是指分析投資範圍內各種資產的風險及收益，並尋找錯誤定價的證券。評估資產組合是指對基金資產管理水平進行綜合評估，包括基金的收益、風險、目標完成情況及在同類基金中的排名等。

（7）風險投資。風險投資（Venture Capital, VC）是指投資銀行對無法通過傳統渠道融資的風險企業進行中長期股權投資，為風險企業提供資金、管理、技術，然後在適當時候將投資變現退出。投資銀行首先會要求其欲註資的企業制訂詳細的發展計劃，之後指定專人到公司進行實地調查，核實公司的實際情況。在考慮到欲投資公司的實際情況，結合當時當地的經濟和金融因素，對公司在未來的成活率和收益率進行評估。如果所得到的結果較為滿意，投資銀行就可以和公司進行有關風險投資的談判，談判之後可以簽訂正式的合同，投資銀行就可依據合同對公司進行註資。合同簽訂后，公司的經營要按照合同的規定來運轉，否則投資銀行就可以做出撤資的決定。公司經營一旦步入正軌，投資銀行會積極促進上市，然后從轉讓股份中收回本金和獲得回報，從而整個風險投資過程宣告結束。但是投資銀行參與風險投資也會遇到很多的風險，投資銀行必須有針對性地採取措施應對。

（8）資產證券化。資產證券化（Asset Securitization）是把流動性不強的各單筆貸款和債務工具包裝成流動性很強的證券並出售的過程。對發起人來說，資產證券化可以增強資產的流動性，獲得低成本融資，同時減少風險資產的數量，增加對資產進行管理的便利性；對投資者而言，資產擔保類證券提供了比政府擔保債券更高的收益。資產證券化的形式多種多樣，有住房、汽車、高速公路收費收益權等。要開展證券業務必須建立發達的金融體系和完善的法律制度等。

（五）中國的投資銀行

在中國，可以稱為投資銀行的主要是綜合性證券公司，當然也有一些其他機構（如信託公司）從事投資銀行業務。中國主要的證券公司有銀河證券、海通證券、申銀萬國、國泰君安、華夏證券、南方證券、大鵬證券、平安證券、招商證券、湘財證券、

廣發證券、中信證券、長江證券、亞洲證券等。還有幾家標準的投資銀行，如由中國建設銀行和摩根士丹利等公司合資設立的中國國際金融有限公司（中金公司）、中國銀行在香港設立的全資子公司——中銀國際控股有限公司（中銀國際）、中國工商銀行在香港的控股子公司——工銀東亞金融控股有限公司（工銀東亞）等。

中國投資銀行的萌芽階段為1979年至20世紀80年代末期，投資銀行的主體是兼營證券業務的信託投資公司，典型的投資銀行業務是債券的發行與承銷。中國投資銀行類機構是在改革開放形勢下出現的，這一時期投資銀行的主體是信託投資公司。20世紀80年代末期，特別是20世紀90年代以後，中國投資銀行進入早期發展階段，其特點是證券公司出現並成為資本市場和投資銀行的主體，證券市場規模特別是股票市場規模不斷壯大以及證券交易所正式成立，資本市場上金融工具種類增加，相關法律法規相繼頒布等。目前中國的投資銀行還是以證券公司為主體。目前中國證券公司資本來源和融資方式還比較單一，早期主要依賴於發起人（主要是商業銀行和地方財政）出資；《中華人民共和國證券法》頒布實施以後，證券公司資本來源主要是企業特別是上市公司出資參股，但除中信證券、宏源證券等少數幾家外，其他絕大部分證券公司是非上市公司。另外，證券公司發行債券融資也才剛剛起步。中國證券公司主要利潤來源仍然集中在傳統的三大業務：承銷業務、經紀業務和自營業務。這三項業務收入在其主要收入中所占比重超過80%。中國投資銀行展開的是無差別競爭，而無差別競爭會直接導致惡性競爭、價格競爭，降價的同時也不能迴避風險。如果市場行情好，證券公司會略有盈利；反之，就會出現全行業虧損。從2001年開始，中國證券業已連續4年出現虧損。而據統計，2002年美林、摩根士丹利、高盛的利潤額分別達到了37.57億美元、32.53億美元和47.20億美元。除此之外，中國證券業的發展還存在其他很多亟待解決的問題。

### 三、信用合作社

（一）信用合作社的定義

信用合作社（Credit Cooperative）是由個人集資聯合組成、以互助為主要宗旨的合作金融組織。最早的信用合作社創建於1849年的德國農村。目前，信用合作社的融資範圍日益擴大，並出現了專業化的信用合作社。在美國，信用合作社主要向個人和家庭提供存款和信貸服務，這一業務大約占美國消費者分期貸款的12.5%，是第三大此類資金供給的供給方。

（二）信用合作社的分類

按照地域的不同，信用合作社可分為農村信用合作社和城市信用合作社。

1. 農村信用合作社

農村信用合作社是農民和農村的其他個人集資聯合組成，以互助為主要宗旨的合作金融組織。農村信用合作社的業務經營是在民主選舉基礎上由社員指定人員管理經營，並對社員負責。農村信用合作社的最高權力機構是社員代表大會，負責具體事務的管理和業務經營的執行機構是理事會。

農村信用合作社的主要資金來源是合作社成員繳納的股金、留存的公積金和吸收的存款。農村信用合作社的貸款主要用於解決其成員的資金需求。農村信用合作社起初主要發放短期生產生活貸款和消費貸款，之後隨著經濟發展，漸漸擴寬放款渠道，現在和商業銀行貸款沒有區別。由於農村信用合作社的業務對象是合作社成員，因此業務手續簡便靈活。農村信用合作社的主要任務是依照國家法律和金融政策的規定，組織和調節農村基金，支持農業生產和農村綜合發展，支持各種形式的合作經濟和社員家庭經濟，限制和打擊高利貸。

20世紀50年代，中國集中建立了一批農村信用合作社。60多年來，在不同的歷史時期，農村信用合作社為中國的農業和農村經濟以及農村社會穩定做出了較大的貢獻。1996年，農村信用合作社進行了改革，農業銀行與農村信用合作社脫鈎，明確省級政府對農村信用合作社管理的職責，同時恢復了農村信用合作社的合作制的性質。

2. 城市信用合作社

城市信用合作社是為城市集體企業、個體工商戶以及城市居民服務的金融企業。20世紀70年代末，隨著中國經濟體制改革的逐步開展，一些地區出現了少量城市信用合作社。1986年以前，城市信用合作社的數量約為1,300家，總資產約為30億元。1986年1月，國務院下發《中華人民共和國銀行管理暫行條例》，明確了城市信用合作社的地位。同年6月，中國人民銀行下發《城市信用合作社管理暫行規定》，對城市信用合作社的性質、服務範圍、設立條件等作了規定。自20世紀80年代中期開始，城市信用合作社設立的速度加快，當時主要設立在地級以上大中城市，但有一些地方在縣（市）也設立了城市信用合作社。目前，中國大多數的城市信用合作社都改名為「城市銀行」。

（三）信用合作社的業務

信用合作社的負債業務主要來自於會員繳納的股金和會員與非會員的存款，資金的運用主要用於解決其成員的資金需要。起初，信用合作社主要發放短期生產貸款和消費貸款。現在，一些資金充裕的信用合作社已開始為解決生產設備更新、改進技術等提供中、長期貸款，並逐步採取了以不動產或有價證券為擔保的抵押貸款方式。

## 四、信託投資公司

（一）信託投資公司的定義

信託投資公司（Trust Company）是指以代人理財為主要經營內容、以委託人身分經營現代信託業務的非銀行金融機構。

信託是財產的所有者為了達到一定的目的，通過簽訂合同，將其財產委託給信託機構全權代為經營、管理和處理的行為。信託業務最初由一些個人和保險公司經營，后來隨著經濟發展和業務範圍的日益擴展，加個人和團體的債權債務關係日益複雜，因而出現了信託公司這類專門的金融機構。

現代信託公司起源於英國，其后在美國、日本、加拿大等國也得到了長足的發展。其業務大致分成兩類：一類是在美、英等國除了一些專營信託公司外，相當一部分的

信託業務是由商業銀行的信託部門來辦理；另一類是在日本及加拿大比較突出，政府允許成立專門的信託公司，實行銀行業務與信託業務相分離的政策。

信託是一種代人理財的財產管理制度，它的確立必須以當事人之相互信任為基礎。確認信託行為的權利，要以財產為中心，並且信託行為成立要有合法的目的，並可能實現，否則不可能確認信託行為的成立。

(二) 信託投資公司的業務

信託投資公司的業務可以分成如下三種：

1. 資金信託

資金信託是指以貨幣資金為信託財產，各信託關係人以此建立的信託。資金信託的基本特徵是以貨幣形態的信託財產為中心。信託終止時，受益人所得到的是貨幣形態的資產。擁有貨幣資金的法人和自然人，為了更好地運用和管理資金，獲得較好的經濟效益，或為了達到其他經濟目的，委託信託公司代為運用、管理和處理受託的貨幣資金。

根據資金信託的標的物，資金信託可以分為普通資金信託和特定資金信託。前者是指委託人將資金存入信託公司，不指定存款的應用範圍和形式，信託公司接受了存款後，根據自己的經驗和資源加以運用，並負責還本付息；後者是指委託人將資金交給信託公司代為管理之後，指定資金運用的範圍和具體對象，信託公司必須按照委託人的指示來處理資金，而其本身並無決策的權利。

2. 財產信託

財產信託是指以動產或不動產等財產為信託標的物，各信託關係人以此建立的信託。財產信託包括動產信託、不動產信託等。動產信託是指以動產為標的物的信託。其方式一般有三種：管理處理方式、處理方式和管理方式。不動產信託的標的物是指不能移動或移動後會引起性質、形狀改變的財產，如土地、房屋及附著在土地、房屋上的不可分離部分。其具體業務包括房屋信託業務、不動產保管信託、發行不動產債券信託、發行不動產分割信託、房地產經租管理信託和土地執業信託。

3. 代理業務

代理業務是指公司接受單位或個人的委託，以代理人身分代委託人辦理委託人制定的經濟事務，如代理公司債券的發行、登記和代理股票過戶登記等。

(三) 中國的信託投資公司

伴隨《中華人民共和國信託法》《信託投資公司管理辦法》和《信託投資公司資金信託業務管理暫行辦法》的頒布和實施以及信託機構重新登記工作的完成，中國信託投資公司徹底告別業務範圍混亂不清的歷史，從以信貸、實業和證券為主營業務和主要收入來源的模式，轉向以「受人之托，代人理財」為主營業務，以收取手續費、佣金和分享信託受益為主要收入來源的金融機構。根據《信託投資公司管理辦法》的規定，信託公司的業務範圍可劃分為如下五大類：

(1) 信託業務，包括資金信託、動產信託、不動產信託、投資基金業務。

(2) 投資基金業務，包括發起、設立投資基金和發起、設立投資基金管理公司。

(3) 投資銀行業務，包括企業資產重組、購並、項目融資、公司理財、財務顧問等仲介業務，發起、管理投資基金的承銷業務。

(4) 中間業務，包括代保管業務、使用見證、信貸調查及經濟諮詢業務。

(5) 自有資金的投資、貸款、擔保等業務。

改革開放以來，隨著國民收入分配格局向企業和個人傾斜、國有企業改革的深入以及金融市場特別是證券市場的發展，商務信託市場成為中國信託市場的基礎。目前和今后信託機構間的競爭主要集中於此。同時，信託投資公司還分別面臨來自於商業銀行、證券公司、基金管理公司等機構的挑戰和競爭。

## 五、財務公司

(一) 財務公司的定義

財務公司是指經營部分銀行業務的非銀行金融機構。財務公司通過發行商業票據、股票和債券或者向銀行借款來籌集資金，並用這些資金發放特別針對消費者和企業需要的小額貸款。財務公司的融資過程可以用「借大放小」來形容，這一點恰恰與銀行性金融機構「借小放大」相反。

財務公司是20世紀初興起的，有兩種類型：一類是美國、加拿大和德國的財務公司，這些財務公司通常依附於製造廠商，是一些大型耐用消費品製造商為了推銷其產品而設立的受控子公司；另一類是英國、日本的財務公司，這些財務公司基本上都依附於商業銀行，其組建的目的在於規避政府對商業銀行的監管。財務公司的寬鬆監管環境使得其發展迅速，如美國財務公司產業的總資產規模超過8,000億美元。

(二) 財務公司的分類

財務公司主要有如下三種類型：

1. 工商企業財務公司（Business Finance Company）

工商企業財務公司通過發放貸款或者以一定的折扣購買應收帳款，為工商企業提供特定形式的信貸。例如，一家制鞋企業擁有20萬元的應收帳款，債務人是購買其產品的零售商店。如果這家制鞋企業需要資金購買原材料，就可以把這筆應收帳款以18萬元的價錢銷售給財務公司，然后財務公司到期的額外收益就是2萬元。

2. 銷售金融公司（Sale Finance Company）

銷售金融公司是一些零售商或者製造企業為了促進本公司的產品銷售，而成立的專門為購買其產品的客戶發放貸款的一種財務公司。例如，通用汽車承兌公司就是通用汽車公司下屬的專為購買通用汽車的客戶融資的一家財務公司。

3. 消費者財務公司（Consumer Finance Company）

消費者財務公司向消費者提供消費信貸用於購買特定商品，如家居和家用電器等。一般情況下，這些公司的客戶很難通過其他途徑獲取信貸，因此需要支付較高的利率。

現在，西方財務公司的業務範圍逐步擴大到包銷證券、經營外匯、投資諮詢和不動產抵押貸款等。

（三）中國的財務公司

在中國，財務公司是指依據《中華人民共和國公司法》和《企業集團財務公司管理辦法》設立的，為企業集團成員單位技術改造、新產品開發及產品銷售提供金融服務，以中長期金融業務為主的非銀行金融機構。

財務公司在中國分為兩類：一類是非金融機構類型的財務公司；另一類是金融機構類型的財務公司，正確的稱謂是企業集團財務公司，如寶鋼集團財務有限責任公司、兵器財務有限責任公司、東航集團財務有限責任公司、航天科工財務有限責任公司、航天科技財務有限責任公司、華電財務有限公司、三江航天集團財務有限責任公司等。

經中國人民銀行批准，中國財務公司可從事下列部分或全部業務：

（1）吸收成員單位3個月以上定期存款。
（2）發行財務公司債券。
（3）同業拆借。
（4）對成員單位辦理貸款及融資租賃。
（5）辦理集團成員單位產品的消費信貸、買方信貸及融資租賃。
（6）辦理成員單位商業匯票的承兌及貼現。
（7）辦理成員單位的委託貸款及委託投資。
（8）有價證券、金融機構股權及成員單位股權投資。
（9）承銷成員單位的企業債券。
（10）對成員單位辦理財務顧問、信用鑒證及其他諮詢代理業務。
（11）對成員單位提供擔保。
（12）境外外匯借款。
（13）經中國人民銀行批准的其他業務。

## 六、投資公司

（一）投資公司的定義

投資公司也稱投資基金，在美國稱為共同基金，在英國稱為單位信託基金，在日本稱為證券投資信託。投資基金是指通過發行基金股份或基金受益憑證將眾多投資者的資金集中起來，直接或委託他人將集中起來的資金投資於各類有價證券或其他金融商品，並將投資收益按原始投資者的基金股份或基金受益憑證的份額進行分配的一種投資金融仲介機構。世界上最早的投資基金是英國於1886年成立的海外殖民信託基金，到1990年年底，英國的投資基金已有1,400多家。美國於1924年在波士頓成立第一家投資基金，到1993年年底，其各類基金總數超過4,500家，總資產達21,000億美元。

（二）投資公司的特點

1. 風險分散

投資公司籌集的投資公司資產必須在遵守信託財產運作計劃的條件下，投資於各

種有價證券和其他金融商品的組合,如股票、債券以及金融期貨,甚至是其他不動產等。投資公司的這種投資方式避免了專門投資於一種單一的金融產品,如其所投資的金融產品價格大幅下跌,則會造成不可挽回的損失。這種投資方式便是「不把所有的雞蛋放在一個籃子裡」。

2. 規模經營

投資公司是把眾多的小額資金集聚起來,匯聚成大額資金,可以降低單個投資者的交易費用,屬於低成本的規模經營。

3. 專家理財、服務專業化

投資公司通常有專門的人才對其資產進行管理,這些專門人才都長期從事研究和分析國內外的經濟形勢和國際動態,隨時能夠掌握各種信息,制定切實可行的投資策略組合,較之一般的投資者,更能保證資產的安全性、流動性和盈利性的統一,服務也更加專業化。

(三) 投資公司的分類

1. 根據基金單位是否可增加或贖回,分為開放式基金和封閉式基金

開放式基金(Open－end Fund)與封閉式基金相對應,是指基金設立后,不對基金單位的發行和變現進行限制的一種基金。此種基金規模不固定,發行者可根據市場的變化、資本價值的變化、投資要求等因素,隨時發行新的基金單位或股份,使基金規模擴大,或以淨資產價值向投資者出售而贖回基金單位,使基金規模縮小;基金持有人也可以根據市場變化、投資取向轉移等需要,隨時向基金經理人購買或出售基金單位或股份,基金就會增大或縮小。

封閉式基金(Close－end Fund)與開放式基金相對應,是指基金規模在發行前已確定,在發行完畢後的規定期限內,基金規模固定不變。當發行期結束尚未達到最低發行額度或發行期內已經達到最高額度,基金就宣告成立,不再追加發行,也不允許投資者贖回基金單位。基金一經封閉,就以固定的基金單位數或股份數投入運作。

開放式基金由於所籌集資金規模不固定,投資者隨時可能贖回,因此此種基金的資金不能用於長期投資,比較適合投資於變現能力強的資產;而封閉式基金則恰好相反,所募集的資金具有長期穩定性,因此一般可全部用於長期性投資。

2. 根據組織形態的不同,分為公司型基金和契約型基金

公司型基金是具有共同投資目標的投資者組成以盈利為目的的股份制投資公司。投資者購買公司股票成為公司股東,股東大會選出董事會成員,后者選出公司總經理。股份制投資公司選擇某一投資管理公司,委託管理本公司的資產。公司型投資基金涉及四當事人:投資公司,即公司型基金的主體;管理公司,為投資公司經營資產;保管公司,為投資公司保管資產,一般由銀行或信託公司擔任;承銷公司,負責推銷和回購公司股票。

契約型基金也稱信託型投資基金,是指基金發起人依據其與基金管理人、基金託管人訂立的基金契約,發行基金單位而組建的投資基金。投資基金的運作以及管理人、信託人與受益人三者關係由信託契約規定。

3. 根據投資風險與收益的不同，分為成長型基金、收入型基金和平衡型基金

成長型投資基金是把追求資本的長期成長作為其投資目的。收入型投資基金是以能為投資者帶來高水平的當期收入為目的。平衡型投資基金介於上述兩者之間，兼以當期收入和資本的長期成長為目的。一般而言，收入型基金易受到較保守的投資者的歡迎，成長型投資基金則廣泛受到激進型投資者的青睞。

此外，投資公司還可以根據投資對象的不同，分為股票基金、債券基金、貨幣市場基金、期貨基金、期權基金、指數基金、認股權證基金；根據資本來源和運用地域的不同，分為國際基金、海外基金、國內基金、國家基金和區域基金等；根據投資貨幣種類的不同，分為美元基金、日元基金和歐元基金等。

（四）中國的投資公司

中國的投資公司產生於20世紀80年代后期。1997年，中國人民銀行發布了《證券投資基金管理暫行辦法》，意味著中國的基金市場進入了一個嶄新的歷史階段。

從1998年開始，不斷有新的、規模超過20億元的證券投資基金推出，截至2000年12月，中國已有投資基金34只。2008年年底，中國已有產品運作的基金管理公司共59家，到2009年5月18日共管理著458只基金。截至2011年4月，中國共有基金管理公司64家，其中中外合資基金管理公司37家；基金代銷機構139家，其中商業銀行45家，證券公司93家，證券投資諮詢機構1家；證券投資基金763只。

**世界一流投資銀行——美林證券（Merrill Lynch & Co. Inc.）**

美林證券是一個領導型的國際金融管理及諮詢公司，總體客戶資產超過1萬億美元，在為個人與小型企業提供金融諮詢與管理服務中處於領導地位。作為一個投資銀行，多年以來美林證券已成為國際上最大的股票和債券承銷人，也是企業、政府、機關、個人的戰略性投資諮詢者。美林證券通過資產管理，成為世界上最大的共同基金集團之一。

美林證券的經營原則是：「我們作為領導、同事、雇員和居民的行為基礎。我們承諾在經營原則的規範下進行我們個人及組織行為。這一承諾幫助我們成為世界上一流的公司。隨著美林證券越來越多元化、全球化，經營原則幫助我們更加確定我們是什麼樣的公司，我們相信什麼，我們期待能為自己、客戶和股東提供哪些服務。」

美林證券在世界負債市場中占主導地位。在過去的幾年中，美林證券在世界負債業務中排名第一。美林證券在國際市場中擁有的權利與所處的姿態主要是對世界區域時事的改革進行研究：通過2,000多個銷售與貿易的專業人員的努力，研究能迎合客戶口味的產品，提供能滿足客戶需求的分析研究。美林證券在美國的市政債務市場中有很長的領導歷史了，在機構貿易、零售分銷、研發、市政衍生品以及債務保險領域中不斷取得驕人的成績。

自1980年以來，美林證券一直是免稅證券的首席高級經理。1996年一年的時間，美林證券長期債券的保險額達2,200億美元。通過美林證券發行證券的客戶不但可與市政方面的工業領導保持聯繫，還可以與跨越債務種類的領導保持聯繫。1996年，13

億美元免稅保險的突出成績說明美林證券在一級、二級市場中占重要地位。幾十年來美林證券一直將資產投入到二級市場中。在過去的幾年中，美林證券的機構貿易處贏得了機構投資者的最高票支持。

美林證券的主要業務如下：

第一，投資銀行。美林證券是為企業、機關、政府提供全球諮詢與金融服務的市場主導者。強大的關係網管理、創新、產品開發、持久而不可逾越的道德標準已推動美林證券在投資銀行產業中首屈一指。美林證券的國內與國際業務容量超過所有競爭對手。

第二，併購。美林證券是併購交易中的領導性諮詢公司，是全球併購業務的西方頂尖級顧問公司之一。自 1995 年以來，美林證券已為 1,100 樁交易提供諮詢服務，交易值超過 1.2 萬億美元。美林證券為客戶提供各種不同類型的戰略性服務，其中包括預先反併購策略、銷售、收購、剝離財產，使母公司收回子公司全部股本以及合資企業的服務。美林證券的併購專家可根據客戶的戰略性需要提供不同的專家建議。他們與美林證券的其他行業專家密切合作以滿足客戶的需求。

第三，金融期貨與選擇權。美林證券金融期貨與選擇權通過運用利率、股票和金融衍生品幫助機關客戶進行風險管理與投資決策。美林證券不斷完善其在世界範圍內的資本市場資源以便為其客戶提供綜合策略。

第四，企業銷售。美林證券通過 850 多種行業組成的國際化銷售力量，提供給機構投資者廣泛的產品與服務。機構客戶部門負責美林證券與機構投資者的業務關係，其中包括最大的企業、養老基金、金融機構、政府機關以及在國際上持有主要投資資產的商人。

思考：

請查閱相關資料，試分析中國投資銀行在業務上與美林證券的差距有哪些？為什麼會有這些差距？

## 第四節　中國金融機構體系

### 一、計劃經濟時期「大一統」的金融機構體系（1949—1978）

中國金融機構體系的建立，是在各解放區銀行的基礎上，組建中國人民銀行，沒收官僚資本銀行，改造民族資本銀行，發展農村信用合作社，從而形成了以中國人民銀行為中心的「大一統」的金融機構體系。

從 1953 年中國開始大規模有計劃地發展國民經濟以後，便按照蘇聯模式實行高度集中的計劃管理體制及相應的管理方法。與此相適應，金融機構也按照當時蘇聯的銀行模式進行了改造，建立起高度集中的「大一統」的金融機構體系，並一直延續到 20 世紀 70 年代末。

實際上，當時中國人民銀行是唯一的一家銀行，其分支機構按行政區劃逐級設立

於全國各地，各級分支機構按總行統一的指令和計劃辦事。中國人民銀行既是金融行政管理機關，又是具體經營銀行業務的經濟實體，作為政權機構和金融企業的混合體而存在。中國人民銀行設計信貸、結算、現金出納等制度的出發點都是為了嚴格監督和保證中央高度集中的計劃任務的執行和實現。

但是，高度集中的計劃經濟模式與社會生產力發展不相適應，不能使社會主義制度的優越性得到應有的發揮。突出的一點就是管理得過多過死，忽視商品生產、價值規律和市場調節作用。只靠行政手段而不用經濟手段，會使整個金融系統缺乏活力，尤其是缺乏自主權的基層金融機構，更無法發揮主動性、積極性。因此，克服這種缺點的金融體制改革就有了其現實性和迫切性。

## 二、金融機構體系的改革

黨的十一屆三中全會以來，隨著經濟體制改革的全面展開以及向縱深的不斷推進，在金融領域進行一系列改革。中國對金融機構體系的改革大致可分為如下兩個階段：

（一）多元化的金融機構體系的建立（1979—1993）

1. 專業銀行相繼設立

1979年2月，為適應首先開始於農村的經濟體制改革，振興農村金融事業，中國農業銀行得以恢復，管理所有的農村金融業務。1979年3月，為適應對外開放和改革的需要，專營外匯業務的中國銀行也從中國人民銀行分離出來，完全獨立經營。同年，中國人民建設銀行也從財政部分設出來。1983年，進一步明確建設銀行是經濟實體，是全國性的金融組織，除仍執行撥款任務外，同時開展一般銀行業務。中國工商銀行是最后從人民銀行分離出來的一個專業銀行。

2. 投資信託類金融機構興起

1979年10月，在經濟體制改革迅速推進的情況下，中國國際信託投資公司成立。1981年，中國投資銀行成立。自1981年開始，銀行大辦信託，各省市相繼成立地方性的投資信託公司和國際信託投資公司。此外還相繼出現了各種類型的信託投資金融機構。隨著經濟體制的改革，企業擴大了自主權，有了自己可以支配的資金；財政實行分竈吃飯，地方機動財力增強；機關單位實行經費包干，也有了節餘留用款項。同時，各種形式的經濟聯合組織、中外合資企業大量湧現。在這種形勢下，資金分配不平衡，希望得到調劑資金的要求相當迫切，但由於當時銀行還受計劃經濟體制的束縛，因此20世紀80年代前期，銀行、各部委和地方紛紛開辦信託類機構。

3. 信用合作社和外國金融機構設立的駐華辦事處迅速發展

農村信用合作社和城市信用社相繼成立，第一家城市信用社在河南駐馬店成立。1980年，中國開始允許外國金融機構設立駐華辦事處；特區外資、僑資、合資銀行從1981年起開設；20世紀90年代初，從浦東開發區開始，中國準許外國銀行設立分支機構。

1983年9月，國務院決定：中國人民銀行專門行使中央銀行職能，另設中國工商銀行辦理中國人民銀行原來所辦理的全部工商信貸業務和城鎮儲蓄業務。1984年1月，

中國工商銀行正式成立。隨后，在改革開放前實際只是作為中國人民銀行國外保險業務處理中心的中國人民保險公司也從中國人民銀行獨立出來。

(二) 現代金融體系的建立（1994年至今）

為適應社會主義市場經濟發展的需要，中國對金融機構體系進行了深化改革：一是強化了中央銀行的宏觀調控功能，加強了貨幣政策的獨立性。二是建立政策性銀行，使政策性金融與商業性金融相分離，保證了國家專業銀行實現完全的商業化經營。三是進一步發展了以保險業為代表的非銀行金融機構。

經過不斷改革，中國建立了以中央銀行為領導、國有獨資商業銀行為主體、多種金融機構並存、適應市場經濟發展需要的現代金融體系。

### 三、中國現行的金融機構體系

(一) 中央銀行及監管機構

1. 中國人民銀行

中國人民銀行是中國的中央銀行，於1983年9月剝離工商信貸業務，專門行使中央銀行職能。中國現行的《中華人民共和國中國人民銀行法》，就中國人民銀行的設立、職能等以立法的形式作出了界定。1997年以前，中央銀行按照中央、省（市）、地（市）、縣（市）四級分別設置總分支行，省（市）及以下的分支行的管理實行條塊結合。1997年下半年，中央銀行體制進行重大改革，撤銷省級分行、設置大區分行，實行總行、大區分行、中心支行和縣（市）支行四級管理體制。

2. 中國銀行業監督管理委員會

中國銀行業監督管理委員會（以下簡稱銀監會），是根據中共十六大精神，經第十屆全國人民代表大會第一次會議批准設立的國務院銀行業監督管理機構。2003年4月26日，十屆全國人大常委會第二次會議通過決議，授權銀監會履行原由中國人民銀行履行的監督管理職責。

銀監會的成立，有助於人民銀行更加獨立地行使宏觀金融調控職能，更加專注於貨幣政策制定與實施，保持宏觀經濟環境的長期穩定。同時，銀監會與中國證券監督管理委員會、中國保險監督管理委員會一起，構成了一個嚴密的監管體系，全方位地覆蓋銀行、證券、保險三大市場，特別是中國加入世貿組織后，在金融業務國際化、綜合化、全能化的趨勢下，能夠實施更加有效的監管。銀監會的主要職責是制定有關銀行業金融機構監管的規章制度和辦法；審批銀行業金融機構及分支機構的設立、變更、終止及其業務範圍；對銀行業金融機構實行現場和非現場監管，依法對違法違規行為進行查處；審查銀行業金融機構高級管理人員任職資格；負責統一編製全國銀行數據、報表，並按照國家有關規定予以公布；會同有關部門提出存款類金融機構緊急風險處置意見和建議；負責國有重點銀行業金融機構監事會的日常管理工作。

3. 中國證券監督管理委員會與中國保險監督管理委員會

中國證券監督管理委員會（以下簡稱證監會）成立於1992年10月，基本職能是建立統一的證券期貨監管體系，按規定對證券期貨監管機構實行垂直管理；加強對證

券期貨業的監管，強化對證券期貨交易所、上市公司、證券期貨經營機構、證券投資基金管理公司、證券期貨投資諮詢機構和從事證券期貨仲介業務的其他機構的監管，提高信息披露質量；加強對證券期貨市場金融風險的防範和化解工作；負責組織擬訂有關證券市場的法律、法規草案，研究制定有關證券市場的方針、政策和規章；制定證券市場發展規劃和年度計劃；指導、協調、監督和檢查各地區、各有關部門與證券市場有關的事項；對期貨市場試點工作進行指導、規劃和協調；統一監管證券業。

中國保險監督管理委員會（以下簡稱保監會）於1998年11月18日成立，是全國商業保險的主管部門，為國務院直屬事業單位，根據國務院授權履行行政管理職能，依照法律、法規統一監督管理全國保險市場。

(二) 商業銀行

中國商業銀行有全國性國有獨資、股份制與地區性商業銀行三大類，此外還有眾多的外資銀行也是中國商業銀行體系的一個組成部分。在中國眾多的商業銀行中，「工、中、建、農」四大國有商業銀行是主體，占全國銀行總資產的70%以上，它們吸收的存款和發放的貸款，也均占全國金融機構吸收存款和發放貸款總額的75%以上。

《中華人民共和國商業銀行法》就商業銀行的性質、職能等通過立法形式作了界定。根據這一法律規定，商業銀行在境內「不得從事信託投資和股票業務」「不得投資於非自用不動產」「不得向非銀行金融機構和企業投資」。這說明中國商業銀行業務與信託、證券等投資銀行業務必須實行分業經營，不能交叉。

1. 國有獨資商業銀行

（1）中國工商銀行於1984年1月1日成立，是以城市工商企業、機關團體和居民為主要服務對象的國有商業銀行。

（2）中國農業銀行於1979年3月恢復，是中國辦理農村金融業務的國家銀行。

（3）中國銀行是中國的國家外匯、外貿專業銀行。

（4）中國建設銀行於1954年10月1日成立，是中國管理固定資產投資、經營投資信貸業務的國家銀行。建設銀行具有財政和銀行雙重職能。

2. 中國交通銀行

中國交通銀行是以全民所有制為主的股份制的全國性金融企業。其主要任務是按照國家的方針、政策，在中國人民銀行的領導下，籌集和融通國內外資金，經營人民幣和外幣金融業務，為經濟建設服務。其特點是綜合性的銀行，內部自求資產負債的平衡，按照經濟的需要設立分支機構，恢復了股份制銀行的傳統。

3. 其他商業銀行

（1）中信實業銀行於1987年4月在北京成立，是中國國際信託投資公司直屬的一家綜合性銀行。中信實業銀行以批發業務為主，兼營部分零售業務；以外匯業務為主，兼營部分人民幣業務。

（2）深圳發展銀行於1987年12月28日成立，是以深圳特區內6家農村信用社為基礎組建的區域性股份制商業銀行，是中國第一家上市銀行，並且是中國首家擁有個人股份的銀行。

（3）廣東發展銀行於 1988 年 6 月成立，其資本來源於廣東省各家國有商業銀行、香港奧海企業（集團）有限公司、香港中銀集團和資金雄厚的大型企業。

（4）中國光大銀行於 1992 年 8 月 18 日成立，是中國光大（集團）總公司全資附屬的全國性商業銀行。

（5）招商銀行於 1987 年 4 月 8 日在深圳蛇口成立，是由中國香港招商局集團投資經辦的綜合性商業銀行，是中國第一家完全由法人持股的股份制商業銀行。

此外，還有福建興業銀行、中國民生銀行、浦東發展銀行、華夏銀行等。

(三) 政策性銀行

1994 年，本著政策性金融和商業性金融相分離的原則，中國設立了三家政策性銀行。

1. 國家開發銀行

國家開發銀行的主要任務是籌集、引導境內外資金，向國家基礎設施、基礎產業和支柱產業的大中型基本建設和技術改造等政策性項目及其配套工程發放貸款。

2. 中國農業發展銀行

中國農業發展銀行的主要任務是以國家信用為基礎，籌集農業政策性信貸資金，承擔國家規定的農業政策性信貸資金，承擔國家規定的農業政策性金融業務，代理財政支農資金的撥付，為農業和農村經濟發展服務。

3. 中國進出口銀行

中國進出口銀行的主要任務是執行國家產業政策和外貿政策，為擴大機電產品和成套設備的出口提供政策性金融支持。

(四) 非銀行金融機構

1. 保險公司

1980 年以後，中國人民保險公司逐步恢復停辦多年的國內保險業務。目前，中國全國性大型保險公司主要有中國財產保險有限公司、中國人壽保險有限公司、中國再保險有限公司。此外，全國性保險公司還有中國太平洋保險公司、中國平安保險公司等。

保險公司在承保風險過程中，具有獨特的社會功能和重要的經濟功能。

從其特有的社會功能看，保險公司一是提供有形的經濟補償；二是提供無形的、精神上的「安全保障」；三是強化了投保人的風險意識，積極防範風險。

從其重要的經濟功能看，保險公司在為投保人提供風險管理服務的同時，對保險資金進行運用，促進了儲蓄資金向生產性資金的有效轉化。

2. 證券公司

證券公司是專門從事證券買賣的金融機構。證券公司受託辦理股票、債券的發行業務，受託代理單位及個人的證券買賣，也可自己從事有價證券的買賣活動。目前，全國有專營證券業機構多家，兼營（主要是信託投資公司和保險公司）證券業機構 300 多家，證券營業部 2,300 多家。按照《中華人民共和國證券法》（以下簡稱《證券法》）之規定，國家對證券公司實行分類管理，分為綜合類證券公司和經紀類證券公

司，並由國務院的證券監督管理機構按其分類頒發業務許可證。綜合類券商可以經營下列證券業務：證券經紀業務；證券自營業務；證券承銷和經國務院證券監督管理機構核定的其他證券業務。根據《證券法》第六條的規定，證券業和銀行業、信託業、保險業分業經營，分業管理。證券公司與銀行信託、保險業機構分別設立。

3. 信託投資公司

信託投資公司是經營信託投資業務的金融機構。目前中國信託投資公司的業務主要有以下四類：

（1）信託投資業務。這類業務按資金來源分，可分為信託投資和委託投資。信託投資是指信託投資公司運用自有資金和組織的信託存款以及發行公司股票債券籌集的資金，直接向企業或項目進行投資。委託投資則是信託投資公司接受委託單位的資金，對投資項目的資金使用負責監督管理以及辦理投資項目的收益處理等。

（2）代理業務，即代理保管、代理委託、代理有價證券的發行和買賣、信用擔保等。

（3）租賃業務，主要是融資性租賃。

（4）諮詢業務，即資信諮詢、項目可行性諮詢、投資諮詢和金融諮詢等。

4. 財務公司

中國的財務公司一般是由企業集團內部集資組建的，為企業集團內部提供融資服務，其主要業務有存款、貸款、結算、票據貼現等。這是金融業與工商企業相互結合的產物，1716 年首先產生於法國，其后英、美各國相繼效仿成立。當代西方的財務公司一般以消費信貸、企業融資和財務與投資諮詢等業務為主。中國的財務公司產生於 1984 年。財務公司的宗旨和任務是為本企業集團內部各成員單位提供融資服務，一般不得在企業集團外部吸收存款。

5. 農村信用社

農村信用社是中國歷史最長、規模最大、覆蓋面最廣的合作金融機構。截至 2000 年年底，中國擁有獨立法人資格的農村信用社 48,133 個、聯合社 2,380 個，還有非獨立法人的信用分社 43,998 個，儲蓄所 16,992 個，信用站 223,562 個；全國每個鄉鎮平均擁有農村信用社經營機構 8 個，形成了服務全國鄉村與城鎮的合作金融機構網路。2000 年，農村信用社總資產達 10,122 億元，各項貸款餘額 7,273 億元，占全部金融機構各項貸款餘額的 9.4%。農村信用社的經營業務與普通商業銀行的業務基本相同。

6. 投資基金公司

中國於 1991 年開始設立投資基金公司，當年設立 3 家，1992 年設立 56 家，1993 年設立 10 家，1994 年設立 6 家。投資基金公司的主要作用有提供高效的投資途徑；能夠更有效地分散投資風險；有利於資源的優化配置；有利於監督上市公司的運作。

7. 在華外資金融機構

隨著改革開放的深入，外資金融機構已經逐步進入中國，在華外資金融機構的數量及業務規模不斷擴大，已經成為中國金融機構體系的重要組成部分。中國對外資金融機構的引進主要採取三種形式：一是允許其在中國設立代表機構，二是允許其設立業務分支機構，三是允許其與中國金融機構設立中外合資金融機構。截至 2000 年年

底，在華外資金融代表處共有500多家，外資營業性金融機構191家，其中外國銀行分行154家，財務公司7家，法人外資銀行13家，外資保險機構12家；總資產360多億美元，占中國內地全部金融資產的2.58%，外匯資產占中國金融機構全部外匯資產的16.4%，其中貸款餘額270多億美元，約占中國國內全部外匯貸款餘額的23%，存款餘額48億多美元，約占中國國內全部外匯存款餘額5%。中國已對上海、深圳等地25家外資銀行開放了人民幣業務。從1999年2月起，外資銀行可在全國所有中心城市設立營業性機構。隨著中國金融市場准入範圍的擴大，外資金融機構與中國國內金融機構之間競爭會逐步加劇。

此外，中國還存在其他一些非銀行金融機構，如金融租賃公司、郵政儲蓄機構、金融資產管理公司等。

## 銀監會鼓勵商業銀行嘗試混業經營

——訪中國銀監會銀行監管一部副主任鄧智毅、三部副主任段繼寧[1]

2006年12月11日，中國銀行業全面開放的大幕正式拉開。外資銀行在華進展情況如何？中資和外資銀行關係會如何發展？如何提高中國銀行業公司治理水平？中資銀行如何應對金融業全面開放帶來的衝擊與挑戰？銀監會分業監管格局是否會有變化？針對上述問題，中國銀監會銀行監管一部副主任鄧智毅和銀行監管三部副主任段繼寧日前接受了《中國經濟時報》等四家媒體記者的聯合採訪。

### 中資和外資銀行合作大於競爭

記者：外資銀行目前在華發展情況如何？

鄧智毅：目前，外資銀行總體發展比較平穩，客戶也比較有限，基本都是外國企業。外資銀行成立之初出現了一些不良貸款，但現在已基本消化。目前外資銀行不良貸款率非常低，總體不到1%。2006年11月底，外資銀行總體不良資產率才0.77%。外資銀行在風險控制上也非常穩健，盈利增長也比較快。

記者：中國銀行業市場隨著外資銀行的進入競爭加劇，外資銀行還頻頻併購、參股中資銀行。如何看待中資和外資銀行這種競爭和合作的關係？

鄧智毅：外資銀行進入中國後和中資銀行有競爭也有合作。鼓勵中資銀行引入合格的境外投資者，是中國金融改革中的一個重要措施。這有利於完善中資銀行公司治理，提高風險管理能力。這一舉措對中資和外資銀行來說是雙贏的。而且銀監會對參股機構持審慎性考慮，以防出現市場壟斷。在競爭之外，有著「百年老店」之稱的外資銀行也和中資銀行在資本、業務、管理方面展開了很多合作。這對剛剛在市場經濟下起步的中資銀行會產生很好的「學習效應」和「示範效應」。外資銀行需要中資銀行的網路和人民幣資源，而中資銀行需要外資銀行的國際網路和外匯資源。資源的互補性使得合作多於競爭。

記者：外資銀行的進入到底給中國銀行業帶來了什麼？

---

[1] 趙紅梅. 銀監會鼓勵商業銀行嘗試混業經營——訪中國銀監會銀行監管一部副主任鄧智毅、三部副主任段繼寧[N]. 中國經濟時報, 2006-12-11.

鄧智毅：中資銀行和外資銀行的合作有很完整的框架，從公司治理水平、內部風險管理技術、業務流程改造、激勵約束機制到經營技巧考核，合作是全方位的。我們相信這種合作能給中國銀行業帶來全面的、系統的變化，會促進改制後的國有銀行持續不斷地發展。近期召開的中央經濟工作會議對銀行業改革給予了充分的肯定，認為這是解決我們當前經濟金融領域深層次矛盾的重要舉措。

段繼寧：外資銀行進入中國市場後，帶來了很多先進的因素。在經營服務的理念和方式上，與中資銀行相比有很大差異。在零售業務方面也具有很強的優勢。外資銀行在中小企業服務方面做得也很好，其會選擇和企業一起成長。而中國國有銀行雖然有網點優勢，但零售業務的經驗並不豐富，在服務理念和方式上與外資行差距很大，但中資銀行學習能力很強。

**中資和外資銀行將展開全方位競爭**

記者：銀行業全面對外開放後，中資和外資銀行競爭的主戰場將會集中在哪些領域？

段繼寧：整體來講，不管是法人銀行，還是分行，我們認為競爭會在幾個方面展開，即第一，地域競爭，以前外資銀行只能在25個城市開展業務，現在可以在更多的地域和中資銀行競爭；第二，高端客戶的競爭尤為明顯；第三，外資銀行產品很豐富，在產品上會有一定競爭，但最後還是會集中在如何提高服務上；第四，人才競爭，在爭奪人才資源方面競爭會更激烈。

鄧智毅：中資和外資銀行對優勢客戶和中間業務的爭奪會越來越激烈，特別是金融客戶雲集的東部沿海城市，市場份額肯定會發生一定的變化。同時，外資銀行的客戶對象會從高端向中低端延伸，這樣會引起連鎖反應。總體來說，中資和外資銀行會呈現全方位競爭的格局。

**銀監會正在做一份金融服務競爭地圖**

記者：外資銀行是否會向農村、中西部地區進行投資、佈局？

鄧智毅：銀監會目前正在做一份全國的金融服務競爭地圖。中、東、西不同地區金融服務情況不一，我們可以根據地圖知道哪些地方金融服務過度飽和、哪些地方金融服務相對欠缺。下一步准入和監管的政策就會根據這個指標進行一些調整。銀監會鼓勵、支持外資銀行到中西部、東北老工業基地及廣大農村、城市金融欠發達地區設立機構，開展業務，鼓勵和支持外資金融機構參與這些地區的中小金融機構重組改造。銀監會在准入門檻上會有些優惠的政策，引導外資銀行向欠發達地區延伸。

記者：外資銀行目前有這方面的意向嗎？

段繼寧：從2004年起，銀監會對外資銀行在欠發達地區設立機構和開辦業務的申請就實行了優惠政策。現在看，這一政策導向還是比較有效的。這兩年，外資銀行在中西部設立機構的速度明顯加快。我們在審批時總會發現外資銀行在武漢、成都、重慶、瀋陽、西安等地設立機構的申請。

鄧智毅：東部地區經濟發達，但在密集競爭的情況下，資源也是有限的，機構設置成本也高。中西部雖然是欠發達地區，但由於成本較低，地方給予優惠政策，加上國家政策引導，今後外資銀行還是會很理性地將業務重點從東部沿海向中西部推進。

**銀監會鼓勵商業銀行嘗試混業經營**

記者：混業經營是金融業發展的趨勢，分業監管模式容易出現監管重疊和監管空白。銀監會以分業經營、分業監管的體制如何直面混業經營的挑戰？

鄧智毅：中國目前實行的分業經營、分業監管體制和中國的金融狀況是密切相連的，是符合中國目前實際的。但從經營的角度看，混業經營是金融業發展的一大趨勢，銀監會鼓勵金融機構混業經營。為了解決分業監管帶來的監管盲區和空白，銀監會、證監會、保監會和人民銀行有監管的協作機制，還有更高的協調機關——國務院。從這個角度來說，分業監管還是會維持一段時期。

記者：大多外資銀行的母行是混業經營的，這相比分業經營的銀行具有先天優勢。中資銀行如何面對這一挑戰？

鄧智毅：這個問題要分兩方面看。外資銀行在中國經營都必須遵照中國的法律法規，嚴格按照我們的經營管理體制運行，但不排除其運用母行混業經營的各種資源優勢。目前，銀監會在混業經營方面也有嘗試，正逐步由簡單向複雜過渡。目前，銀監會鼓勵商業銀行在混業經營方面做些嘗試。中資銀行在這方面與外資銀行的差距會慢慢縮小。

記者：是否會在現行「一行三會」監管體系基礎上建立更高層次的監管機制？

鄧智毅：銀監會沒有直接參與這方面最核心的工作，具體會不會成立新的機構，我們不便多介紹。但我個人感覺，分業監管體制是比較符合當前金融形勢的。對於混業經營，我們是從初級到高級、從簡單到複雜逐步嘗試，鼓勵金融機構朝混業經營方向發展。

段繼寧：綜合經營是金融發展越來越明顯的趨勢。目前最重要的是監管機構的協調和溝通，如何把協調工作做好，這個是最關鍵的。

記者：發達國家目前多採取業務監管，中國現在是機構監管，如何評價中國的監管方式？

段繼寧：我個人認為，目前，機構監管的方式還是有利於中國實際情況的。完全按照業務監管，條件並不特別成熟。如果馬上轉到業務監管，不見得監管效率更高。

鄧智毅：現在不同機構板塊存在不同特徵，我們的原則是將同質同類的歸集到一個監管機構，這樣更有利於提高監管的有效性。我們在市場風險、風險分類、功能性監管方面都邁出了實質性步伐。

思考：
1. 中資銀行如何應對金融業全面開放帶來的衝擊與挑戰？
2. 銀監會為什麼要鼓勵商業銀行嘗試混業經營？

## 思考與練習

### 一、名詞解釋

金融機構　銀行金融機構　非銀行金融機構　中央銀行　商業銀行　專業銀行

儲蓄銀行　合作銀行　抵押銀行　政策性銀行　保險公司　人壽保險公司　財產和意外傷害險公司　投資銀行　信用合作社　投資公司　信託公司　開放型基金　封閉型基金

二、簡答題

　　1. 簡述金融機構及其體系構成。
　　2. 簡述專業銀行及其分類。
　　3. 簡述政策性銀行的基本特徵和業務特點。
　　4. 簡述中國三大政策性銀行及其主要業務。
　　5. 什麼是保險公司？其特點、組織形式和分類如何？
　　6. 投資銀行有哪些特徵，主要業務是什麼？
　　7. 試述投資基金的分類，並說明各類基金的特點。

三、論述題

　　1. 試述近十年來西方發達國家金融機構業務範圍發生了什麼變化？發生這些變化的原因是什麼？
　　2. 談談你對銀行業併購浪潮的看法。
　　3. 你認為中國銀行業是否應該從分業經營過渡到混業經營？為什麼？

# 第五章　商業銀行

**本章要點**

　　本章主要讓學生對商業銀行的性質、職能和組織制度有較深刻的認識；重點掌握商業銀行的三大業務及各類業務的主要內容、商業銀行的經營原則和商業銀行管理理論的基本內容；商業銀行管理理論的演進以及如何進行存款創造則是本章的難點。

**唐雙寧：光大集團將成為金融混業經營「試驗田」**[1]

　　光大集團董事長唐雙寧2007年9月7日在出席「世界經濟論壇首屆新領軍者年會」時表示，目前光大銀行改組、引入戰略投資者等工作正緊鑼密鼓地展開。同時，光大集團也在為成為名副其實的金融混業經營「試驗田」而積極努力。

　　據瞭解，光大金融控股集團的初步戰略將以光大銀行為主幹，以子公司制的模式為基礎，同時充分借鑑全能銀行事業部制模式的長處，形成一個子公司制與事業部制相結合的「混合型組織架構」，旨在既能夠充分發揮金融控股公司模式的防火牆效應和股權槓桿效應，又能夠發揮事業部制內部協調順暢、信息充分共享等優勢。

　　唐雙寧表示，首先把光大銀行做大做強，打造集團發展和客戶服務的基礎；同時要以整個金融集團未來發展目標為出發點，制定證券、保險等各個子公司的發展戰略，並確立未來整合的方式和規模；具備條件時要積極向外發展，負責收購、兼併、轉讓事宜，負責子公司的股權結構變動，有效配置資源。光大集團要建立有效的防火牆制度，形成既集中統一又分層次的風險管控體系，加強風險管理和審計稽核的垂直管理。光大集團要通過改革重組完善公司治理機制，改善公司的經營管理，建立分級管理與垂直管理相結合的矩陣式管理模式。

　　唐雙寧說，目前作為金融控股的「試驗田」，光大集團將注意資本控制與組織架構的相互適應，既要防止控股公司過度干涉子公司的經營管理權，使子公司等同於控股公司的分支機構，無法發揮其獨立法人的積極性；又要防止子公司權力過度膨脹，使控股公司對子公司的資本控制與約束形同虛設，金融控股集團的整體利益受到破壞。

　　唐雙寧認為，中國現階段事實上將形成三類金融控股集團，第一類是有名有實的金融控股集團，如光大金融控股集團公司；第二類是準金融控股集團，如中信集團、平安集團等；第三類是次準金融控股集團，如商業銀行在境內外以合資或獨資形式設立投資銀行、保險公司、基金公司、信託公司等非銀行金融機構。而光大集團要成為名副

---

[1]　商文，薛黎．唐雙寧：光大集團將成為金融混業經營「試驗田」[EB/OL]．(2007-09-07)[2016-08-11]．http://news.hexun.com/2007-09-07/100626113.html．

其實的金融混業經營「試驗田」。

日前國務院正式批覆中國光大集團改革重組方案，主要內容包括改革重組中國光大金融控股集團公司（簡稱中國光大集團），持有光大金融類資產；改革重組中國光大實業集團公司，持有光大非金融類資產；改革重組光大銀行，完善公司治理機制，適時引入戰略投資者，擇機公開發行上市。

思考：

1. 中國光大集團作為一家金融控股公司，其金融混業經營的試驗，將對中國商業銀行經營產生怎樣的影響？

2. 子公司制與事業部制相結合的「混合型組織架構」，是否如唐雙寧所說，能充分發揮兩者的優勢？

## 第一節　商業銀行概述

### 一、銀行的產生

漢語「銀行」是指專門從事貨幣信用業務的機構。鴉片戰爭以后，西方金融機構開始進入中國，「銀行」一詞就成為英語「Bank」的中文譯名。這是因為早在11世紀，「銀行」一詞在中國已問世，當時人們習慣把各類從事商業或生產小商品的機構稱作「行」，即行業之意，「銀行」，即從事銀器鑄造或交易的行業。據說，當時金陵（今南京）就有「銀行街」，即銀鋪集中的地方。當西方金融機構進入中國后，人們根據中國長期使用白銀作為貨幣材料這一情況，將當時專門從事貨幣信用業務的西方金融機構「Bank」叫做「銀行」。

對於銀行的起源有各種說法，人們公認的早期的銀行起源於義大利專門從事貨幣兌換和存款業務的商人。12世紀到14世紀期間，在商業繁榮的義大利，一些商人支起桌子（Tavola）和凳子（Banco）開展上述業務，這些商人逐漸被稱為「攤桌兌換商」（Tavolieri）或「板凳兌換商」（Bancherii）。其中，后一種說法流傳更廣，「破產」（Bankruptcy）一詞在某種程度上由此派生而來，指的是如果貨幣兌換商無法對債權人進行支付，他們的長凳就會被砸爛（Banco Rotto）。[①] 約13世紀，義大利商人發明了匯票（Draft；Bill of Exchange；Money Order），即由發票人或受票人向持票人支付規定數額款項的書面指令書。匯票可以用一個方向所欠的債務來沖銷任何另一方向所欠的債務，減少易貨貿易、當面清帳以及用大量硬幣、金銀器皿或金銀塊支付的必要。[②]

比較具有近代意義的銀行是16世紀末期建立的威尼斯銀行。中世紀的威尼斯憑藉其優越的地理位置而成為世界著名的貿易中心，各國商人雲集於此，為了順利地進行商品交換，商人們需要把各自攜帶的大量的各種貨幣兌換成威尼斯地方貨幣，於是就

---

[①] 里瓦爾. 銀行史 [M]. 陳淑仁，譯. 北京：商務印書館，1997：15.
[②] 金德爾伯格. 西歐金融史 [M]. 2版. 徐子健，等，譯. 北京：中國金融出版社，1991：15.

有了專門的貨幣兌換商的出現，從事貨幣兌換業務。隨著商品經濟的發展，貨幣收付的規模也日益擴大，各地商人為了避免長途攜帶大量貨幣產生的不便和危險，便將用不完的貨幣委託給貨幣兌換商保管，後來又發展到委託貨幣兌換商辦理支付和匯兌，貨幣兌換商則借此集中了大量貨幣資金。當貨幣兌換商發現這些長期大量積存的貨幣餘額相當穩定，可以用來發放高利貸而獲得高額利息收入時，貨幣兌換商便從原來被動接受客戶委託保管貨幣轉而變為積極主動攬取貨幣保管業務，並通過降低保管費和不收保管費來競爭貨幣保管業務。到后來，當貨幣兌換商給委託保管貨幣的客戶一定的好處時，保管貨幣業務便演變成存款業務了。同時，貨幣兌換商還根據經驗將以前的採用全額準備以應付客戶兌換提款的做法，改為實行部分準備金制度，而其餘所吸收的貨幣則用於放貸取息。此時，貨幣兌換商也就演變成了集存貸款和匯兌支付、結算業務於一身的早期銀行。

17世紀，義大利的銀行家們將業務擴展到歐洲各地，包括在倫敦和巴黎等大城市開設銀行。銀行這一新型的金融機構由義大利傳播至歐洲其他國家。

與此同時，英國出現了由金匠、公證人等演變為銀行家的過程。金匠原是為顧客代管金銀，向在他那裡保存金銀的客戶開出保管憑證。後來，金匠注意到自己發出的保管憑證作為支付工具不斷轉手的現象，逐漸在無人存放金銀時也發放「票據」，銀行隨之出現。金匠的業務範圍也遠不止如此，還包括經營金幣和銀幣、貼現本票和匯票、發放貸款、買賣符木（一種政府發行的債務憑證）等。1653年，英國建立了資本主義制度，英國的工業和商業都有了較大的發展。工商業的發展不僅使資金需求增加，並且對可以提供大額資金融通的專業機構的需求也大大提高。1694年，英國政府為了同高利貸鬥爭，以維護新生的資產階級發展工業和商業的需要，決定成立股份制銀行——英格蘭銀行，並規定英格蘭銀行向工商企業發放低利率貸款（利率為5%～6%）。英格蘭銀行是歷史上第一家股份制銀行，它的成立標誌著現代商業銀行的誕生。到18世紀末19世紀初，各主要的資本主義國家都紛紛建立了規模巨大的股份制商業銀行。

## 二、商業銀行的性質和職能

(一) 商業銀行的性質

中國於2015年修改的《中華人民共和國商業銀行法》第二條規定：「本法所稱的商業銀行是指依照本法和《中華人民共和國公司法》設立的吸收公眾存款、發放貸款、辦理結算等業務的企業法人。」從商業銀行的起源和發展歷史來看，商業銀行是以追求利潤最大化為經營目標，以多種金融資產和金融負債為經營對象，為客戶提供多功能、綜合性服務的金融企業。其特徵可以歸納為以下幾個方面：

1. 商業銀行具有現代企業的基本特徵

同一般工商企業一樣，商業銀行的建立和運行也要嚴格遵從《中華人民共和國公司法》（以下簡稱《公司法》）的基本規定，必須擁有從事業務經營所需要的自有資本，並根據所在行業的特點，依法自主經營、自負盈虧、照章納稅，具有獨立的企業法人資格，擁有獨立的財產、名稱、組織機構和場所。其經營目標是追求利潤最大化，

獲取最大利潤即是商業銀行經營與發展的基本前提,也是其發展的內在動力。

2. 商業銀行是一種特殊的企業

與一般的工商企業相比,商業銀行的特殊性表現如下:

(1) 商業銀行的經營對象和內容具有特殊性。一般的工商企業經營的是物質產品和勞務,從事一般商品的生產和流通。而商業銀行專以貨幣或貨幣資金這種特殊的商品為經營對象,通過金融負債籌集資金,以金融資產運作資金,並提供各種與貨幣有關的或與之聯繫的金融服務。

(2) 商業銀行與一般的工商企業的關係特殊。一般工商企業需要銀行辦理存、貸款和日常結算業務,以保證企業正常週轉以及擴大經營規模。而一般工商企業存放在銀行的閒置資金也可以作為商業銀行的資金來源,並以一般工商企業作為主要貸款對象,獲得收益。

(3) 商業銀行對整個社會經濟的影響特殊。商業銀行由於經營對象的特殊性,對整個社會經濟的影響遠遠大於任何一個工商企業,其經營的好壞,不光影響到該銀行的股東和相關當事人,還很可能影響到整個社會的穩定。也鑒於此,多數國家對商業銀行的管理要比對一般工商企業的管理嚴格得多,管理範圍也比較廣泛。在世界上絕大多數國家,金融業特別是商業銀行是受管理最為嚴格的行業之一。

3. 商業銀行是特殊的金融企業

商業銀行既不同於一般的工商企業,與其他金融企業相比,也存在很大的差異。

(1) 與中央銀行相比,商業銀行面向的是工商企業、個人、社會團體和政府機構以及其他金融機構,商業銀行所從事的金融業務是以盈利為目標的。而中央銀行是國家的金融管理當局和金融體系的核心,是只向政府和金融機構提供服務的具有銀行特徵的政府機關,具有創造基本貨幣的功能,但不從事金融零售業務,所從事的金融業務也不以盈利為目的。

(2) 與專業銀行和非銀行金融機構相比,首先,商業銀行提供的金融服務更全面、更廣泛,從「零售」到「批發」、從傳統銀行業務到不斷拓展的中間業務,其金融服務已經延伸到社會經濟生活的方方面面,成為「金融百貨公司」和「萬能銀行」。而在西方,專業銀行是指定專門經營範圍和提供專門性金融服務的銀行,如美國的儲蓄銀行;其他金融機構,如投資銀行、信託投資公司、保險公司、證券公司等,其業務範圍相對狹窄,只能提供一個方面或幾個方面的金融服務。其次,商業銀行的營業網點更普遍。隨著一些國家金融管制的放鬆,專業銀行和其他金融機構的業務範圍也在逐漸擴大,但與商業銀行相比,其差距仍然很大。

(二) 商業銀行的職能

商業銀行的性質決定了其在經濟體中承擔的角色,即商業銀行的職能。商業銀行的職能主要有信用仲介、支付仲介、信用創造、金融服務等職能。

1. 信用仲介

信用仲介是指商業銀行通過負債業務,把社會上的各種閒散貨幣集中起來,再通過資產業務,將其投向需要資金的部門,充當資金閒置者和資金短缺者的仲介人,實

現資金的融通。商業銀行一方面通過支付利息吸收存款，借入資金；另一方面又通過貸放貨幣資金或購買有價證券等投資活動獲取利息及投資收益，這種收入與支出之間的差額便形成了商業銀行利潤。

信用仲介是商業銀行最基本、最能反應其經營活動特徵的職能。這一職能發揮以下作用：

（1）使閒散及閒置資金轉化為資本。商業銀行通過存款等業務，把再生產過程中閒散及閒置貨幣集中起來並轉化為生產資本、商品資本或貨幣資本，從而在不增加貨幣發行總量的情況下，擴大了社會資本的規模，提高了資金的使用效率，促進了經濟的發展。

（2）續短為長，滿足社會對不同期限資金的需要。商業銀行通過資產管理，在資產與負債按一定比例相匹配的基礎上，通過資產的運作，可以使眾多短期的資金來源變成數額巨大的長期穩定余額，用於滿足社會對不同期限資金的需求。

2. 支付仲介

支付仲介主要是指商業銀行利用活期存款帳戶，為客戶辦理各種貨幣結算、貨幣收付、貨幣兌換和轉移存款等業務活動。在這些業務活動中，商業銀行作為工商企業、政府和個人的貨幣保管者、出納者和支付代理人，成為社會經濟活動的出納中心和支付中心，並成為整個社會信用鏈的樞紐。

商業銀行在發揮支付仲介職能過程中，主要發揮以下作用：

（1）使商業銀行持續擁有比較穩定的廉價的資金來源。客戶要在銀行獲得轉帳結算等服務便利，必須在銀行開立活期存款帳戶，並存入一定金額。

（2）可節約社會流通費用，增加生產資本投入。商業銀行廣泛利用非現金轉帳結算和支票收付服務，即可加速資金週轉，又可大大減少現金的使用量和流通量，進而使現金的保管費、鑄造印刷費、運轉費等社會流通費用大大減少，從而可以將更多的資金投入生產，以提供更多更好的產品。

3. 信用創造

商業銀行的信用創造職能是在信用仲介職能和支付仲介職能的基礎上產生的。信用創造是指商業銀行利用其各種有利條件吸收存款，在繳納存款準備金後將剩余資金通過貸款等資產業務發放給客戶，客戶收到貸款後，將這些錢用於支付投資款項或者用作其他支出，但最終轉變為其他人的貨幣收入，而又存入到銀行，銀行扣除存款準備金後再把剩余款項貸放給客戶。如此循環下去，最初的一筆存款衍生出數倍的存款，從而擴大社會貨幣供應量。在整個銀行體系中，除了開始吸收的存款作為原始存款外，其餘都是商業銀行貸款創造出來的派生存款。

商業銀行的信用創造有兩層含義：一是指信用工具的創造，如存款貨幣、銀行券；二是指信用量的創造，通過商業銀行的參與，整個社會貨幣供應量增加了。信用工具的創造是信用量創造的前提，信用量的創造是信用工具創造的基礎。商業銀行通過創造流通工具和支付手段，可節約現金使用，節約流通費用，同時又滿足了社會經濟發展對流通和支付手段的需要。

4. 金融服務

金融服務是商業銀行利用其在國民經濟活動中的特殊地位，及其在提供信用仲介和支付仲介過程中所獲得的大量信息，運用電子計算機等先進技術手段和工具，為客戶提供的其他服務。這些服務主要有獲取現金（通過櫃臺或自助取款機）、金融顧問（財務諮詢）、資金融通（提供貸款和融資服務）、資產安全性管理（如保險箱）、代理企業發放工資、個人理財等。通過提供各種金融服務，商業銀行一方面擴大了其社會聯繫面和影響力，另一方面也為銀行取得不少的服務性收入。借助於日新月異的信息技術，商業銀行的金融服務功能發揮著越來越大的作用，並使整個商業銀行業也發生了革命性變化，推動了「電子銀行」「網上銀行」的發展。

### 三、商業銀行的組織制度

商業銀行的組織制度是指一個國家商業銀行的組織形式、結構體系及組成這一體系的銀行的特徵。目前商業銀行的組織制度有以下幾種：

（一）單一銀行制度

單一銀行制度是指那些不設立或者法規規定不能設立分支結構的商業銀行。單一銀行制度下的每家銀行都是一個獨立的經營體，該銀行既不受其他商業銀行控制，本身也不控制其他商業銀行。該組織制度下的銀行，通過一個營業部門提供其全部服務，其中有少量業務（如吸收存款和支票兌現）通過專門性服務設施來提供，如便利窗口、自動取款機（ATM）以及銀行的網站。這種銀行主要集中在美國，是由美國特殊的歷史背景和政治制度所決定的。美國是實行聯邦制度的國家，各州的獨立性較大，早期的東部和中西部經濟發展差距較大，為了均衡發展經濟，保護本地信貸資金資源，保護本地的中、小銀行，一些經濟比較落后的州政府頒布州銀行法，禁止或者限制其他地區的銀行到本州設立分行，以達到阻止金融滲透、反對金融權力集中、反對銀行吞併的目的，直到20世紀80年代，美國有1/3的州實行嚴格的單一銀行制度。1994年9月美國國會通過《瑞格—尼爾跨州銀行與分支機構有效性法案》，並經總統批准，允許商業銀行跨州建立分支機構，宣告單一銀行制在美國被廢除，但美國現在仍有大約5,500家全國性商業銀行採用這種單一制銀行的經營方式。

單一銀行制度的優點在於：

（1）可以防止壟斷，有利於自由競爭，也可緩和競爭的劇烈程度。

（2）有利於銀行與地方政府協調，能適合本地經濟發展需要，集中全力為本地服務。

（3）銀行具有獨立性和自主性，其業務經營的靈活性較大。

（4）銀行管理層次少，管理成本較低，有利於管理層旨意的貫徹執行，便於管理目標的實現。

實行單一銀行制度的缺點也是明顯的，主要有：

（1）單一銀行制度下的銀行規模小，其資金、管理人員及工作人員數量都極為有限，抵抗風險的能力相對較差。

(2) 業務集中於某一個地區或行業，經營風險集中，容易受到本地經濟景氣變動的影響，特別是經濟疲軟時，更有倒閉危險。

(3) 不利於銀行的發展，在計算機技術普及應用的條件下，單一銀行制度下的銀行採用最新技術的單位成本較高，限制其業務發展和金融創新。

(4) 單一銀行制度本身與經濟的對外開放型發展存在矛盾，會人為地造成資本的迂迴流動，削弱銀行的競爭力。

(二) 總分行制度

總分行制度是指商業銀行除了設立總行之外，法律上允許其在總行所在地或者外地設立若干可從事銀行業務的分支機構的一種制度。商業銀行的總部一般設在大都市，下屬所有分支行由總行領導指揮。總分行制銀行按管理方式不同，可進一步劃分為總行制和總管理處制。總行制指總行除管理、控制各分支行以外，本身也對外營業、辦理業務；而在總管理處制度下，總管理處只負責管理、控制各分支行，本身不對外營業，在總管理處所在地另設分支行對外營業。

中國四大商業銀行（中國工商銀行、中國農業銀行、中國銀行和中國建設銀行）雖也實行總分行制，但這種總分行制和國際上通行的總分行制又有所不同。首先，西方商業銀行主要是實行總行制，總行直接經營各項銀行業務，部分總行的業務量占全行業務量的一半以上，大額貸款和大額投資基本上集中於總行，而中國四大商業銀行除了中國銀行以外，其他三家銀行長期實行總管理處制度。其次，在分支機構的設置上，西方商業銀行一般在總行下只設一級分支機構，而中國四大商業銀行分層次設立分支機構，總行下設省、市、自治區分行，再下設地、市兩級分行，直到縣級設立縣支行，其中中國農業銀行在縣以下的鄉還設立營業所。

與單一銀行制度相比，實行總分行制度有如下優點：

(1) 分支機構分佈廣泛，便於商業銀行吸收存款，擴大經營規模，增強銀行實力。

(2) 由於資產在地區和行業上分散，有助於銀行分散風險，提高資產的安全性。

(3) 銀行規模大，採用現代化設備的平均成本相對低，能提供更多便利的金融服務等。

其缺點在於容易形成壟斷，不利於自由競爭，增加了銀行內部控制的難度等。

(三) 持股公司制

持股公司制是指由一個集團成立股權公司，再由該公司收購或控制一家或多家獨立的銀行，而該集團或者公司被稱為銀行持股公司。持股公司有兩種類型，即非銀行性持股公司和銀行性持股公司。前者是通過大企業取得某一銀行的控股權組織起來的；后者則是由大銀行直接組建一個持股公司，有若干較小的銀行從屬於這一大銀行。例如，花旗公司就是銀行性持股公司，它已控制了數百家銀行。在美國，如果一個集團或公司對至少一家銀行所購股份占該行股份的25%或更多，或者有權選擇一家銀行董事會的至少兩名董事，即認為存在控股。在20世紀末，當政府禁止或嚴格限制開設分支行時，持股公司制銀行在美國和其他一些國家迅速發展。早在1971年，銀行持股公司控制著美國大約一半的銀行存款。到2004年，在美國營業的將近6,000家銀行持股

公司控制著美國銀行業資產總額的90%以上。在2004年年末，美國有超過6,300家商業銀行附屬於銀行持股公司。

持股公司制的優點如下：

(1) 通過關聯交易獲得稅收上的好處，利用少量資本可支配大量資金，增強集團實力，擴大市場份額，提高抵禦風險的能力和國際競爭力。

(2) 銀行的資金使用、新技術採用及信息資源利用都由母公司統一管理，可降低成本，促進資源的有效配置。

實行持股公司制的缺點如下：

(1) 容易形成集中和壟斷，不利於銀行之間開展競爭，並在一定程度上限制了銀行經營的自主性，不利於銀行開展創新活動。

(2) 持股公司與各銀行、各銀行之間協調困難，連帶風險大。

## 第二節 商業銀行業務

根據《中華人民共和國商業法》的規定，中國商業銀行可以經營下列業務：吸收公眾存款，發放貸款；辦理國內外結算、票據貼現、發行金融債券；代理發行、兌付、承銷政府債券，買賣政府債券；從事同業拆借；買賣、代理買賣外匯；提供信用證服務及擔保；代理收付款及代理保險業務等。按照規定，商業銀行不得從事政府債券以外的證券業務和非銀行金融業務。儘管各國商業銀行的組織制度、名稱、經營內容和重點各異，但就其經營的主要業務來說，一般均分為負債業務、資產業務以及表外業務。

### 一、負債業務

負債業務是形成商業銀行的資金來源業務，是商業銀行資產業務的前提和條件。歸納起來，商業銀行廣義的負債業務主要包括自有資本和外來資金兩大部分，其中外來資金包括各類存款和借入資金。

(一) 商業銀行自有資本

商業銀行的自有資本是其開展各項業務活動的初始資金，主要包括成立時發行股票所籌集的股份資本、公積金以及未分配的利潤。自有資本一般只占商業銀行全部負債的一小部分，但商業銀行自有資本的大小體現商業銀行的實力和信譽，也是商業銀行吸收外來資金的基礎，因此自有資本的多少體現商業銀行資本實力對債權人的保障程度。

**國家投資——中國商業銀行資本金特殊的補充方式**[①]

中國商業銀行的改革離不開國家財政的支持，尤其是在一些特殊時期，更需要國

---

① 李春，曾東白. 商業銀行經營管理實務 [M]. 大連：東北財經大學出版社，2009.

家財政的先期扶助。每當商業銀行的改革道路處於關鍵點的時候，作為最大債權者的國家和地方政府，總會給予商業銀行資金的支持，以改善資本結構和增加資本金數量，國家向商業銀行註資或其他支持措施也是商業銀行迅速擺脫困難的有力措施。1988年，中國財政部發行了2,700億元的特別國債，用以補充四家國有銀行的資本金；1999年，國家成立四家資產管理公司剝離四家國有銀行13,900億元的不良貸款；2004年1月，國家通過中央匯金公司對中國銀行和中國建設銀行用外匯儲備註資450億美元；2004年6月，中國銀行、中國建設銀行第二次剝離可疑類不良資產2,787億元，被信達資產公司用市場價格收購；2004年上半年，交通銀行在財務重組中，財政部增資50億元，中央匯金公司註資30億元，為交通銀行的重組上市起到了重要作用；2005年4月，中央匯金公司向中國工商銀行註資150億美元，與財政部各占50%的股份。經過多次註資和不良資產的剝離，解決了國有商業銀行資本金不足的問題，使國有商業銀行的資本金得到了大大提高。但這種註資都是不固定的，國家不可以經常採用，否則會加重財政的壓力。

思考：
1. 資本金對於銀行來說意味著什麼？
2. 國有商業銀行上市后，國家是否還應該向其註資以彌補其資本金？

(二) 各類存款

按照是否約定存期，存款分為活期存款、定期存款和儲蓄存款。

1. 活期存款

活期存款是存款人在開戶或存入時不約定存期，可自由存取和轉讓。活期存款1元起存，多存不限，具有靈活方便、存取頻繁、適應性強等特點。由於以上的特點，商業銀行經營這種業務的成本也比較高，因此活期存款的利息很低，有些國家甚至不付利息。活期存款雖然存取頻繁，但總有一些余額沉澱在銀行，其中相對穩定的部分可以用於發放貸款和投資。商業銀行通過與客戶頻繁的活期存款的存取業務建立比較密切的業務往來，從而爭取更多的客戶，為開展其他業務奠定基礎。

2. 定期存款

定期存款是指儲戶在存款時約定存款期限，一次或按期分次存入本金，整筆或分期、分次支取本息。利率根據期限的長短不同而存在差異，但都要高於活期存款。定期存款一般採取利隨本清的計息方式，其中人民幣定期存款起存金額為人民幣1萬元，期限一般分為3個月、6個月、1年、3年、5年等，可以提前支取，但提前支取部分按銀行當日掛牌活期利率計付利息。

3. 儲蓄存款

儲蓄存款是指城鄉居民將暫時不用或結余的貨幣收入存入銀行或其他金融機構的一種存款活動。儲蓄存款是信用機構的一項重要資金來源。發展儲蓄業務，在一定程度上可以促進國民經濟比例和結構的調整，可以聚集經濟建設資金，穩定市場物價，調節貨幣流通，引導消費，幫助群眾安排生活。與中國不同，西方經濟學通行的儲蓄的概念是儲蓄是貨幣收入中沒有被用於消費的部分。

儲蓄存款具體有活期儲蓄、定期儲蓄、整存整取、零存整取、定活兩便、通知存款等。通知存款是指存款人在存入款項時約定通知期限（1天或7天），支取時提前通知金融機構，約定取款日期和金額方能支取的存款形式。定活兩便儲蓄是以存單為取款憑證，存款時不約定存期，隨時可以提取，利率隨存期長短而變動的一種介於活期和定期之間的儲蓄業務品種。定活兩便儲蓄50元起存，多存不限，存單分為記名和不記名兩種，記名式存單可掛失，不記名式存單不能掛失。定活兩便儲蓄存款存期不滿3個月的，按天數計付活期利息；存期3個月以上（含3個月），不滿半年的，整個存期按支取日定期整存整取3個月存款利率打6折計息；存期半年以上（含半年），不滿1年的，整個存期按支取日定期整存整取半年期存款利率打6折計息；存期在1年以上（含1年），無論存期多長，整個存期一律按支取日定期整存整取1年期存款利率打6折計息。

（三）借入資金

商業銀行對外借款根據時間不同，可分為短期借款和長期借款。

1. 短期借款

短期借款是指期限在1年以內的債務，包括同業拆借、向中央銀行借款和其他渠道的短期借款。

（1）同業拆借。同業拆借是指金融機構之間的短期資金融通，主要用於支持日常性的資金週轉。同業拆借是商業銀行為解決臨時性資金週轉，通過調劑法定準備金頭寸而融通資金的重要渠道。由於同業拆借一般是通過中央銀行的存款帳戶進行的，實際上是超額準備金的調劑。在同業拆借市場上，主要的拆借方式有隔夜拆借和定期拆借兩種。前者是指拆借資金必須在次日償還，一般不需要抵押；後者是指拆借時間較長，可能是幾日、幾星期或者幾個月，一般有書面協議。中國對銀行間同業拆借的資金用途有著嚴格的規定，對於拆入的資金只能用於解決調度頭寸過程中的臨時資金困難，而不能把拆借資金用於彌補借貸缺口，長期進行占用，更不能把拆借資金用於固定資產投資。

（2）向中央銀行借款。中央銀行作為貸款人向商業銀行發放貸款或辦理貼現業務，以解決商業銀行融通資金的需要。中央銀行向商業銀行提供的信用主要有兩種形式：一是再貼現，二是再貸款。

（3）其他渠道的短期借款。其他渠道的短期借款有轉貼現、回購協議、大額定期存單和歐洲貨幣市場借款等。

2. 長期借款

長期借款是指償還期限在1年以上的借款。商業銀行的長期借款主要採取發行金融債券的形式。發行金融債券是指商業銀行經批准，通過向社會公眾發售債務憑證而籌集資金。金融債券可分為資本性債券、一般性金融債券和國際金融債券。銀行發行中長期金融債券所承擔的利息成本較其他融資方式要高，資金成本的提高又易促使商業銀行不得不經營風險較高的資產業務，這從總體上增加了商業銀行的經營風險。一般來說，西方國家鼓勵商業銀行發行長期債券，尤其是資本性債券，因為按照《巴塞

爾協議》的規定，資本債券可計入附屬資本。中國對此有非常嚴格的限制，商業銀行通過發行中期長金融債券獲得的融資比例很低。

**二、資產業務**

商業銀行的資產業務是其資金運用業務，也是商業銀行收入的主要來源。為了應付客戶的提取，商業銀行通常要保留一定比例的現金和其他準備金。除此之外，商業銀行的資金運用主要包括放款業務和投資業務兩大類。

(一) 現金資產

廣義的商業銀行的現金資產是商業銀行應付客戶提現的資產準備，包括商業銀行的庫存現金、存放在中央銀行的準備金、存放同業的存款以及托收帳款。前兩者都是中央銀行對商業銀行的負債，后兩者則是銀行間清算的準備金。現金資產是商業銀行維持其流動性而必須持有的資產，是銀行信譽的基本保證。現金資產是滿足商業銀行流動性需要的第一道防線，但由於現金資產是非盈利資產，持有現金資產而失去的利息收入構成持有現金資產的機會成本，商業銀行一般都盡可能地將其降到法律規定的最低標準。

(二) 貸款業務

貸款是商業銀行作為貸款人按照一定的貸款原則和政策，以還本付息為條件，將一定數量的貨幣資金提供給借款人使用的一種借貸行為。貸款業務是商業銀行最大的資產業務。

貸款業務按照不同的分類標準，有以下幾種分類方法：一是按照貸款的期限劃分，貸款可分為短期貸款、中期貸款和長期貸款；二是按照貸款的保障條件劃分，貸款可分為信用放款、擔保放款和票據貼現；三是按照發放貸款時銀行是否承擔貸款本息收回責任及責任大小劃分，貸款可分為自營貸款、委託貸款和特定貸款；四是按照貸款的償還方式劃分，貸款可分為一次性償還和分期償還貸款；五是按照貸款的質量劃分，貸款可分為正常貸款、關注貸款、次級貸款、可疑貸款和損失貸款五類，其中次級貸款、可疑貸款和損失貸款三類合稱為不良貸款。

對於任何一筆貸款，都必須遵循以下基本程序：貸款的申請、貸款的調查、對借款人的信用評估、貸款的審批、借款合同的簽訂和擔保、貸款發放、貸款檢查、貸款收回。

(三) 貼現業務

貼現業務是指資金的需求者將自己手中未到期的商業票據、銀行承兌票據或短期債券向銀行或貼現公司申請貼現，銀行或貼現公司（融資公司）按票面金額扣除貼現日至到期日的利息後付給現款，收進該票據或短期債券，待票據到期時直接向出票人或承兌人收取款項。

貼現既是一種票據的轉讓行為，又是銀行的一種授信方式。目前中國商業銀行基本上只對銀行承兌匯票辦理貼現，只要辨明票據的真偽，貼現業務的風險幾乎趨於零。

風險的固定性和可控性是貼現業務與傳統信貸業務的顯著區別之一。此外，商業銀行還可以利用貼現票據辦理再貼現、轉貼現，通過占用央行資金和其他銀行資金擴大信貸規模。

貼現業務與其他業務相比較，有許多特殊的優點。對銀行來說，貼現銀行可獲得如下利益：利息收益較多、資金收回較快、資金收回較安全等。對於貼現企業，通過貼現可取得短期融通資金。

銀行在貼現票據時，貼現付款額的計算公式如下：

銀行貼現付款額 = 票面金額 - 貼現利息

= 票據面額×（1 - 年貼現率×貼現后至到期天數/360）

［例5-1］一張票據面額為2,000元，60天后到期，年貼現率為10%。請問：銀行向持票人的貼現付款額是多少？

貼現付款額 = 2,000×（1 - 10%×60/360）= 1,966.67（元）

（四）證券投資業務

商業銀行的證券投資業務是商業銀行將資金用於購買有價證券的業務活動。商業銀行辦理證券投資業務有分散風險、保持流動性、合理避稅和提高收益等意義。商業銀行證券投資業務的主要對象是各種證券，主要是國庫券、中長期國債、政府機構債券、市政債券或地方政府債券以及公司債券等。

中國對商業銀行從事證券投資業務有嚴格的限制。根據《中華人民共和國商業銀行法》的規定，商業銀行在中華人民共和國境內不得從事信託投資和股票業務，不得投資於非自用不動產。商業銀行在中華人民共和國境內不得向非銀行金融機構和企業投資。

### 2007年中國商業銀行證券投資類資產狀況[①]

2007年，中國建設銀行研究部總經理郭世坤接受記者專訪時表示，由於受多種因素影響，2006年國內商業銀行證券投資類資產增速明顯趨緩，在總資產中的占比下降。但與國外銀行相比，國內商業銀行證券投資類資產占比已達到較高水平，預計未來這一占比會在30%左右。

證券投資作為僅次於貸款的一項主要業務，是商業銀行增加收益、分散風險、提高資產流動性的重要保證。2007年，受多種因素影響，商業銀行證券投資類資產增速明顯趨緩。14家上市銀行證券投資類資產總額達8.58萬億元，增速為9.29%，低於同期商業銀行資產擴張速度11.17個百分點，低於同期貸款增速20.5個百分點，中國銀行、興業銀行和華夏銀行三家銀行的證券投資類資產與2006年相比出現了負增長。

14家上市銀行證券投資類資產在總資產中的占比為28.82%，比2006年下降了2.94個百分點。其中，國有控股商業銀行的這一比例為32.13%，比2006年下降2.92

---

① 商業銀行證券投資類資產占比下降［EB/OL］.（2008-08-26）［2016-08-11］. http://money.163.com/08/0826/23/4KADGARV00251OGL.html.

個百分點；全國性中小股份制商業銀行的這一比例為 15.6%，比 2006 年下降 0.86 個百分點；城市商業銀行的這一比例為 32.16%，比 2006 年下降 3.27 個百分點。但截至 2007 年年底，交通銀行、中信銀行、民生銀行、上海浦東發展銀行的證券投資類資產占比仍在上升。

思考：

1. 為什麼各國金融監管法規均對商業銀行從事證券投資業務予以較嚴格的限制？
2. 儘管有較嚴格的監管，商業銀行為什麼還要拓展證券投資業務？

### 三、表外業務

表外業務是指商業銀行所從事的不列入資產負債表、不影響其資產負債總額，但能影響商業銀行即期損益的業務。表外業務有狹義和廣義之分。狹義的表外業務是指未列入資產負債表，但同表內資產業務和負債業務聯繫密切，並在一定條件下會轉化為表內業務的經營活動。廣義的表外業務是指商業銀行從事的所有不在資產負債表內反應的業務。按照《巴塞爾協議》提出的要求，廣義的表外業務可分為兩大類：一是或有債權、債務，即狹義的表外業務，包括貸款承諾、擔保、金融衍生工具和投資銀行業務；二是金融服務類業務，即傳統意義上的中間業務，包括支付與結算服務、信託與諮詢服務、代理業務等。

需要指出的是，現實生活中，表外業務和中間業務的概念沒有嚴格的區分，常常混用。20 世紀 80 年代以來，在金融自由化浪潮的推動下，國際商業銀行為了轉移分散風險、規避資本管制、滿足客戶對銀行服務多樣化的需求等，紛紛利用自身有利條件加速發展中間業務，以獲取更多的非利息收入。隨著表外業務的大量增加，商業銀行的非利息收入迅速增加。1984—1990 年，美國所有商業銀行的非利息收入年均增長率為 12.97%。其中，資產在 50 億美元以上的銀行非利息收入年均增長率達到 21.93%。表外業務已成為西方商業銀行主要的盈利來源。

中國人民銀行在《關於落實〈商業銀行中間業務暫行規定〉有關問題的通知》（2002）中，將國內商業銀行中間業務分為如下九類：

（1）支付結算類中間業務這是指由商業銀行為客戶辦理因債權債務關係引起的與貨幣支付、資金劃撥有關的收費業務，如支票結算、出納匯兌、進口押匯、承兌匯票等。

（2）銀行卡業務這是指由經授權的金融機構向社會發行的具有消費信用、轉帳結算、存取現金等全部或部分功能的信用支付工具。

（3）代理類中間業務這是指商業銀行接受客戶委託、代為辦理客戶指定的經濟事務、提供金融服務並收取一定費用的業務，包括代理政策性銀行業務、代收代付款業務、代理證券業務、代理保險業務、代理銀行卡收單業務等。

（4）擔保類中間業務這是指商業銀行為客戶債務清償能力提供擔保，承擔客戶違約風險的業務，包括銀行承兌匯票、備用信用證、各類保函等。

（5）承諾類中間業務這是指商業銀行在未來某一日期按照事前約定的條件向客戶提供約定信用的業務，包括貸款承諾、透支額度等可撤銷承諾和備用信用額度、回購

協議、票據發行便利等不可撤銷承諾兩種。

（6）交易類中間業務這是指商業銀行為滿足客戶保值或自身風險管理的需要，利用各種金融工具進行的資金交易活動，包括期貨、期權等各類金融衍生業務。

（7）基金託管業務這是指有託管資格的商業銀行接受基金管理公司委託，安全保管所託管的基金的全部資產，為所託管的基金辦理基金資金清算款項劃撥、會計核算、基金估值、監督管理人投資運作。

（8）諮詢顧問類業務這是商業銀行依靠自身在信息和人才等方面的優勢，收集和整理有關信息，結合銀行和客戶資金運動的特點，形成系統的方案提供給客戶，以滿足其經營管理需要的服務活動，主要包括財務顧問和現金管理業務等。

（9）其他類中間業務。這包括保管箱業務以及其他不能歸入以上八類的業務。

## 2010年前三季度北京中資商業銀行實現中間業務收入141.1億元[①]

從中國人民銀行北京營業管理部2010年10月對轄區內商業銀行的調查顯示：轄區內銀行中間業務整體保持較快增長，國際結算、代理類、財務顧問業務快速增長；綜合性中間業務服務發展迅速，成為推動中間業務增長的新亮點。

首先，中資商業銀行中間業務整體保持較快增長。2010年前三季度，北京市中資商業銀行中間業務保持較快增長，累計實現中間業務收入141.1億元，同比增長29.8%，占營業收入比重為10.3%。16家銀行中，共有12家增速超過20%，其中興業銀行北京分行成為增長最快的銀行，同比增長106.5%。

從收入占比來看，工行、農行、中行、建行、交行五家銀行占全部中間業務收入的70%以上，五大行中間業務增長變化基本決定了轄區內商業銀行中間業務的變化。

從各類業務來看，各類中間業務收入增長有所差別，其中其他中間業務、代理類業務和融資顧問業務收入增長較快，同比分別增長73.2%、51.3%和30.5%；支付結算業務、銀行卡業務、交易類業務、託管業務收入增長平緩，同比分別增長12.0%、17.3%、14.9%和17.2%。擔保及承諾業務由於需求量較小，發展較慢，同比僅增長1.5%。從收入占比來看，支付結算業務、銀行卡業務、代理業務、融資顧問業務和其他中間業務收入占據了中間業務的近90%。

其次，受國際經濟形勢、宏觀政策和市場需求影響，轄區內商業銀行部分中間業務格局呈現新變化。

一是國際結算業務大幅增長。2010年以來，隨著全球經濟回暖，進出口貿易結算、貿易融資、國際信用證以及國際資金交易等國際業務開始迅速增長。2010年前三季度各家銀行共實現國際結算收入7.5億元，同比增長37.3%。其中，中國銀行北京分行國際結算業務同比增長87.5%；工商銀行北京分行2010年前三季度國際結算業務收入增幅高達105.8%；中小銀行方面，廣發銀行北京分行2010年前三季度國際業務結算量累計70.5億元，同比增長84.4%，國際結算收入同比增長57%。

---

① 前三季度北京中資商業銀行實現中間業務收入141.1億元 [EB/OL]. (2010-11-23)[2016-08-11]. http://stock.jrj.com.cn/2010/11/2306068621887.shtml.

二是代理保險、代理債券、委託貸款等推動代理類業務收入快速增長。轄區內商業銀行代理保險業務呈現快速發展勢頭。截至 2010 年 9 月末，共實現代理保險業務收入 9.5 億元，同比增長 51.9%，占全部代理類業務收入的 32.1%。2010 年前三季度，轄區內商業銀行共實現代理債券收入 6.7 億元，同比增長 24.1%，占全部代理類業務收入的 22.7%。2010 年前三季度，轄區內商業銀行通過委託貸款獲得中間業務收入 2.9 億元，同比增長 83.4%，占代理類業務收入的 9.7%。

三是信貸資產轉化的理財業務、貸款財務顧問等推動了財務顧問業務的快速增長。2010 年前三季度，財務顧問業務快速增長，實現中間業務收入 12.6 億元，同比增長 62.3%。

四是以綜合服務為代表，中間業務發展迅速，成為推動中間業務增長的新亮點。今年以來，轄區內各商業銀行針對市場需求，積極拓展綜合性中間業務服務，成為推動中間業務增長的新亮點。例如，在公司理財方面，招商銀行北京分行加大創新，推出「企業財富管理綜合金融服務」，將公司理財、現金管理、投資銀行、資產託管等多項業務整合在一起，協助企業提升財務管理水平；在融資顧問方面，民生銀行北京管理部將客戶諮詢及顧問業務與新興市場融資業務有機結合，初步構建以債務融資工具發行、結構性融資、資產管理為核心的新興市場融資產品體系，擴展中間業務渠道。

思考：

由於中間業務的迅速發展，商業銀行是否應從「存款立行」向「服務立行」過渡？

## 第三節　商業銀行的經營原則與管理

### 一、商業銀行的經營原則

商業銀行作為特殊的金融企業，具有一般企業的基本特徵，即追求利潤的最大化。商業銀行合理的盈利水平，不僅是其自身發展的內在動力，也是其在競爭中立於不敗之地的激勵機制。通常認為，商業銀行的經營原則就是保證資金的安全，在保持資產的流動性的前提下，爭取最大的盈利，即安全性、流動性、盈利性三者的統一。

(一) 安全性

商業銀行的安全性經營原則就是商業銀行在經營活動中，要保證資金安全、盡可能地避免和減少風險。安全性原則可從資產和負債兩方面考察：從負債角度來看，包括資本金的安全、存款的安全、各種借入款的安全等；從資產角度來看，包括現金資產的安全、貸款資產的安全、證券資產的安全等。由於資產和負債是相互聯繫、相互制約的，是一個問題的兩個方面，資產處於無損狀態且能增值、回流，負債自然安全。因此，資產和負債的安全主要取決於資產的質量和結構，決定於其資產的風險度及現金儲備的多少。商業銀行必須做到：一是合理運用資產，注重和保證資產質量；二是要提高自有資本的比重，保障債權人的利益；三是遵紀守法，合法經營。

(二) 流動性

商業銀行的流動性指的是商業銀行能夠隨時應付客戶提現和滿足客戶借貸的能力。商業銀行的流動性體現在資產和負債兩個方面。資產的流動性指的是銀行持有的資產能隨時得以償付或者在不貶值的情況下變現；負債的流動性是指銀行能夠以較低的成本獲得所需要的資金。在銀行經營實踐中，通常以貸款、存款、流動性資產、全部負債、超額準備金等比率來粗略衡量銀行的流動性。

(三) 盈利性

盈利性是指商業銀行作為經營金融業務的企業，盡可能地追求利潤最大化。盈利性既是評價商業銀行經營水平的核心指標，也是商業銀行最終效益的體現。商業銀行只有保持理想的盈利水平，才能充實資本和擴大經營規模，增強銀行的實力，提高銀行的競爭能力，增強銀行的信譽，使銀行進入良性發展的軌道。

商業銀行的盈利主要是貸款利息收入、投資收入（股息、紅利、債息以及賣出有價證券的價差）、勞務收入（各種手續費、佣金等）扣除付給存款人的利息、借入資金所支付的利息、銀行自身營運成本和費用等的差額。

(四)「三性」的對立統一

流動性和安全性通常是統一的，一般情況下，安全性高的資產，因被普遍接受，流動性強；而流動性強的資產，由於隨時可變現，從而具有較高的安全性。

盈利性與流動性、安全性之間是對立統一的。「三性」的對立體現在：盈利性是對利潤的追求，這種要求越高，往往風險越大，安全性和流動性就越低；反之，安全性和流動性越高，盈利性越低。例如，貸款期限越長，利率越高，而銀行能否按時收回本息及市場風險等不確定因素越多，貸款的安全性和流動性越低。「三性」的統一體現在：一是在某個範圍內，如在保本和資產可能損失較小的區間內，「三性」可達到都令人滿意的程度；二是在一定情況下，盈利性和安全性、流動性可同向變化。例如，得到政府擔保或者可靠保險的項目，可實現高盈利性和高安全性。

商業銀行在經營管理過程中必須保持「三性」的一致。商業銀行只有保持必要的流動性和安全性，才能從根本上保證盈利性的實現，流動性和安全性是盈利性的基礎和必要條件。因此，在經營策略上，銀行首先不是追求盈利，而是先保證資金的流動和安全。在此前提下，進而追求盡可能多的盈利。

## 二、商業銀行管理理論

(一) 資產管理理論

在20世紀60年代以前，商業銀行是金融機構的主要代表，資金供給相對充裕，間接融資是經濟生活中最主要的融資方式。商業銀行強調單純的資產管理，商業銀行資金配置中的資產管理（Asset Management）理論認為，資金來源的水平和結構是銀行不可控制的外生變量，它取決於客戶存款的意願和能力；銀行不能主動地擴大資金來源，而資金業務的規模與結構則是其自身能夠控制的變量，銀行應主要通過資產方面項目

的調整和組合來實現「三性」原則和經營目標。隨著社會的發展，依次出現了以下幾種資產管理理論。

1. 商業性貸款理論

商業性貸款理論（The Commerical Loan Theory）是最早的資產管理理論，由 18 世紀英國經濟學家亞當·斯密在其《國富論》一書中提出，這是 18 世紀英國商業銀行所遵循的確定商業銀行資金分配方向的重要理論。該理論認為，商業銀行在分配資金時應著重考慮保持高度的流動性，這是因為銀行主要的資金來源是流動性很高的活期存款。由於存款決定是外在的，因此銀行資金的運用只能是短期的工商企業週轉性貸款。這種貸款期限很短，並且以真實的商業票據作為貸款的抵押，這些票據到期后會形成資金自動償還，因此該理論又被稱為自償性貸款理論（Self‐Liquidation Thery）和真實票據理論（Real‐Bill Theory）。商業性貸款理論認為商業銀行不宜發放不動產抵押貸款和消費貸款，即使發放這些貸款，也應將其限定在銀行自有資本和現有存儲存款水平範圍內。

該理論的缺點在於：一是沒有認識到活期存款的余額具有相對穩定性，從而使銀行資產過多地集中在盈利性較低的短期流動資金貸款上；二是由於將銀行的資金運用限定在商業流動資金貸款上，而不拓展其他貸款和資產運用業務，使商業銀行的業務局限在十分狹窄的範圍內，不利於商業銀行的發展和分散風險。然而商業性貸款理論奠定了現代商業銀行經營理論的一些重要原則，第一次明確了商業銀行資金配置的重要原則，即資金的運用要考慮資金來源的性質和結構以及商業銀行相對於一般工商企業應保持更高的流動性以確保商業銀行的穩健經營。

2. 資產可轉換性理論

第一次世界大戰以後，由於西方強國迅速恢復經濟，之后又加上經濟危機爆發和加深，這些國家開始大量發行國債，政府借款需求急遽增加。商業銀行也逐步把資金部分轉移到購買政府證券中去，資產可轉換性理論（The Shiftablity Theory）應運而生。該理論被認為是由美國的莫爾頓於 1918 年在《政治經濟學》雜誌上發表的《商業銀行及資本形成》一文中提出來的。該理論仍強調商業銀行應考慮資金來源的性質而保持高度的流動性，但可放寬資產運用的範圍。銀行流動性強弱取決於其資產的迅速變現能力，因此保持資產流動性的最好方法是持有可轉換資產。這類資產應具有信譽高、期限短、容易轉讓的特點，使銀行在需要流動性時可隨即轉讓獲取所需現金。最典型的可轉換資產是政府發行的短期債券。在資產可轉換性理論的鼓勵下以及當時社會條件變化的情況下，商業銀行資產組合中的票據貼現和短期國債比重迅速增加。

資產可轉換性理論沿襲了商業性貸款理論銀行應保持高度流動性的主張，但突破了商業性貸款理論對商業銀行資產運用的狹窄局限，使銀行在注重流動性的同時擴大了資產運用的範圍。資產可轉換性理論雖然增加了銀行的盈利水平，但是也增加了風險，因為證券資產的質量、金融市場成熟的程度、金融市場和經濟的穩定與否，都含有較大的不確定性。

3. 預期收入理論

預期收入理論（The Anticipated Income Theory）是美國金融學家於 1949 年在《定

期貸款與銀行流動性理論》一書中提出的。該理論認為，商業銀行的流動性狀態從根本上來講取決於貸款的按期還本付息，這與借款人未來的預期收入和銀行對貸款的合理安排密切相關。借款人的預期收入有保障，期限較長的貸款可以安全收回，借款人的預期收入不穩定，即使期限短的貸款也會喪失安全性和流動性。貸款期限並非一個絕對的控制因素，只要貸款的償還是有保障的，銀行按照貸款各種期限合理組合，使資金回流呈現出可控制的規律性，同樣可以保障銀行的流動性。

預期收入理論為銀行拓展盈利性的新業務提供了理論依據，依據借款人的預期收入來判斷資金投向，突破了傳統的資產管理理論依據資產的期限和可轉換性來決定資金運用的做法，豐富了銀行的經營管理思想。預期收入理論的不足之處在於對借款人未來收入的預測是銀行主觀判斷的經濟參數，隨著客觀經濟條件及經營狀況的變化，借款人實際未來收入與銀行的預測量之間會產生偏差，從而使銀行的經營面臨更大的風險。

(二) 負債管理理論

負債管理理論興起於20世紀五六十年代，該理論一改傳統流動性管理中嚴格期限對稱的原則和追求盈利性時強調存款制約的原則，不再主要依賴維持較高水平現金資產和出售短期證券來滿足流動性需要，主張銀行可以積極主動地通過借入資金的方式來維持資產的流動性，支持資產規模的擴張，獲取更高的盈利水平。

負債管理理論的興起是與20世紀五六十年代的經濟、金融環境的變化相適應的。第一，20世紀30年代的大危機之後，各國都加強了金融監管，對利率實施嚴格管制，尤其是存款利率的上限規定，使得銀行不能以利率手段來吸取更多的資金來源。20世紀60年代以後，西方各國普遍出現通貨膨脹，貨幣市場利率不斷攀升吸引了大量投資者，出現「脫媒」狀況，商業銀行面臨資金來源的巨大壓力。在這種情況下，銀行不得不調整資金配置策略，拓展融資渠道來籌措資金。第二，金融市場快速發展，金融工具創新為商業銀行擴大資金來源提供了可能性。1961年，花旗銀行率先發行了大額可轉讓定期單，隨後又出現了諸如回購協議等多種創新型的融資工具。這些流動性強的新型融資工具極大地豐富了銀行的資金來源渠道，為銀行主動負債創造了條件。第三，西方各國存款保險制度的建立和發展，也激發了銀行的冒險精神和進取意識。在這種背景和經濟條件下，20世紀六七十年代負債管理理論盛行一時，先後經歷了存款理論、購買理論和銷售理論。

1. 存款理論

存款理論認為，存款是商業銀行最重要的資金來源，是商業銀行開展資產業務的基礎。存款是存款者放棄貨幣流動性的一種選擇，作為一種報酬，商業銀行應向存款者支付一定的利息；存款者是否將錢存入銀行的意向是決定存款能否形成的主動因素，商業銀行只能被動地接受這種意向；存款的安全性是存款者和商業銀行共同關注的焦點問題，存款者最擔心存款能否如期兌現以及兌現時是否貶值，銀行最擔心是否會發生擠兌，導致銀行信譽受損甚至倒閉；銀行的資金運用，尤其是長期貸款和投資，必須限制在存款的穩定性沉澱餘額內，以免造成流動性危機；存款可分為原始存款和派

生存款。受存款理論影響，一系列有助於促進存款穩定的銀行管理制度誕生了，如存款保險制度、最后貸款人制度、存款利率限制制度等。

2. 購買理論

購買理論是在20世紀六七十年代西方主要國家面臨著「滯脹」的巨大壓力下興起的，標誌著銀行負債經營戰略思想的重大轉移。該理論認為，銀行對於負債並非消極被動和無能為力。銀行完全可以主動地負債，主動地購買外界資金，變被動的存款觀念為主動的借款觀念，變消極地支付負債為積極地購買負債。購買理論對於促進商業銀行更加積極主動地吸收資金、推進信用擴展與經濟增長以及增強商業銀行的競爭力都有積極的意義。但商業銀行在資金購買過程中面臨著利率風險和資金可得性風險，同時購買理論也容易助長商業銀行過度負債、盲目競爭、加重負債危機和通貨膨脹，不利於中央銀行貨幣政策的制定和執行。

3. 銷售理論

銷售理論是在20世紀80年代金融改革和金融創新風起雲湧以及金融競爭和金融危機日益加深的條件下興起的一種負債管理理論。該理論不再單純地著眼於資金，而是立足於服務，即將市場營銷學應用於商業銀行的經營管理中，認為商業銀行是製造金融產品的企業，應根據不同客戶的不同需求，設計開發新的金融產品，並努力將這些產品推銷出去，在其力所能及的限度內為各方面客戶提供滿足其特殊需要的金融服務的同時，獲得所需資金和應有的報酬。銷售理論的銷售觀念不只限於商業銀行的負債，也涉及商業銀行的資產，銀行在設計一種金融產品時，需要將兩個方面聯繫起來進行，即適當地利用貸款或投資手段的配合來實現資金的吸收。

(三) 資產負債管理理論

20世紀70年代后期，由於市場利率大幅度上揚，靠負債保持流動性的成本上升，風險加大，加之西方國家某些金融管理法規的調整，使負債管理的必要性下降。例如，1980年美國國會通過《放松對存款機構的管制及貨幣控制的法令》，承諾在1986年以前廢除利率上限，1981年已允許全國範圍內的銀行對活期存款支付利息等。存款利率管制的放松，使銀行存款利率上升、銀行資金成本提高，負債管理理論的局限性日益顯露。商業銀行要合理安排資產的結構，保證高額盈利，一種將資產管理理論和負債管理理論在更高層次上進行綜合，並從整體上考慮商業銀行經營管理的理論，即資產負債綜合管理理論，簡稱資產負債管理理論，應運而生。

資產負債管理理論既吸收了資產管理理論和負債管理理論的精華，又克服了二者的缺點，從資產和負債兩方面綜合考慮，對照分析，根據銀行經營環境的變化，協調各種不同資產和負債在利率、期限、風險和流動性等方面的搭配，做出最優化的資產負債組合，以滿足盈利性、安全性和流動性的要求。目前，各國商業銀行普遍採用的是資金缺口管理方法和資產負債比例管理方法。

資金缺口管理方法介紹如下：

(1) 正缺口：利率敏感性資產＞利率敏感性負債，預期未來利率上升。正缺口管理圖如圖5.1所示：

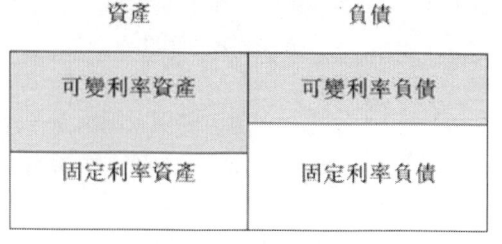

| 資產 | 負債 |
|---|---|
| 可變利率資產 | 可變利率負債 |
| 固定利率資產 | 固定利率負債 |

圖5.1　正缺口管理圖

（2）負缺口：利率敏感性資產＜利率敏感性負債，預期未來利率下降。負缺口管理圖如圖5.2所示：

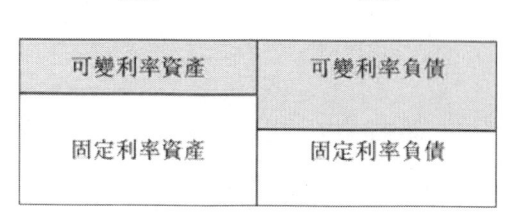

| 資產 | 負債 |
|---|---|
| 可變利率資產 | 可變利率負債 |
| 固定利率資產 | 固定利率負債 |

圖5.2　負缺口管理圖

## 花旗銀行的營銷策略[①]

花旗銀行是一家美國金融公司，建立於1812年，1865年獲得了聯邦特許，1913年在阿根廷布宜諾斯艾里斯設立了第一家國外分支行，到1930年時其分支機構已經超過了100家。花旗銀行收益的65%來自零售業務。

花旗銀行在零售業務方面具有巨大的優勢和競爭力，這種優勢的建立在很大程度上歸功於其零售業務的營銷策略。早在20世紀70年代，花旗銀行就開始實現了營銷理念的重大突破，即以市場為導向，以滿足客戶需要為條件，以商品消費的思路去分析客戶的心態，並據此採取了相應的對策。為了推銷產品、擴大市場，花旗銀行採取的措施主要如下：

1. 建立顧客關係至上的營銷理念

花旗銀行的服務宗旨不僅僅是立足於產品銷售，還要給顧客愉快的感受，使顧客對銀行產生依賴關係。據此，花旗銀行致力於建立顧客對銀行的依賴和信任關係，並依此目標改善其產品的服務功能。花旗銀行也努力在全球推廣標準化的服務，確保服務質量的統一性。

2. 塑造花旗銀行的品牌形象

花旗銀行除了在全球推行統一品牌外，還將其零售產品設計成一種身分的象徵，

---

[①] 郭福春. 商業銀行經營管理與案例分析 [M]. 杭州：浙江大學出版社，2005.

並依靠精心設計的廣告突出這一特徵，使許多人將擁有花旗銀行的產品視為一種榮耀。例如，花旗銀行對信用卡的營銷除了突出服務功能外，還特別突出塑造成功的形象，對年輕的顧客產生了巨大的吸引力。

3. 對市場進行細分，明確市場定位

花旗銀行對客戶市場進行細分，對客戶進行分類，即根據客戶的年齡、性別、地域、偏好、職業、受教育程度、收入、資產等標準進行細分。在此基礎上，花旗銀行實施有效的市場定位，針對不同層次的客戶提供適合他們需求的金融產品和服務，使銀行服務由統一化、大眾化向層次化、個性化轉變。對其市場定位中的重點客戶，花旗銀行採取不同的服務措施，如對持有金卡的一些顧客實施免收年費的優惠措施。花旗銀行的口號是：「代替統一服務的是那種能夠滿足每一個單獨顧客需要的服務」。花旗銀行在美國本土及全球集中服務於中產階層和高收入高消費層次。在亞洲，花旗銀行把目標瞄準了新興的中產階層，認為隨著他們財富的增加，他們對個人金融服務的需求也在增加。花旗銀行重點服務的對象是占人口總數20%的高收入階層，花旗銀行為其提供信用卡和抵押貸款等一系列的產品服務。

4. 運用靈活的營銷手段，為客戶提供全面的服務

花旗銀行對個人客戶能提供全面的商業銀行各類服務，包括資產管理、保險、個人理財、諮詢顧問、甚至旅遊服務等。此外，花旗銀行還採取客戶服務差別化戰略，依據客戶收入、消費習慣的不同，提供各種不同的服務組合，還積極發展多品種交易客戶，不僅為其提供存貸款、信用卡、消費貸款服務，還提供投資信託、年金以及保險類金融商品的綜合服務。為了爭取更多的客戶，花旗銀行的營銷手段層出不窮，除了積極利用廣告媒體和各種宣傳資料外，還注重市場調查和信息的搜集工作。例如，在印度，花旗銀行的工作人員通過查閱電話號碼簿把信用卡發放給那些安裝固定電話的人，因為在當地除了個別例外，只有富裕人士才能安裝得起固定電話。而在印度尼西亞，花旗銀行的目標則是那些擁有衛星電視接收器的家庭。成功的營銷策略使花旗銀行的零售業務在亞太地區贏得了廣泛的客戶群。

有效創新的營銷策略支撐了零售業務成為花旗銀行最具優勢的業務之一，近幾年，花旗銀行零售業務收入年增長率達到20%以上。

思考：

商業銀行主動開展營銷，是否意味著商業銀行的經營風格發生了根本性變化？中國商業銀行應如何適應這一變化？

## 第四節　商業銀行的存款貨幣創造

在現代金融體系中，商業銀行最重要的特徵是可以以派生存款的形式創造和收縮貨幣，從而影響整個社會的貨幣供應量。

## 一、商業銀行存款貨幣的相關概念

（一）存款貨幣

存款貨幣也稱支票存款，是指存在商業銀行，使用支票可以隨時提取的活期存款。

（二）原始存款

所謂原始存款，狹義的原始存款是指客戶以現金形式存入銀行的款項；廣義的原始存款也包括能同時增加準備金存款的銀行吸收的最初存款，如財政撥款、外匯占款等形成的存款及中央銀行付款的支票。原始存款是商業銀行進行信用擴張和創造派生存款的基礎。

（三）派生存款

派生存款是指商業銀行體系以原始存款為基礎，通過貸款、貼現、投資等業務轉化而來的存款，也稱衍生存款。

（四）法定準備金

法定準備金是指商業銀行按照法定準備金率的要求提留的不能用於放款盈利的那部分存款。

（五）超額準備金

超額準備金是指商業銀行準備金中超過法定準備金以上的那部分準備金。

## 二、商業銀行創造存款貨幣的條件

商業銀行創造存款貨幣要具備以下條件：

第一，實行完全的信用貨幣流通。

第二，實行比例存款準備金制度，即銀行將所吸收的存款按一定比例留作存款支付準備金的制度。在這一條件下，銀行才可以在保留部分現金準備的條件下，將客戶存款的其餘部分用於自身的資產業務，如用於發放貸款。

第三，廣泛採用非現金貨幣結算方式。銀行機構眾多，轉帳制度發達，存款可在不同銀行多次流轉。非現金結算制度是銀行制度的重要組成部分，使得支票存款具有了貨幣的交易媒介職能和支付手段的功能。於是人們在取得貸款后，有可能不再提現，從而確保準備金保留在銀行體系內部不斷循環，存款貨幣創造過程才得以繼續。

## 三、商業銀行存款貨幣的創造過程——簡化的存款貨幣創造模型

當客戶將1元錢存入某家銀行后，並不一定就會發生存款的創造。如果銀行只是接受委託，保管這筆錢，直到客戶來取錢為止，那麼就不會有任何額外的存款被創造出來。但是銀行作為金融仲介存在，決定了其不會簡單地充當一個現金的保管者，而會將這筆錢貸放給需要資金的借款者，存款貨幣創造從此開始。

為了說明商業銀行創造存款貨幣的過程，考慮最簡單的情形，首先進行如下假設：

第一，銀行只保留法定準備金，其余資金全部貸放出去，超額準備金為零。
第二，客戶的資金全部通過轉帳進行結算，沒有提取現金行為。
第三，法定存款準備金率$r_d$為20%。

現假設A銀行收到10,000元支票存款后，留下2,000元作為法定準備金後將其余的8,000元貸出。得到8,000元貸款的客戶將貸款使用，購買各種生產要素，轉帳支付給商家，該商家將這8,000元收入存入開戶行B銀行。B銀行在得到8,000元存款中留下1,600元作為法定準備金，剩餘的全部貸出……從而C銀行得到6,400元存款……以此類推，一直持續到最初增加的10,000元存款完全轉化為銀行體系的法定準備金為止（見表5.1）。這時，銀行體系的存款總額為50,000元。

表 5.1　　　　　　　　　簡單的存款創造模型　　　　　　　　單位：元

| 銀行<br>(1) | 存款的變化<br>(2) | 貸款的變化<br>(3) = (2) ×80% | 準備金的變化<br>(4) = (2) ×20% |
| --- | --- | --- | --- |
| A | 10,000（原始存款） | 8,000 | 2,000 |
| B | 8,000（派生存款） | 6,400 | 1,600 |
| C | 6,400（派生存款） | 5,120 | 1,280 |
| D | 5,120（派生存款） | 4,096 | 1,024 |
| E | 4,096（派生存款） | 3,276.8 | 819.2 |
| F | …… | …… | …… |
| G | …… | …… | …… |
| …… | | | |
| 總計 | 50,000 | 40,000 | 10,000 |

觀察以上過程，可以發現在表5.1中，根據：

$1 + r + r^2 + r^3 + \cdots = 1/(1-r)$

存款總額 = 10,000 + 8,000 + 6,400 + 5,120 + 4,096 + …
　　　　 = 10,000 × [1 + 4/5 + (4/5)² + (4/5)³ + …]
　　　　 = 10,000 × 1/20%
　　　　 = 50,000（元）

商業銀行存款貨幣創造的公式如下：

存款總額 = 原始存款 × 1/法定準備金率
　　　　 = 原始存款 × K

派生存款 = 存款總額 − 原始存款

式中，K為貨幣乘數，表示單位原始存款的變動可能引起的存款總額的最大擴張倍數。

$K = \dfrac{1}{r_d}$

從上式可看出，商業銀行存款貨幣擴張數額的大小，取決於兩個因素：一是原始存款量的大小，即原始存款量越大，創造的存款貨幣的數量越多；反之，則越少。二是法定準備率的高低。法定存款準備金率越低，貨幣乘數就越高，商業銀行存款創造的能力就越強；法定存款準備金率越高，貨幣乘數就越低，商業銀行存款擴張的能力也就越弱。

### 四、貨幣乘數的修正

現實生活中，商業銀行具有創造派生存款的能力，但派生存款的擴張又不是無限度的，派生存款的擴張究竟能達到多少倍，即貨幣乘數是多少，還得受整個國民經濟情況、所處的經濟發展階段、法定存款準備金率、超額準備金率、現金漏損率等諸多因素的制約。因此，必須對貨幣乘數公式進行進一步的修正。

(一) 現金漏損率

現實生活中，客戶常會從活期存款帳戶中提取現金，從而使現金從存款帳戶中流出。如果商業銀行沒有超額準備金，銀行系統的法定存款準備金數量減少，為補足法定準備金，商業銀行必然收縮貸款，貨幣乘數縮小，商業銀行創造存款貨幣的能力下降。現金從活期存款中提取，現金（C）與存款總額（D）之間的比例關係表現為現金漏損率（c）。

$$c = C/D$$

這樣，貨幣乘數可修正為：

$$K_1 = \frac{1}{r_d + c}$$

(二) 超額準備金率

商業銀行日常經營中，通常為了應付不時之需或等待有利投資機會，商業銀行總會保留一定數量的超額準備金（E），超額準備金與存款總額之間的比例關係表現為超額準備金率（$r_e$）：

$$r_e = E/D$$

因為超額準備金的存在，必然使銀行創造存款的能力削弱，此時貨幣乘數變動為：

$$K_2 = \frac{1}{r_d + c + r_e}$$

由上可知，商業銀行吸收一筆原始存款能夠創造多少存款貨幣，受到法定準備金率、現金漏損率、超額準備金率等許多因素的影響，商業銀行創造存款貨幣的能力必然有所下降。分母的數值越大，則存款乘數的數值越小。

## 貸款五級分類[①]

借款人：摩托股份有限公司

一、公司基本情況

摩托股份有限公司成立於2000年3月，註冊資本50萬元，地址×××，公司主營業務為摩托車配件等，法定代表人為劉某（50余歲），股東3人，設立股東會、法定代表人和執行董事，基本帳戶開戶行為工商銀行。

二、公司經營情況

摩托股份有限公司發起人原為某國有摩托生產企業員工劉某，因工廠倒閉破產，劉某聯合兩名同事成立了該公司，主要為A公司生產摩托配件。經過一年發展，該公司現已擁有3,000平方米的生產車間及其他用房，建立了比較規範的制度管理，各科室部門比較健全。該公司擁有員工50余人，其中營銷人員1人，擁有生產設備40余臺，是於1995年購置的。按A公司統一管理需要，該公司在其租賃倉庫用於存放產成品，並派駐員工看管，由A公司根據生產需要隨時調用其產品，后支付貨款。若A公司資金暫時緊張，則以工商銀行開具的銀行承兌匯票支付。目前，該公司擁有A公司開戶行於2005年12月1日開具的15萬元的銀行承兌匯票一張，期限半年。由於摩托股份有限公司存在自身研發能力弱的情況，因此在近幾年的發展中，摩托股份有限公司主要依靠B公司的研發能力生產其研發的產品，即代加工產品。由於摩托股份有限公司和B公司建立了良好的商業夥伴關係，因此B公司也給予了其極大的幫助，該公司應付帳款中的80%均為欠B公司的款項。

三、公司借款情況

（1）2003年9月5日至2006年9月5日，中長期固定資產投資貸款30萬元，摩托股份有限公司5畝（1畝約等於666.67平方米）的國有土地是有權抵押的（出讓、工業用地性質），抵押率為50%。

（2）2006年2月3日至2006年6月3日，短期流動資金貸款，信用方式10萬元。摩托股份有限公司股東出具銀行承兌匯票到期優先歸還貸款承諾函。

四、財務報表情況

（略）

五、風險認定分析

1. 基本分析

摩托股份有限公司在2003年生產、銷售發展平穩，勢頭良好時，加大了對固定資產的投入，由於當時資金流動性強，為不占用正常生產流動性資金，該公司在某信用社辦理了3年期的生產用房建設貸款，金額30萬元，貸款用途主要用於更新生產用房，新建鋼結構生產用房，用其擁有的5畝國有土地使用權做抵押，土地性質為一級工業用地，出讓性質，2003年8月經專業評估擊機構評估為60萬元，抵押率為50%。2006年2月，由於該公司應收貨款未能及時回籠，企業的流動資金出現暫時困難，向信用

---

[①] 劉毅. 商業銀行經營管理學 [M]. 北京：機械工業出版社，2006.

社申請辦理了4個月的短期信用貸款10萬元，用於企業流動資金。從信用社開展的貸後檢查情況看，該公司未挪用借款資金，同時能夠按季足額支付貸款利息，無拖欠情況發生。

2. 財務分析

摩托股份有限公司2003—2005年財務分析如表5.2所示：

表5.2　　　　　　　摩托股份有限公司2003—2005年財務分析

| 年份<br>財務比率 | 2005年 | 2004年 | 2003年 | 標準值 |
| --- | --- | --- | --- | --- |
| 資產負債率（%） | 94.0 | 94.3 | 67.4 | 60~70 |
| 流動比率 | 0.51 | 0.49 | 0.7 | 2 |
| 速動比率 | 0.1 | 0.12 | 0.25 | 1 |
| 銷售利潤率（%） | 0.8 | 6.5 | 9.8 | — |
| 資產利潤率（%） | 0.1 | 0.2 | — | — |
| 應收帳款週轉次數（次） | 6.2 | 5.2 | 3 | — |
| 存貨週轉次數（次） | 1.3 | 1.9 | 3 | — |

從摩托股份有限公司這三年的財務報表來看，各項數據趨向不良，資產負債率連續兩年高達94%。而公司的流動比率、速動比率、銷售利潤率、資產利潤率和存貨比率均逐年下降，並且遠低於標準值和同行業平均數。

（1）從該公司的流動資產來看，其中存貨的比重高達78%，流動比率為0.51，遠低於標準值，說明公司短期償債能力很弱，流動資金缺乏，資產負債情況差。

（2）該公司2003—2005年的銷售收入，呈逐年下降態勢，並且下降的幅度近50%，與此同時，該公司的存貨量却在逐年上升，說明該公司近三年的生產規模、市場需求量、銷售量均呈現萎縮態勢。發展的潛力不足，企業步入衰退期。

（3）從該公司的生產情況看，其生產產品品種單一，銷售渠道單一，未能有效地開展營銷工作，產品市場佔有率逐年下降。同時，該公司的生產完全依靠A公司的需求而定，被動性強，即使該公司滿負荷生產也只能增加存貨而已，不能迅速形成收益、回籠資金，市場抗風險能力弱。

（4）從該公司的銷售利潤率看，2005年呈下降態勢，主要原因是主要產品銷售量減半，同時自主研發能力差，逐漸演變為代加工企業，而代加工產品的附加值低、利潤少。同時，該公司也意識到現狀，加大了對應收帳款的催收，保證流動資金的使用。

3. 現金流量分析

按照簡易法計算，該公司2005年現金淨流量為4,051元，無投資活動產生的現金流量，籌資活動產生的現金流量淨額為84,040元，經營活動產生的現金流量淨額為-79,989元，說明企業經營活動產生的現金流出量遠大於現金流入量，該公司只能通過員工和股東籌集流動資金彌補經營活動產生的現金負值。

4. 擔保分析

（1）30萬元抵押貸款由摩托股份有限公司的國有土地使用權抵押，屬出讓性質，為一級工業用地，經專業評估機構評估足值，抵押率50%，借款合同、抵押合同均辦理了公正手續，賦予強制執行效力，使用權在國土部門辦理了有效的抵押登記手續，並取得有效的抵押權證，由信用社入庫保管。

（2）10萬元貸款雖為信用方式，但貸款到期前兩日，摩托股份有限公司有一筆15萬元的銀行承兌匯票到期，並且該公司股東會承諾該匯票到期優先償還該筆貸款。信用社加強匯票到期兌付的監督，防止該公司挪用，督促歸還，因此認為該筆借款風險較小。

5. 非財產分析（簡述）

摩托股份有限公司發展潛力不足、營銷人員少、產品品種單一、銷售渠道單一、被動性強等。

思考：

該企業的兩筆貸款質量如何，可以認定為哪類貸款？依據是什麼？

# 思考與練習

## 一、名詞解釋

商業銀行　單一銀行制度　總分支行制度　持股公司制　負債業務　自有資本　支票存款通知存款　資產業務　抵押貸款　擔保貸款　信用貸款　貼現貸款　表外業務　匯兌業務　承兌業務　擔保業務　存款創造　原始存款　派生存款　貨幣乘數　法定準備金率　現金漏損率　超額準備率

## 二、簡答題

1. 現代商業銀行是怎麼產生的？
2. 如何理解現代商業銀行的性質？
3. 商業銀行的職能有哪些？
4. 為什麼持股公司制在美國最為流行，並在近幾年獲得了極大的發展？
5. 商業銀行的資產負債業務都有哪些？
6. 簡述自有資本在商業銀行經營中的地位和作用。
7. 商業銀行的經營原則是什麼？簡述安全性、流動性和盈利性之間的關係。
8. 什麼是資產負債管理理論？其管理的一般方法是什麼？如何具體運用？

## 三、論述題

1. 商業銀行的表外業務目前在其經營中處於什麼地位？商業銀行為什麼要大力發展表外業務？
2. 試述商業銀行經營管理理論的發展過程。
3. 什麼是存款貨幣？試述商業銀行存款貨幣的創造過程。

# 第六章　中央銀行

**本章要點**

　　本章主要讓學生瞭解中央銀行制度產生與發展的歷史；熟悉和掌握中央銀行的性質、職能與制度類型以及中央銀行與政府的關係、中央銀行的主要業務、金融風險和金融管理。本章的重點是中央銀行產生的客觀原因、中央銀行的性質和職能、金融風險和金融管理；難點是正確理解中央銀行的獨立性。

**金融海嘯與央行貨幣政策**

　　次貸危機時，在美國大規模金融救援方案通過之后，金融海嘯不僅沒有停止，全球股市下跌的勢頭反而一浪高過一浪。全球金融市場進一步惡化，不僅給金融市場本身增加了更大的風險與危機，也給各國經濟帶來巨大的威脅和不確定性。

　　面對這些危機，先是澳大利亞率先下調基準利率1%，中國香港金融當局2008年10月8日宣布，將從10月9日起實際減息1%。之后，世界各主要國家和地區央行同時協調降息。美聯儲、歐洲央行及英國、加拿大、瑞典央行都宣布降息0.5%，它們的利率分別降至1.5%、3.5%、4.5%、2.5%、4.25%。中國人民銀行同日決定，下調存款類金融機構人民幣存款準備金率0.5%，下調各期限檔次存貸款基準利率0.27%。與此同時，國務院決定對儲蓄存款利息所得暫免徵收個人所得稅。

　　可以說，這次世界幾大央行協調一致，統一降息，是史無前例的事件。這包含了以下幾個方面的意義：一是在全球金融市場惡化、風險不斷增加的情況下，各國央行達成了基本共識。協調降息將對穩定全球金融起到一定的作用，這也是全球金融市場新秩序建立的開始。二是儘管這次降息的幅度不大，但由於各國央行在統一時間內行動，說明了各國央行不僅有穩定全球金融的決心，也有穩定全球金融市場的工具與能力。當前全球金融市場的惡化局面會在短期內有所改善。三是這次中國也參與全球各國央行的統一行動，也是中國金融體系真正面向世界的一個標誌性事件。在這場重大的金融危機面前，以西方為代表的世界各主要經濟體已經把中國視作其不可或缺的成員之一。中國央行能夠在歐美金融市場面臨巨大困難之際，與世界各國央行統一行動，將有利於未來我們與各國金融監管當局的進一步交往與協作，也是中國邁向金融大國的真正體現。

　　思考：在當今世界，面臨全球性金融危機時，各國央行能發揮多大作用？

　　提示：央行首先應該擔負責任，及時反應，在全球化的今天，一國難以獨善其身，必須聯手干預，發揮央行作為金融管理職能的對外代表作用，代表政府來談判、參與全球合作。央行發揮作用的大小取決與其獨立性和信譽以及反應的能力和政策的合理性。

## 第一節　中央銀行概述

中央銀行是國家賦予其制定和執行貨幣政策，監管金融體系，進行宏觀金融調控的特殊的金融機構。

### 一、中央銀行產生的經濟背景、原因及其發展

(一) 中央銀行產生的經濟背景

中央銀行產生於17世紀后半期，形成於19世紀初期，中央銀行產生的經濟背景如下：

1. 商品經濟迅速發展

18世紀初，西方國家開始了工業革命，社會生產力的快速發展和商品經濟的迅速擴大，促使貨幣經營業越來越普遍，而且日益有利可圖，資產階級政府由此產生了對貨幣財富進行控制的慾望。

2. 資本主義經濟危機頻繁出現

資本主義經濟自身的固有矛盾必然導致發生連續不斷的經濟危機。面對危機，資產階級政府開始從貨幣制度上尋找原因，企圖通過對銀行券發行的控制，避免和消除經濟危機。

3. 銀行信用的普遍化和集中化

資本主義產業革命促使生產力空前提高，生產力的提高又促使資本主義銀行信用業蓬勃發展。其主要表現為：一是銀行經營機構不斷增加；二是銀行業逐步走向聯合、集中和壟斷。

(二) 中央銀行產生的客觀原因

資本主義商品經濟的迅速發展、經濟危機的頻繁發生、銀行信用的普遍化和集中化，既為中央銀行的產生奠定了經濟基礎，又為中央銀行的產生提供了客觀條件。

1. 政府對貨幣財富和銀行的控制

資本主義商品經濟的迅速發展，客觀上要求建立相應的貨幣制度和信用制度。資產階級政府為了開闢更廣泛的市場，也需要有巨大的貨幣財富作為后盾，從而促使政府建立實現自身利益的大銀行。

2. 統一貨幣發行

在銀行業發展初期，幾乎每家銀行都有發行銀行券的權力，但隨著經濟的發展、市場的擴大和銀行機構的增多，銀行券分散發行的弊病就越來越明顯，客觀上要求有一個資力雄厚並在全國範圍內享有權威的銀行來統一發行銀行券。

3. 集中商業銀行存款準備金，充當銀行最后貸款人

商業銀行在日常經營過程中，由於追求利潤最大化，可能會發生營運資金不足、頭寸調度不靈等問題，客觀上要求有一個金融機構，利用存款準備金制度，集中眾多

銀行的部分資金，當某些商業銀行出現資金週轉困難時，提供必要的資金支持，充當銀行的最後貸款人。

4. 建立票據清算中心

隨著銀行業的不斷發展，銀行每天收受票據的數量增多，各家銀行之間的債權債務關係日趨複雜，各家銀行自行軋差進行當日清算已越發困難。無論是同城清算，還是異地清算，都迫切需要建立一個全國統一的、有權威的、公正的清算中心。

5. 統一金融管理

隨著銀行業和金融市場的發展，競爭也日趨激烈，需要政府出面進行必要的管理，創建公平競爭的市場環境，保證銀行業和金融市場的穩定。這要求產生隸屬政府的中央銀行這一專門機構來實施政府對銀行業和金融市場的管理。

(三) 中央銀行的產生與發展

1. 中央銀行的產生

縱觀世界各國中央銀行產生與發展的歷史，中央銀行的產生主要有以下兩條途徑：一條路徑是由信譽好、實力強大的商業銀行經過逐步演變，最終發展而成，如英國的英格蘭銀行和瑞典的瑞典銀行；另一條路徑則是由政府出面直接組建中央銀行，如美國的聯邦儲備體系（美聯儲）。

(1) 瑞典銀行。歷史上最早的國有銀行是瑞典銀行，其成立於 1656 年，1668 年改組為國家銀行。1897 年，瑞典政府通過立法，將貨幣發行權集中於瑞典銀行。不過，儘管瑞典銀行成立的時間最早，但它獲得貨幣集中發行權的時間卻大大晚於英格蘭銀行。

(2) 英格蘭銀行。英國的英格蘭銀行是最早獲得貨幣發行權、具有無限法償資格的中央銀行，也是最早全面行使中央銀行職能的銀行。英格蘭銀行成立於 1694 年，是歷史上第一家股份制銀行。150 年后，即 1844 年，英國銀行法案《比爾條例》的頒布，使英格蘭銀行基本壟斷了貨幣發行權，邁出了成為中央銀行的決定性的一步。1854 年，英格蘭銀行成為英國銀行業的票據交換中心。1872 年，英格蘭銀行開始對其他銀行負起「最後貸款者」的責任。

(3) 美國聯邦儲備體系。美國聯邦儲備體系建立於 1913 年。其主要特點有：全國共分為 12 個區域性的儲備區，每個儲備區設立一家聯邦儲備銀行；聯邦儲備銀行既是聯邦儲備體系的業務機構，同時又是區域性的中央銀行，具有一定的獨立性；聯邦儲備銀行負責貨幣發行、代理國庫、主持清算、會員銀行準備金保管、對會員銀行提供貸款和再貼現、公開市場操作等業務。

2. 中央銀行制度的發展

1913 年，美國聯邦儲備體系的建立標誌著中央銀行制度在世界範圍的基本確立。其后，中央銀行制度進入快速發展階段。中央銀行制度的發展進程可分為兩個階段：中央銀行制度的推廣階段（1914—1945 年）和中央銀行制度的強化階段（1946 年至今）。

(1) 中央銀行制度的推廣階段。1920 年，在比利時首都布魯塞爾舉行了第一次國

際金融會議。會議提出：為穩定幣值、消除通貨膨脹，各國中央銀行應擺脫政府政治上的控制，實行穩健的金融政策；尚未成立中央銀行的國家應盡快成立中央銀行，以穩定第一次世界大戰后幣制、匯率和金融混亂的局面。在這一期間新建或改建的中央銀行，大多數是借助政府的力量直接設立而成的。據統計，1921—1942年，全球通過改組或新建設立的中央銀行共計43家。

（2）中央銀行制度的強化階段。第二次世界大戰后，各國為發展經濟，普遍信奉凱恩斯主義的宏觀經濟理論，同時加強了中央銀行制度的建設。中央銀行制度的強化主要體現在中央銀行的國有化、國家對中央銀行的控制加強、強化了中央銀行貨幣政策的宏觀調控功能、中央銀行國際合作的加強、跨國中央銀行出現等幾個方面。

(四) 中國中央銀行的產生與發展

1. 中國早期中央銀行的產生與發展

1904年，清政府成立戶部銀行，1908年改為大清銀行，之后大清銀行改組為中國銀行。1924年8月，孫中山在廣州成立中央銀行；1926年北伐軍攻克武漢，同年又成立中央銀行；1927年，蔣介石成立南京國民政府，同年10月頒布《中央銀行條例》，1928年11月1日新成立中央銀行，總行設在上海。

2. 中國人民銀行的建立與發展

1931年11月，中國共產黨在江西瑞金成立中華蘇維埃國家銀行，次年2月該行開業。1948年12月1日，中國人民銀行在原華北銀行的基礎上，通過合併西北農民銀行、北海銀行，在石家莊正式成立，1949年2月總行遷入北京。

此時期的中國人民銀行實行的是一種「大一統」的、「一身二任」的、「複合式」的中央銀行體制，即中國人民銀行既是中央銀行，同時又經營專業銀行業務，是全國的現金中心、信貸中心、結算中心。

1983年9月，國務院決定中國人民銀行專門行使國家中央銀行職能。1995年3月18日，第八屆全國人民代表大會第三次會議通過了《中華人民共和國中國人民銀行法》。至此，中國人民銀行作為中央銀行以法律形式被確定下來。

**二、中央銀行的性質和職能**

(一) 中央銀行的性質

中央銀行作為國家金融管理機構，代表國家制定貨幣金融制度，執行金融政策，負責宏觀經濟調控，對各金融機構進行監督管理。中央銀行具體有如下特徵：

1. 中央銀行是一國金融體系的核心

中央銀行作為國家金融管理機構，代表國家制定貨幣金融制度和貨幣政策，執行貨幣金融政策，負責宏觀經濟調控，對各金融機構進行監督和管理，是一國貨幣金融的最高權力機構，是一國信用體系的樞紐和金融管理的最高當局。其核心地位主要表現如下：

一是由於金融機構是經營貨幣及其衍生品的企業，而貨幣由中央銀行壟斷發行並調節市場貨幣量，市場貨幣的多寡直接關係金融機構的經營。

二是商業銀行和其他金融機構都需要利用中央銀行的清算體系進行相互之間債務債權關係的清算。

三是貨幣數量的多寡以及中央銀行清算體系的效率決定金融體系的正常運轉。

2. 中央銀行不以營利為目的

與一般金融機構不同，中央銀行不以營利為目的，因為盈利目的與中央銀行作為金融市場的管理者和調節者以及承擔的其他職能相衝突。例如，如果將盈利作為目標，中央銀行就可以利用壟斷貨幣發行權的優勢濫發貨幣，輕而易舉地實現盈利目標，其他金融機構根本無法與中央銀行競爭，很可能形成中央銀行獨霸金融市場的局面。又如，當市場上資金過於寬裕、出現通貨膨脹徵兆時，應該減少貨幣的供應，但這將減少中央銀行的盈利。如果中央銀行以盈利為目的，可能會拖延實施緊縮政策。因此，金融體系是否穩健和貨幣政策是否得當是中央銀行的目的，也是考核中央銀行的指標。

3. 中央銀行以政府和金融機構為業務對象

由於中央銀行不以營利為目的，如果也將一般工商企業和個人列為業務對象的話，就可能降低資金的使用效率和發生與民間金融機構爭奪客戶的現象。同時，還會降低貨幣的流通速度，不利於貨幣政策的執行。中央銀行以政府為業務對象主要表現在中央銀行為政府代理國庫，充當政府經濟金融顧問等；中央銀行以金融機構為業務對象主要表現為中央銀行接受金融機構存款、向金融機構提供貸款和資金清算服務等。

4. 中央銀行對存款不支付利息

因為中央銀行吸收的金融機構準備金存款屬於保管性質而非營利性質。如果支付利息，中央銀行很可能通過提高向金融機構的貸款利率，轉移這部分成本，結果對市場實際利率和金融機構的實際成本產生影響。財政存款雖然不是保管性質，但中央銀行以提供無息短期貸款、無償代理發行債券和代理國庫服務作為補償。

5. 中央銀行的資產具有最大的清償性

無論中央銀行採取哪種貨幣政策手段，最終必然是通過中央銀行的資產變動引起全社會貨幣流通量的變化，實現政策目的。因此，要求中央銀行的資產具有完全的變現和清償能力，否則資產的變動不能適應操作要求，就不能使政策工具及時、順利地發揮作用，達不到預期政策目的。

例如，中央銀行實行緊縮性的貨幣政策，需要在公開市場出售證券來回籠貨幣。但是，如果該證券的流動性較差，不能立刻售出，那麼就不能順利回籠貨幣，緊縮貨幣政策當然也就無法實施。因此，很多國家在中央銀行的法律中都規定了中央銀行持有資產的範圍，限制中央銀行持有流動性差的資產。

(二) 中央銀行的職能

中央銀行的職能有兩種劃分方法：一種是按照中央銀行在社會經濟中的地位劃分；另一種是按照中央銀行的性質劃分。

1. 按照中央銀行在社會經濟中的地位劃分

中央銀行的職能主要有發行的銀行、銀行的銀行和政府的銀行。

(1) 中央銀行是發行的銀行。所謂發行的銀行，是指中央銀行擁有發行銀行券的

特權，負責全國本位幣的發行，並通過調控貨幣流通，穩定幣值。

中央銀行發行銀行券最初有一些限制，即必須有十足的準備金，早期是以黃金和商業票據作為發行準備金，后來外匯、公債券、國庫券也可以作為發行準備金。現在，大多數國家已經取消黃金作為發行準備，而普遍以政府公債充當，這種情況就可能為赤字財政和通貨膨脹打開了方便之門。

（2）中央銀行是銀行的銀行。所謂銀行的銀行，是指中央銀行與商業銀行發生業務關係，如集中商業銀行的準備金並對它們提供信用，而且還為它們提供清算服務。中央銀行同商業銀行的業務往來主要有以下幾方面：

①集中商業銀行的存款準備金。商業銀行吸收的存款不能全部貸出，必須保留一部分作為準備金，以備存款人提取。可見，存款準備金最初是為了保證商業銀行的流動性。但隨著經濟的發展，為了調節市場貨幣供應量，法律規定商業銀行必須按照規定的比率向中央銀行繳存法定存款準備金。這樣就使商業銀行的準備金大部分集中於中央銀行，中央銀行往往通過各種手段影響商業銀行的準備金數量，以達到控制全國貨幣供應量的目的。

②辦理商業銀行間的清算。由於各商業銀行都有存款準備金存在中央銀行，並在中央銀行設有活期存款帳戶，這樣就可以通過存款帳戶劃撥款項，辦理相互之間的債權債務結算。

③對商業銀行發放貸款。商業銀行資金短缺時，可從中央銀行取得貸款。其方式是把工商企業貼現的票據向中央銀行申請再貼現，或以票據、有價證券作為抵押向中央銀行申請貸款。中央銀行對商業銀行的貸款主要來源於國庫存款和商業銀行繳存的準備金，中央銀行在資金不足時，可以發行央行票據。

（3）中央銀行是政府的銀行。所謂政府的銀行，是指中央銀行代為管理財政收支，代表國家制定和貫徹執行貨幣金融政策。

①代理國庫。中央銀行經辦政府的財政收支，執行國庫的出納職能，如接受國庫的存款、兌付國庫簽發的支票、代理收解稅款、替政府發行債券、還本付息等。

②對國家提供信貸。中央銀行根據國家財政需要，在國家財政出現收支不平衡時，以有價證券為抵押或以國庫券貼現方式對國家財政發放短期貸款，這種貸款不致引起貨幣流通混亂。但是當國家財政赤字長期延續時，政府如果利用中央銀行的信用彌補赤字，這時中央銀行為支持財政而增發貨幣，超出商品流通對貨幣的實際需要，會導致通貨膨脹。

③在國際關係中，中央銀行代表國家與國際金融機構建立業務聯繫，處理各種國際金融事務。

中央銀行是政府的銀行，不論它的所有制形式是國有的、私人的、股份制的或國家與私人合營的，其管理權都掌握在政府手中，處於國家監督之下，成為國家機構的一個組成部分。

2. 按照中央銀行的性質劃分

依據中央銀行是干預經濟、管理金融的特殊金融機構的性質來劃分，中央銀行的職能主要有調節職能、管理職能和服務職能等。

（1）調節職能。中央銀行通過制定和執行貨幣政策，運用各種金融手段，調節全社會的貨幣總量和信用總量，即調節全社會的總需求和總供給，對全國貨幣、信用活動進行有目的的調控，影響和干預國家宏觀經濟，從而實現社會總供求的平衡。

（2）管理職能。中央銀行為維護全國金融體系的穩定和各項金融活動的正常運行以及防止金融危機，對金融機構和金融市場的設置、業務活動和經營情況進行檢查、指導、管理和控制。其主要內容包括：

①制定金融政策、法規。

②管理金融機構，包括審查、批准金融機構的設置、撤並、遷移以及金融機構的註冊、登記和辦理營業執照等。

③管理金融業務，包括確定業務活動範圍、檢查信貸活動情況、制定存放款利率、管理金融市場以及監督稽核資產負債結構、法定存款準備金交存狀況、清償能力等。

（3）服務職能。中央銀行向政府、各金融機構提供資金融通、劃撥清算、代理業務等方面的金融服務。

①為政府服務，包括代理國庫；代理政府發行債券；代辦有關金融業務，如買賣金銀、外匯等；代表政府參加國際金融活動；充當政府的經濟顧問；等等。

②為金融機構服務，包括吸收金融機構存款（包括法定準備金和超額準備金存款）；提供貸款和其他形式的融資服務；主持金融機構之間的債權債務清算；等等。

### 三、中央銀行的制度類型

（一）單一中央銀行制

單一中央銀行制是指在一個國家內單獨設立中央銀行，由中央銀行作為發行的銀行、銀行的銀行、政府的銀行，全權發揮作用。單一中央銀行制又分為：一元式中央銀行制，即一國只設立獨家中央銀行和眾多的分支機構執行其職能，它主要是由總分行組成的高度集中的中央銀行制；二元式中央銀行制，即在中央和地方設立兩級中央銀行機構，中央級機構是最高權力或管理機構，地方級機構也具有一定的獨立性。

（二）複合中央銀行制

複合中央銀行制是指在一個國家內，沒有單獨設立中央銀行，而是把中央銀行的業務和職能與商業銀行的業務和職能集中於一家銀行來執行。此種類型的中央銀行制度又可分為兩種形式：一是一體式中央銀行制，即幾乎集中了中央銀行和商業銀行的全部業務和職能於一身；二是混合式中央銀行制，即既設中央銀行，又設專業銀行，中央銀行兼辦一部分專業銀行業務，另一部分業務由專業銀行辦理。

（三）跨國中央銀行制

跨國中央銀行制與一定的貨幣聯盟相聯繫，是參加貨幣聯盟的所有國家共同組建的中央銀行，而不是某一個國家的中央銀行。

（四）類似中央銀行的機構

類似中央銀行的機構是指一個國家或地區不設立通常意義上的中央銀行，或者是

設一個通貨局，通貨局的資產負債表上一般只有一種主要負債——流通中貨幣和一種主要資產——外匯儲備。通貨局不制定和執行貨幣政策，也不要求商業銀行上繳存款準備金。或者是另外成立一個相應的、介於通貨局與現代中央銀行之間的金融機構，履行部分中央銀行的職能，如新加坡設立的金融管理局，履行除發行貨幣以外的中央銀行職能。

## 美聯儲

20世紀以前美國政治的一個主要特徵是對中央集權的恐懼。這不僅僅體現在憲法的制約與平衡上，也體現在對各州權利的保護上。對中央集權的恐懼，是造成美國人對建立中央銀行抱有敵意態度的原因之一。除此之外，傳統的美國人對於金融業一向持懷疑態度，而中央銀行又正好是金融業的最突出代表，美國公眾對中央銀行的公開敵視，使得早先旨在建立一個中央銀行以管轄銀行體系的嘗試，先後兩次歸於失敗：1811年，美國第一銀行被解散；1832年，美國第二銀行延長經營許可證期限的要求遭到否決，隨後因許可證期滿其在1836年停業。

1836年美國第二銀行停業后，由於不存在能夠向銀行體系提供準備金並使之避免銀行業恐慌的最后貸款人，這便給美國金融市場帶來了麻煩。19世紀和20世紀早期，全國性的銀行恐慌已成為有規律的事情。1837年、1857年、1873年、1884年、1893年和1907年，都曾爆發過銀行恐慌。1907年，銀行恐慌造成的廣泛的銀行倒閉和存款人的大量損失，終於使美國公眾相信需要有一個中央銀行來防止將來再度發生銀行恐慌了。

不過，美國公眾基於對銀行和中央銀行的敵視態度，對建立類似英格蘭銀行的單一制中央銀行還是大力反對的。他們一方面擔心華爾街的金融業（包括最大的公司和銀行）可能操縱這樣一個機構從而對整個經濟加以控制；另一方面也擔心聯邦政府利用中央銀行過多干預私人銀行的事務。因此，在中央銀行應該是一家私人銀行還是一個政府機構的問題上，存在著嚴重的分歧。由於爭論激烈，美國政府只能妥協。依據美國傳統，國會便把一整套精心設計的帶有制約和平衡特點的制度，寫入了1913年的聯邦儲備法，從而創立了擁有12家地區聯邦儲備銀行的聯邦儲備體系。

當初建立聯邦儲備系統，首先是為了防止銀行恐慌並促進商業繁榮，其次才是充當政府的銀行。但是第一次世界大戰結束后，美國取代英國成為金融世界的中心，聯邦儲備系統已成為一個能夠影響世界貨幣結構的獨立的巨大力量。20世紀20年代是聯邦儲備系統取得重大成績的時代。當經濟出現搖擺的跡象時，聯邦儲備系統就提高貨幣的增長率；當經濟開始以較快的速度擴張時，聯邦儲備系統就降低貨幣的增長率。聯邦儲備系統並沒有使經濟免於波動，但的確緩和了波動。不僅如此，聯邦儲備系統是不偏不倚的，因而避免了通貨膨脹。貨幣增長率和經濟形勢的穩定，使經濟獲得了迅速發展。

思考：美聯儲產生的過程說明了什麼？

提示：一是說明了中央銀行的特殊性，維護金融穩定的職能不可能由商業銀行擔任；二是說明了美國對美聯儲設計的精巧；三是說明了美聯儲的目標是幣值穩定。

## 第二節　中央銀行與政府的關係

研究中央銀行與政府的關係，實質上就是研究中央銀行的獨立性問題，核心是既要相互協調，又要保持獨立，尋找兩者結合的均衡點。

### 一、中央銀行獨立性的實質

中央銀行作為一個國家最重要的宏觀經濟調控機構，在與政府的關係上，必須保持一定的獨立性。

中央銀行既要為政府服務，又要作為政府宏觀經濟政策的有力工具。中央銀行業務技術之精細、活動之微妙，已不能單靠法律來規定，而必須與政府相互信任，密切合作，因此不能視中央銀行為一般政府機構；中央銀行也不能完全獨立於政府之外，不受政府約束。中央銀行應在政府的監督和國家總體經濟政策的指導下，獨立地制定、執行貨幣政策，而不受政府的干預、影響和控制。顯然，中央銀行的獨立性是一種相對獨立性。

中央銀行獨立性要遵循的原則：經濟發展目標是中央銀行活動的基本點，不僅要考慮自身所擔負的任務和承擔的責任，還要重視國家的利益。中央銀行貨幣政策要符合經濟和金融活動的規律性，防止為特定政治需要而不顧必要性和可能性，犧牲貨幣政策的穩定性。

### 二、中央銀行與政府關係的不同模式

（一）中央銀行與政府關係的一般分析

（1）中央銀行資本所有權有完全歸政府所有的趨勢，即使是私人股份的中央銀行，股東也無權干預和影響中央銀行的貨幣政策和業務經營。由於對中央銀行的管理監督權屬於國家，資本所有權已無關緊要。

（2）中央銀行總裁的任命多由政府部門或議會提名，國家元首任命，任期與政府任期接近。中央銀行理事任期稍長於總裁，多數國家允許連任，與政府的任期錯開。

（3）多數國家賦予中央銀行法定職責，明確其制定或執行貨幣政策的相對獨立性，在承擔穩定貨幣金融的同時，作為政府在金融領域的代理人，接受政府的控制與監督。

（4）中央銀行在一定的限度內有支持財政的義務，為財政直接提供貸款融通資金，為財政籌集資金創造有利條件。許多國家對融資的方式、額度與期限都從法律上加以嚴格限制，禁止財政部向中央銀行透支。

（5）對中央銀行理事會中的政府代表，各國在實踐中和認識上尚存分歧。反對者認為，中央銀行的職能與政府不同，沒有代表可以避免政府的直接干預，應保障中央銀行不受政府壓力和政府偏見的影響。贊同者認為，有政府代表有利於溝通和糾正雙方觀點與認識上的偏差，理事會中既然可以有各經濟部門的代表，就不能排斥政府的代表。

## （二）獨立性較大的模式

這種模式下，中央銀行直接對國會負責，可以獨立制定貨幣政策及採取相應的措施，政府不得直接對它發布命令、指示，不得干涉貨幣政策。如果中央銀行與政府發生矛盾，雙方通過協商解決，美國和德國都屬於這一模式。

## （三）獨立性稍次的模式

這種模式下，中央銀行名義上隸屬於政府，而實際上保持著較大的獨立性。有些國家法律規定財政部直轄中央銀行，可以發布指令，事實上並不使用這種權力。中央銀行可以獨立地制定、執行貨幣政策，英國、日本屬於這一模式。

## （四）獨立性較小的模式

這種模式下，中央銀行接受政府的指令，貨幣政策的制定及採取的措施要經政府批准，政府有權停止、推遲中央銀行決議的執行。義大利是這一模式的典型國家。

### 三、中國人民銀行與政府的關係

對於中國人民銀行應隸屬於國務院還是隸屬於全國人民代表大會以及如何從立法上保證中國人民銀行的獨立性問題，主要有以下三種觀點：

第一種觀點認為，中國實行的市場經濟還帶有一定的計劃性，國家具有組織、領導、管理經濟的職能，國家經濟發展的戰略與總體目標由中央決定，全國經濟工作的實施則是由國務院統一組織和領導的。在政府長遠的總體經濟目標與近期經濟發展意圖上，國務院和全國人民代表大會不會也不可能存在重大分歧，規定中國人民銀行作為中央銀行是國務院的組成部分，同財政部是平行的，直接受國務院領導，在中國特色社會主義制度下，不存在中央銀行受不同黨派和集團的利益所左右的問題。

第二種觀點認為，中國人民銀行應對政府機構保持獨立性，直接隸屬於全國人民代表大會，接受其管理和監督，在其指導下獨立地制定和貫徹執行金融政策。這樣會在某種程度上增強中國人民銀行的相對獨立性，可以使中國人民銀行不受政府短期經濟政策的局限和影響，減弱來自於外界對中央銀行執行貨幣政策、控制信貸規模和貨幣供應量的干擾。

第三種觀點認為，從中國國情出發，在政治體制未進行相應改革的情況下，加強中國人民銀行的獨立性不在於中國人民銀行是直接隸屬於全國人民代表大會還是直接隸屬於國務院，二者沒有實質性的區別，關鍵在於是否通過立法保證中央銀行的獨立性，任何人不能超越法律程序對中央銀行進行干預。

中國人民銀行是國務院具有一定獨立性的直屬機構，這要表現在三個方面：第一，中國人民銀行行長由全國人大決定，全國人大閉會期間，由全國人大常委會決定，由國家主席任免。第二，中國人民銀行實行行長負責制，行長領導中國人民銀行的工作。第三，在法定權限內，中國人民銀行依法獨立執行貨幣政策和履行其他職責。

中國人民銀行向全國人大或者全國人大常委會報告工作，並接受監督。作為全國最高權力機關的全國人大及其常委會有權力、有責任瞭解中國人民銀行的工作情況，並進

行監督。作為中國最重要的宏觀控制調節機構之一，中國人民銀行可以在不違背中央的戰略目標和大政方針的前提下，獨立地制定和執行貨幣政策，不受其他部門的干擾。

**各工業化國家中央銀行的獨立與通貨膨脹**[①]

圖 6.1 顯示了 1955—1988 年一些工業化國家中央銀行的獨立程度與平均通貨膨脹率的關係。圖 6.1 反應了中央銀行較獨立的國家（德國、瑞士和美國）比中央銀行不那麼獨立的國家（新西蘭、西班牙、義大利、英國和法國）通貨膨脹率要低一些。特別需要指出的是，當過度的擴張財政政策推動利率提高，使國家通貨升值時，貨幣當局在選民和財政政策制度者的壓力下通過增加貨幣供給以「滿足」日益增加的貨幣需求來抵消這種效應。如果貨幣當局沒能抵制這些壓力（即如果中央銀行不夠獨立），結果就是通貨膨脹。在美國，美聯儲（作為美國的中央銀行）是半自治的，管理支出和稅務（財政政策）的業務分支機構在很大程度上是獨立的。因此，美國比中央銀行缺乏獨立性的英國和法國在控制通貨膨脹方面有較好的表現。在經濟蕭條時，選舉產生的官員和選民以降低中央銀行獨立性為威脅，要求中央銀行實行更寬鬆的或擴張的貨幣政策就是一個實例。美聯儲在 2001 年經濟蕭條時連續 6 次降低利率，利率從 6.5% 下降至 1.75%。

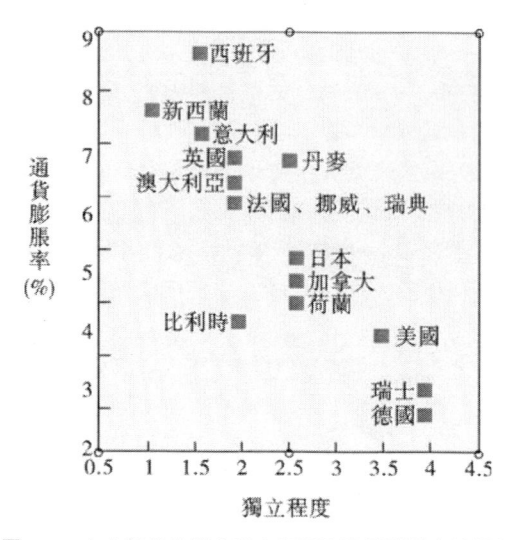

**圖 6.1 中央銀行的獨立程度與平均通貨膨脹率的關係**

德國、瑞士和美國等中央銀行獨立性較強的國家的通貨膨脹率要低於新西蘭、西班牙、義大利、英國和法國等中央銀行獨立性較差的國家。

---

[①] A Alesina, L H Summers. Central Bank Independence and Macroeconomic Performance: Some Comparative Evidence [J]. Journal of Money Credit and Banking, 1993 (3): 155.

多米尼克·薩爾瓦多. 國際經濟學 [M]. 4 版. 王巾英, 崔新健, 譯. 北京: 清華大學出版社, 2004: 571-572.

思考：
為什麼中央銀行的獨立性可能會影響一國貨幣的穩定？

## 第三節　中央銀行的主要業務

### 中央銀行資產負債表

資產負債表是中央銀行在履行職能時，開展業務活動所形成的債權債務存量表。中央銀行資產負債業務的種類、規模和結構都綜合地反應在資產負債表上。中央銀行資產負債表是中央銀行全部業務活動的綜合會計記錄。中央銀行正是通過自身的業務操作來調節商業銀行的資產負債和社會貨幣總量。簡化的中央銀行資產負債表一般由資產項目和負債項目兩部分組成（見表6.1）。

表6.1　　　　　　　　　　簡化的中央銀行資產負債表　　　　　　貨幣單位：億元

| 資產項目 | 負債和資本項目 |
| --- | --- |
| 貼現及放款 | 流通中的貨幣 |
| 各種證券 | 各項存款 |
| 財政借款 | 政府和公共機構存款 |
|  | 商業銀行等金融機構存款 |
| 黃金和外匯儲備 | 其他負債 |
| 其他資產 | 資本帳戶 |
| 資產項目合計 | 負債和資本項目合計 |

一、中央銀行的負債項目

1. 流通中的貨幣

作為發行貨幣的銀行，發行貨幣是中央銀行的基本職能，也是中央銀行的主要資金來源。中央銀行發行的貨幣通過再貼現、再貸款、購買有價證券和收購黃金及外匯投入市場，成為流通中的貨幣，成為中央銀行對公眾的負債。

2. 各項存款

各項存款包括政府和公共機構存款、商業銀行等金融機構存款。中央銀行作為國家的銀行，政府通常會賦予中央銀行代理國庫的職責，政府和公共機構存款由中央銀行辦理。作為銀行的銀行，中央銀行的金融機構存款包括了商業銀行繳存準備金和用於票據清算的活期存款。

3. 其他負債

其他負債包括對國際金融機構的負債或中央銀行發行債券。

二、中央銀行的資產項目

1. 貼現及放款

中央銀行作為最後貸款者對商業銀行提供資金融通，主要的方式包括再貼現和再貸款，還有財政部門的借款和在國外金融機構的資產。

2. 各種證券

各種證券主要指中央銀行的證券買賣。中央銀行持有的證券一般都是信用等級比較高的政府證券。中央銀行持有證券和從事公開市場業務的目的不是為了盈利，而是通過證券買賣對貨幣供應量進行調節。

3. 黃金和外匯儲備

黃金和外匯儲備是穩定幣值的重要手段，也是國際支付的重要儲備。中央銀行承擔為國家管理黃金和外匯儲備的責任，這也是中央銀行的重要資金運用。

4. 其他資產

其他資產主要包括待收款項和固定資產。

由於中央銀行的資產和負債是其在一定時點上所擁有的債權和債務，那麼按照復式記帳的會計原理編製的資產負債表中，中央銀行資產負債各項目之間存在這樣的恒等關係：

資產＝負債＋資本項目

負債＝資產－資本項目

資本項目＝資產－負債

中央銀行可以通過調整自身的資產負債結構來進行宏觀金融調控。

思考：

請根據中央銀行資產負債表，試述中央銀行的負債業務和資產業務。

中央銀行的職能要通過具體業務活動來實現。傳統意義上，根據銀行資產負債表所反應的資金運動關係，銀行業務可以分為負債業務、資產業務和中間業務。中央銀行雖然是一個特殊的銀行，但其資金運動仍然是這種關係，故中央銀行的業務也包括這三大業務。只不過中央銀行的業務活動有其特定的領域、特定的對象，而且其業務活動的原則也不同於商業銀行和其他金融機構。

**一、負債業務**

中央銀行的負債業務主要包括貨幣發行業務、存款業務、其他負債以及資本業務。

(一) 貨幣發行業務

統一貨幣發行是中央銀行制度形成的最基本動因，也是「發行的銀行」職能的直接體現。中央銀行通過再貼現、貸款、購買證券、收購金銀及外匯等業務活動將貨幣投入市場，從而形成流通中的貨幣。同時，流通中的貨幣也會通過相反的渠道流回發行銀行。因此，從動態上講，貨幣發行可以定義為貨幣從中央銀行通過商業銀行流通到社會的過程；從靜態上看，貨幣發行是指貨幣從中央銀行流出的數量大於從流通中

回籠的數量。貨幣是一種債務憑證，是貨幣發行人即中央銀行對社會公眾的負債，在現代不兌現的信用貨幣制度下，同時也是發行者的一項長期佔有的穩定收益。因此，貨幣發行是中央銀行最重要的負債業務。

各國為保持本國貨幣流通的基本穩定，防止中央銀行濫用發行權，造成過多貨幣流通量，分別採用了不同方法對銀行券發行數量加以限制。例如，比例發行準備制度、最高發行額限制制度、外匯準備制度、有價證券保證制度等。

中國人民幣的發行並無發行保證的規定，其實際上的保證是國家信用和中央銀行信用。中國人民幣的發行與回籠是通過中國人民銀行的發行基金保管庫（簡稱發行庫）和各商業銀行業務庫進行的。所謂發行基金，是中國人民銀行保管的已印好而尚未進入流通的人民幣票券。發行庫在中國人民銀行總行設總庫，下設分庫、支庫。各商業銀行對外營業的基層行處設立業務庫。業務庫保存的人民幣是作為商業銀行辦理日常收付業務的備用金。為避免業務庫過多存放現金，通常由上級銀行和同級中國人民銀行為其業務庫核定庫存限額。

當商業銀行基層行處現金不足以支付時，可到當地中國人民銀行的存款帳戶內提取現金。於是，人民幣從發行庫轉移到商業銀行基層行處的業務庫，這意味著這部分人民幣進入流通領域。當商業銀行基層行處收入的現金超過其業務庫庫存限額時，超過的部分應自動送交中國人民銀行。該部分人民幣進入發行庫，意味著退出了流通領域。這一過程如圖6.2所示：

圖6.2　中國人民幣的發行與回籠過程

(二) 存款業務

中央銀行的存款業務完全不同於商業銀行和其他金融機構的存款業務。中央銀行的存款主要來自兩個方面：一是來自政府和公共部門，二是來自金融機構。政府和公共部門在中央銀行的存款也包括兩部分，即財政金庫存款、政府和公共部門經費存款。金融機構在中央銀行的存款包括法定準備金存款、超額準備金存款。中央銀行具體是通過代理國庫和集中商業銀行及其他金融機構的存款準備金來實現的。

1. 代理國庫

代理國庫是指中央銀行經辦政府的財政收支、執行國庫的出納職能。例如，中央銀行接受國庫的存款、兌付國庫簽發的支票、代理收解稅款、替政府發行債券、還本付息等。此外，國家財政撥給行政經費的行政事業單位的存款，也都由中央銀行辦理。由於中央銀行代理國家金庫和財政收支，因此國庫的資金以及財政資金在收支過程中形成的存款也屬於中央銀行存款。財政金庫的財政性存款是中央銀行的重要資金來源，構成中央銀行的負債業務。中央銀行代理國庫業務，可以溝通財政與金融之間的聯繫，使國家的財源與金融機構的資金來源相連接，充分發揮貨幣資金的作用，並為政府資

金的融通提供一個有力的調節機制。

2. 集中存款準備金

在現代存款準備金制度下，根據法律的規定，商業銀行和其他金融機構應按規定的比例向中央銀行上繳存款準備金，即法定存款準備金，並構成中央銀行重要的資金來源。此外，商業銀行和其他金融機構通過中央銀行辦理它們之間的債務清算，因此為清算需要也必須把一定數量的存款存在中央銀行，這部分存款稱為超額準備金存款。現金準備集中存放於中央銀行，中央銀行便可運用這些準備金支持銀行的資金需要。除了增強整個銀行系統的后備力量，防止商業銀行倒閉外，更主要的是中央銀行通過存款準備金制度可以調控商業銀行的貸款量，進而調節市場貨幣量。若中央銀行降低法定存款準備金率，即可擴大商業銀行的貸款和投資；提高法定存款準備金率，即可減少商業銀行的貸款和投資。在一般情況下，存款準備金未達到規定比例時，中央銀行就會提高再貼現率。日本銀行規定法定存款準備金的最高限額是20%，如果普通銀行沒有按規定比例繳足法定存款準備金，就要再加3.75%的貼現率向日本銀行付息。

(三) 其他負債業務

1. 發行中央銀行債券

發行中央銀行債券是中央銀行的主動負債業務，具有可控制性、抗干擾性和預防性。與一般金融機構發行債券的目的是為了獲得資金來源不同，中央銀行發行債券更多考慮的是調節流通中的貨幣。中央銀行一般在以下兩種情況下發行中央銀行債券：一是當金融機構的超額準備金過多，而中央銀行又不便採用其他貨幣政策工具進行調節時，可以通過向金融機構發行中央銀行債券回籠資金，減少流通中的貨幣。二是在公開市場規模有限、難以大量吞吐貨幣的國家，作為公開市場操作的工具。

2. 對外負債

中央銀行對外負債的主要目的有三個：平衡國際收支、維持匯率穩定和應付危機。

中央銀行對外負債可以採取的形式主要有向外國銀行借款、對外國中央銀行負債、向國際金融機構借款、向外國發行中央銀行債券。隨著經濟金融的國際化和一體化，各國中央銀行之間的貨幣合作成為越來越重要的政策手段。例如，東盟各國與中國、韓國和日本三國之間簽訂的貨幣互換協議就是貨幣合作的一個典型例子。

(四) 資本業務

中央銀行的資本業務實際上就是籌集、維持和補充自有資本的業務。中央銀行與其他銀行一樣，為了保證正常的業務活動必須擁有一定數量的自有資本。由於各國法律對中央銀行的資本來源和構成都有規定，因此中央銀行在資本業務方面並沒有多大的作為，僅僅在需要補充自有資本時按照有關規定進行。例如，如果是全部股份由國家所有的中央銀行通常通過中央財政支出補充自有資本；由各種股份構成自有資本的中央銀行則按原有股份比例追加資本，增資以後的股權結構和比例保持不變。

中央銀行自有資本的形成主要有三個途徑：政府出資、地方政府或國有機構出資、私人銀行或部門出資。

## 二、資產業務

(一) 貼現和貸款

1. 再貼現和再貸款業務

商業銀行繳存於中央銀行的存款準備金，構成中央銀行存款的主要部分。當商業銀行資金短缺時，可從中央銀行取得借款。其方式是把工商企業貼現的票據向中央銀行辦理再貼現，或以票據和有價證券作為抵押向中央銀行申請借款。

中央銀行對商業銀行辦理再貼現和再貸款業務，應注意這種資產業務的流動性和安全性，注意期限的長短，以保證資金的靈活週轉。中央銀行再貼現是解決商業銀行短期資金不足的重要手段，同時也是中央銀行實施貨幣政策的重要工具之一。再貼現率對市場利率影響很大。

2. 為政府提供短期貸款

在特殊情況下，中央銀行也對財政進行貸款或透支以解決財政收支困難。不過如果這種貸款數量過多、時間過長易引起信用擴張、通貨膨脹。因此，正常情況下，各國對此均加以限制。美國聯邦儲備銀行對政府需要的專項貸款規定了最高限額，而且要以財政部的特別國庫券作為擔保。英格蘭銀行除少量的政府隔日需要可以融通外，一般不對政府墊款，政府需要的資金通過發行國庫券的方式解決。

根據《中華人民共和國中國人民銀行法》的規定，中國人民銀行不得對政府財政透支，不得直接認購、包銷國債和其他政府債券，不得向地方政府、各級政府部門提供貸款。

(二) 證券買賣業務

各國中央銀行一般都經營證券業務，但這並不是出於投資獲利的目的，而是其公開市場業務操作的結果。中央銀行在公開市場上主要是買賣政府發行的短期債券，以實現調節貨幣和信用的目的。一般說來，在金融市場不太發達的國家，中央政府債券在市場上流通量小，中央銀行買賣證券的範圍就要擴及各種票據和債券，如匯票、地方政府債券等。

各國中央銀行買賣證券業務的做法基本上是一致的。在德國，法律規定德意志聯邦銀行為了調節貨幣，可以進入公開市場買賣匯票。中國中央銀行從 1996 年 4 月 1 日開始進行公開市場操作，目前主要是買賣政府債券、政策性金融債券和中央銀行票據等。

(三) 金銀、外匯儲備業務

目前各國政府都賦予中央銀行掌管全國國際儲備的職責。所謂國際儲備，是指具有國際性購買能力的貨幣，主要有黃金（包括金幣和金塊）、白銀（包括銀幣和銀塊）、外匯（包括外國貨幣、存放外國的存款餘額和以外幣計算的票據及其他流動資產）。此外，還有特別提款權和在國際貨幣基金組織的頭寸等。中央銀行執行這一職責的意義如下：

1. 有利於穩定幣值

不少國家的中央銀行對其貨幣發行額和存款額都保持一定比例的國際儲備，以保證幣值的穩定。當國內物資不足、物價波動時，可以使用國際儲備進口商品或拋售黃金，回籠貨幣，平抑物價，維持貨幣對內價值的穩定。

2. 有利於穩定匯價

在浮動匯率制度下，各國中央銀行在市場匯率波動劇烈時，可運用國際儲備進行干預，以維持貨幣對外價值的穩定。

3. 有利於保證國際收支的平衡

當外匯收支發生逆差時，中央銀行可以使用國際儲備抵補進口外匯的不足。當國際儲備充足時，中央銀行可以減少對外借款，用國際儲備清償債務或擴大資本輸出。由此可見，金銀、外匯不僅是穩定貨幣的重要儲備，也是用於國際支付的國際儲備，因而金銀外匯儲備業務成為中央銀行的一項重要資產業務。當代世界各國國內市場上並不流通和使用金銀幣，紙幣也不兌換金銀，而且多數國家實行不同程度的外匯管制，紙幣一般也不與外匯自由兌換，在國際支付中發生逆差時一般也不直接支付黃金，而是採取出售黃金換取外匯來支付。這樣，各國的金銀、外匯自然要集中到中央銀行儲存。需要金銀和外匯者，一般向中央銀行申請購買，買賣金銀、外匯是中央銀行的一項業務。目前世界各國的黃金儲備分佈很不均衡，美國最多，約為 8,000 噸，德國有 3,000噸，中國 2002 年年底的黃金儲備僅為 600 噸。

### 三、中間業務

中央銀行的中間業務是指中央銀行為商業銀行和其他金融機構辦理資金劃撥清算和資金轉移的業務。由於中央銀行集中了商業銀行的存款準備金，因而商業銀行彼此之間由於交換各種支付憑證所產生的應收應付款項就可以通過中央銀行的存款帳戶劃撥來清算，從而使中央銀行成為全國清算中心。各國中央銀行都設立專門的票據清算機構，處理各商業銀行的票據並結清其差額。參加中央銀行票據交換的銀行均須遵守票據交換的有關章程，並在中央銀行開立往來帳戶，繳納清算保證金並支付清算費用，只有清算銀行可以參加中央銀行的票據交換，非清算銀行要辦理票據清算只能委託清算銀行辦理。

中央銀行的清算業務大體可分為以下三項：

（一）主辦票據交換所，集中票據交換

票據交換業務是通過票據交換所進行的。票據交換所是同一城市內銀行間清算各自應收應付票據款項的場所。票據交換所一般每天交換兩次或一次，根據實際需要而定。所有銀行間的應收應付款項，都可相互軋抵後而收付其差額。各銀行交換後的應收應付差額，即可通過其在中央銀行開設的往來存款帳戶進行轉帳收付，不必收付現金。

（二）辦理交換差額的集中清算，通過各行在中央銀行開設的帳戶劃撥

如上所述，各清算銀行均在中央銀行開立有往來存款帳戶（獨立於法定存款準備

金帳戶），票據交換后的最后差額即由該帳戶上資金增減來結清。票據交換所總清算員將應收行和應付行的明細表提交給中央銀行會計后，會計人員便開始帳戶處理。當某家清算銀行為應付行時，則借記其往來存款帳戶（資金減少），而對於應收行，則貸記其往來存款帳戶（資金增加）。該帳戶上的金額可以視為商業銀行的「超額存款準備金」，中國稱「備付金」，並有一定的比率控制。中央銀行要求商業銀行（專業銀行）存在該帳戶上的資金應該與其存款總額保持適當的比例（中國 1990—1991 年為 3%，1992 年上調到 5%）。當應付而帳戶上的資金又不足時，中央銀行便作退票處理，同時，按有關規章予以處罰。

（三）辦理異地資金轉移，提供全國性的資金清算職能

各城市、各地區間的資金往來，通過銀行匯票傳遞，匯進匯出，最后形成異地間的資金劃撥問題。這種異地間的資金劃撥，必須通過中央銀行統一辦理。辦理異地資金轉移，各國的清算辦法有很大不同，一般有兩種類型：一是先由各金融機構內部自成聯行系統，最后各金融機構的總管理處通過中央銀行總行辦理轉帳結算；二是將異地票據統一集中傳送到中央銀行總行辦理軋差轉帳。清算中心的運行目前各國的做法也不盡相同，英國以倫敦為全國清算中心；美國各聯邦儲備銀行代收外埠支票，並以華盛頓為全國最后清算中心；德國、法國則利用遍布全國的中央銀行機構，建立轉帳帳戶，為銀行界提供服務。

## 第四節　金融風險與金融監管

**巴林銀行集團的破產與金融衍生產品**

巴林銀行集團是英國倫敦城內歷史最悠久、名聲最顯赫的商人銀行集團之一，素以發展穩健、信譽良好而馳名，其客戶也多為顯貴階層，包括英國女王伊麗莎白二世。該行成立於 1762 年，當初僅是一個小小的家族銀行，逐步發展成為一個業務全面的銀行集團。巴林銀行集團的業務專長是企業融資和投資管理，業務網路點主要在亞洲及拉美新興國家和地區，在中國上海也設有辦事處。到 1993 年年底，巴林銀行集團的全部資產總額為 59 億英鎊，1994 年稅前利潤高達 1.5 億美元。1995 年 2 月 26 日，巴林銀行集團因遭受巨額損失，無力繼續經營而宣布破產。從此，這個有著 233 年經營史和良好業績的老牌商業銀行在倫敦城乃至全球金融界消失。目前該行已由荷蘭國際銀行保險集團接管。

巴林銀行集團破產的直接原因是新加坡巴林公司期貨經理尼克·里森錯誤地判斷了日本股市的走向。1995 年 1 月份，尼克·里森看好日本股市，分別在東京和大阪等地買了大量期貨合同，指望在日經指數上升時賺取大額利潤。誰知天有不測風雲，日本阪神地震打擊了日本股市的回升勢頭，股價持續下跌。巴林銀行集團最后損失金額高達 14 億美元之巨，而其自有資產只有幾億美元，虧損巨額難以抵補，這座曾經輝煌

的金融大廈就這樣倒塌了。

那麼，由尼克·里森操縱的這筆金融衍生產品交易為何在短期內便摧毀了整個巴林銀行集團呢？從理論上講，金融衍生產品並不會增加市場風險，若能恰當地運用，比如利用它套期保值，可為投資者提供一個有效地降低風險的對沖方法。但在其具有積極作用的同時，也有其致命的危險，即在特定的交易過程中，投資者純粹以買賣圖利為目的，墊付少量的保證金炒買炒賣大額合約來獲得豐厚的利潤，而往往無視交易潛在的風險，如果控制不當，那麼這種投機行為就會招致不可估量的損失。新加坡巴林公司的尼克·里森，正是對衍生產品操作無度才毀滅了巴林銀行集團。尼克·里森在整個交易過程中一味盼望賺錢，在已遭受重大虧損時仍孤注一擲，增加購買量，對於交易中潛在的風險熟視無睹，結果使巴林銀行集團成為衍生金融產品的犧牲品。

思考：

1. 透過巴林銀行集團倒閉事件，我們應如何正確認識金融衍生工具？
2. 如何合理運用金融衍生工具，建立風險防範措施？
3. 巴林銀行集團倒閉事件提醒人們加強銀行內部管理和控制體系的重要性和必要性，中國銀行業應如何做？

## 一、金融風險

金融風險是指金融機構在其經營活動中，因經濟活動中的不確定性，可能導致的收益損失。由於角度不同，金融風險類型的劃分有一定差別。金融風險一般主要分為信用風險、利率風險、流動性風險、操作風險、匯率風險和政策風險。

### （一）信用風險

1. 信用風險的概念

信用風險是指由於借款人到期不能償還其債務而遭受損失的可能性。信用風險可以分為以下三類：

（1）銀行信用風險，即商業銀行不能及時滿足存款客戶提存需求，或不能及時償還本息的可能性。銀行信用風險主要是由於銀行資產負債安排不當所致，由此造成消極影響，使客戶對銀行產生不信任感，嚴重時會出現擠兌風潮。

（2）貸款信用風險，即借款人不能按時歸還本息使商業銀行遭受損失的可能性。這種風險可能使銀行貸款成為壞帳，造成資金損失。貸款信用風險既有企業自身的因素，也有社會經濟環境的原因。

（3）投資信用風險，即銀行進行證券投資時，如購買債券，由於證券發行人到期不能還本付息而遭受損失的可能性。這種風險主要受證券發行人的經營能力、市場競爭力和事業穩定性等因素影響。

2. 信用風險產生的原因

（1）商業銀行資產負債結構不合理。商業銀行作為經營貨幣業務的仲介機構，其經營具有特殊性，存款和貸款的頻繁變化要求必須有一定的支付準備，這是金融企業的共同特點。商業銀行資產負債的結構配置應遵循期限對稱原則，長期資產與長期負

債相平衡，中期資產與中期負債相平衡，短期資產與短期負債相平衡。如果將大量的短期存款用於長期貸款，就會出現因資產期限過長而導致支付危機。資產負債結構安排應正確處理短存長貸問題，根據存款穩定餘額相應安排貸款。

（2）商業銀行資產管理不完善。資產管理直接關係到商業銀行的經營效益，資產管理不完善主要表現：

①貸前調查不深入、不準確，在貸款調查方法上缺乏科學的分析方法，缺乏對貸款企業和貸款項目的全面科學論證。

②貸時審查不科學、不嚴格，在發放貸款時，對審批制度執行不嚴，違反規定和操作程序。

③貸后管理流於形式，未能及時掌握企業貸款運轉情況，缺少企業財務狀況最新資料，使貸款有可能逾期；對逾期貸款缺乏有效辦法，發展成為呆帳，影響資金安全。

（3）借款企業還款能力不強。企業方面的原因是市場競爭力弱，技術力量落後，缺乏創新能力，內部管理不到位；經濟方面的原因主要是市場波動、需求變化、政府經濟政策和國際貿易關係調整等；自然方面的原因主要是水災、火災、暴風雨、冰雹、地震、崩塌、颱風等。

(二) 利率風險

1. 利率風險的概念

利率風險是指市場利率變動而產生的風險。銀行在市場利率發生變化時所承擔風險的大小可用利率風險率反應，其測算公式為：

利率風險率＝可變利率資產/可變利率負債

2. 利率風險產生的原因

利率風險的成因應該歸結為銀行所持有的可變利率資產和可變利率負債之間的比率大小。

如果銀行擁有可變利率資產和可變利率負債一致，並且又能相互匹配，那麼兩者比率就等於1，即當市場利率變動時，由負債增加或減少的利息支出可以由資產利息收入的相應增加或減少來抵補，銀行的收益就不會因為市場利率的變化而受到任何影響，風險也就等於零。如果比率大於1，說明可變利率資產大於可變利率負債，當市場利率下降時，由於利息收入的減少大於利息支出的減少，銀行收益就會相應降低，從而使銀行風險增加；反之，當市場利率上升時，銀行的收益將增加。如果比率小於1，說明銀行可變利率資產小於可變利率負債，當市場利率上升時，由於利息收入的增加小於利息支出的增加，銀行的收益將會減少，就面臨著風險；反之，當市場利率下降時，銀行的收益則將會增加。

(三) 流動性風險

1. 流動性風險的概念

流動性風險是指金融機構不能如期滿足客戶提款取現，或不能如期償還流動負債而導致的風險。

2. 流動性風險產生的原因

（1）流動性極度不足。流動性極度不足會導致銀行破產，因此流動性風險是一種致命性的風險。但這種極端情況往往是其他風險導致的結果。例如，某大客戶的違約給銀行造成的重大損失，可能會引發流動性問題；人們對某銀行前途的疑慮，可能觸發大規模的資金抽離，或導致其他金融機構和企業為預防該銀行可能出現違約，而對其信用額度實行封凍。兩種情況均可引發銀行嚴重的流動性危機，甚至破產。

（2）短期資產價值不足以應付短期負債的支付或未預料到的資金外流。

（3）籌資困難。從籌資角度看，流動性指的是以合理的代價籌集資金的能力。流動性的代價會因市場上流動性短缺而上升，而市場上流動性對所有市場參與者的資金成本均產生影響。市場流動性指標包括交易量、利率水平及波動性、尋找交易對手的難易程度等。籌集資金的難易程度還取決於銀行的內部特徵，即在一定時期內的資金需求及其穩定性、債務發行的安排、自身財務狀況、償付能力、市場對該銀行的看法、信用評級等。在這些內部因素中，有的與銀行信用等級有關，有的則與其籌資政策有關。若市場對其信用情況的看法惡化，籌資活動將會更為昂貴。若銀行的籌資力度突然加大，或次數突然增多，或出現意想不到的變化，那麼市場看法就可能轉變為負面。因此，銀行籌資的能力實際上是市場流動性和銀行流動性兩方面因素共同作用的結果。

（四）操作風險

1. 操作風險的概念

操作風險是因人為錯誤、交易系統或清算系統故障而造成損失的風險。

2. 操作風險產生的原因

（1）公司治理結構不健全。一是所有者虛位，導致對代理人監督不夠。二是內部制衡機制不完善。三是存在「內部人」控制現象。由於國有商業銀行所有者虛位，很容易導致銀行高管人員利用政府產權上的弱控制而形成事實上的「內部人」控制，進行違法違紀活動。四是內部控制能力逐級衰減。國有商業銀行的「五級」直線式管理架構，由於內部管理鏈條過長，信息交流不對稱，按照「變壓器」原理，總行對分支機構的控制力層層衰減，管理漏洞比較多。

（2）內控制度建設尚不完備。一是沒有形成系統的內部控制制度，控制不足與控制分散並存，業務開拓與內控制度建設缺乏同步性，特別是新業務的開展缺乏必要的制度保障，風險較大。二是內控制度的整體性不夠。對所屬分支機構控制不力，對決策管理層缺乏有效的監督。對業務人員監督得多，而對各級管理人員監督得較少、制約力不強。三是內控制度的權威性不強。審計資源配置效率低下，稽核審計職能和權威性沒有充分發揮，內部審計部門沒有完全起到查錯防漏、控制操作風險的作用。

（3）風險管理方法落後，信息技術的運用嚴重滯後。

（4）員工隊伍管理不到位。銀行管理人員在日常工作中重業務開拓，輕隊伍建設；重員工使用，輕員工管理；對員工思想動態掌握不夠，加之舉報機制不健全，使本來可以超前防範的操作風險不能被及時發現和制止。

（5）與風險控制有衝突的考核激勵政策容易誘導操作風險。

(五) 匯率風險

1. 匯率風險的概念

匯率風險是指因匯率變動而使持幣方遭受損失的危險性。匯率風險一般有交易風險、換算風險和經濟風險三種類型。

(1) 交易風險（Transaction Risk）。交易風險是指匯率變動對將來現金流量影響而引起外匯損失的可能性。經濟實體在以外幣計價的國際交易中，由於簽約日和履約日之間匯率的變動，引起應收資產或應付債務價值變動的風險，又稱兌換風險。

(2) 換算風險（Translation Risk）。換算風險是指國外子公司將其外幣表示的財務報表，用母公司的貨幣進行折算和合併時，由於匯率變動而產生的帳面損失（計算上的風險）。換算風險與實行交割時的實際損益不同，但却影響向社會公布的財務報表，可能招致利潤下降和股價下跌，從而帶來籌資能力方面的障礙。

(3) 經濟風險（Economic Risk）。經濟風險是指由於匯率變動而引起的現金流量淨現值發生變動，使企業經營活動所受的影響。由於匯率變動會引起企業未來收益變化，企業經營活動是由產生的現金以及圍繞這種現金流量的不確定性所決定的，因此這種潛在的風險會直接關係到企業在海外的經營成果。

2. 匯率風險產生的原因

匯率風險產生於匯率變動，匯率變動受外匯供求變化支配，因此影響外匯供求變化的因素就成為匯率風險產生的內在因素。

(1) 經濟發展狀況。一國經濟發展穩定，國民收入增長，財政收支平衡，貨幣供應適度時，其貨幣對內價值就穩定，對外價值——匯率也趨於穩定；反之，對內價值與對外價值都難以穩定。

(2) 國際收支變化。一般來講，國際收支逆差意味著外匯需求增加，會導致外幣匯率上升；國際收支順差意味著外匯供給增加，會導致本幣匯率的上升。當國家對匯率較少進行管制時，這種變化影響十分明顯。

(3) 物價水平變化。根據購買力平價理論（Purchasing Power Parity，PPP），一國貨幣購買力的變化，是引起匯率變化的主要原因。購買力平價是指兩個或兩個以上國家貨幣在購買力相等時的比率，將一國國內所有商品購買力平價進行加權平均，將得到綜合購買力價值（總的購買力平價）。若美元兌人民幣總的購買力平價是1：6.38，則美元兌人民幣的匯率應為1：6.38。外匯市場的匯率圍繞著購買力平價（有效匯率）上下波動。當一國貨幣對內貶值、物價居高不下時，其出口商品必然在價格上失去競爭力，國內商品在價格上也相對於進口商品處於競爭劣勢，從而導致出口減少，進口增加，最終導致國際貿易逆差。同時，由於貨幣購買力下降，會導致短期資本外逃，造成資本項目逆差。綜合上述兩方面的作用，物價變化最終會導致國際收支狀況變化，促使貨幣對外價值——匯率相應升跌。

(4) 市場利率變化。由於經濟發展不平衡，各國利率水平不一致。較高的利率會加大信貸與投資的成本，致使貸款與投資規模縮減，導致經濟發展速度變緩，貨幣供應量減少，物價下跌，雖有利於出口，但會引起大批套利資金湧入。相反，較低的利

率會縮小信貸與投資成本，使貸款與投資規模擴大，貨幣供應量增加，物價上漲，既不利於出口，又會導致短期資金的外逃。從長期動態看，利率變動會導致物價變動，物價變動會影響進出口和國際資本流動，最終引起匯率變動。

(5) 貨幣政策變化。政府為了避免匯率變動對本國經濟造成不良影響，往往對匯率進行干預。中央銀行一般運用外匯平準基金，或聯合其他國家中央銀行進行聯合干預，使匯率變動達到預定目標。一國中央銀行單獨干預匯率往往力不從心，在開放經濟環境下多採取聯合干預手段。

(6) 經濟政策變化。匯率作為經濟狀況的一面鏡子，能反應出宏觀經濟政策對經濟增長率、物價上漲率、利息率和對外收支狀況的影響。1975年夏季，美元匯率下跌，西德馬克匯率上漲，主要是由西德的貨幣和財政「雙緊政策」造成；1980年以後，美元匯率的持續上升，則又與美國財政政策與貨幣政策的一「松」一「緊」有關。

影響匯率變動的因素還有很多，如心理預期、政府更迭、外匯投機、自然災害等，這些影響因素或直接或間接，影響時期或長或短，影響作用或大或小，應綜合考慮。

(六) 政策風險

政策風險是指國家宏觀經濟政策不當或政策的變動造成的金融風險。宏觀經濟政策經常變動、決策失誤或執行不當會造成金融業經營發展的不穩定性。

## 二、金融監管

(一) 金融監管的定義

金融監管是金融監督與金融管理的複合稱謂，金融監管有狹義和廣義之分。

狹義的金融監管是指根據經濟金融體系穩定的客觀需要以及經濟主體的共同利益要求，通過一定的金融主管機關，依據法律準則和法規程序，對金融體系中各經濟主體的金融活動和金融市場進行的檢查、稽核、組織和協調的過程，確保各經濟主體公平競爭，促進金融業有秩序、有效的運行和健康的發展。

廣義的金融監管，既包括國家專門機關對金融機構實施的監管（法定監管），也包括金融機構的內部控制與稽核、同業自律性組織的監管、社會仲介組織的監管等。在現代經濟的運行中，凡是實行市場經濟體制的國家，無不客觀地存在著政府對金融體系的監督與管理。

最初的金融監管是政府的職責，后來中央銀行逐漸從商業銀行中分離出來，並不斷接受政府的授權，逐步演變成一個特殊的金融機構，此時金融監管才逐漸成為中央銀行的重要職能。由於市場經濟體系中固有的市場缺陷和「市場失靈」，加上金融體系內在的不穩定性，為了維持一種市場正常營運的「秩序」，客觀上需要政府對市場進行管制，尤其需要對高風險的金融業進行必要的監督與管理。

金融監管的目的和意義具體表現如下：

第一，通過執行國家的金融法規和實施管制，最大限度地清除信息不對稱問題，維護金融體系的安全與穩定，保持良好的金融環境。

第二，為央行制定和執行貨幣金融政策創造條件，增強宏觀調控的效果，促進經

濟和金融的協調發展。

第三，保護存款人和公眾的利益。

第四，保證金融機構之間競爭的有效與公平，提高金融效率，從而促進經濟與社會的穩定發展。

(二) 金融監管體制

1. 金融監管體制的定義

金融監管體制是一系列監管法律、法規和監管組織機構組成的體系，是金融監管的制度基礎，是金融監管職責、權力分配的方式及組織制度，是「監管集權和分權的制度安排」。

2. 金融監管體制的類型

(1) 混業監管體制（集中單一監管）。混業監管體制或稱集權型金融監管體制，是指單一型金融監督管理設置模式，即由一家金融管理機構對國內所有金融機構進行監管，如英國、埃及等國。這種模式又分為兩種情況，即由中央銀行行使監管職能或由專門監管機構行使監管職能。一般情況下，由中央銀行行使集中監管職能的比較多見。世界上多數國家採用集權型金融監管體制，特別是絕大多數發展中國家選擇集權型金融監管體制。

(2) 分業監管體制（多元監管）。分業監管體制是指設立不同的金融監管部門對國內金融機構進行分類監管的模式。根據中央與地方權利劃分，分業監管體制可分為兩種類型：

①單線多頭式監管體制。單線多頭式監管體制是指全國金融監管的立法、執法等權力集中於中央政府，在中央政府設立兩個或兩個以上的金融監管部門，分別負責國內不同金融機構監督管理的金融監管體制，如中國、德國、日本等國。

②雙線多頭式監管體制。雙線多頭式監管體制是指中央政府與地方政府對金融都享有監管權力，中央政府與地方政府分別有多個金融監督管理機構。通常這些機構是分別劃分在中央政府或地方政府機構之下，金融監管機構之間互不干涉，如美國、加拿大等國。

各國的不同國情造就了不同的金融監管體制或模式，但在世界政治經濟發生巨大變化和金融活動日益國際化的背景之下，改革和重構金融監管體制已成為各國金融改革的重要內容之一。我們可以發現一個值得注意的動向，發展中國家大多選擇單一監管模式，並且大多由中央銀行來實施監管；而發達國家在金融監管多元化的態勢下，中央銀行監管則有加強的趨勢。

中央銀行是強有力的金融監管機構，因為在所有金融監管機構中，中央銀行擁有最廣泛的金融信息、最多的金融調控手段、最廣泛的分支機構網路和金融服務系統以及最獨立的經費來源，因此中央銀行對金融機構具有最強烈的影響力。

1995年3月18日頒布的《中華人民共和國中國人民銀行法》確立了中國人民銀行作為中國的法定中央銀行的地位，並且賦予中央銀行對金融業實施監督管理的廣泛職權。從監管對象來看，中國人民銀行不僅能對銀行業進行監管，而且能對非銀行金融

機構進行監管；從監管範圍來看，中國人民銀行有權依法對金融機構及其業務實施全面的監督管理，有權要求金融機構按照規定報送資產負債表、損益表及其他財務會計報表和資料。雖然1992年和1998年分別成立的中國證券監督管理委員會和中國保險業監督管理委員會以及2003年成立的中國銀行業監督管理委員，分別與中國人民銀行重新劃分了監督管理的職責範圍，但是中國人民銀行在中國金融業監管中的地位與重要性仍然是毋庸置疑的。

(三) 金融監管的內容

對經濟中的金融體系，尤其是銀行體系加以高度監督，乃是世界各國金融監管的共同特徵。從時間上劃分，金融監管的內容具體包括以下幾個方面：

1. 預防性措施，即事前監管

預防性措施主要包括開業登記、資本充足性、清償能力、業務活動、貸款集中程度、管理層、稽核檢查等方面的監管。預防性措施一般以明文發布的法律制度為依據，因而是一種制度化的監管手段。

2. 援救性措施，即事中監管

目前許多國家的金融監管當局（主要是中央銀行）擔當最後貸款人的職責，對遇到臨時清償困難的商業銀行提供緊急資金援助，幫助它們渡過暫時的流動性困難，避免倒閉事件的發生。為了防止商業銀行過度依賴最后貸款人而不負責任地擴大資產業務，最後貸款人的確切職能範圍一般不予公布。

3. 事后補救措施，即事後監管

事后補救措施的主要形式是存款保險制度，它是保護存款人利益、穩定金融體系的最後一道防線，西方多數國家已建立起了這種制度。

上述三個方面的內容一般統稱為金融監管的「三道防線」，構成金融監管的基本制度。就中國目前來看，金融監管當局主要側重於兩方面的監管：一是金融機構的監管，包括市場准入、市場退出的監管等；二是金融業務的監管，包括經營業務範圍的監管、經營行為的監管等。

(四) 金融監管的法律基礎

金融監管是國家通過法律授權賦予監管當局的行政管理權力，監管能否有效地發揮作用首先取決於這種監管是否具有充分的法律基礎。一國的金融法規體系是現代各國進行各項金融監管的基本標準和依據。事實上，中央銀行和其他金融監督管理當局的建立和職權的行使，首先必須依賴於某些特殊性金融法律，如中央銀行法、金融監督管理法等。其他所有類別的金融機構的建立與營運也要分別依據商業銀行法、普通銀行法、投資銀行法、儲蓄銀行法、保險法等。此外，金融監督管理當局進行廣泛的監督管理活動要依據更為眾多的各種專業性金融法規，如證券法、證券交易法、貨幣法、信貸法、銀行券法、票據法等。可以說，離開了金融法規，各種金融行為就失去了法律的規範、約束、調整和保障，金融監督管理當局也失去了監督管理的標準、權威、手段和基本前提。

金融監管對法律基礎的基本要求是金融監管必須具有明確的法律授權，通過立法

賦予監管當局必要的監管權力，並為其提供有效行使這些權力的可靠法律保證；對監管對象，即各類金融機構的各種經營行為必須有明確的法律規範，在總體法律規範之下，監管當局應當並能夠制定具體的監管規章制度或監管指導原則；金融監管必須在法律的原則授權下，控制具體的監管制度和程序，並嚴格按照這些制度和程序實施，堅決杜絕監管過程中的隨意性，以保證金融監管的客觀性和公正性。中國金融監管的法律法規的構成主要有《中華人民共和國中國人民銀行法》《中華人民共和國商業銀行法》《中華人民共和國證券法》《中華人民共和國保險法》《中華人民共和國外匯管理條例》《中華人民共和國外資金融機構管理條例》《貸款通則》等。

(五) 金融監管的發展趨勢

20世紀末，金融創新產品層出不窮。在日新月異的金融環境中，金融監管的範圍以及方式都發生了較大的變化。

1. 金融監管的國際化發展——巴塞爾委員會

巴塞爾委員會是1974年由十國集團中央銀行行長倡議建立的，其成員包括十國集團中央銀行和銀行監管部門的代表。自成立以來，巴塞爾委員會制定了一系列重要的銀行監管規定，如1983年的銀行國外機構的監管原則（又稱巴塞爾協定，Basel Concordat）和1988年的巴塞爾資本協議（Basel Accord）。這些規定不具法律約束力，但十國集團監管部門一致同意在規定時間內在十國集團實施。經過一段時間的檢驗，鑒於其合理性、科學性和可操作性，許多非十國集團監管部門也自願地遵守了巴塞爾協定和巴塞爾資本協議，特別是那些國際金融參與度高的國家。1997年，有效銀行監管的核心原則的問世是巴塞爾委員會歷史上又一項重大事件。核心原則是由巴塞爾委員會與一些非十國集團國家聯合起草，得到世界各國監管機構的普遍讚同，並已構成國際社會普遍認可的銀行監管國際標準。至此，雖然巴塞爾委員會不是嚴格意義上的銀行監管國際組織，但事實上已成為銀行監管國際標準的制定者。

2002年10月1日，巴塞爾委員會發布了修改資本協議建議的最新版，同時開始新一輪調查（第三次定量影響測算，QIS3），評估該建議對全世界銀行最低資本要求的可能影響。從1975年9月第一個巴塞爾協議到1999年6月新巴塞爾資本協議（或稱新巴塞爾協議）第一個徵求意見稿的出抬，再到2006年新協議的正式實施，時間跨度長達30年。幾十年來，巴塞爾協議的內容不斷豐富，所體現的監管思想也不斷深化。

2. 傳統業務和創新業務監管並重

從20世紀80年代后期開始，國際監管組織和各國監管當局對金融創新產品和電子銀行都給予了高度關注。1986年，巴塞爾委員會發表了《銀行表外風險管理的監管透視》，對表外業務的風險種類、風險評估以及管理控制等提出了初步的意見；隨著金融衍生交易產品的發展，又發布了《衍生產品風險管理準則》《關於銀行和證券公司衍生產品業務的監管信息框架》；針對金融衍生產品風險對資本的潛在威脅，他們還發表了《巴塞爾資本協議市場風險補充規定》以及《關於市場風險資本要求的內部模型法》等。

3. 合規性監管和風險監管並重

合規性監管是指監管當局對商業銀行執行有關部門政策、法律、法規情況所實施的監管。這種方法市場敏感度較低，不能及時全面反應銀行風險，相應的監管措施也滯后於市場發展。風險性監管是指監管當局對商業銀行的資本充足程度、資產質量、流動性、盈利性和管理水平所實施的監管。風險性監管更注重銀行本身的風險控制程序和管理水平，能夠及時反應銀行經營狀況，預測潛在風險。隨著銀行業的創新和變革，合規性監管的缺點不斷暴露，已受到監管部門的關注。例如，巴塞爾銀行監管委員會相繼發布了《大額信用風險的衡量和管理》《銀行國際信貸和管理》《銀行外匯頭寸的監管》《利率風險管理原則》《計量與管理流動性的框架》等監管法規。

同時，各國的監管模式也逐漸從分業監管向統一監管轉變。例如，美國在1999年通過了《金融服務現代化法案》，正式進入了混業經營時代。許多國家為了有效監管商業銀行的境外業務和離岸業務，各國監管當局逐步實施了跨境監管。

**英國金融監管概況**

英格蘭銀行（Bank of England）為歷史最悠久的中央銀行。根據英格蘭銀行法的規定，其經營目標為維護金融體系健全發展，提升金融服務有效性，維持幣值穩定。就首要目標而言，最終為強化保障存款戶與投資者權益，這與金融機構業務經營良窳密切相關。依據英國1987年銀行法的規定，金融監管業務是由英格蘭銀行轄下之銀行監管局掌管。隨著金融市場進步與發展，銀行與金融仲介機構的傳統分界線日趨模糊。因此，時任英國首相布萊爾於1997年5月20日宣布，英國金融監管體系改制，將資金供需與支付清算系統中居樞紐地位的銀行體系及隸屬於證券投資委員會的各類金融機構業務進行整合，成立單一監管機構，即金融服務總署（Financial Services Authority, FSA）。

FSA有下列九個業務監管機構：建築融資互助社委員會、互助社委員會、貿易與工業部保險業委員會、投資管理監管組織、個人投資局（主管零售投資業務）、互助社設立登記局（主管信用機構監管）、證券期貨管理局（主管證券及衍生性信用商品業務）、證券投資委員會（主管投資業務，包括票據清算與交換）及英格蘭銀行監管局（主管銀行監管，包括批發貨幣市場）等。法律賦予FSA的權力如下：第一，對銀行、建築互助社、投資公司、保險公司與互助社的授權與審慎監管；第二，對金融市場與清算支付系統的監管；第三，解決對影響企業、市場及清算支付系統的問題，在某些特殊狀況下，如英格蘭銀行未能貫徹其利率政策，並且影響危及經濟體系穩定性時，FSA將與英格蘭銀行協商合作。

FSA掌管所有金融組織，目的在於提升監管效率，保障消費者權益，並改善受監管單位之金融服務。受FSA監管的金融產業，對英國經濟重要性如下：金融服務占國內生產總值的70%，約占富時100指數（FTSE 100）總值的30%；近100萬人服務於金融產業，相當於5%的英國勞動人口。大部分成年人均為金融產業的消費者，約80%的單位擁有銀行或建築互助社的帳戶，超過1/4成年人投資股票或單位信託。

思考：

請查閱相關資料，試比較中、英、美三國金融監管體系的異同。

## 思考與練習

### 一、名詞解釋

單一中央銀行制度　複合中央銀行制度　金融風險　信用風險　利率風險　匯率風險　操作風險　政策風險　金融監管

### 二、簡答題

1. 中央銀行產生的經濟背景是什麼？
2. 中央銀行與商業銀行有何區別？為什麼說中央銀行是一國金融體系的核心？
3. 怎麼理解中央銀行是「發行的銀行」「銀行的銀行」和「政府的銀行」？
4. 如何理解中央銀行與政府的關係的不同模式？
5. 如何正確理解中央銀行的獨立性？
6. 中央銀行在金融監管中的作用是什麼？

### 三、論述題

1. 試述中央銀行產生的客觀原因。
2. 針對當前金融監管的國際趨勢，談談中國的金融監管模式及未來的發展趨勢。

# 第七章　貨幣供求與均衡

**本章要點**

　　本章主要讓學生瞭解貨幣需求和貨幣供給的含義；重點掌握決定貨幣需求和貨幣供給的主要因素、貨幣供給模型、貨幣供給的內生性和外生性、貨幣均衡與社會總供求均衡的關係。其中，貨幣供給的內生性和外生性、貨幣均衡與社會總供求均衡的關係是本章的難點。

**中國貨幣供給的內生性**

　　中國的貨幣供給有很強的內生性，會隨著經濟的熱度而相應發生變化，外匯儲備增加帶動貨幣供給增長就是一例。在這種情況下，不管央行貨幣政策的意圖如何，貨幣供給的增加都難以避免。

　　1. 基礎貨幣變化情況

　　由於目前中國央行再貼現業務萎縮，商業銀行再貸款意願不高，再貸款主要用於支農以及扶持中小金融機構，因而外匯占款和央行的公開市場操作成為調控基礎貨幣的主要手段。

　　一方面，由於銀行間外匯市場外匯大量增加，央行不得不在市場上以本幣購入外匯，為不斷增長的外匯儲備投放人民幣占款。近年來，中國外匯占款不斷增加，截至2006年5月底，外匯占款余額達到78,816.27億元人民幣。外匯占款的增加引致中國貨幣供應量增加，2006年5月，廣義貨幣供應量同比增長高達19.5%。這樣，不但會促使某些商品價格上漲，而且對信貸增長過快、投資過熱有所影響。

　　另一方面，為了應付金融機構過多的流動性，央行不得不採取發行央行票據、提高準備金率等手段回籠資金。這些連鎖反應削弱了貨幣政策的調控空間，也增加了宏觀調控的難度。需要說明的是，最近外匯占款的快速增長，除與中國出口和吸引外資保持良好發展勢頭有關外，還與國際上存在人民幣升值預期，從而誘使一部分外匯源源流入中國有關。在現行的結售匯制度下，面臨大量湧入的「外資」，為維持人民幣匯率的穩定，央行必須大量購入外匯，從而被動形成外匯占款形式的基礎貨幣投放。由於央行公開市場操作的大部分精力都用來對沖外匯占款投放的基礎貨幣，央行也難以實現對貨幣供給的主動調控。外匯持續流入所造成的被迫的基礎貨幣投放，使貨幣供給的內生性更加明顯。

　　2. 貨幣乘數變化情況

　　在基礎貨幣同比增速逐漸放緩的情況下，$M_2$同比增速仍拾階而上。這主要應歸因於貨幣乘數的快速增長。也就是說，貨幣投放的快速增長主要是由於貨幣乘數的快速

增長造成的。

儘管央行可以通過調整法定存款準備金率來改變貨幣乘數，但由於該措施效果猛烈，央行很少採用。因此，貨幣乘數的變化主要應歸因於商業銀行及社會公眾的行為變化。而從短期來看，社會公眾現金持有傾向是穩定的。因此，貨幣供應量 $M_2$ 的快速增長應主要歸因於商業銀行貸款意願增強、積極放貸，商業銀行超額儲備率不斷下降，而導致的貨幣乘數快速增長。例如，2006 年 6 月金融機構的超額準備金率約在 2.5% 水平，已遠遠低於 2005 年和 2004 年的水平。

思考：
1. 2005 年來超常的貨幣信貸形勢是否由中央銀行完全控制？
2. 中國的貨幣供給有很強的內生性的觀點你是否贊成？為什麼？

## 第一節　貨幣需求

### 一、貨幣需求與貨幣需求量

(一) 貨幣需求

貨幣需求是指社會各部門在既定的收入或財富範圍內，為滿足正常的生產、經營和各種經濟活動需要，能夠而且願意持有的一定數量貨幣的動機和行為。

經濟學中的需求都是一種有支付能力的需求，不是一種純粹主觀的慾望，而是一種能力與願望的統一體。貨幣需求也是如此，其包括兩個基本要素：一是持有貨幣的願望；二是持有貨幣的能力。二者缺一不可，有能力而不願意持有貨幣不會形成對貨幣的需求，有意願卻無能力獲得貨幣也只是一種幻想。貨幣需求的實質是以貨幣形態存在的、潛在的或正在實現的購買力。產生貨幣需求的根本原因在於貨幣所具有的支付功能、流通手段、價值貯藏等職能，現實中的貨幣需求不僅包括對現金的需求，而且包括對存款貨幣的需求。

貨幣需求是一個存量概念，而非流量概念，考察的是在某個時點和空間內，社會各部門在其擁有的全部資產中願意以貨幣形式持有的數量或份額，而不是某一段時間內，各部門所持有的貨幣數額的變化量。

(二) 貨幣需求量

貨幣需求量又稱貨幣必要量，是指在一定時期，一國社會各部門在既定的經濟發展水平和技術條件下形成的對執行流通手段與價值貯藏手段職能需要的貨幣數量的總和。一國經濟發展水平是決定貨幣需求量的主要因素，通常以經由貨幣媒介的最終產品和勞務的總價值，即國民生產總值（GNP）來表示，也有學者以國民財富總值作為決定貨幣需要量的主要因素。

### 二、微觀貨幣需求和宏觀貨幣需求

就貨幣需求主體而言，貨幣需求可分為微觀貨幣需求和宏觀貨幣需求。

微觀貨幣需求是指從社會經濟個體出發，各個經濟部門（個人、家庭或企業）在既定的收入水平、利率水平和其他經濟條件下，基於自己的利益、持有貨幣的機會成本等因素考慮所需要持有的貨幣量。

宏觀貨幣需求是指隨著市場供求、收入及財富等指標的變化，一個國家作為社會總體滿足一定時期內經濟發展的要求對貨幣產生的需求量。

這一定義主要強調貨幣作為交易工具的職能，可利用馬克思的貨幣必要量公式、費雪的交易方程式和劍橋方程式、中國20世紀90年代以來提出的 $M' = Y' + P'$ 等宏觀模型來估算宏觀貨幣需求量。

### 三、名義貨幣需求和實際貨幣需求

按是否剔除物價變動的影響，貨幣需求可分為名義貨幣需求和實際貨幣需求。

名義貨幣需求是指沒有剔除物價水平變動影響的貨幣需求，即直接以名義貨幣來表示的貨幣需求。實際貨幣需求則是指剔除了物價變動因素後的貨幣需求，即用貨幣能夠買到的實際商品和勞務的數量來衡量的貨幣需求。

現假設在社會生產水平、實際財富水平不變的情況下物價上漲一倍，即全社會的商品、勞務的名義價格上漲了一倍。在貨幣流通速度不變的情況下，為確保經濟正常運行，貨幣存量同時也增加一倍，但這只是適應物價上漲幅度所作的相應增加。由於商品勞務、各種債權債務、一切支付義務都增加了一倍，原50元可以購買的商品現需要用100元。顯然，這是名義貨幣需求量增加了一倍，但實際貨幣需求並沒有任何變化。

### 四、決定和影響貨幣需求的主要因素

由於不同國家經濟發展水平、文化和社會背景以及金融發展水平的不同，決定和影響人們持有貨幣的動機也有所不同。現階段，決定和影響中國貨幣需求的主要因素如下：

（一）收入水平

一般來說，收入與貨幣需求呈同方向變動關係，收入越高，支出也會相應擴大，需要更多的貨幣來滿足商品交易。近年來，隨著人們收入水平的不斷上升，消費和投資水平也不斷提高，使得中國的貨幣需求不斷增加。

（二）物價水平

在商品和勞務量既定的條件下，價格越高，用於商品和勞務交易的貨幣需求也必然增多。因此，價格和貨幣需求，尤其是交易性貨幣需求之間，是同方向變動關係。在現實生活中，商品價格上漲、房價上漲等對貨幣需求的影響是不可忽視的。

（三）持有貨幣的機會成本

持有貨幣的機會成本與貨幣需求量的變動是反方向的。在不考慮其他投資渠道的情況下，持有貨幣的機會成本是銀行利率，利率的高低決定了人們持幣機會成本的大

小。利率越高，持幣成本越大，人們就不願意持有貨幣而更願意將錢存入銀行以獲得高額利息收益，因而人們的貨幣需求會減少；利率越低，持幣成本越小，人們則願意手持貨幣，增加貨幣需求。

(四) 資產存在形式

資產的存在形式主要是實物資產、金融資產和貨幣，在個人財富既定的情況下，三者之間具有替代性，實物資產和金融資產的增加，將減少對貨幣的需求。因此，實物資產的數量和價格、金融資產多樣化以及金融資產的收益率、安全性、流動性，對貨幣需求量的增減都有較大的影響。

(五) 其他因素

其他因素包括個體的風險偏好、貨幣流通速度、經濟發展水平、信用發展狀況、金融服務技術與水平、醫療保障水平等，都可能影響中國貨幣需求。

## 「七動機說」[1]

貨幣需求依賴於人們持有貨幣的動機，凡是影響或決定人們貨幣持有動機的因素，就是影響和決定貨幣需求的因素。以瓊‧羅賓遜（Joan Robinson）、溫特勞布（S. Weintraub）和卡爾多（Nicholas Kaldor）等人為首的新劍橋學派認為，凱恩斯所分析的「三動機」（交易動機、預防動機、投機動機）不能全部說明現實情況，應予以補充。於是，他們結合西方國家的實際情況，提出了貨幣需求的「七動機說」：

(1) 產出流量動機。當企業決定增加產量或者擴大經營規模時，需要更多的貨幣。

(2) 貨幣—工資動機。由貨幣—工資增長所連帶造成的貨幣需求的增加，如通貨膨脹，是一種經常性現象，因此貨幣量增加後，往往會帶動工資增長，企業貨幣需求加大。

(3) 金融流動動機。金融流動動機是指人們為購買高檔耐用消費品而儲存貨幣的動機。

(4) 預防和投機動機。個人手中保留超出交易需要的貨幣，一方面可備不測之需，另一方面可等待有利時機進行投資。

(5) 還款和資本化融資動機。債務人維護自己的信譽和保證生產活動順利進行，必須按規定的條件還本付息，這就需要保持一定數量的貨幣。

(6) 彌補通貨膨脹損失動機。在通貨膨脹中，因貨幣貶值，個人要維持原有的生活水平，企業要維持再生產，都需要持有更多的貨幣。

(7) 政府需求擴張動機。當政府有意識地採取赤字財政政策時，政府需求貨幣動機十分明顯。

上述「七動機」后來被歸納為三類：一是商業動機，包括產出流動動機、貨幣—工資動機和金融流動動機，這類動機與人們的收入緊密相關；二是投機性動機，包括預防和投機動機、還款和資本化融資動機、彌補通貨膨脹損失動機，這類動機與人們

---

[1] 高彩霞. 貨幣金融概論 [M]. 上海：上海財經大學出版社，2008.

對未來的經濟金融預期相關；三是公共權利動機，即由政府的赤字財政政策和膨脹性貨幣政策所產生的擴張性貨幣需求動機，這類動機產生的后果或衝擊物價，或衝擊實際利率。

思考：

新劍橋學派關於貨幣需求的「七動機說」較凱恩斯的「三動機說」究竟有哪些發展？

## 第二節 貨幣供給

### 一、貨幣供給與貨幣供給量

(一) 貨幣供給

貨幣供給是指貨幣供給主體在一定時期內通過銀行體系向社會公眾投入、創造、擴張（或收縮）貨幣的行為。在現代經濟社會中，能夠向社會公眾提供信用貨幣（現金貨幣和存款貨幣）的主體有中央銀行、商業銀行以及特定的存款性金融機構。

(二) 貨幣供給量

貨幣供給量是指在一定的時點上，一國為社會經濟運轉服務的貨幣存量。貨幣供給量由中央銀行在內的金融機構供應的現金和存款貨幣兩部分構成。根據是否考慮物價水平的變動，貨幣供給量有名義貨幣供給量和實際貨幣供給量之分。名義貨幣供給量是指在現行價格水平下一定時點上的貨幣存量；實際貨幣供給量是指剔除了物價影響之后一定時點上的貨幣存量。人們通常所使用的貨幣供給量，一般指的是名義貨幣供給量。

現假設一個國家流通中現有貨幣供給量是 2,000 億元，在考察期間內，商品、服務增長率與貨幣增長率為 0，但商品價格水平卻提高了 100%。顯然，原有的 2,000 億元，即名義貨幣供給量只能實現流通中商品、服務的 50%。此時，面對實際不變的商品、服務供給，名義貨幣供給量仍保持不變，實際的貨幣供給量卻由 2,000 億元減到 1,000 億元 [2,000/(1+100%)]。

為了有效地管理和調控市場貨幣供應量，各國以流動性作為主要標準，將貨幣劃分為不同層次。不同層次的貨幣，對經濟的影響也不同。不同層次的貨幣供給形成機制不同，特徵不同，調控方式也不同。

### 二、銀行體系與貨幣供給

貨幣供給量由流通中的現金與金融仲介機構的活期存款構成，兩者的增減變動都影響貨幣供給量的變動。貨幣供給的實現機制，具體是由中央銀行向以商業銀行為主體的金融體系注入基礎貨幣，商業銀行在此基礎上進行信用創造或存款創造，然后向整個社會提供最終貨幣。

商業銀行在貨幣供給中的作用是通過存款貨幣的創造（即創造派生存款）來實現的（已在第五章商業銀行中講述）。

中央銀行在貨幣供給中的作用如下：

一是主要通過調整、控制商業銀行創造存款貨幣能力及行為實現其在貨幣供給過程中的作用。其具體表現在兩個方面：一方面，控制商業銀行創造貨幣的源頭，即商業銀行的原始存款（商業銀行從客戶處獲得的存款，或向央行申請的貸款）。因此，中央銀行的信用規模直接決定著商業銀行準備金的增減，從而決定商業銀行創造存款貨幣的能量（如三大政策工具和貨幣發行）。另一方面，控制商業銀行的貨幣創造乘數。

二是中央銀行主要是通過控制基礎貨幣，即通過各種方式擴張和收縮基礎貨幣來控制商業銀行貨幣創造，調節和控制市場貨幣供應量。

基礎貨幣又稱高能貨幣或強力貨幣，由商業銀行的準備金（R）和流通中通貨（C）構成。基礎貨幣是中央銀行的負債，是商業銀行創造存款貨幣的源泉，中央銀行供應基礎貨幣也即是貨幣供應過程的最初環節。

### 三、貨幣供給模型

根據現代貨幣供給理論，貨幣存量是基礎貨幣與貨幣乘數之積。若 K 為貨幣乘數，M 為貨幣總額，B 為基礎貨幣，則：

$$M = B \cdot K \tag{公式 7.1}$$

$$K = M / B \tag{公式 7.2}$$

從上式我們可以看出，基礎貨幣是決定貨幣供給的一個重要因素，但不是唯一因素。在基礎貨幣一定時，貨幣乘數的變動將引起貨幣供給的變動。一般來說，經濟學家們認為中央銀行在很大程度上能夠控制基礎貨幣量，但對於貨幣乘數是否能由中央銀行控制觀點不一。因此，在現代貨幣供給理論中，人們往往較多地致力於貨幣乘數及決定因素的研究，所得出的各種貨幣供給模型，常見的是貨幣學派的貨幣乘數模型。

1969 年，美國經濟學家喬頓對卡甘模型和弗里德曼—施瓦茨模型進行了改進和補充，導出了一個比較簡潔明瞭的貨幣乘數模型。喬頓模型自提出以後，得到了大多數經濟學家的認可和接受，因此喬頓模型被看做貨幣供給決定機制的一般模型。

若將上面公式 7.2 中的 M 定義為 $M_1$，K 相應定義為 $K_1$，則得：

$$K_1 = \frac{M_1}{B} = \frac{C + D}{C + R} = \frac{C + D}{C + r_d \cdot D + E + r_t \cdot Dt} \tag{公式 7.3}$$

式中，$r_d$ 為活期存款的法定存款準備金率；$r_t$ 為定期存款的法定存款準備金率；R 為商業銀行的存款準備金；D 為商業銀行的活期存款；C 為流通中的現金；Dt 為商業銀行定期存款；E 為商業銀行的超額準備金。

將公式 7.3 分子和分母同除以 D，設 $c = C/D$，$t = Dt/D$，$e = E/D$，則：

$$K_1 = \frac{1 + c}{r_d + r_t \cdot t + e + c} \tag{公式 7.4}$$

$$M_1 = \frac{1 + c}{r_d + r_t \cdot t + e + c} \cdot B \tag{公式 7.5}$$

上述模型表明：

第一，貨幣供給的兩大類決定因素，即基礎貨幣和貨幣乘數，兩者之積等於貨幣供給量。

第二，在貨幣供給量中除了銀行起主要作用外，非銀行部門的行為對貨幣供給也有很大作用，主要在貨幣乘數中反應出來。

第三，貨幣供應並非貨幣當局和銀行的主觀行為，而受貨幣需求的制約，與社會一定的商品量相適應，即必須遵循貨幣流通規律，根據國民經濟週轉的客觀需要來提供。

### 四、決定和影響貨幣供給的主要因素

根據以上的貨幣供給模型，可以得知，貨幣供給的決定因素主要有兩個：一個是基礎貨幣（B）；另一個是貨幣乘數（K）。

(一) 基礎貨幣

基礎貨幣又稱強力貨幣、高能貨幣，通常指商業銀行在中央銀行的存款準備金與流通於銀行體系之外的通貨兩者之和。存款準備金包括商業銀行持有的庫存現金、在中央銀行的法定存款準備金以及超額準備金，用 B 表示基礎貨幣，則 B = 存款準備金 + 通貨 = R + C。基礎貨幣的增減變化，通常取決於以下四個因素：

(1) 中央銀行對商業銀行等金融機構債權的變動。這是影響基礎貨幣的最主要因素。一般來說，中央銀行對商業銀行再貼現或再貸款資產增加，這必然引起商業銀行超額準備金增加，意味著中央銀行通過商業銀行注入流通中的基礎貨幣增加；相反，如果中央銀行對金融機構的債權減少，就會使基礎貨幣收縮。通常認為，在市場經濟條件下，中央銀行對這部分債權有較強的控制力。

(2) 國外淨資產數額。國外淨資產由外匯、黃金占款和中央銀行在國際金融機構的淨資產構成。其中，中央銀行購買外匯和黃金，意味著中央銀行直接發行貨幣，增加基礎貨幣。一般情況下，若中央銀行不把穩定匯率作為政策目標的話，則對通過該項資產業務投放的基礎貨幣有較大的主動權；否則，在國際貿易持續順差、外匯儲備不斷增長的情況下，中央銀行為維持匯率的穩定而被動投放大量的基礎貨幣。

(3) 對政府債權淨額。中央銀行對政府債權淨額增加通常由兩條渠道形成：一是直接認購政府債券；二是為彌補財政赤字給財政發放貸款。無論哪條渠道都意味著中央銀行通過財政部門把基礎貨幣注入了流通領域。

(4) 其他項目（淨額）。這主要是指固定資產的增減變化以及中央銀行在資金清算過程中應收應付的增減變化，它們都會對基礎貨幣量產生影響。

(二) 貨幣乘數

貨幣乘數是指貨幣供給擴張的倍數。在實際經濟生活中，銀行提供的貨幣和貸款會通過數次存款、貸款等活動產生出數倍於它的存款，即通常所說的派生存款。貨幣乘數的大小決定了貨幣供給擴張能力的大小。貨幣乘數的大小由以下因素決定：

(1) 法定存款準備率（$r_d$）。各家商業銀行均需按一定比率將其存款的一部分轉存

於中央銀行，一般在其他條件不變的情況下，存款準備率越高，派生存款的擴張倍數越小；反之，派生存款的擴張倍數就越大，二者之間呈現一種減函數關係。

(2) 現金漏損率 (c)。在現實中，客戶會以通貨形式持有一定比例的貨幣，從而使一部分現金流出銀行系統，出現所謂的「現金漏損」(Loss of Cashes)。現金漏損與活期存款總額之比稱為現金漏損率。由於現金外流，銀行存款用於放貸部分的資金減少，由此也就削弱了商業銀行活期存款的派生能力，現金漏損率越高，派生存款就越少。

(3) 超額準備率 (e)。商業銀行除按照規定保留法定存款準備金外，為審慎經營起見，為了應付存款的變現和放款的需要，銀行實際持有的存款準備金總是高於法定準備金，這種款額稱為超額準備金。顯然，超額準備金和法定準備金一樣，也相應減弱了銀行創造派生存款的能力。超額準備金與存款總額之比，稱為超額準備率。

(4) 定期存款準備金。企業等經濟行為主體既會持有活期存款，也會持有定期存款。銀行對定期存款也要按一定的準備率計提準備金，定期存款的法定準備率為 $r_t$，定期存款中按 $r_t$ 所提取的準備金是不能用於創造派生存款的。

影響中國貨幣乘數的因素除了上述四個因素之外，還有財政性存款、信貸計劃管理兩個特殊因素。

### 五、貨幣供給的外生性和內生性

貨幣供給的外生性和內生性問題是貨幣理論研究的一個頗有爭議的問題。貨幣供給的外生性是指貨幣供給這個變量並不是由經濟因素，如收入、儲蓄、投資、消費等所決定，而是由貨幣當局的貨幣政策決定的；貨幣供給的內生性是指貨幣供給的變動，貨幣當局決定不了，起決定作用的是經濟體系內部實際變量以及微觀經濟主體的經濟行為等因素。如果認為貨幣供給是外生變量，則無異於說，貨幣當局能夠有效地通過對貨幣供給的調節，實現宏觀經濟調控的目標。但如果認定貨幣供給是內生變量，那就等於說，貨幣供給總是要被動地決定於客觀經濟過程，而貨幣當局並不能有效地即時控制。自然，貨幣政策的調節作用，特別是以貨幣供給變動為操作指標的調節作用，有很大的局限性。

(一) 外生性貨幣供給論

一些主流的貨幣供給理論，如凱恩斯學派理論、貨幣主義的理論、理性預期學派的理論等都認為貨幣供給是外生變量。

凱恩斯認為貨幣供給是中央銀行控制的外生變量，它的變化影響著社會經濟活動，但它自身並不受經濟因素的制約。凱恩斯的這一觀點同他關於貨幣特性的認識有關。他認為，現代貨幣具有三個特性：第一，貨幣的生產彈性等於零。第二，貨幣的替代彈性幾乎等於零。貨幣的替代彈性是指當貨幣的交換價值上升時人們拋棄貨幣而用其他因素來代替貨幣的比率。貨幣作為一般購買力的代表，可以換回任何其他商品，其效用來自於交換價值。第三，貨幣具有週轉靈活性且儲藏費用低的特徵。由於貨幣具有這些特徵，現代社會只有依靠國家才能發行和強制流通。無論貨幣需求多大，或經

濟中其他變量的刺激多麼強烈，貨幣供給不會受它們的影響而自行變化。貨幣供給的控制權由政府通過中央銀行來掌握，中央銀行根據政府的決策和金融政策，按照經濟形勢變化的需要可以自行調節貨幣供給量。凱恩斯認為，公開市場業務是變動貨幣供給量的主要渠道。貨幣當局通過公開市場業務買賣各種債務票據調節貨幣供給量。貨幣當局買進證券，意味著增加貨幣供給量；相反，貨幣當局賣出證券，則意味著減少貨幣供給量。

貨幣主義的主要代表人物弗里德曼也是一個典型的外生性貨幣供給論者。他在與施瓦茨合著的《1867—1960年的美國貨幣史》中，闡明了貨幣供給外生性的觀點。前面我們已經介紹過，根據弗里德曼和施瓦茨的觀點，決定貨幣供給的三個變量（高能貨幣、存款與準備金的比率和存款與通貨的比率）分別取決於貨幣當局、商業銀行和社會公眾的行為，但中央銀行能直接決定高能貨幣，而高能貨幣的變動對銀行的存款準備金比率和存款—通貨比率有決定性影響。因此，中央銀行能夠通過改變高能貨幣改變貨幣供應量。

(二) 內生性貨幣供給論

新古典綜合派和后凱恩斯主義都是內生性貨幣供給論者。托賓認為弗里德曼的貨幣供給方程將貨幣供給歸結於高能貨幣、存款與通貨的比率和存款與準備金的比率的固定函數過於簡單，實際上這三個變量及其決定因素之間是存在交叉影響的，因而貨幣供給並非是由貨幣當局控制的外生變量。新古典綜合派認為，貨幣供給量作為內生變量主要是由商業銀行和企業行為所決定的，而銀行和企業的行為取決於經濟體系的許多變量，中央銀行不可能有效地控制銀行和企業的行為。托賓關於貨幣供給的資產選擇模型認為，貨幣作為一種資產形式其供給和需求與其他資產的供求一樣，都是在經濟運行中內生地決定的。后凱恩斯主義者則認為，貨幣存量內生地對信用需求的變化作出反應，並把貨幣工資率看成主要的外生變量，價格和貨幣存量都對它作出調整。

綜合各學者的理論以及考慮到現實經濟狀況可以發現，貨幣供給並不是一個完全決定於貨幣當局的主觀意志、不受經濟運行內在規律影響的外生變量，其在一定程度上也是一個受經濟體系內部諸多因素影響而自行變化的內生變量，或者說，是一個外生性和內生性相結合的變量。因此，中央銀行對貨幣供給量的控制就不可能是絕對的，而是相對的。

鑒於中國特殊的國情，目前中國中央銀行對貨幣供給仍具有較大的控制力。因此，對於宏觀經濟的穩健運行，中央銀行應承擔不可推卸的調控責任。但隨著改革開放的不斷推進和市場化程度的提高，貨幣供給的內生性將會逐漸增強。中央銀行對貨幣供給的調控需要適時調整，並不斷提高調控的藝術。

圖7.1和圖7.2顯示了1995—2002年$M_0$、$M_1$計劃指標與實際結果比較情況。

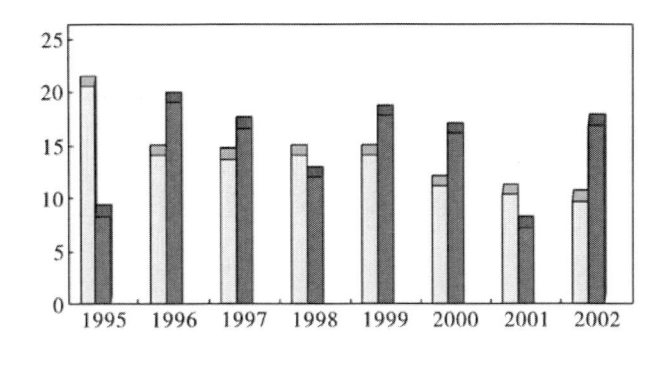

图 7.1　1995—2002 年 $M_0$ 计划指标与实际结果比较

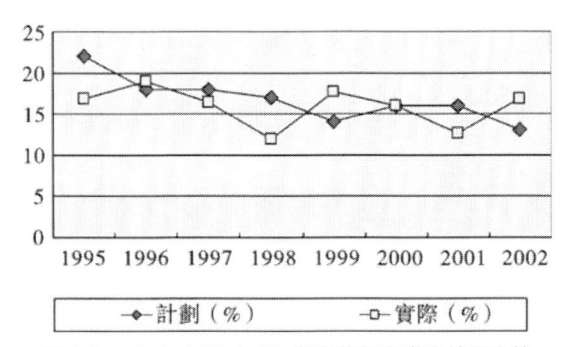

图 7.2　1995—2002 年 $M_1$ 计划指标与实际结果比较

## 中國理論界對貨幣供給是外生還是內生的爭議

有些學者認為貨幣供給可由中央銀行有效控制，其依據是：第一，經濟體系中的全部貨幣都是從銀行流出的，從本質上說，都是由中央銀行資產負債業務決定的，只要控制在每年新增貸款的數量，貨幣供應的總閘門就可以把牢；第二，中國的中央銀行不是沒有控制貨幣供給增長的有效手段，而是沒有利用好這個手段，如果能夠不管來自各方的壓力有多強大，中央銀行都始終不渝地按照穩定通貨、穩定物價的政策嚴格掌握信貸計劃，那麼貨幣供給就不會增長過快。

有些學者認為貨幣供給不能由中央銀行決定的觀點也很普遍。「倒逼機制」的論點可視為內生變量論。這個觀點認為，在中國現行的體制下，貨幣供給往往是被動地適應貨幣需求，中央銀行很難實施各項既定的貨幣調節方案。企業、地方政府和個人對各自利益的追求形成了一種壓力——偏好經濟增長和收入增長的合力，該合力直接影響貨幣供給的增長速度。而對於這種合力，中央銀行本身是難以左右的，很明顯，這種機制說明，貨幣供給的變動事實上是內生的。

思考：

有人認為，中國的現實情況說明上述兩種觀點均不正確，而應是外生性中包含有內生性，內生性中也包含有外生性。你如何評價這一觀點？為什麼？

## 第三節　貨幣供求均衡

在現代經濟生活中，由於貨幣供求均衡直接影響和制約著社會總供求的均衡，因此研究貨幣均衡問題有著十分明顯的理論和現實意義。

### 一、貨幣均衡與非均衡的定義

(一) 貨幣均衡

貨幣均衡（Monetary Equilibrium）是指貨幣供給量與貨幣需求量基本相等，不是貨幣供給和貨幣需求簡單的數量相等，而是指貨幣供給與由經濟的實際變量或客觀因素所決定的貨幣需求相符合。經濟態勢通常是表現為經濟正常增長、市場情況良好、物價基本穩定。

理解貨幣均衡需要注意以下幾點：

(1) 貨幣均衡是貨幣供求關係的一種狀態，是貨幣供給與貨幣需求的大體一致，而不是貨幣供給與貨幣需求在數量上完全相等。

(2) 貨幣均衡不僅是貨幣供求總量的均衡，而且也是貨幣供求結構的均衡。

(3) 貨幣均衡是一個動態過程，並不要求在某一具體時間上貨幣供給與貨幣需求完全相等，允許短期內貨幣供求之間不一致，但在長期內是大體一致的。在短期內，貨幣供給量偏離貨幣需求量具有其必然性，也具有理論上的可接受性。其必然性在於貨幣需求的相對穩定性與貨幣供給量的易變性，貨幣供給的確定性與貨幣需求量的相對模糊性，這兩對相互作用的結果往往造成貨幣供給量在短期或更長的時間內一定程度上偏離貨幣需求量。理論上可接受主要在於最優貨幣需求量與其說是一個確定無誤的值，不如說是一個區間，貨幣供給量多一點或少一點均不會影響物價的穩定和持續穩定的經濟發展。

(4) 貨幣均衡是以利率的調節為契機的，即在市場經濟條件下，從動態看，在利率伸縮自如的作用下，有一種自動恢復均衡的趨勢。條件是健全的利率調節機制和發達的金融市場。

(5) 貨幣均衡在一定程度上反應了國民經濟的總體平衡狀況。在商品經濟條件下，一國的經濟運行可以概括為兩方面：一方面是商品、勞務的生產和交換，產生社會總供求；另一方面是貨幣和貨幣經濟的運行，由此產生貨幣總供求。而這兩個方面是緊密聯繫在一起的。貨幣均衡時，幣值穩定，貨幣流通正常，市場物價穩定，這也在一定程度上能反應社會總供求基本平衡。

(二) 貨幣非均衡

貨幣非均衡是一種與貨幣均衡相對應的概念，包括總量上的貨幣非均衡和結構上的貨幣非均衡。其中，總量上的貨幣非均衡指的是貨幣供給量小於貨幣需求量或者貨幣供給量大於貨幣需求量。結構上的貨幣非均衡指的是在貨幣供給與需求總量大體一致的總量均衡條件下，貨幣的供給結構與貨幣需求結構不相適應的狀況。各類貨幣非均衡的原因分析如下：

1. 貨幣非均衡類型一：貨幣供給量小於貨幣需求量

從貨幣均衡的觀點出發，貨幣供給量小於相應的貨幣需求量的原因可能有：

（1）隨著經濟增長，商品生產和交換規模擴大，貨幣供給量並沒有及時增加，從而導致經濟運行中貨幣供給小於貨幣需求。

（2）中央銀行實施緊縮性的貨幣政策，減少貨幣供給量，從而導致流通中的貨幣減少，出現貨幣供給不能滿足貨幣需求，從而呈現貨幣供給小於貨幣需求的非均衡狀態。

（3）經濟危機出現，經濟運行中的信用鏈條突然斷裂，正常的信用關係遭到破壞，社會經濟主體對貨幣的需求急遽增加，中央銀行的貨幣供給量卻相對地滯后於貨幣需求的增加，從而導致了貨幣供求的失衡。

2. 貨幣非均衡類型二：貨幣供給量大於貨幣需求量

在紙幣流通的條件下，經濟運行中的貨幣供給量大於相應的貨幣需求量是一種經常出現的現象，造成這種現象的原因可以歸結為：

（1）中央銀行向財政發放貸款以彌補政府財政赤字。

（2）在經濟發展中，高速經濟增長迫切地需要貨幣資本來支撐，銀行貸款規模的過度擴張，也是導致貨幣供給大於貨幣需求的原因之一。

（3）從階段分析的觀點看，假設前期貨幣供應量相對不足，產品積壓和再生產過程受阻，為促進經濟正常運行，中央銀行實施擴張性的貨幣政策，但如果力度把握不適當，導致銀根過度放鬆，貨幣供給的增長速度超過經濟發展的客觀需要，也會形成過多的貨幣供給，誘發高通貨膨脹。

3. 貨幣非均衡類型三：貨幣供求的結構性失衡

造成這種貨幣失衡的原因在於經濟結構的不合理以及由此導致的結構剛性。結構性貨幣失衡往往表現為短缺與過剩並存，經濟運行中的部分產品和生產要素供過於求，而另一部分商品和生產要素又供不應求。

貨幣均衡是中央銀行執行貨幣政策促使貨幣供給與貨幣需求基本相適應的目標，但貨幣均衡是理想的目標，貨幣供求的非均衡在現實中卻是常見的現象。現實經濟運行中往往是貨幣總量失衡與結構失衡相互交織、相互聯繫，以至於難以分辨。因此，中央銀行在貨幣政策操作中，為實現貨幣供求均衡應以總量均衡與結構合理相結合。

## 二、貨幣均衡與利率

在完全市場經濟條件下，貨幣均衡的實現是通過利率機制完成的。在市場經濟條

件下，利率不僅是貨幣供求是否均衡的重要信號，而且對貨幣供求具有明顯的調節功能。

就貨幣供給而言，當市場利率升高時，一方面，社會公眾因持有貨幣的機會成本增加而減少現金的持有量，進而減少現金漏損，貨幣乘數變大，從而使得在貨幣發行量不變的情況下貨幣供給增加；另一方面，貸款利率上升，銀行為貸款收益進一步增加而減少超額準備來擴大貸款規模，使超額準備金率下降，貨幣乘數變大，從而促使貨幣供給增加。因此，利率與貨幣供給量之間存在同方向的變動關係。

就貨幣需求而言，當市場利率升高時，人們的持幣機會成本增加，必然導致人們對金融資產需求的增加和對貨幣需求的減少。因此，利率與貨幣需求存在反方向變動關係。

如果貨幣供給大於貨幣需求，人們手中持有的貨幣量超過用於交易性需求、預防性需求和投機性需求的貨幣量，由於貨幣本身無收益，人們將購買金融資產，使得債券等金融資產的需求大於供給，債券等生息資產的價格上升，利率下降，而利率的下降使得人們的貨幣需求增加。貨幣的供給方——商業銀行，由於公眾購買債券等金融資產引起銀行存款的減少，導致商業銀行的準備金減少，即基礎貨幣減少。同時，商業銀行也因為利率下降減少了貸款的意願，由貨幣供給理論可知，貨幣的供給量將減少。最終利率下降使得貨幣的需求和貨幣的供給趨於一致。反之，貨幣供給小於貨幣需求，利率上升，將減少貨幣需求，增加貨幣供給，最終使得貨幣供求達到均衡。市場利率與貨幣供求均衡關係如圖7.3所示：

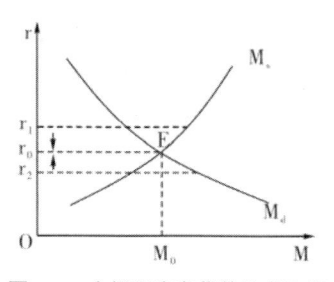

圖7.3　市場利率與貨幣供求均衡

## 三、貨幣供求與社會總供求介紹

（一）貨幣供給與社會總需求

1. 社會總需求的定義

社會總需求是指在一定支付能力條件下社會上對生產出來供最終消費和使用的物質產品與勞務的需求的總和，也就是社會的消費需求和投資需求的總和。

2. 貨幣供給決定並制約社會總需求

貨幣供給增加，社會總需求增大；貨幣供給減少，社會總需求減少。貨幣供給決定並制約社會總需求（見圖7.4）。

$$\overrightarrow{Ms = AD}$$

[貨幣供給（Ms）決定社會總需求（AD），因為（AD）為有支付能力的需求]

圖7.4　貨幣供給決定並制約社會總需求

(二) 貨幣需求與社會總供給

　　1. 社會總供給的定義

　　社會總供給是指一國一定時期內全社會物質生產部門提供的全部供最終消費和使用的物質產品與非物質生產部門提供的全部勞務的總和。

　　2. 社會總供給決定並制約貨幣需求

　　經濟生活中需要多少貨幣，取決於有多少實際資源需要貨幣實現其流轉並完成生產、交換、分配和消費相互聯繫的再生產過程。社會總供給決定並制約貨幣需求（見圖7.5）。

$$\overleftarrow{Md = AS}$$

[因為社會總供給（AS）以獲取貨幣為目的，即通過與
貨幣的交換，實現其價值，並使社會再生產順利實現]

圖7.5　社會總供給決定並制約貨幣需求

(三) 貨幣供求與社會總供求

　　如果從市場的角度來研究貨幣供求與社會總供求之間的關係，可以用圖7.6來表示。

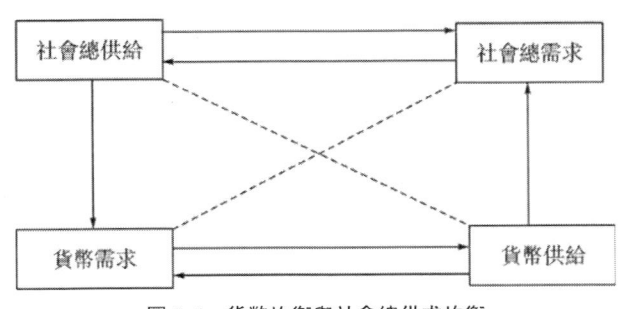

圖7.6　貨幣均衡與社會總供求均衡

　　1. 貨幣供給促使社會總需求的形成

　　因為任何需求都是有貨幣支付能力的需求，只有通過貨幣的供給，需求才得以實現，所以在一定時期內，社會的貨幣收支流量構成了當期的社會總需求。

　　2. 社會總需求影響社會總供給

　　在現代商品經濟條件下，市場總體上來說是屬於買方市場，不再是過去由供給決定需求，社會的需求傾向越來越影響著社會的供給方向，企業提供的產品和服務必須以顧客需求為取向。

3. 社會總供給決定了真實貨幣需求

因為在商品經濟條件下，任何商品都需要用貨幣來表現或衡量其價值量的大小，並通過與貨幣的交換實現其價值。因此，有多少社會總供給，必然就需要相應的貨幣量與之對應。

4. 貨幣需求決定貨幣供給

就貨幣的供求關係而言，客觀經濟過程中的貨幣需求是基本的前提條件，貨幣的供給必須以貨幣的需求為基礎，中央銀行控制貨幣供給量的目的就是要使貨幣供給與貨幣需求相適應，以維持貨幣的均衡。

5. 社會總供給等於社會總需求與貨幣需求等於貨幣供給

市場經濟條件下，宏觀經濟持續穩定增長，必須保持社會總供給與社會總需求的均衡。商品生產、商品流通，即實體經濟社會總供求均衡決定貨幣流通，進而決定貨幣供求平衡，但貨幣流通、貨幣供求均衡又影響實體經濟，影響社會總供求的均衡。這樣中央銀行可利用貨幣政策，調節貨幣供求，實現社會總供求均衡。

## 四、實現貨幣均衡的條件

在市場經濟條件下，貨幣的自身均衡機制能夠使得貨幣供給收斂於貨幣需求，使得貨幣的供求趨於一致，要實現貨幣均衡，需依靠於利率這個調節器。在完全市場經濟條件下，若要利率能夠發揮對於貨幣供求的調節器作用，必須具備兩個條件：健全的利率機制和發達的金融市場。

(一) 要有健全的利率機制

在市場經濟條件下，貨幣均衡最重要的實現機制就是利率機制。健全利率機制就是在社會資金供求關係中，形成以基準利率為中心，市場利率為主體，既具有市場自我調節功能，又具有國家宏觀調控功能的一種利率管理系統。只有形成這樣的利率機制，利率通過儲蓄、消費和投資的流向和流量，對貨幣供求進行調節，實現貨幣均衡。

(二) 要有發達的金融市場，尤其是活躍的貨幣市場

金融市場上匯集了代表金融需求的各類市場行為主體和金融工具，形成各類金融價格，並通過金融市場上的各種交易活動及由此帶來的資金運動反應和影響實體經濟的運行。因此，沒有一個發達的金融市場，利率機制就沒有了調節運動資金供求的場所，其作用也就無法發揮出來。

除了這兩個條件之外，中央銀行宏觀調控的有效性、一國財政收支的平衡與否、一國的生產部門結構是否合理、國際收支是否保持平衡等因素，都在一定程度上也會影響貨幣的供求關係，從而影響貨幣達到均衡狀態。

### 2010 年中國貨幣信貸概況[1]

2010 年，國民經濟保持平穩較快發展，貨幣信貸增長從 2009 年高位逐步向常態迴歸，銀行體系流動性總體充裕，人民幣匯率彈性增強，金融運行平穩。

#### 一、貨幣供應量增長趨穩

2010 年年末，廣義貨幣供應量 $M_2$ 余額為 72.6 萬億元，同比增長 19.7%，增速比 2009 年年末低 8.0 個百分點；狹義貨幣供應量 $M_1$ 余額為 26.7 萬億元，同比增長 21.2%，增速比 2009 年末低 11.2 個百分點。

流通中現金 $M_0$ 余額為 4.5 萬億元，同比增長 16.7%，增速比 2009 年末高 4.9 個百分點。全年現金淨投放 6,381 億元，同比多投放 2,354 億元，貨幣總量增長從 2009 年高位總體回落。其中，$M_2$ 和 $M_1$ 增速分別於前 7 個月和前 9 個月呈下降態勢，但之後受信貸增長持續較快、外匯流入增多的影響，貨幣總量有所反彈。$M_2$ 和 $M_1$ 年末增速分別比年內最低點回升 2.1 個和 0.3 個百分點。

#### 二、金融機構存款增長放緩

2010 年年末，全部金融機構（含外資金融機構，下同）本外幣各項存款余額為 73.3 萬億元，同比增長 19.8%，增速比 2009 年年末低 8.1 個百分點，比 2010 年年初增加 12.1 萬億元，同比少增長 1.1 萬億元。其中，人民幣各項存款余額為 71.8 萬億元，同比增長 20.2%，增速比 2009 年年末低 8.0 個百分點，比 2010 年年初增加 12.0 萬億元，同比少增長 1.1 萬億元。外幣存款余額為 2,287 億美元，同比增長 9.5%，比 2010 年年初增加 200 億美元，同比多增長 39 億美元。

從人民幣存款的部門分佈和期限看，住戶存款平穩增長，活期占比穩步提高。非金融企業存款增速 2010 年上半年回落，2010 年下半年大體趨穩，總體呈活期化態勢。2010 年年末住戶存款余額為 30.8 萬億元，同比增長 16.5%，增速比 2010 年年末低 2.8 個百分點，比 2010 年年初增加 4.4 萬億元，同比多增長 972 億元。非金融企業人民幣存款余額為 30.5 萬億元，同比增長 21.5%，增速比 2009 年年末低 16.0 個百分點，比 2010 年年初增加 5.3 萬億元，同比少增長 2.0 萬億元。非金融企業人民幣存款增速 2010 年上半年回落較為明顯，6 月末增速比 2009 年年末低 18 個百分點，主要與 2009 年基數較高有關。

目前，非金融企業人民幣存款增速仍保持相對較高水平，企業支付能力依然較強。受通貨膨脹預期等因素影響，存款總體呈活期化態勢。其中，全年新增住戶存款中活期占比為 56%，四個季度的活期存款占比分別為 42%、51%、55% 和 135%，呈逐步上升態勢；非金融企業全年活期存款占比為 55%。2010 年年末財政存款余額為 2.5 萬億元，同比增長 13.6%，比 2010 年年初增加 3,045 億元，同比少增長 1,322 億元。

---

[1] 中國人民銀行貨幣政策分析小組. 中國貨幣政策執行報告（2010 年第四季度）[EB/OL].（2011-01-31）[2016-08-12]. http://wenku.baidu.com/link?url=WwmftcnRKBSYAN8ZKjoTVZ3XgDR8iX9QPviG10f9BrXClk-dBcmAckcEF2bQlFOVGHfw21th5f6YJ3VNufqouv1H_YPlMnP9_6Fx8T4qw6G.

### 三、金融機構人民幣貸款增速從高位回落

2010年年末，全部金融機構本外幣貸款餘額為50.9萬億元，同比增長19.7%，增速比2009年年末低13.3個百分點，比2010年年初增加8.4萬億元，同比少增長2.2萬億元。

人民幣貸款增速高位回落后總體走穩。2010年年末人民幣貸款餘額為47.9萬億元，同比增長19.9%，增速比2009年年末低11.8個百分點，比2010年年初增加7.95萬億元，同比少增長1.65萬億元。貸款節奏更加均衡，各季新增貸款分別為2.60萬億元、2.03萬億元、1.67萬億元和1.64萬億元。從部門分佈看，住戶貸款增長穩步回落，非金融企業及其他部門貸款增速相對平穩。2010年年末住戶貸款餘額同比增長37.6%，增速比2010年9月末和2010年6月末分別低4.6個和11.7個百分點，目前仍保持較快增長，比2010年年初增加2.9萬億元，同比多增長4,125億元。非金融企業及其他部門貸款餘額同比增長15.3%，比2010年年初增加5.1萬億元，同比少增長2.1萬億元。其中，中長期貸款比2010年年初增加4.2萬億元，同比少增長7,938億元。票據融資比2010年年初減少9,051億元，同比多減少1.4萬億元。從總體看，2010年金融機構大體保持著壓票據融資、增一般貸款的態勢。

2010年各機構人民幣貸款情況如表7.1所示：

表7.1　　　　　　　　2010年各機構人民幣貸款情況　　　　　　　　單位：億元

|  | 2010年 | |
| --- | --- | --- |
|  | 新增額 | 同比多增 |
| 中資全國性大型銀行[①] | 40,822 | -12,899 |
| 中資全國性中小型銀行[②] | 23,456 | -1,704 |
| 中資區域性中小型銀行[③] | 5,289 | -2,018 |
| 農村合作金融機構[④] | 9,656 | -71 |
| 外資金融機構 | 1,628 | 1,610 |

註：[①]中資全國性大型銀行是指本外幣資產總量超過2萬億元的銀行（2008年年末各金融機構本外幣資產總額為參考標準）。

[②]中資全國性中小型銀行是指本外幣資產總量小於2萬億元且跨省經營的銀行。

[③]中資區域性中小型銀行是指本外幣資產總量小於2萬億元且不跨省經營的銀行。

[④]農村合作金融機構包括農村商業銀行、農村合作銀行、農村信用社。

由於人民幣匯率預期總體平穩、人民幣跨境貿易結算發展以及境外企業資金狀況好轉導致境內外企業貿易信貸增加等因素，2010年企業外幣貸款需求下降。2010年年末，金融機構外幣貸款餘額為4,534億美元，同比增長19.5%，比2010年年初增加740億美元，同比少增長618億美元。從投向上看，進出口貿易融資增加177億美元，同比少增加410億美元，增量占比為24.0%。境外貸款和中長期貸款共增加457億美元，同比少增加133億美元，增量占比為61.8%。

### 四、銀行體系流動性總體充裕

2010年年末，基礎貨幣餘額為18.5萬億元，同比增長28.7%，比2010年年初增

加 4.1 萬億元。2010 年年末貨幣乘數為 3.92，比 2009 年年末低 0.19。2010 年年末金融機構超額準備金率為 2.0%，比 2009 年下降 1.13 個百分點。其中，中資大型銀行為 0.9%，中資中型銀行為 1.8%，中資小型銀行為 4.4%，農村信用社為 7.7%。

### 五、金融機構貸款利率穩步上升

2010 年，金融機構對非金融性企業及其他部門貸款利率總體小幅上升。其中，第四季度受兩次上調存貸款基準利率等因素影響，利率上升速度有所加快。12 月份，貸款加權平均利率為 6.19%，比 2010 年年初上升 0.94 個百分點。其中，一般貸款加權平均利率為 6.34%，比 2010 年年初上升 0.46 個百分點。票據融資加權平均利率為 5.49%，比 2010 年年初上升 2.75 個百分點。個人住房貸款利率穩步上升，12 月份加權平均利率為 5.34%，比 2010 年年初上升 0.92 個百分點。

從利率浮動情況看，執行下浮和基準利率的貸款占比下降，執行上浮利率的貸款占比上升。12 月份，執行下浮、基準利率的貸款占比分別為 27.80% 和 29.16%，比 2010 年年初分別下降 5.39 個百分點和 1.10 個百分點，執行上浮利率的貸款占比為 43.04%，比 2010 年年初上升 6.49 個百分點。

受境內資金供求關係變動以及國際金融市場利率走勢影響，外幣存貸款利率波動上升。12 月份，活期、3 個月以內大額美元存款加權平均利率分別為 0.33% 和 1.84%，比 2010 年年初分別上升 0.16 個百分點和 1.38 個百分點；3 個月以內、3 個月（含 3 個月）~6 個月美元貸款加權平均利率分別為 2.57% 和 2.85%，比 2010 年年初分別上升 0.98 個和 1.19 個百分點。

思考：

1. 從中國 2010 年的貨幣供給和需求的狀況入手，分析 2010 年中國是貨幣均衡還是失衡？

2. 從資料中可觀察中國利率情況，試分析中國目前的利率機制對貨幣供求的調節作用是否有效。

## 思考與練習

### 一、名詞解釋

貨幣需求　貨幣需求量　貨幣供給　貨幣供給量　基礎貨幣　內生變量　外生變量　貨幣非均衡　貨幣均衡　社會總需求　社會總供給

### 二、簡答題

1. 如何理解貨幣需求和貨幣供給的含義？
2. 簡述貨幣供給模型。
3. 簡述中國對貨幣需求的數量界定及影響中國貨幣需求的主要因素。
4. 什麼是貨幣供給的內生性和外生性？
5. 如何正確理解貨幣均衡？

6. 貨幣失衡表現在哪些方面？

## 三、論述題

1. 試述影響貨幣供給的決定因素。
2. 試評述「貨幣乘數必大於1」這一說法是否正確，並解釋。
3. 試述貨幣供求均衡與社會總供求均衡的關係。
4. 如何運用貨幣政策和財政政策調節貨幣供求，實現總供求均衡？

# 第八章　通貨膨脹和通貨緊縮

**本章要點**

　　本章主要讓學生瞭解通貨膨脹和通貨緊縮的定義、分類以及各種測度指標；重點掌握通貨膨脹和通貨緊縮的成因及其對社會經濟的影響、通貨膨脹和通貨緊縮的治理對策等內容。其中，通貨膨脹和通貨緊縮的成因是本章的難點。

## 2011 年 3 月 CPI 漲 5.4% 創 32 個月以來新高[①]

　　據國家統計局公布的一季度經濟數據顯示，2011 年一季度國內生產總值（GDP）總量為 96,311 億元，同比增長 9.7%。3 月份居民消費價格同比上漲 5.4%，創出 32 個月以來新高。那麼在此背景下，通脹壓力會不會減緩？政策又會向何處去？

　　一些樂觀者認為，消費者物價指數（CPI）數據與經濟增速相比，可以承受，下半年經濟回升通脹會有所減緩。而悲觀者認為，由於通脹蔓延，CPI 增幅很難低於 4%，政府調控尚難鬆動。

　　國家統計局公布的數據顯示，一季度居民消費價格同比上漲 5.0%，其中 3 月份居民消費價格同比上漲 5.4%，創出 32 個月以來新高，環比下降 0.2%。

　　一季度居民消費價格同比上漲 5.0%，其中城市上漲 4.9%，農村上漲 5.5%。分類別看，食品上漲 11.0%，菸酒及用品上漲 2.0%，衣著上漲 0.3%，家庭設備用品及維修服務上漲 1.6%，醫療保健和個人用品上漲 3.1%，交通和通信下降 0.1%，娛樂教育文化用品及服務上漲 0.6%，居住上漲 6.5%。

　　一季度，工業生產者出廠價格同比上漲 7.1%，3 月份上漲 7.3%，環比上漲 0.6%。一季度，工業生產者購進價格同比上漲 10.2%，3 月份上漲 10.5%，環比上漲 1.0%。

　　一季度國內生產總值 96,311 億元，按可比價格計算，同比增長 9.7%。分產業看，第一產業增加值 5,980 億元，增長 3.5%；第二產業增加值 46,788 億元，增長 11.1%；第三產業增加值 43,543 億元，增長 9.1%。從環比看，一季度國內生產總值增長 2.1%。

　　一季度，進出口總額 8,003 億美元，同比增長 29.5%。其中，出口 3,996 億美元，增長 26.5%；進口 4,007 億美元，增長 32.6%。進出口相抵，逆差 11 億美元。

　　在國務院新聞辦的新聞發布會上，當談到一季度國內生產總值增速問題時，國家統計局新聞發言人、國民經濟綜合統計司司長盛來運表示，當前經濟不存在滯漲，物

---

[①] 2011 年 3 月 CPI 漲 5.4% 創 32 個月以來新高 [EB/OL]. (2011-04-16) [2016-08-12]. http://news.cnfol.com/110416/101,1277,9698787,01.shtml.

價仍可控。因為從一季度主要指標來看，國民經濟延續了 2010 年下半年以來平穩較快增長的態勢，呈現出經濟走穩、就業增加、物價可控、效益提高、民生改善的特點，開局良好。

經濟走穩從 GDP 的增速也可以看出來，一季度 GDP 的增速是 9.7%，2010 年三季度是 9.6%、2010 年四季度是 9.8%，連續三個季度 GDP 的增速在 9.5%～10%。實體經濟也呈現出穩定增長的態勢，規模以上工業增加值的增速一季度是 14.4%，2010 年三季度是 13.5%、2010 年四季度是 13.3%，基本上是在 14% 左右運行。

就業形勢繼續走好，主要可以用兩個指標來說明：一是城鎮單位就業人數比 2010 年同期增加 463 萬人；二是一季度農民工外出打工人數比 2010 年同期增加 530 萬人，這兩個指標說明當前的就業在繼續增加。

效益提高，可以從政府的收入、企業的收入、居民的收入都可以得到印證，一季度政府的財政收入增長 33.1%，規模以上企業的利潤增長 34.3%，增速都比較快。

民生改善，除了剛才談到的就業形勢向好以外，另外城鄉居民收入穩定增長，一季度城鎮居民可支配收入扣除物價因素后增長 7.1%，農村居民收入增長速度是 14.3%。因此，生活消費也在穩定增長。

從這些指標可以看出來，一季度國民經濟的總體運行態勢良好，繼續朝著宏觀調控的預期方向發展。

由此可以看出，中國 2011 年 3 月存在著較為明顯的通貨膨脹，測量通貨膨脹的指標消費者物價指數（CPI）同比上漲 5.4%。通貨膨脹對老百姓的生活影響甚大，如何有效治理通貨膨脹成為當前宏觀調控的重要問題。

思考：

就上述數據，國家統計局新聞發言人、國民經濟綜合統計司司長盛來運表示，當前經濟不存在滯漲，物價仍可控。你是否讚同？為什麼？

# 第一節　通貨膨脹的定義與類型

## 一、通貨膨脹的定義

根據西方經濟學的觀點，通貨膨脹是指經濟的物價總水平或一般物價水平在一定的時期內持續的上升、貨幣不斷貶值的過程。

這個定義包含下面幾個要點：

第一，強調把商品和服務的價格作為考察對象，與金融資產的價格區分開來。

第二，強調「貨幣價格」，即每單位商品、服務用貨幣數量標出的價格，說明通貨膨脹分析中關注的是商品、服務與貨幣的關係，而不是商品、服務與商品、服務相互之間的對比關係。

第三，強調「物價總水平」，說明關注的是普遍的物價水平波動，而不僅僅是地區性的或某類商品及服務的價格波動。

第四，強調「持續上漲」是指通貨膨脹並非偶然的價格波動，而是一個「持續的上升過程」。

貨幣數量論認為價格水平的波動主要是由名義貨幣供應量的變化而引起的。美國著名的經濟學家弗里德曼指出：「通貨膨脹歸根到底是一種貨幣現象。」當經濟中紙幣的發行量超過商品流通中人們對紙幣的實際需要量時，貨幣就會貶值，物價水平就會普遍持續上漲。

### 二、通貨膨脹的衡量指標

通常用通貨膨脹率來衡量通貨膨脹的程度，以下三種價格指數常用於反應通貨膨脹率：

(一) 消費者物價指數 (Consumer Price Index，CPI)

消費者物價指數又稱生活費用指數，根據國家統計局的定義，消費者物價指數是一個反應居民家庭一般所購買的消費商品和服務價格水平變動情況的指標，是通過一組代表性消費品及服務項目隨著時間的變動，反應在居民家庭購買消費品及服務價格水平變動情況的相對數（指數的基期數值定為100）。

從圖8.1可以看出，中國2009年4月—2010年3月24個月以來CPI是不斷走高的，通貨膨脹的趨勢越來越明顯。

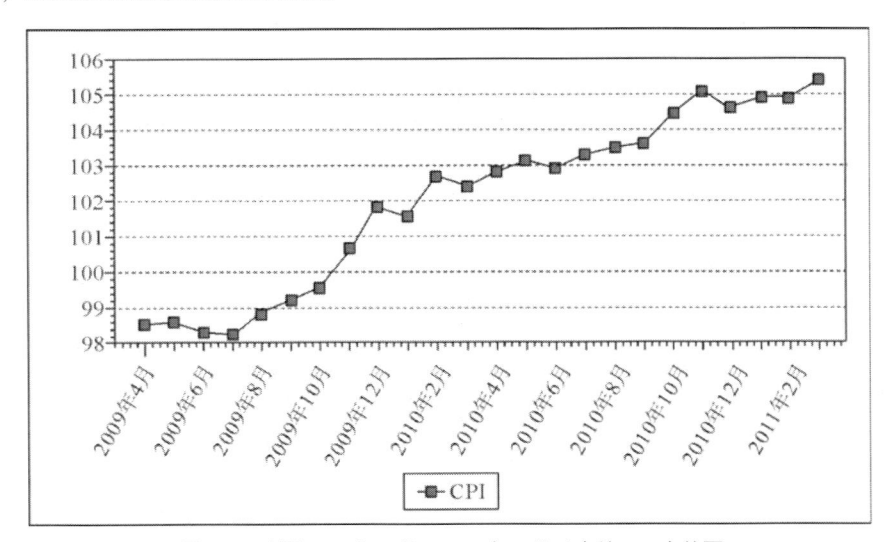

圖8.1　中國2009年4月—2010年3月以來的CPI走勢圖

消費者物價指數的優點是能及時反應消費品市場的供求狀況，直接與居民的日常生活相聯繫，資料較容易收集，公布次數較頻繁。消費者物價指數的缺點則是統計範圍較窄，僅涉及日常生活消費領域，公共部門消費、生產資料、進出口商品和勞務的價格均不包括，因而無法全面反應物價水平。

## (二) 生產者物價指數 (Producer Price Index, PPI)

生產者物價指數又稱批發價格指數，是指通過計算生產者在生產過程中所有階段所獲得的產品的價格水平變動而得的指數，是衡量工業企業產品出廠價格變動趨勢和變動程度的指數，是反應某一時期生產領域價格變動情況的重要經濟指標，也是制定有關經濟政策和國民經濟核算的重要依據。

生產者物價指數的優點是能較好地反應大宗商品的價格波動，較靈敏地反應企業生產成本的升降，並能進一步判斷其對最終進入流通領域的零售商品的價格變動可能帶來的影響。生產者物價指數的缺點則是不能反應勞務費用的變動，也不能反應消費者日常購買力的變化，容易出現信號失真。

## (三) 國民生產總值平減指數

國民生產總值平減指數又稱國內生產總值平減指數，是一個能綜合反應物價水平變動情況的指標。國民生產總值平減指數是將國內生產總值或國民生產總值指標的名義值化為實際值的價格指數。具體的計算為以可變價格計算的國民生產總值與不變價格計算的國民生產總值之比，即按當期價格計算的國民生產總值（名義值）與按基期價格計算的國民生產總值（實際值）的比率。其計算公式為：

$$I_{GDP} = \frac{GNP_T}{GNP_1}$$

式中，$I_{GDP}$ 為國民生產總值平減指數；$GNP_T$ 為按當期價格計算的國民生產總值；$GNP_1$ 為按基期價格計算的國民生產總值。

[例 8-1] 某國 2016 年的國民生產總值按當年價格計算為 9,000 億元，而按 1996 年固定價格計算則為 4,500 億元（價格指數基期為 1996 年 = 100）。2016 年國民生產總值平減指數計算如下：

國民生產總值平減指數 = 9,000 ÷ 4,500 × 100% = 200%

即 2016 年較 1996 年物價上漲了 100%。

國民生產總值平減指數的優點是範圍廣，既包括商品，也包括勞務；既包括生產資料，也包括消費資料，故能較全面地反應一般物價水平的趨向。國民生產總值平減指數的缺點則是資料難以收集，如統計制度不發達，則無法編製這一指數（多數國家通常一年公布一次，美國也只是每季一次）；也不能反應所有資產的價格變動（如各種金融資產），並且許多最終產品與社會日常支出關係不大，其價格變化與貨幣價值的聯繫十分有限。

### 三、通貨膨脹的分類

## (一) 按照一般物價上漲的程度分類

按照一般物價上漲的程度分類，通貨膨脹可分為溫和型的通貨膨脹、奔騰型的通貨膨脹和惡性通貨膨脹。

溫和型的通貨膨脹也叫做爬行式通貨膨脹，是指通貨膨脹維持在可以容忍的幅度內[①]，一般是指年物價上漲幅度在10%以內的通貨膨脹。其特點是通貨膨脹發展緩慢，短期內不易察覺，但持續的時間較長。

奔騰型的通貨膨脹是指年通貨膨脹率在10%以上到100%以內的通貨膨脹。此時，由於物價急遽變化、貨幣大幅度貶值，使得正常的經濟關係遭到嚴重的破壞。

惡性通貨膨脹也叫做超級通貨膨脹，是指通貨膨脹率在100%以上的通貨膨脹，此時物價水平完全失去控制，無限速地上漲，貨幣體系崩毀，經濟陷入癱瘓狀態。

(二) 按照通貨膨脹能否預期分類

按照通貨膨脹能否預期分類，通貨膨脹可分為未預期到的通貨膨脹和可預期到的通貨膨脹。

未預期到的通貨膨脹是指價格上升的速度超過人們的預料，會打破原有的平衡，對經濟的影響比較大。

可預期到的通貨膨脹又稱為慣性通貨膨脹，是指由於通貨膨脹程度人們事先已經預料到，所從事的經濟活動事先就把通貨膨脹的因素考慮在內了，因此對經濟活動的影響較小。

(三) 按照通貨膨脹的成因分類

按照通貨膨脹的成因分類，通貨膨脹可分為需求拉上型通貨膨脹、成本推動型通貨膨脹、供求混合型通貨膨脹以及結構性通貨膨脹（具體的介紹見下節）。

## 第二節　通貨膨脹產生的原因

### 一、需求拉上型通貨膨脹

需求拉上型通貨膨脹又稱超額需求通貨膨脹，是指總需求的過度增長而超過總供給，引起的一般物價水平的持續顯著的上漲（如圖8.2所示）。

根據凱恩斯主義的觀點，在商品市場上，在現有的價格水平下，如果經濟的總需求超過總供給水平，就會導致一般物價水平的上升，引起通貨膨脹。下面運用 AS－AD 模型來分析需求拉上型通貨膨脹形成的原因。早期的西方經濟學家主要從需求方面分析通貨膨脹的成因，認為當經濟中需求擴張超出總供給增長時所出現的過度需求是拉動價格總水平上升、產生通貨膨脹的主要原因。通俗的說法就是「太多的貨幣追逐太少的商品」，使得對商品和勞務的需求超出了在現行價格條件下可得到的供給，從而導致一般物價水平的上漲。需求拉動說的理論分析可用圖8.2來說明。

圖8.2中 AS 表示總供給曲線，$AD_0$ 表示總需求曲線的初值，二者的交點決定了供

---

[①] 可以容忍的幅度應視具體情況分析。不同國家和地區，或同一個國家和地區的不同時期，由於社會經濟形勢的不同和變化，人們對通貨膨脹容忍的程度是不同的，甚至有較大的區別。如當市場物價水平長期處在較低水平時，突然的5%的通貨膨脹率，人們可能就覺得很高了。

图8.2 需求拉上型通货膨胀

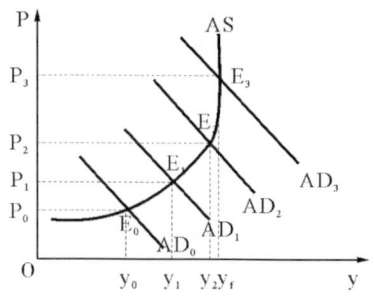

求平衡條件下的物價水平 $P_0$ 和收入水平 $y_0$。當總需求增加，曲線 $AD_0$ 移動至 $AD_1$ 時，會使收入水平提高至 $y_1$，同時拉動物價水平上升至 $P_1$。由於經濟離充分就業差距較大時，總供給曲線 AS 比較平坦，因此收入水平提高至 $y_2$，同時拉動物價水平的變動較小。當總需求繼續增加，曲線 $AD_1$ 移動至 $AD_2$ 時，收入水平提高至 $y_2$，同時拉動物價水平升至 $P_2$，此時 AS 曲線傾斜度增大，物價水平的提高加快，進入凱恩斯所說的「半通貨膨脹」狀況。經濟越是接近充分就業時的收入水平 $y_f$，AS 曲線越是陡峭，表示收入水平難以進一步增長。因此，當需求從 $AD_2$ 移至 $AD_3$ 時，經濟達到充分就業，AS 曲線變為垂直，收入水平不再增長，總需求的增加幾乎全部通過物價的上漲（提高至 $P_3$）反應出來，即進入凱恩斯所謂的「真正的通貨膨脹」階段。

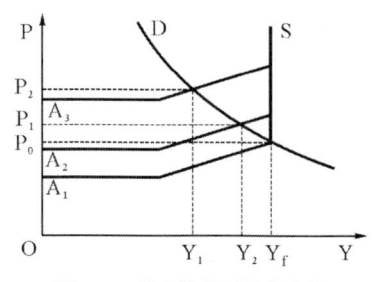

## 二、成本推動型通貨膨脹

成本推動型通貨膨脹又稱成本通貨膨脹或供給通貨膨脹，是指在沒有超額需求的情況下，由於供給方面成本的提高所引起的一般價格水平持續和顯著的上漲（如圖8.3所示）。

當供給曲線 $A_1$ 與需求曲線 D 相交於（$Y_f$, $P_0$）點時，經濟處於均衡狀態。假設成本的增加使總供給曲線從 $A_1$ 移動到 $A_2$，供給曲線與需求曲線 D 的交點所對應的價格上升到 $P_1$。假定在短期內需求曲線 D 保持不變，那麼價格上升是由成本推動的，而不是由貨幣供給增加造成的。

图8.3 成本推動型通貨膨脹

生產成本的提高一方面體現為工資水平上升、原材料和能源等的價格上漲；另一

方面也體現在廠商為追逐壟斷利潤而限制產量，從而引起價格水平的普遍上漲。在現有的價格水平下，工人如果要求提高實際工資，廠商能夠雇傭的工人就會減少，其產量就隨之減少，導致供給曲線向左移動，總需求水平超過總供給，價格水平上升。與需求拉上型的通貨膨脹不同的是，短期成本推動的通貨膨脹將減少經濟的產出水平。

成本推動型通貨膨脹又可以根據生產成本的各組成部分的作用分為以下兩種：

第一，工資推動通貨膨脹是指不完全競爭的勞動市場造成的過高工資所導致的一般價格水平的上漲。於是，工資提高引起價格上漲，價格上漲又引起工資進一步的提高。如此，工資提高和價格上漲形成了螺旋式的上升運動，導致通貨膨脹。

第二，利潤推動通貨膨脹是指壟斷企業和寡頭企業利用市場勢力謀取過高利潤所導致的一般價格水平的上漲。

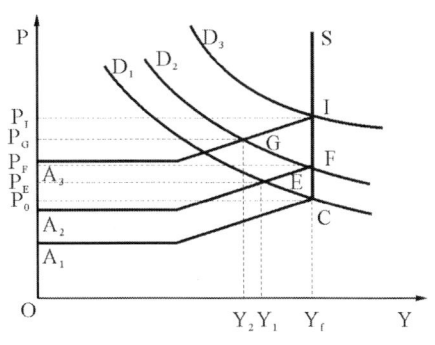

### 三、供求混合型通貨膨脹

供求混合型通貨膨脹理論是從供給和需求兩個方面及其相互影響說明通貨膨脹的理論。在現實經濟生活中，需求拉上和成本推動的作用常常是混在一起的，由此形成的通貨膨脹稱為混合型通貨膨脹。假設需求拉動在先，其後是成本推動，如圖 8.4 所示。

在圖 8.4 中，$Y_f$ 是充分就業產量。在成本推動時，總供給曲線由 $A_1$ 移動到 $A_2$、$A_3$，到達充分就業後，總供給曲線形成一條垂直線 S。如果總需求不變，總供給曲線上移會使物價上升。在這種成本推動型通貨膨脹過程中，當物價上漲後，如果貨幣量不增加，貨幣購買力會下降，總需求降低，經濟則會出現衰退，失業也會增加。此時，一般來說，政府會為了刺激經濟，必然實行擴張性貨幣政策，使總需求增加。因為成本上升使 $A_1$ 上升到 $A_2$，如果總需求不變，價格從 $P_0$ 上升到 $P_E$，產出則從 $Y_f$ 減少到 $Y_1$。此時，政府採取擴張性貨幣政策，增加總需求，需求曲線從 $D_1$ 右移到 $D_2$，則物價進一步從 $P_E$ 上升到 $P_G$。圖 8.4 所示的就是供求混合型通貨膨脹。

圖 8.4　供求混合型通貨膨脹

### 四、結構性通貨膨脹

結構性通貨膨脹是指在沒有需求拉動和成本推動的情況下，只是由於經濟結構因

素的變動，也會出現一般價格水平的持續上漲，這種價格水平的上漲叫做結構性通貨膨脹。結構性通貨膨脹有很多原因，故可分為不同類型的結構性通貨膨脹。西方學者通常用生產率提高快慢不同的兩個部門說明結構性通貨膨脹，工資增長率超過生產增長率的百分比就是價格上漲率或通貨膨脹率。

(一) 不平衡增長模型

不平衡增長模型是由鮑莫爾提出來的。一個國家的經濟可以區分為兩個部門，一個是進步部門，一個是落後部門。進步部門的勞動生產率比落後部門的勞動生產率要增長得快，但貨幣工資率卻相同。因此，當進步勞動生產率增長時，其貨幣工資也隨之增長，引起落後部門的貨幣工資同等幅度的增長，但是由於落後部門的勞動生產增長率比進步部門的勞動生產增長率要低，落後部門的貨幣工資增長則給落後部門造成了一種工資成本增加的壓力。在成本加成的定價規則下，這一現象必然使整個經濟產生一種由工資成本推進的通貨膨脹。

(二) 北歐模型

北歐模型的分析對象是所謂的小國開放經濟。所謂小國開放經濟，是指這樣一類國家，它們參與國際貿易，但其進出口總額在世界市場上所占的比重微乎其微，它們的進出口商品對該商品在世界市場上的價格不會產生任何影響。該模型把這種小國開放經濟分為兩個部門：開放部門和非開放部門。開放部門是指那些生產的產品主要用於出口的，或產品雖用於國內消費，但有進口替代品與之競爭的行業，這個部門有較高的貨幣工資增長率和勞動生產率；非開放部門是指那些因受政府保護或者因產品本身的性質而免受國外競爭壓力的行業，這個部門的貨幣工資增長率和勞動生產率較低。但是如果上述兩個部門的貨幣工資增長率趨於一致，當發生世界性通貨膨脹時，小國開放部門的成本和價格將會上升，在貨幣工資增長率的剛性作用下，非開放部門的工資和價格也會上升，結果該國的整體物價水平上升，引起通貨膨脹。

**外匯儲備與通貨膨脹：中國 1994 年的經驗**

外匯市場上的供求狀況有時會嚴重地影響到基礎貨幣的投放，並進而影響到物價水平。中國 1994 年高達 21.7% 的通貨膨脹率就與當年外匯儲備的急遽上升有很大的關係。

1994 年年初，中國外匯體制改革取得重要進展，實現了官方匯率和市場調劑匯率的並軌，並開始實行銀行結售匯制外匯管理辦法。由於人民幣的大幅度貶值（人民幣官方匯率由 1993 年年末的 1 美元兌換 5.8 元人民幣下降到 1994 年 1 月 1 日的 1 美元兌換 8.7 元人民幣），中國 1994 年的出口增長高達 31.9%，貿易收支由 1993 年的逆差 122.2 億美元一舉轉變為順差 53.9 億美元，外商直接投資由 1993 年的 275.2 億美元上升至 337.7 億美元，增幅達 22.7%，實際利用外資額 458 億美元，居世界第二位。另外，由於中國 1993 年連續兩次提高利率，1994 年繼續實行貨幣緊縮政策，不少企業受信貸規模控制轉而借外匯後兌換成人民幣使用，一些外商也以各種形式進入國內進行套利活動。例如，某些外商通過其在華企業用外匯兌換成人民幣後高息拆借給資金短

缺的國內企業。

上述因素使得中國人民銀行的外匯儲備由年初的 212.0 億美元猛增到 516.2 億美元，增加 304.2 億美元。按照 1994 年 1 美元兌換 8.6 元人民幣的平均匯率計算，僅此一項就意味著中國人民銀行要增加 2,600 多億元的基礎貨幣投放。儘管中國人民銀行對此採取了一些抵消性的措施，如加大力度收回對金融機構的貸款，壓縮其增長速度（中央銀行對存款貨幣銀行債權的同比增長率確實從 1994 年第一季度的 39.4% 急遽降低到了第四季度的 8.8%），但是 1994 年的基礎貨幣增長率仍達到 30% 左右。基礎貨幣的高速增長帶來了貨幣供給的相應增長。廣義貨幣 $M_2$ 和狹義貨幣 $M_1$ 的增長率分別達到 34.5% 和 26.2%，均遠遠高於計劃水平。外匯占款的增加構成了當年基礎貨幣投放的主要途徑，因此被不少經濟學家認為是 1994 年高通貨膨脹的主要原因。

思考：

為什麼外匯市場上的供求狀況會嚴重地影響基礎貨幣的投放，並進而影響到物價水平？

## 第三節　通貨膨脹的經濟效應

### 一、通貨膨脹對經濟增長的影響

由於通貨膨脹的產生總是伴隨著經濟的高速增長，因此通貨膨脹往往會給人以誘惑。不少發展中國家的經濟學家曾提出以溫和的通貨膨脹刺激經濟增長的口號。然而，由於通貨膨脹對經濟結構的扭曲作用要遠遠大於對經濟增長的刺激作用，因此一旦發生通貨膨脹，其結果往往將經濟結構推向惡化。

在歷史上，關於通貨膨脹的經濟效應有三種觀點：第一種觀點是促進論，認為通貨膨脹可以促進經濟增長；第二種觀點是促退論，認為通貨膨脹損害經濟增長；第三種觀點是中性論，認為通貨膨脹對經濟既有正效應也有負效應。

（一）促進論

促進論認為適度的通貨膨脹有利於經濟增長。其理由主要有以下幾點：

（1）在通貨膨脹的情況下，由於貨幣幻覺的存在和工人對通貨膨脹預期的不充分，工資的上漲往往慢於物價的上漲，結果實際工資下降，降低了廠商的生產成本，提高了利潤，這樣刺激廠商擴大投資，進而促進經濟增長。這主要是一種短期效應。

（2）通貨膨脹是一種有利於高收入階層（即利潤收入階層）而不利於低收入階層（即工資收入階層）的收入再分配。由於高收入階層的邊際儲蓄傾向較高，因此通貨膨脹會促使社會儲蓄率的提高。根據哈羅德—多馬經濟增長模型，社會儲蓄率提高會提高經濟增長率，加快經濟的發展。

（3）通貨膨脹實際上是貨幣發行者（即政府部門）從貨幣持有者（即私人部門）手中獲得部分收入的過程。通貨膨脹期間，納稅人可能因為「檔次爬升」和「扣除不足」而被多徵稅，政府因為貨幣貶值可能減免債務，也可能通過大量增發貨幣獲得追

加財政收入等。這實質上是政府向所有貨幣持有者徵稅（通貨膨脹稅），從而使政府收入增加。如果政府將所獲得的這種通貨膨脹稅收入用於投資，則將提高社會的投資率，從而推動經濟增長。

(二) 促退論

促退論認為通貨膨脹不僅不利於促進經濟增長，反而會損害經濟的增長，降低效率。其理由主要有以下幾點：

(1) 在持續性的通貨膨脹過程中，市場價格機制將遭到嚴重破壞。由於市場價格機制失去了其應有的調節功能，這就往往會促使消費者和生產者作出錯誤的決策，從而導致經濟資源的不合理配置和嚴重浪費，使經濟效率大大下降。

(2) 通貨膨脹會動搖人們對貨幣的信心，並促使人們更多地持有那些價格隨通貨膨脹不斷上漲的實物資產、黃金、外匯以及各種高檔消費品或從事房地產等投機活動，而不去從事正常的生產性活動，結果將嚴重地阻礙經濟增長。而且，在嚴重的通貨膨脹情況下，人們會減少貨幣的使用，而用實物作為交易媒介，這將使交易成本大大提高，從而造成經濟效率的損失。

(3) 一國的通貨膨脹長期高於外國，會使本國產品相對於外國產品的價格上升，從而不利於本國的出口，並刺激進口的增加，引起經常項目的逆差。另外，本國通貨膨脹率長期高於外國，還會促使人們將國內儲蓄轉移到國外，導致資本的外流，引起資本項目的逆差，不利於國際收支的平衡。

(4) 通貨膨脹意味著貨幣購買力的下降，降低了工薪階層的實際收入水平和儲蓄價值，因此公眾都不願意以貨幣的形式進行儲蓄，以免遭受經濟損失。在預期物價會進一步上漲的心理支配下，公眾勢必為避免將來物價上漲所造成的經濟損失，減少儲蓄而增加目前消費。這樣不僅會進一步推高物價水平，還會使社會儲蓄率下降，從而使投資率和經濟增長率下降。

(5) 如果通貨膨脹超過一定程度，就會產生通貨膨脹預期，造成物價與工資成本的螺旋式上漲，有可能演變成累積性的惡性通貨膨脹，導致經濟的崩潰。

綜合以上觀點，並根據世界各國的經濟發展經驗來看，通貨膨脹所帶來的經濟效應是弊多利少。通貨膨脹只是在開始階段的極短時間裡，對經濟有促進作用；就長期來看，對經濟只有危害，而無任何正效應，各國的貨幣當局均致力於維護幣值的穩定。

## 二、通貨膨脹對分配的影響

首先，通貨膨脹不利於靠固定貨幣收入生活的人，這些人主要包括領取救濟金者、退休者、一些雇工等。由於貨幣收入固定，隨著通貨膨脹率的上升，其實際收入則不斷下降，即使有時貨幣收入能根據物價水平作出調整，但是這種調整也是滯后的，或者是不充分的，結果即使貨幣工資有少量上升，但實際工資還是不斷下降，導致生活水平的下降。相反，那些可以獲得可變收入的人，如企業主則可以根據物價水平不斷調整產品價格，以致所支付的工資成本常常落後於物價的上漲，從而可以獲得更多的利潤。

其次，通貨膨脹引起債權人與債務人之間收入的再分配。例如，你借給別人100元錢，年利率為10%，一年后你可以得到110元，如果一年后價格水平上漲了20%，那麼這110元錢的購買力就還不如現在的100元。這樣，你不僅未能得到利息，反而損失了一些本金，別人却從價格上升中得到好處。這相當於通貨膨脹將一部分財富從債權人手中轉移到了債務人手中。

再次，通貨膨脹期間金融資產可能會因通貨膨脹而降低實際價值。例如，債券、存單、保險等，不過股票有時會隨著通貨膨脹的變化而調整，甚至會出現實際價值上升的現象，但影響股票價格的因素很多，因此股票絕非通貨膨脹中較穩妥的保值資產。而實物資產，如房產、土地等一般會隨著通貨膨脹率的變動而相應地調整價格，使實際價值變化不大，因而這類資產在通貨膨脹中有較大的保值作用。

最后，通貨膨脹增加了納稅人的負擔，政府因此增加了財政收入，因為大部分國家對個人所得稅實行累進制徵收。納稅人可能因為「檔次爬升」和「扣除不足」而被多徵稅。

### 三、通貨膨脹與失業的關係

1958年，英國倫敦經濟學院教授菲利普斯（A. W. Phillips）提出貨幣工資變動率與失業水平之間存在著一種此消彼長、互為替代的逆向變化關係。他根據英國1861—1957年的統計資料，利用數理統計的方法，估算出一條貨幣工資變動率與失業率之間的依存關係的曲線，被稱之為「菲利普斯曲線」（如圖8.5所示）。

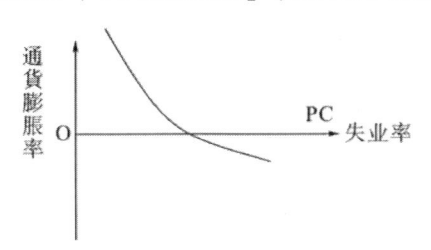

圖 8.5　菲利普斯曲線

菲利普斯曲線說明，通貨膨脹率和失業率之間存在著一種替代關係，即失業率越低，通貨膨脹率越高；反之，失業率越高，通貨膨脹率越低。其政策含義是要使失業率保持在較低的水平，就必須忍受較高的通貨膨脹率；要使價格保持穩定，就必須忍受較高的失業率，二者不可兼得。當然，這種關係也為決策者提供了一種選擇，即有可能通過犧牲一個目標來換取另一個目標的實現。

20世紀60年代，許多西方國家應用菲利普斯曲線制定政策，取得了可觀的成績。然而，進入20世紀70年代，大多數西方發達國家先後出現了「滯漲」局面，即經濟過程所呈現的並不是失業和通貨膨脹之間的相互「替代」，而是經濟停滯和通貨膨脹相伴隨，即高的通貨膨脹率與高的失業率相伴隨。這說明，菲利普斯曲線的描述和推導並非總能成立。

### 20世紀20年代德國嚴重的通貨膨脹

20世紀20年代的德國正經歷著一場歷史上最為嚴重的通貨膨脹。1923年年初，1馬克能兌換2.38美元；而到夏天的時候，1美元能換4萬億馬克。早上能買一棟房子的錢，傍晚只能買一個麵包。在1923年，德國街頭的一些兒童在用大捆大捆的紙幣馬克玩堆積木的遊戲；一位婦人用手推車載著滿滿一車的馬克，一個小偷趁她不注意，掀翻那一車紙幣，推著手推車狂奔而逃；一位家庭主婦正在煮飯，她寧願不去買煤，而是燒那些可以用來買煤的紙幣，到了發工資的時候，領到工資就以百米衝刺的速度衝到商店，跑得稍微慢一點，東西就漲一大截。

## 第四節　通貨膨脹的治理對策

許多國家都經歷了較為嚴重的通貨膨脹，給經濟造成了巨大的破壞，為了將通貨膨脹限制在一定的範圍之內，西方國家都在深入研究和嘗試治理通貨膨脹的政策，並針對不同類型的通貨膨脹提出了不同的政策措施。

### 一、抑制總需求

抑制總需求主要是針對需求拉上型的通貨膨脹而採取的措施。需求的拉動主要是由財政擴張和貨幣擴張引起的，因此可以用財政政策和貨幣政策抑制通貨膨脹。

（一）緊縮性財政政策

財政政策是由政府直接掌握的，可控性強、時滯短，通過實行緊縮性的財政政策，可以迅速降低總需求，降低一般物價水平。其具體的措施如下：

（1）減少財政支出，從而可以降低公共投資，抑制投資需求。

（2）增加稅收，不但可以降低企業的投資積極性，從而抑制投資需求，而且可以減少個人的可支配收入，抑制消費需求。

（3）減少轉移支付，抑制個人收入增加，達到降低消費需求的目的。

以上措施可以達到降低總需求的目的，但是執行起來比較困難。例如，增加稅收會遭到各方面的反對。

（二）緊縮性貨幣政策

貨幣擴張是通貨膨脹的真正源泉，要治理通貨膨脹，必須減少貨幣供給，因為貨幣供給的減少，直接收縮市場貨幣量，降低物價上漲的壓力；還可以降低經濟主體的收入水平，從而抑制消費需求。同時，貨幣供給的下降會推動利率的上升，提高融資成本，抑制投資需求。因此，通過緊縮性的貨幣政策可以達到抑制總需求目的。為了降低貨幣供給，中央銀行可以進行公開市場操作賣出債券，或者提高再貼現率，或者提高法定準備金率都可以達到目的。

總需求的降低減緩了通貨膨脹的壓力，因為縮小了需求與供給的缺口，但是與此

同時也減少了勞動的需求，從而產生更多的失業。而當失業水平上升時，增加工資的壓力會下降，也就減少了成本推進的可能性。因此，降低總需求是治理通貨膨脹的有效工具，但可能增加了失業。

## 二、實行收入政策

成本推動型通貨膨脹之所以能發生，很重要的原因就是總供給曲線的左移，而總供給曲線的左移，主要源於工資的上漲，因此可以通過執行收入政策，穩定工資水平、穩定總供給，從而達到抑制通貨膨脹的目的。收入政策主要包括以下內容：

（一）確定工資—物價「指導線」，以限制工資—物價的上升

這是由政府規定一個允許貨幣收入增長目標值，即根據估計的平均生產率的增長，政府估算出貨幣收入的最大增長限度，而每個部門的工資增長率應等於全社會勞動生產率增長趨勢，不允許超過。只有這樣，才能維持整個經濟中每單位產量的勞動成本的穩定，因而預定的貨幣收入增長就會使物價總水平保持不變。「指導線」不是法律規定，不能強迫工人和企業遵守，但政府可以利用政府採購、稅收、補貼等政策作為輔助工具，幫助其實施並發生效力。

（二）實行工資—物價管制

這是由政府頒布法令，強行規定工資、物價的上漲幅度，在某些時候，甚至暫時將工資和物價加以凍結。這種嚴厲的管制措施一般在戰爭時期較為常見，但是當通貨膨脹變得非常難以對付時，和平時期的政府也可能採用這種措施。

（三）以納稅為基礎的收入政策

政府以稅收作為懲罰或獎勵手段來限制工資增長，對於工資增長率保持在政府規定界限以下的企業，以減少稅收的方式進行獎勵；對於工資增長率超出政府規定界限的企業，則以增加稅收的方式進行懲罰。

## 三、改善供給

有學者認為，治理通貨膨脹不僅可以從需求管理著手，還可以從供給方面，即通過刺激生產力的方法增加有效供給，以期同時解決通貨膨脹與失業問題。例如，降低邊際稅率，增加勞動供給，提高儲蓄和投資，增加資本存量，提高商品、服務的產出水平。與此同時，適當緊縮貨幣供給，抑制物價上升。

## 四、收入指數化

收入指數化或者稱為指數聯動政策，是20世紀70年代以後由貨幣學派提出的，並被世界很多國家採用。所謂指數聯動政策，就是一種對貨幣契約訂有物價指數條款的政策。具體到收入，則是收入增長與物價指數增長相聯動。

指數聯動政策的好處在於：首先，指數聯動政策有利於國民收入分配的公平和社會的穩定，能夠較為有效地排除通貨膨脹對固定收入者的影響；其次，指數聯動政策能夠

保證各種商品和資源的價格水平根據通貨膨脹水平同比例調整，在一定程度上穩定價格體系，從而有利於提高資源的分配效率；最后，指數聯動政策能夠排除通貨膨脹對收入和財富分配的影響，有利於促進經濟的正常發展。但該政策有可能加劇通貨膨脹，使用起來要密切注意。

### 五、幣制改革

如果通貨膨脹到了極其嚴重的地步，最后只得通過幣制改革來重構貨幣制度，理順價格關係。為治理通貨膨脹而進行的幣制改革是指政府下令廢除舊幣，發行新幣，變更鈔票面值，對貨幣流通秩序採取一系列強硬的保障性措施等。幣制改革一般是針對惡性通貨膨脹才採取的措施，當物價上漲已經顯示出不可抑制的狀態，貨幣制度和銀行體系瀕臨崩潰時，政府會被迫進行幣制改革。歷史上，許多國家都曾實行過這種改革，但這種措施對社會震動較大，必須謹慎從事。例如，2009 年朝鮮推進的幣制改革就是一個失敗的明證。

#### 尼克松的「新經濟政策」[①]

面對「滯脹」併發症，1970 年，尼克松在貨幣政策上來了個 180 度的大轉變，他從一個貨幣主義者突然變成一個凱恩斯主義者，大力推行刺激經濟的擴張信用政策。顯然，他把重點押在遏止經濟衰退和失業上面，而把通貨膨脹暫時擱置下來。聯邦銀行的貼現率逐步下降，從 1970 年年初的 8.78% 降到 1971 年年底的 4.5%；銀行對大企業放款的優惠利率也從 1969 年 6 月的 8.5% 降到 1971 年年底的 5.25%。貨幣供應量也逐步增加，從 1969 年年均增長率 3.5% 提高到 1970 年的 6%。這些政策為更劇烈的通貨膨脹創造了條件，同時會導致過頭的經濟景氣，從而也為新的經濟危機創造了條件。

隨著上述政策的實行，生產有所增加，以不變價格計算的國民生產總值從 1970 年第二季度至 1971 年第二季度增加 2.5%。可是，這個增長率太低，失業未能減少，失業率浮動於 6% 上下，大大超過 1970 年年初的水平。物價繼續以高於 5% 的比率上漲，並有加速的跡象。這已從「衰退」轉為「滯脹」。美國統治集團的謀士認為，這種通貨膨脹「已變為成本推動的物價隨著成本增長而上漲」。於是，1971 年，尼克松頒布了「新經濟政策」。這說明，為了對付「滯脹」，美國政府除採用貨幣政策外，還採用其他政策，如財政政策、收入政策。

「新經濟政策」的主要內容是對國內工資、物價和租金直接進行管制。從 1971 年 8 月中旬起的 90 天內為凍結期，目的是「制止工資—物價的螺旋上升，減弱通貨膨脹的心理預期」。繼而從 11 月中旬起實行管制，要達到的標準是平均一年的工資增長應當不超過 5.5%，物價增長不超過 2.5%。美國在和平時期實行這類管制還是第一次。同時，尼克松還任命生產費用、工資、物價三個委員會專司其職。

尼克松的「新政」結局怎樣呢？梅耶教授認為，1971 年尼克松推行的工資和物價管制，這些管制也曾暫時地有助於遏止通貨膨脹，但卻引起許多失誤。物價管制在一

---

[①] 秦艷梅. 金融學案例教程 [M]. 北京：經濟科學出版社, 2002.

定程度上掩蓋而不是削弱了通貨膨脹率，因為各企業按管制的價格對產品進行偷工減料。1974 年 4 月，物價管制取消后，物價急遽上升，當年消費物價指數就陡升 12%。

就貨幣政策而言，1970 年年初實行的擴張政策，儘管擴張程度時有不同，但一直持續到 1972 年后期。1973 年年初，貨幣政策同財政政策才略有緊縮。1973 年第二季度和第三季度又出現了新的經濟危機苗頭，1973 年 12 月工業生產開始下降，到 1974 年 12 月工業生產已下降了 7.3%。1974 年 1 月，工業生產又下降了 3.6%，這是 20 世紀 30 年代大危機以來生產下降幅度最大的一個月。美國走入第二次世界大戰後第六次經濟危機。與此同時，1974 年還出現了「雙位數」的通貨膨脹率。

就在這段時間，美國遭到「石油衝擊」。為石油產品支出較昂貴的價格，意味著國內消費者對其他商品與勞務的購買力進一步削弱了，因而引起衰退與通貨膨脹進一步惡化。在國際收支上，又爆發了一次美元危機。

思考：
1. 為什麼美國會出現「滯脹」併發症？
2. 試述尼克松治理「滯脹」政策的指導思想和核心問題。
3. 由本案例分析美國不同政策搭配是否能得到一些規律性的啟示？

## 第五節　通貨緊縮

### 一、通貨緊縮的定義

通貨緊縮是與通貨膨脹相對應的一個概念，通常意義是指一般物價水平的持續下跌。在西方經濟學教科書中，通貨緊縮被定義為一段時間內「價格總水平的下降」或「價格總水平的持續下降」。

### 二、通貨緊縮的成因

造成通貨緊縮的原因主要如下：

（一）緊縮性的財政貨幣政策

一國當局採取緊縮性的貨幣政策或財政政策，大量減少貨幣發行或縮減政府開支以減少赤字，會直接導致貨幣供應不足，或加劇商品和勞務市場的供求失衡，使「大多數的商品追求太少的貨幣」，從而引起物價下跌，出現政策緊縮型的通貨緊縮。

（二）經濟週期的變化

經濟週期達到繁榮的高峰階段，生產能力大量過剩，供大於求，可能引起物價較快下跌，而出現經濟週期型通貨緊縮。

（三）生產力水平的提高和生產成本的降低

技術進步提高了生產水平，放鬆管制和改進管理降低了生產成本，因而導致產品價格下降，出現成本壓低型通貨緊縮。

(四) 投資和消費的有效需求不足

當經濟出現了下滑，實際利率下跌，從而出現了有效需求不足，導致物價下跌，形成需求拉下型通貨緊縮。金融體系為了防止金融風險，會「惜貸」或「慎貸」引起信用緊縮，也會減少社會總需求，導致通貨緊縮。

(五) 本幣匯率高估和其他外部因素的衝擊

一國實行盯住強幣的匯率制度時，本幣匯率高估，會減少出口，擴大進口，加劇國內企業經營困難，促使消費需求趨減，導致物價持續下跌，出現外部衝擊型的通貨緊縮。國際市場的動盪也會引起國際收支逆差或資本外流，形成外部衝擊性的通貨緊縮壓力。

(六) 體制和制度因素

體制和制度方面的因素也會加重通貨緊縮，如企業制度由國有制向市場機制轉軌時，精簡下來的大量工人現期和預期收入減少，導致有效需求下降。住房、養老、醫療、保險、教育等方面的制度變遷和轉型，都可能對家庭和企業的消費和投資造成衝擊。

(七) 供給結構不合理

由於前期經濟中的盲目擴張和投資，造成了不合理的供給結構和過多的無效供給，當累積到一定程度時必然會加劇供求之間的矛盾。一方面，許多商品無法實現其價值，迫使價格下跌；另一方面，大量貨幣收入不能轉變為消費和投資，減少了有效需求，就會導致結構型通貨緊縮。

### 三、通貨緊縮的社會經濟效應

(一) 對投資的影響

通貨緊縮會使得實際利率有所提高，社會投資的實際成本隨之增加，從而減少投資。同時，在價格趨降的情況下，投資項目預期的重置成本會趨於下降，從而推遲當期的投資。這對許多新開工項目所產生的制約較大。

(二) 對消費的影響

物價下跌對消費需求有兩種效應：一是價格效應。物價的下跌使消費者可以用較低的價格得到同等數量和質量的商品和服務，而將來價格還會下跌的預期促使他們推遲消費。二是收入效應。就業預期和工資收入因經濟增幅下降而趨於下降，收入的減少將使消費者縮減消費支出。

(三) 對收入再分配的影響

通貨緊縮時期的財富分配效應與通貨膨脹時期正好相反。在通貨緊縮情況下，雖然名義利率很低，但是由於物價呈現負增長，實際利率會比通貨膨脹時期高出許多。高的實際利率有利於債權人，不利於債務人。

（四）對工資的影響

在通貨緊縮情況下，如果工人名義工資收入的下調滯后於物價下跌，那麼實際工資並不會下降；但如果出現嚴重的經濟衰退，往往削弱企業的償付能力，也會迫使企業下調工資。

（五）通貨緊縮與經濟成長

大多數情況下，物價疲軟、下跌與經濟成長乏力或負增長是結合在一起的，但也並非必然，如中國就有通貨緊縮與經濟增長並存的情況。

**四、通貨緊縮的治理**

通貨緊縮的治理與通貨膨脹的治理是相反的。治理通貨緊縮具體可以採用如下政策措施：

（一）寬鬆的貨幣政策

治理通貨緊縮可以採用寬鬆的貨幣政策，增加流通中的貨幣量，從而刺激總需求，振興經濟。中央銀行要根據自己對宏觀經濟形勢的預測和判斷，密切關注商業銀行的信貸情況，適時調節，增加有效貸款的投放，增加市場貨幣量。

（二）寬鬆的財政政策

治理通貨緊縮可以擴大財政支出，直接增加社會總需求，彌補微觀經濟主體消費需求和投資需求不足造成的需求減緩，還可以通過投資的「乘數效應」帶動私人投資的增加，進一步增加社會總需求。但是，採取寬鬆的財政政策有可能存在政府財政支出對私人投資的「擠出效應」。

（三）結構性調整

對由於某些行業的產品或某個層次的商品生產絕對過剩引發的通貨緊縮，一般採用結構性調整的手段，即採用一定的政策措施，減少和控制過剩部門或行業的投入，或鼓勵其轉型升級，降低其產出。相反，對新興部門或行業發展，予以政策扶植，完善經濟結構，提高資源的配置效率。

（四）改變預期

政府通過各種宣傳手段，增加公眾對未來經濟發展趨勢的信心。

（五）完善社會保障體系

治理通貨緊縮應改善國民收入的分配格局，提高中下層居民的收入水平和消費水平，建立健全社會保障體系，降低或消除人們對未來不確定性的后顧之憂，消除或減少居民的消費障礙，以增加消費需求。

### 2010年日本仍深陷通貨緊縮泥潭中[①]

據日本經濟新聞2010年11月15日報導，日本內閣府11月15日發布的2010年第三季度國內生產總值（GDP）數據顯示，除去物價變動的影響，2010年的GDP與2009年同期相比增加了0.9%，按年率換算增加了3.9%，呈持續正增長的勢頭。由於環保汽車的補助金的廢除、菸草稅上漲和夏季需求猛增後，個人消費出現大幅增加。但是，由於政策的助推效果減弱，2010年第四季度GDP值反轉為負增長的可能性很大。

經濟財政部長海江田萬里11月15日發言稱：「由於國外經濟的狀況不定和日元升值的影響，日本經濟發展步伐很有可能再度放慢。今後仍需繼續密切關注經濟動向。」其中，日本的設備投資與此前相比增加了0.8%，連續四個季度增長。但是與第二季度增長值1.8%相比，增速有所放慢。住宅投資和前期相比了增加了1.3%，時隔半年之後，再度出現正增長。

與大幅增加的內需相反，出口僅增加了0.02%。之前一直支撐國內經濟的出口增長速度放慢，與前期相比僅增加了2.4%。面向亞洲的出口指數也有所減少，第二季度增加了5.6%，而第三季度僅增加了2.7%。

顯示物價動向的GDP減縮指數和2009年同期相比減少了2%，已是連續6個季度負增長，國內減縮指數也下降了1.2%。同時，和前期相比減縮範圍進一步擴大，日本仍深陷在通貨緊縮的泥潭中。

思考：

亞洲金融危機以來，日本經濟始終不景氣，試從理論上分析其原因，並指出值得中國借鑑的地方。

## 思考與練習

### 一、名詞解釋

通貨膨脹　消費者物價指數　生產者物價指數　國民生產總值平減指數
需求拉上通貨膨脹　成本推動通貨膨脹　結構性通貨膨脹　菲利普斯曲線　收入指數化
通貨緊縮

### 二、簡答題

1. 你如何看待當今經濟運行中通貨膨脹與失業的關係？
2. 按通貨膨脹的成因，通貨膨脹可以劃分為哪幾種？
3. 為什麼第二次世界大戰以後，反通貨膨脹一直是世界各國政府的重要施政目標，

---

[①] 成麗麗. 日本仍深陷通貨緊縮泥潭中［EB/OL］.（2010-11-16）［2016-08-12］. http://www.e-cufe.net/html/2008/jinrongpian_0117/3097.html.

有時甚至是首要施政目標?
   4. 你如何理解「通貨膨脹是頭號人民公敵」這句話的含義呢?
   5. 通貨緊縮的危害有哪些? 應如何治理通貨緊縮?

三、論述題

   1. 關於通貨膨脹的社會經濟效應, 你有何看法?
   2. 試述通貨膨脹的治理對策。
   3. 試述通貨緊縮的社會經濟效應。

# 第九章 貨幣政策

**本章要點**

本章要求學生正確理解貨幣政策及政策目標、政策工具的含義；熟悉和掌握貨幣政策諸目標的統一與衝突、貨幣政策仲介目標的作用與選擇標準、一般性貨幣政策工具、選擇性貨幣政策工具、直接信用控制和間接信用指導、貨幣政策傳導機制的概念和傳導過程、貨幣政策效應及其影響因素等。本章重點是貨幣政策目標、貨幣政策仲介指標的選擇、一般性貨幣政策工具、貨幣政策傳導機制。本章難點是一般性貨幣政策工具的作用和作用機制、貨幣政策傳導機制。

**開放經濟中的貨幣政策**

20世紀90年代初，英國陷入了二戰后的第四次經濟衰退。從1990年第三季度開始，英國國內生產總值在連續下降四個季度后，1991年第三季度上升0.2%，但全年經濟出現了2%的負增長，1992年又連續出現了0.5%的負增長。在經濟衰退陰影的籠罩下，工業生產萎靡不振，支柱產業之一的房地產市場疲軟，企業倒閉之風盛行，失業猛增。為刺激經濟，英格蘭銀行實行擴張性貨幣政策。僅1991年一年中，英格蘭銀行先後7次下調利率，1991年年底，英國銀行業的基本利率已由1990年的15%下降到10.5%。而鄰近的德國，自20世紀80年代以來經濟一直保持著強勁的增長勢頭，1990年德國國內生產總值增長率達到5.1%，1990年最後兩個季度和1991年第一季度的增長率達6%。再加上德國自1990年10月統一后，振興東部經濟成為政府的重要任務。大量投入東部的資金加重了德國政府財政負擔，導致德國國內通貨膨脹率的上升，德國政府相應提高了利率。

英、德兩國利率差距的拉大，導致英國資本大量外流，英鎊貶值壓力增大。當時，英鎊從屬於歐洲貨幣體系，該體系有著相應的匯率協調機制，即成員國之間的匯率只能在固定匯率的上下窄幅波動，這就使得歐共體內部實行固定匯率，對外實行浮動匯率，英鎊因此與歐洲各國的匯率保持固定。

嚴重經濟蕭條的英國，在放鬆銀根、增加貨幣供給的同時，又不得不維持歐共體內的固定匯率。於是，英格蘭銀行只能在外匯市場上動用外匯儲備大量回購英鎊，試圖扭轉英鎊對歐洲貨幣（尤其是德國馬克）的頹勢，並大幅提高國內利率。這樣的操作在很大程度上抵消了擴張性貨幣政策的效果，致使英國經濟毫無起色，失業率居高不下。由此可見，在固定匯率條件下，英國無法實行獨立的貨幣政策，其擴張性貨幣政策被維持固定匯率的措施所抵消，從而無法刺激國內經濟的復甦。

英國在維持英鎊與德國馬克匯率的過程中，也受到國際投機資本的猛烈攻擊，迫

使英國政府在 1992 年 8 月 16 日宣布英鎊貶值以及英鎊退出固定匯率體系,英鎊對馬克自由浮動。英鎊貶值,提高了英國產品在國際市場上的競爭力,農產品、紡織品以及加工工業產品的出口大幅增長,當年英國的外貿赤字減少幾十億美元,失業率下降,經濟出現復甦跡象。在浮動匯率條件下,英國實行獨立的貨幣政策,其擴張性貨幣政策取得了比較積極的效果。

思考:
1. 擴張和緊縮貨幣政策一般在什麼情況下採用?
2. 案例中,在固定匯率條件下,英國無法實行獨立的貨幣政策,其擴張性貨幣政策被維持固定匯率的措施所抵消,從而無法刺激國內經濟的復甦,為什麼?

# 第一節 貨幣政策及其目標

中央銀行調控宏觀經濟的重要手段之一就是貨幣政策。貨幣政策作為一種間接調控手段,其調整通過影響一國經濟中的各個經濟主體的經濟利益和經濟行為,進而影響價格水平、資本流動和經濟增長速度。

## 一、貨幣政策的定義及特徵

(一) 貨幣政策的定義

貨幣政策一般是指中央銀行為實現某種特定的經濟目標,運用各種貨幣政策工具來調節貨幣供給和利率等變量的各種措施的總和。貨幣政策一般包括四方面的內容:貨幣政策最終目標、貨幣政策工具、貨幣政策中間目標及貨幣政策傳導機制,如圖 9.1 所示。貨幣政策簡單地說也就是運用某些貨幣政策工具,通過傳導機制來實現貨幣政策的最終目標。一國的某些經濟政策只會影響國民經濟的某個或有限的某些方面,而貨幣政策的影響往往涉及整個社會經濟生活,因此貨幣政策是國家重要的宏觀經濟政策之一。

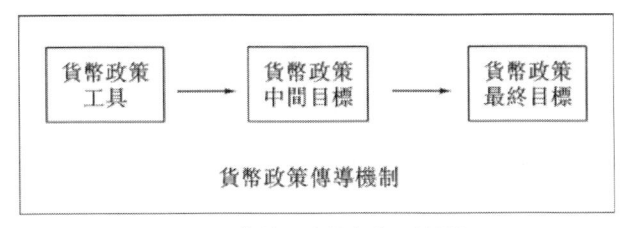

圖 9.1 貨幣政策的內容及其關係

(二) 貨幣政策的特徵

貨幣政策一般具有以下幾個特徵:

1. 貨幣政策是宏觀經濟政策

貨幣政策不是對單個經濟主體產生影響的金融行為，而是通過對貨幣政策工具的調節，影響貨幣供給量、利率、匯率等宏觀經濟指標，繼而對社會總供給與總需求及其兩者的均衡造成影響的宏觀經濟政策。

2. 貨幣政策是調整社會總需求的政策

不論運用何種貨幣政策工具，不論對何種貨幣政策中間目標產生何種影響，不論是何種政策傳導機制，最終貨幣政策調節都是從社會總需求著眼的，促進的是社會總供給和總需求的平衡。

3. 貨幣政策是以間接調控為主、直接調控為輔的政策

在大多數情況下，中央銀行主要採用間接調控的手段來調整經濟主體的行為；在某些特定的經濟和金融環境下，中央銀行才會採取直接的控制措施。

4. 貨幣政策是實現長期目標的政策

貨幣政策的最終目標是一種長期性的政策目標，雖然某些情況下，中央銀行會實現一些短期性的目標，但是最終是為了保持貨幣的長期穩定，實現經濟持續、穩定的增長。

## 二、貨幣政策的最終目標

(一) 貨幣政策最終目標的內容

貨幣政策最終目標是指在一段較長時間內所要達到的目標。概括地講，一國貨幣政策最終目標一般有以下四個：

1. 幣值穩定

幣值穩定是指保證貨幣價值的穩定，包括對內幣值穩定和對外幣值穩定兩個方面。對內的幣值穩定即物價穩定，具體是指保證一般物價水平在短期內不發生顯著的波動。因此，物價穩定的目標與抑制通貨膨脹的實質是一致的。在當前的貨幣流通條件下，物價總體呈現上升趨勢，如何將物價水平控制在一定範圍之內，以防止通貨膨脹，成為各國乃至各經濟理論之間相互爭議的熱門話題。到底應該把物價水平控制在何種程度上，由於各國實際情況不同，各國央行的操作也不同。從總體上來看，世界上大多數的中央銀行都比較保守，一般要求物價上漲率必須控制在 2% ~ 3%。

對外幣值穩定就是要保持本幣對外幣的匯率保持穩定。一國貨幣的匯率不穩定，不利於進出口貿易的發展，進而會影響到國內的經濟，因此保持匯率的穩定也是幣值穩定目標的重要內容。

2. 充分就業

充分就業是指任一有工作能力並且有意願工作的人，都能在相對合理的條件下，隨時找到合適的工作。如果經濟處在非充分就業的情況下，表明社會資源遭到了浪費，社會生活質量下降，嚴重時會導致社會危機和政治危機。但是充分就業並不是指失業率為零，由於摩擦性失業、結構性失業、季節性失業和自願性失業的存在，一定程度的失業在經濟正常運行中是不可避免的。這種失業率被稱作為自然失業率。除了自然

性失業之外還存在非自願性失業，這是由於總需求不足而造成的失業。因此，這裡所指的失業，一般是指除自然性失業外的經濟性失業，如非自願性失業、週期性失業等。實現充分就業的目標就是在消除經濟性失業，使得失業率處在自然失業率的水平。

3. 經濟增長

經濟增長是指國民生產總值的增加，即一國在一定時期內所生產的商品和勞務總量的增加，或者是人均國民生產總值的增加。經濟增長是提高社會生活水平的物質保障，也是保護國家安全的必要條件。作為貨幣政策最終目標的經濟增長應該是長期穩定的增長，過度追求短期的高速甚至超高速增長可能導致經濟的劇烈波動。但是對經濟增長的理解還有另外一種更加強調增長的動態效率的觀點，該觀點認為經濟增長應該是指一國生產商品和勞務能力的增長，並且認為考量經濟增長時還應考察增長的生態后果，一國不能為了追求經濟增長而犧牲環境。因此，在計量經濟增長時應該將自然資源的損耗和環境惡化等從國內生產總值中扣除。

4. 國際收支平衡

國際收支是指一國在一定時期內的所有對外經濟往來的系統記錄。國際收支平衡是指一國對其他國家的全部貨幣收入和貨幣支出持平、略有順差或逆差。保持國際收支平衡是保證國民經濟持續穩定增長和經濟安全甚至政治穩定的重要條件。無論是國際收支順差還是國際收支逆差，對一國經濟都是不利的。國際收支順差和逆差都會加劇貿易的摩擦。國際收支順差會導致外匯儲備閒置和資源的浪費，同時為購買大量的外匯可能增發本國貨幣，導致或加劇國內通貨膨脹；國際收支逆差會導致資本的大量外流，外匯儲備急遽下降，本幣大幅貶值，並導致嚴重的貨幣和金融危機。因此，央行必須通過採取利率或匯率等方式的調節來實現國際收支的平衡。

(二) 貨幣政策諸目標之間的關係

貨幣政策四個目標之間既有統一，又有矛盾之處。充分就業與經濟增長是統一的，一般而言，經濟增長時就業會相應增加，而如遇經濟衰退，失業則會增加。但是，在很多情況下，這些目標之間存在著矛盾。

1. 充分就業和幣值穩定之間的矛盾

充分就業和幣值穩定之間往往是存在矛盾的。一方面，要想實現充分就業，國家往往要促進經濟的發展，會採取擴張性的政策，使得貨幣供給量增多，如果貨幣需求沒有得到相應的增長，貨幣供給會超過貨幣需求，加大物價上漲的壓力，幣值難以穩定。另一方面，根據菲利普斯在研究了 1861—1957 年英國的失業率和物價變動之間的關係后得出的著名的菲利普斯曲線可知，失業率與物價變動率之間總是存在著一種此消彼長的相互替代的關係。

當失業率降低時，通貨膨脹率往往很高；當失業率升高時，通貨膨脹率才會降低。結論是：失業率與通貨膨脹率之間存在著一種負相關的關係。從菲利普斯曲線我們可以看出，若一國中央銀行既想要實現充分就業，又想要保證物價即幣值的穩定，那是相當困難的，各國央行只能根據自身的實際情況在失業率和通貨膨脹率之間尋求一個適合自己的最佳組合點。

2. 經濟增長與幣值穩定之間的矛盾

在經濟學界，有的觀點認為，在經濟達到充分就業之前，適度的物價上漲能夠刺激投資和產出的增加，從而促進經濟增長。經濟增長源於新生產要素的投入和勞動生產率的提高，勞動生產率的提高會導致單位產品生產成本的降低，物價趨於下降，即經濟增長和幣值穩定之間並不矛盾。但在當前的信用貨幣經濟中，促進經濟的增長往往要使得貨幣的供給增加，貨幣供給的增加又會導致產出和總需求的增加，總需求的增加往往會引起物價水平的上漲與幣值的下跌，故現實生活中兩者常常是矛盾的。

3. 經濟增長與國際收支平衡之間的矛盾

對經常帳戶而言，一國的經濟增長會導致該國國民收入的增加，從而增加對進口商品的需求，此時如果出口的增長不能抵消進口的增加，貿易收支就會失衡。對資本和金融項目而言，一國的經濟增長往往需要依靠流入的外資來實現，但是外資的流入明顯會導致資本項目出現順差，資本項目失衡。從以上兩個方面共同作用的結果可以看出，經濟增長與國際收支平衡之間也常常可能是矛盾的。

4. 幣值穩定與國際收支平衡之間的矛盾

一方面，在開放經濟中，就算本國的幣值穩定，但其他國家，尤其本國的貿易往來國如果發生通貨膨脹，則會導致本國商品相對其他國家的商品價格下降，本國商品出口增加，如果進口的增加不能抵消出口的增加，則會引起國際收支順差；另一方面，如果國內發生了嚴重的通貨膨脹，貨幣當局為了抑制物價上漲，有可能提高利率以降低貨幣供給。如果資本可以自由流動的話，利率的提高會導致資本流入，資本項目出現順差。由此可見，幣值穩定與國際收支平衡並非總是協調一致的。

由於貨幣政策最終目標之間存在矛盾，中央銀行在進行目標選擇時不能不有所側重、有所取捨。根據《中華人民共和國中國人民銀行法》的規定，貨幣政策目標是保持貨幣幣值的穩定，並依此促進經濟增長。很明顯，在中國的貨幣政策目標中，幣值穩定與經濟增長並不是並駕齊驅的，而是有主次、先後之別的。只有幣值和物價穩定了，經濟才能保持持續增長的勢頭。

### 三、貨幣政策的中間目標

貨幣政策的中間目標是介於貨幣政策工具與貨幣政策最終目標之間的中間變量。貨幣政策調節措施的作用效果，往往是在一定時期之後才能觀察到，經濟增長率和物價水平的變動並不能及時反應貨幣政策的效果，這樣貨幣政策效果的大小不能及時被預測並作出相應的調整，這樣就必須設置中間目標。中間目標是指貨幣當局運用貨幣政策工具進行調節，在實現最終目標之前具有傳導作用的中間變量目標。中間目標是貨幣政策作用過程中一個十分重要的中間環節，也是判斷貨幣政策力度和效果的重要指示變量；中間目標的恰當選擇關係到貨幣政策的調節效果以及最終政策目標的實現，是十分重要的過程控制變量。

(一) 中間目標的選擇標準

根據通常的標準，中間目標的採用一般有以下幾方面的要求：

(1) 中央銀行能夠加以控制，即可控性。可控性具體是指中央銀行能夠通過運用各種貨幣政策工具，準確、及時地對中間目標變量進行控制和調節，以有效地貫徹其貨幣政策意圖。

(2) 中央銀行能夠及時取得有關中間目標的準確數據，據以分析和檢測，即可測性。可測性具體是指中間目標有比較明確的定義，而且數據較容易獲取。

(3) 與貨幣政策最終目標關係緊密，中間目標的變動一般能引起最終目標做相應的變化，即相關性。如果中間目標變動不能引發最終目標的變動，則貨幣政策無效。但是只要能達到中間目標，中央銀行在接近或實現最終目標方面遇到的障礙和困難較小。

(4) 中間目標在影響最終目標的過程中受干擾程度較低，即抗干擾性。貨幣政策在實施過程中往往會受到諸如財政政策、經濟和政治體制等因素的干擾和影響。如果選取抗干擾程度較低的中間目標，貨幣政策的實施達不到預期的效果；反之，貨幣政策工具才能有效地實現最終目標。

(5) 與經濟體制、金融體制有較好的適應性。由於各國經濟和金融環境的不同，貨幣當局為實現既定的貨幣政策目標而採取的貨幣政策工具可能不同，因此選擇何種中間目標也必然有區別。所選取的中間目標關鍵是要與本國的經濟和金融體制環境相適應，才能更好地發揮貨幣政策的調節作用。

(二) 主要中間目標

1. 基礎貨幣

基礎貨幣包括流通中的現金以及銀行準備金。由於基礎貨幣構成了貨幣供應量多倍擴張和收縮的基礎，因此也叫做高能貨幣或強力貨幣。基礎貨幣能夠較好地滿足中間目標的要求，是一個比較理想的中間目標。首先，基礎貨幣的可測性較強。基礎貨幣直接表現為中央銀行的負債，其數額隨時反應在中央銀行的資產負債表上，很容易掌握。其次，基礎貨幣的可控性強。流通中的現金可以由中央銀行直接控制，中央銀行也可以通過公開市場操作控制銀行準備金中的非借入準備金，借入準備金雖不能完全控制但可以通過貼現窗口進行目標設定，並進行預測，也有很強的可控性。最後，基礎貨幣的相關性強。貨幣供應量等於基礎貨幣與貨幣乘數之積，只要中央銀行能夠控制基礎貨幣的投放，也就等於控制了貨幣供給。

2. 貨幣供給量

貨幣供給量也是較理想的貨幣政策中間目標。首先，各國對貨幣供給層次都有較明確的劃分，不同的貨幣層次反應在央行、商業銀行及其他金融機構的資產負債表內，可以方便測算和分析。其次，在可控性方面，現金直接由央行發行並進入流通，通過控制基礎貨幣、央行也能有效控制各貨幣層次的貨幣供給。最後，由於貨幣供給量的變動能直接影響經濟，貨幣供給量增加或減少也能直接表明央行貨幣政策意圖，其政策效果也不易與非政策效果相混淆。但是央行對貨幣供給量的控制不是絕對的，這就阻礙了貨幣供給量充分發揮中間目標的作用。

3. 利率

利率之所以能成為中間目標，是因為利率可控性強，中央銀行可直接控制金融機構融資的利率，或者通過公開市場業務或再貼現政策，調節利率的走向。利率之所以能成為中間目標，也因為利率可測性強，中央銀行在任何時候都能觀察到市場利率的水平及結構，並且貨幣當局能夠通過利率影響投資和消費支出，從而調節總需求。當貨幣供給過多引起通貨膨脹時，可以提高利率、緊縮銀根，穩定幣值與物價；當經濟不景氣時，可以降低利率，刺激經濟增長。

4. 超額準備金

超額準備金之所以能夠成為中間目標是因為法定存款準備金率、公開市場業務和再貼現政策等貨幣政策工具，都是通過影響商業銀行的超額準備金的水平來發揮作用的。換句話說，無論中央銀行運用何種政策工具，必須先改變商業銀行的超額準備金，然后對最終目標產生影響。超額準備金增加，貨幣市場銀根放鬆，超額準備金減少，貨幣市場銀根緊縮。

早在20世紀30年代，西方國家一般都以利率作為中間目標。當市場利率上升，則擴大貸款和貨幣供給；當市場利率下降，則收縮貸款和貨幣供給。20世紀70年代以後，固定匯率制度的崩潰和通貨膨脹的加劇，市場利率動盪不定，失去反饋信息的價值，各國轉向採用基礎貨幣和貨幣供給量作為中間目標。但是進入20世紀90年代以來，由於金融創新、金融自由化和金融市場一體化的發展，各層次貨幣供給量之間的界限難以劃清，某些國家又轉回採用利率作為中間目標。中國則在過去較長一段時期中，採用貨幣發行指標及貸款規模作為中間目標，后來轉而採用貨幣供給量指標。

## 第二次世界大戰后西方各國貨幣政策最終目標比較[①]

第二次世界大戰后西方各國中央銀行根據本國的具體情況，在不同的時期對貨幣政策的最終目標有不同的選擇（如表9.1所示），或選擇單一目標，或選擇多重目標，但不同的時期有不同的側重點。

表9.1　　　　　第二次世界大戰后西方各國貨幣政策最終目標比較

| 國別 | 20世紀五六十年代 | 20世紀七八十年代 | 20世紀90年代后 |
| --- | --- | --- | --- |
| 美國 | 以充分就業為主 | 以穩定貨幣為主 | 以反通脹為唯一目標 |
| 英國 | 以充分就業兼國際收支平衡為主 | 以穩定貨幣為主 | 以反通脹為唯一目標 |
| 加拿大 | 充分就業，經濟增長 | 以物價穩定為主 | 以反通脹為唯一目標 |
| 德國 | 以穩定通貨，兼顧對外收支平衡為主 | | |
| 日本 | 對外收支平衡，物價穩定 | 物價穩定、對外收支平衡 | |
| 義大利 | 經濟增長，充分就業 | 貨幣穩定兼顧國際收支平衡 | |

---

① 蕭松華，朱芳. 貨幣銀行學 [M]. 3版. 成都：西南財經大學出版社，2009.

從表 9.1 可見，西方各國第二次世界大戰后貨幣政策的最終目標非但有所不同，而且同一個國家在 20 世紀五六十年代以前、20 世紀七八十年代、20 世紀 90 年代以後發生了很大的變化。其主要原因是各國面臨的經濟形勢和任務不同，政府和中央銀行所奉行的理論不同。概括起來有如下特點：

（1）歷史背景不同，政策目標各異。西方各國歷史及第二次世界大戰后經濟情況不同，因而貨幣政策最終目標選擇不同。例如，美國二戰后所面臨的是生產能力嚴重過剩的問題；日本面臨的是經濟恢復和高速增長的問題；德國因其在 20 世紀 20 年代和第二次世界大戰后曾遭受人類歷史上最嚴重的通貨膨脹，所面臨的是全國人民對通貨膨脹的深惡痛絕。因此，從第二次世界大戰后到 20 世紀 70 年代，各國的貨幣政策目標也有所不同。美國貨幣政策最終目標一直側重於充分就業，反危機；日本是為保證引進技術所需外匯，以國際收支平衡為貨幣政策最終目標；德國則是一貫以控制通貨膨脹為單一貨幣政策目標。

（2）共同的命運，相同的目標。到了 20 世紀 70 年代，各國出現了持續的嚴重通貨膨脹，通脹率長期高達兩位數。例如，英國在 20 世紀 70 年代中期通貨膨脹率曾高達 20% 以上。共同的命運使西方各國採取了共同的貨幣政策目標，即都將穩定貨幣作為貨幣政策的主要目標。進入 20 世紀 90 年代，貨幣主義逐漸暴露其弱點，其表現是過嚴的貨幣控制使經濟停滯不前，因此西方各國大都進行了貨幣政策的新調整，選擇以反通貨膨脹作為貨幣政策唯一目標，力求實現沒有通貨膨脹的經濟增長。

（3）不同國家、不同時期貨幣政策的理論依據不同。在 20 世紀五六十年代大都以充分就業為目標時，凱恩斯主義是理論依據。該理論的核心是經濟大危機和嚴重的失業是有效需求不足造成的，對付它的辦法是擴大有效需求，實現充分就業。在 20 世紀七八十年代，西方各國以穩定貨幣作為貨幣政策的主要目標，其理論依據是弗里德曼的貨幣主義。貨幣主義的核心是「單一規則」。其含義是排除利息率等的干擾，僅以一定的貨幣存量作為唯一的手段處理和解決市場經濟中所面臨的問題，只要控制好貨幣供給增長率，其他都由市場機制去調節，經濟就能穩定地發展。而德國的貨幣政策目標依據是社會市場經濟理論。該理論認為，沒有貨幣的穩定就不能使市場調節機制得到正常發揮，通貨膨脹會減少私人儲蓄和投資意願，如果為了追求高經濟增長而導致通脹，還不如在貨幣穩定的條件下實現較小幅度的經濟增長。

思考：
1. 同是市場經濟國家，為什麼各國貨幣政策最終目標仍存在差異？
2. 試比較中國與西方國家貨幣政策最終目標的區別，並說明其原因。

## 第二節　貨幣政策工具

要實現貨幣政策目標，貨幣當局必須要使用有效的手段，即貨幣政策工具。貨幣政策工具包括三大類：一般性政策工具、選擇性政策工具和其他貨幣政策工具（如直接信用控制和間接信用指導等）。

**一、一般性貨幣政策工具**

一般性貨幣政策工具也叫做傳統貨幣政策工具，是指各國中央銀行普遍運用的，主要是對社會貨幣供應總量、信用總量進行總量調控的貨幣政策工具，從而對社會金融活動產生普遍的、總體的影響，包括法定存款準備金政策、再貼現政策和公開市場操作。

(一) 法定存款準備金政策

法定存款準備金是商業銀行按照中央銀行的法定存款準備金率計提的存款準備。法定存款準備金率是法律規定的商業銀行準備金與商業銀行吸收存款的比率。商業銀行吸收的存款不能全部放貸出去，必須按照法定比率留存一部分作為準備金。準備金制度的基本內容包括對法定存款準備金比率的規定、對作為法定存款準備金的資產種類的限制、法定存款準備金的計提及法定存款準備金率的調整幅度等。

當代各國都由中央銀行制定法定準備率，其標準不一。有的國家只發布一個準備率，即所有金融機構無論其吸收存款數額大小，都按統一的標準繳納存款準備金；也有的國家對不同性質的金融機構實施不同的法定準備率，如商業銀行與信託投資公司、信用合作社等分別實行不同的法定準備率；還有的國家按存款規模的不同實施不同的法定準備率，存款規模越大，則法定準備率越高。

法定存款準備金制度最早起源於英國，但是以法律的形式將其形成一種制度，則是始於1913年美國的《聯邦儲備法》。商業銀行為了追求利潤最大化，有可能最大限度地貸放款項，這樣可能無法滿足客戶的提現要求。因此，為了避免出現這樣的情況，中央銀行就要求各類型金融機構繳納存款準備金，以備客戶提現。但是隨著金融制度的發展，存款準備金逐步演變為重要的貨幣政策工具，主要用於調節市場貨幣量。法定存款準備金率對貨幣供給的影響是間接的，一是影響商業銀行的超額準備金，二是影響貨幣乘數，兩者負相關。當中央銀行降低存款準備金率時，金融機構可用於貸款的資金增加，貨幣乘數增加，社會的貸款總量和貨幣供應量也相應增加；反之，可用於貸款的資金減少，貨幣乘數降低，社會的貸款總量和貨幣供應量將相應減少。

雖然法定準備率的調整對社會貨幣供應總量有較大的影響，但很多國家尤其是西方國家的中央銀行在實施貨幣政策時往往把重點放在其他操作上。因為調整法定準備率雖然能帶來在調整貨幣供應總量政策上事半功倍的效果，但調整法定準備率給社會帶來的副作用也是很明顯的。法定準備率的微小變動也會引起社會貨幣供應總量的急遽變動，迫使商業銀行急遽調整自己的信貸規模，從而給社會經濟帶來激烈的振盪。尤其是當中央銀行提高法定準備率時，導致社會信貸規模驟減，使很多生產沒有后繼資金投入，無法形成生產能力而帶來一系列的問題。因此，各國中央銀行在調整法定準備率時往往比較謹慎。

(二) 再貼現政策

再貼現是指商業銀行或其他金融機構要求中央銀行幫助兌現未到期的商業票據的一種行為，是中央銀行為金融機構提供的一種融資便利。但是央行提供這種便利不是

無償的，而是要按照一定的比率扣除一定的費用，作為提供這種便利的收益。對於要求貼現的金融機構而言則是付出了一定的成本，這一費用與票據金額的比率被稱做再貼現率。貨幣政策工具中的再貼現政策正是通過控制再貼現率來實現宏觀調控的。再貼現政策體現了中央銀行作為最后貸款人的職能，可以解決商業銀行臨時性資金短缺和流動性緊張問題，是維護金融體系穩定、防止金融恐慌的一個基本保證。再貼現制度最初於 1833 年在英國《銀行特許法》中被確立。這一法案規定，期限在 3 個月以內的票據可申請貼現，貼現行可持這些票據向英格蘭銀行不受任何限制地申請再貼現。據此，英格蘭銀行就可以自由地調節社會的貨幣供給量和利率水平。經過 100 多年的發展和完善，這一貨幣政策工具逐漸被其他國家所效法和採用。1913 年，美國《聯邦儲備法》也確認再貼現政策是美國的貨幣政策工具之一。

一般來說，再貼現政策包括兩方面的內容：一方面是再貼現率的調整，主要注重短期效果，影響商業銀行的準備金和社會的資金供求；另一方面是規定向中央銀行申請再貼現的資格，主要注重長期，影響商業銀行及全社會的資金投向。

再貼現政策是通過影響銀行的融資成本，從而影響商業銀行的準備金，以達到松緊銀根的目的。如果在經濟蕭條時期，中央銀行要促進經濟增長、實現充分就業，則可以降低再貼現率，使其低於市場一般利率水平。商業銀行通過再貼現獲得的資金的成本降低，促使其增加向中央銀行借款或貼現，結果商業銀行超額準備金增加，相應地擴大對社會各經濟主體的貸款，從而引起貨幣供給量的增加和市場利率的降低，進而刺激有效需求的擴大，達到經濟增長和充分就業的目的。反之，可採用提高貼現率的辦法來抑制經濟過快的增長。

再貼現率的變動在一定程度上反應了中央銀行的政策意向，有一種告示效應。再貼現率升高，表明政府判斷市場存在過熱現象，有緊縮意圖；再貼現率降低，表明政府認為市場經濟不夠活躍，有擴張意向。在大多數西方國家，再貼現率往往是基準利率，一旦中央銀行調整再貼現率，其他市場利率也會做出相應調整，繼而對經濟主體的行為產生更多的影響。但是再貼現政策也有一定的局限性：一方面，中央銀行通過再貼現政策調整貨幣供給具有一定的被動性。商業銀行是否願意到中央銀行申請再貼現，或貼現多少，決定於商業銀行，中央銀行不能左右商業銀行的意志，如果商業銀行有其他的融資渠道，再貼現率的調整不會對貨幣供給產生多大影響。另一方面，正是因為再貼現政策具有告示效應，再貼現率不宜經常調整，否則會引起市場利率的經常性波動，使商業銀行和社會公眾無所適從。

(三) 公開市場操作

公開市場操作是指中央銀行在公開的市場上買賣有價證券的行為，目前各國中央銀行從事公開市場業務主要是買賣政府債券。

公開市場操作主要是調節商業銀行的準備金，影響其信用擴張的能力和信用緊縮的規模；通過影響準備金的數量控制利率；為政府債券買賣提供一個有組織的方便場所；通過影響利率來控制匯率和國際黃金流動。可見，公開市場業務的操作主要是通過購入或出售證券、放松或收縮銀根，而使銀行儲備直接增加或減少，以實現相應的

經濟目標。如果中央銀行需要放鬆銀根，則可以在公開的市場上買入有價證券；如果中央銀行需要縮緊銀根，則需要在公開的市場上賣出有價證券。目前，西方發達國家使用公開市場操作作為貨幣政策工具較多，但是一般發展中國家的中央銀行較少採用，因為公開市場操作要求國內金融市場必須發達及完善，擁有大量種類齊全的有價證券可供操作等。

公開市場業務在三大貨幣政策工具中是唯一能夠直接使銀行儲備發生變化的主動性工具，具有主動性和靈活性的特徵，可以對貨幣供給量進行微調。在發達國家，公開市場操作是中央銀行吞吐基礎貨幣、調節市場流動性的主要貨幣政策工具。但公開市場操作也有其局限性：一是中央銀行只能在儲備變化的方向上而不能在數量上準確地實現自己的目的。二是通過公開市場業務影響銀行儲備需要時間，不能立即生效，而要通過銀行體系共同的一系列買賣活動才能實現。三是公開市場業務發揮作用的先決條件是證券市場必須高度發達，並具有相當的深度、廣度和彈性等；同時，中央銀行必須擁有相當的庫存證券。

### 中國公開市場業務

在多數發達國家，公開市場操作是中央銀行吞吐基礎貨幣、調節市場流動性的主要貨幣政策工具，通過中央銀行與指定交易商進行有價證券和外匯交易，實現貨幣政策調控目標。中國公開市場操作包括人民幣操作和外匯操作兩部分。外匯公開市場於1994年3月啟動，人民幣公開市場業務於1998年5月26日恢復交易，規模逐步擴大。1999年以來，公開市場業務已成為中國人民銀行貨幣政策日常操作的重要工具，對於調控貨幣供應量、調節商業銀行流動性水平、引導貨幣市場利率走勢發揮了積極的作用。

中國人民銀行從1998年開始建立公開市場業務一級交易商制度，選擇了一批能夠承擔大額債券交易的商業銀行作為公開市場業務的交易對象，目前公開市場業務一級交易商共包括40家商業銀行。這些交易商可以運用國債、政策性金融債券等作為交易工具與中國人民銀行開展公開市場業務。從交易品種看，中國人民銀行公開市場業務債券交易主要包括回購交易、現券交易和發行中央銀行票據。其中，回購交易分為正回購和逆回購兩種。正回購為中國人民銀行向一級交易商賣出有價證券，並約定在未來特定日期買回有價證券的交易行為。正回購為央行從市場收回流動性的操作，正回購到期則為央行向市場投放流動性的操作。逆回購為中國人民銀行向一級交易商購買有價證券，並約定在未來特定日期將有價證券賣給一級交易商的交易行為。逆回購為央行向市場上投放流動性的操作，逆回購到期則為央行從市場收回流動性的操作。現券交易分為現券買斷和現券賣斷兩種。前者為央行直接從二級市場買入債券，一次性地投放基礎貨幣；后者為央行直接賣出持有債券，一次性地回籠基礎貨幣。中央銀行票據，即中國人民銀行發行的短期債券。央行通過發行央行票據可以回籠基礎貨幣，央行票據到期則體現為投放基礎貨幣。

思考：

請查閱相關資料，試比較中美中央銀行公開市場業務政策的效果。

## 二、選擇性貨幣政策工具

一般性貨幣政策工具都是通過調節貨幣總量和信用總量進而影響整個宏觀經濟的。選擇性政策工具則主要是對某些特別的領域的信用加以調節和影響，包括消費者信用控制、證券市場信用控制、不動產信用控制和優惠利率等。

(一) 消費者信用控制

消費者信用控制是指中央銀行對消費者購買耐用消費品的貸款的管理措施，目的在於影響消費者對耐用消費品的支付能力要求。在需求過旺及通貨膨脹時，中央銀行可以對消費者信用採取一些必要的管理措施，比如對各種耐用消費品規定付現的最低額，並對用於購買這些商品的貸款規定最長期限，或者相應提高貸款利率，使社會用於購買耐用品的支出減少，緩解通貨膨脹壓力；相反，在經濟衰退時期必須撤銷或者放寬對消費者信用的限制條件，以提高消費者對耐用品的購買力，促使經濟回升。這種管理措施能夠有效地調節消費者信用的擴張或收縮，並對社會經濟產生一定的影響。

(二) 證券市場信用控制

證券市場信用控制是指中央銀行通過規定和調節信用交易、期貨交易和期權交易中的最低保證金率，以刺激或抑制證券交易活動，促使金融市場穩健運行的貨幣政策手段。保證金比率是指證券購買人首次支付占證券交易價款的最低比率。中央銀行根據金融市場狀況調高或調低保證金比率，控制住最高放款額度，間接控制證券市場的信貸資金流入量。最高放款額度和保證金比率之間的關係如下：

最高放款額度＝交易總額×(1－法定保證金比率)

(三) 不動產信用控制

不動產信用控制是指中央銀行對商業銀行辦理不動產抵押貸款的管理措施，主要是規定貸款的最高限額、貸款最長期限以及第一次付現的最低金額等。

不動產信用控制的效應如下：當經濟過熱、不動產信用膨脹時，中央銀行可通過規定和加強各種限制措施減少不動產信貸，進而抑制不動產的盲目生產或投機，減輕通貨膨脹壓力，防止經濟泡沫的形成；在經濟衰退時期，中央銀行也可通過放鬆管制，擴大不動產信貸，刺激社會對不動產的需求，進而通過不動產生產的擴大和交易的活躍帶動其他經濟部門的生產發展，從而促使經濟復甦。

(四) 優惠利率

優惠利率是指中央銀行對國家重點發展的經濟部門或產業的貸款使用低於市場利率的優惠性的利率。優惠利率的採用通常是和國家經濟政策相適應，與具體的發展項目相匹配，目的是鼓勵某些行業或部門的發展。實行優惠利率有兩種方式：制定較低的貼現率和規定較低的貸款利率。

### 三、其他貨幣政策工具

(一) 直接信用控制

直接信用控制是指以行政命令或依據有關法令，直接對金融機構尤其是商業銀行的信用活動進行控制。其手段包括利率上限、信用配額、規定商業銀行的流動性比率和直接干預等。

1. 利率上限

利率上限是指中央銀行制定相關法律法規對商業銀行等金融機構的存貸款利率規定一個最高限額，如果利率超過這一限額，金融機構會受到處罰。例如，美國歷史上曾經採用「Q條例」，其主要內容是銀行對於活期存款不得公開支付利息，並對儲蓄存款和定期存款的利率設定最高限度，即禁止聯邦儲備委員會的會員銀行對其吸收的活期存款（30天以下）支付利息，並對上述銀行所吸收的儲蓄存款和定期存款規定了利率上限。當時，這一上限規定為2.5%，此利率一直維持至1957年都不曾調整，而此後卻頻繁進行調整，對銀行資金的來源和去向都產生了顯著影響。

2. 信用配額

信用配額就是中央銀行根據金融市場的供求狀況和經濟發展需求，對各個商業銀行的信用交易規模予以分配和控制，從而實現對整個信用規模的控制。也就是說，並不是商業銀行的所有貸款要求都能夠被中央銀行所接受，中央銀行可以根據其政策意向以各種理由直接拒絕或者給予部分金額的融資。在支持商業銀行對某個領域的信貸時，中央銀行可設立專門信貸基金以保證某個項目的特殊需要。信用配額最早始於18世紀的英格蘭銀行，目前在許多發展中國家，由於資金供給相對不足，這種方法也被廣泛採用。

3. 規定商業銀行的流動性比率

中央銀行為了限制商業銀行創造信用的能力，除規定法定存款準備金外，還規定商業銀行對其資產維持某種程度的流動性。流動性比率是流動資產占存款的比例，流動性比率越高，則商業銀行的收益越少；反之，商業銀行的收益越高。如果中央銀行提高其規定的流動性比率，商業銀行就必須減少長期投資和放款，擴大短期貸款和增加應付提現的資產。

4. 直接干預

直接干預與信用分配相似，是指中央銀行對商業銀行的信貸活動直接進行干預和控制。直接干預的具體方式有以下幾種：

（1）直接限制貸款額度。許多國家和地區在法律上規定，中央銀行根據金融情況的變化，在必要時可對各金融機構或某一類金融機構規定貸款的最高發放額。

（2）直接干涉銀行對活期存款的吸收。例如，規定支票存款和活期存款的增加額與法定存款準備金的比率，從而限制信貸活動。

（3）中央銀行對業務活動不當的商業銀行，認為其違背信貸政策時，可拒絕向其提供貸款、拒絕融通資金的要求；或者給予貸款，但採取高於一般利息的懲罰性利率。

(4) 規定各銀行放款及投資的方針,主要分兩類:一類是資產項目的限制,如規定商業銀行對不動產投資的限制;另一類是貸款額度的限制,如對商業銀行發放的中期貸款規定最高額度,對儲蓄銀行的股票投資、住宅融資規定最高的限制等。

(二) 間接信用控制

間接信用控制是指中央銀行通過道義勸告、窗口指導等各種間接的措施影響商業銀行的信用創造。間接信用指導較為靈活,但要求中央銀行在金融體系中有較強的地位、較高的威望和擁有控制信用的足夠的法律權利和手段。

1. 道義勸告

道義勸告是指中央銀行利用其聲望與地位,對商業銀行等金融機構發出通告、指示或與各金融體系的負責人舉行面談,勸告其遵守政府政策,自動調整其放款數量和方向,達到信用控制的目的。

道義勸告作為一種貨幣政策工具較為靈活,無須花費行政費用。但是由於不具有強制性並且沒有法律的約束力,因此中央銀行可能不易掌握其效果。其效果完全依靠各金融機構的配合性而定。

2. 窗口指導

窗口指導是指中央銀行通過勸告和建議來影響商業銀行信貸行為。類似於道義勸告,也是監管機構利用其在金融體系中特殊的地位和影響,引導金融機構主動採取措施防範風險,進而實現監管目標的監管行為。很明顯,窗口指導是一種溫和的、非強制性的貨幣政策工具,但是由於這種指導來自享有很高信譽和權威的中央銀行,實際上帶有很大程度的強制性。如果民間金融機構不聽從指導,儘管不承擔法律責任,但最終要承受因此帶來的其他方面的經濟制裁。

窗口指導產生於20世紀50年代的日本。在中國的中央銀行宏觀調控政策工具中,沒有明確的窗口指導這一說法,但是在實際操作中也有類似的做法,窗口指導的做法貫穿在中國人民銀行對商業銀行的整個信貸計劃和資金管理過程中。

**聯邦儲備系統的「貨幣主義實驗」**[①]

在20世紀五六十年代,聯邦儲備系統在制定貨幣政策時,貨幣數量被認為是一個不太重要的指標,聯邦儲備系統的官員們關注的是短期名義利率、信用條件和銀行貸款。到20世紀70年代,由於通貨膨脹問題日益突出,貨幣增長率指標也日益受到關注。但是與此同時,聯邦儲備系統還為聯邦基金利率設定了一個很窄的波動幅度。當貨幣增長率目標和聯邦基金利率目標出現矛盾時,前者往往被迫讓位於後者。這種狀況使得聯邦儲備系統控制貨幣增長率的目標一再落空。在經歷了1973—1975年的經濟衰退之後,聯邦儲備系統默許了貨幣存量的過快增長,從而導致了加速的通貨膨脹。到1979年年末,聯邦儲備系統面臨著一個非常困難的局面:通貨膨脹預期和通貨膨脹

---

① 托馬斯·梅耶,詹姆斯·杜森貝里,羅伯特·阿利伯. 貨幣、銀行與經濟 [M]. 洪文金,譯. 上海:上海人民出版社,1994.

率一起加速上升,黃金價格暴漲,美元匯價在外匯市場上迅速下跌,同時失業率也居高不下。

1979年10月6日,也就是在保羅·沃爾克(Paul Volcker)剛剛成為聯邦儲備理事會主席不久,聯邦儲備系統決定採取高度緊縮性政策:貼現率提高為12%,同時對銀行的某些可控負債規定了8%的法定準備金比率。更重要的措施是該政策允許聯邦資金利率有更大的波動(波動幅度可以達到10%~15%,而不是先前的1.25%),以便更好地抑制貨幣存量。這一政策被廣泛地解釋為迅速地轉向貨幣主義,即聯邦儲備系統把控制通貨膨脹擺在了維持高就業的前面,並且更加重視貨幣增長率目標。

這一政策在阻止美元在外匯市場上的潛在崩潰方面初見成效,而且貨幣增長率也成功地得以降低,名義利率急遽上升。但是該政策在控制通貨膨脹方面則是失敗的。證券價格的下跌表明金融市場並不相信聯邦儲備系統能夠抑制通貨膨脹,事實證明這種預測是正確的:1979年12月到1980年2月的3個月內,消費價格指數以年均17%的速度上升;信貸市場由於擔心通貨膨脹率進而導致利率會直線上升而近於癱瘓。

在這種情況下,卡特總統於1980年3月宣布了一項消除通貨膨脹預期的綜合性計劃,作為該計劃的一部分,他對政府預算做了修改以減少赤字。聯邦儲備系統則主要通過採取兩方面的措施來配合這一計劃:一方面,緊縮常規的貨幣政策;另一方面,實行信貸配給。聯邦儲備系統對經常向聯儲借款的大銀行支付的貼現率徵收了3%的額外費用,並且對無擔保的消費信貸如信用卡和賒帳借款規定了15%的準備比率,這一比率不僅適用於銀行,而且適用於其他金融機構及零售商。聯儲還對貨幣市場基金的資產增加額規定了15%的法定準備比率。另外,銀行得到告誡,它們的貸款增長率不應超過9%。這種「道義上的勸告」名義上是自願的,但是正如一句俗話所說的那樣:「你不必一定去做,如果不做你會感到懊悔。」

上述措施的效果很快就顯現出來了。通貨膨脹率迅速下跌,但是失業率則上升到20世紀30年代以來的最高水平,達10.8%,經濟陷入嚴重衰退。1982年下半年,聯儲重新改變其政策實施步驟,這通常被視為貨幣主義實驗的終止,但也沒有回到過去的政策步驟上,而允許聯邦資金利率比以前有更大的波動,而且貨幣增長率也比以前受到更多的關注。

對於1979年10月至1982年10月的貨幣主義實驗(許多經濟學家認為,這種稱呼並不貼切)的得失,經濟學家對此有很多爭論。該政策導致的第一個結果是通貨膨脹率大幅度下降,失業率急遽上升。不少經濟學家懷疑用如此嚴重的失業換來的通貨膨脹率下降是否值得。該政策導致的另一個結果則多少有些出乎人們的預料,不僅利率更不穩定,貨幣增長率也變得越來越不穩定。1979年10月以前,貨幣主義者認為聯儲應該允許利率的大幅變動以減少貨幣增長率的變動,而事實上,現在人們卻不得不面臨兩個指標同時趨於變動。具有諷刺意味的是,當20世紀70年代聯儲主要使用利率指標時,我們相信此時貨幣存量指標更可取,而1979—1982年期間,當聯儲更多地使用貨幣存量指標時,利率指標又變得更為可取。這也許正好應驗了著名的「古德哈特」法則——即使一個變量原來是穩定的,當人們把它當做政策手段時,它就變得不穩定了。

思考：

1. 卡特總統 1980 年 3 月宣布的「消除通貨膨脹預期的綜合性計劃」主要內容有哪些？

2. 卡特政策在使通貨膨脹率大幅度下降的同時，失業率為什麼急遽上升？對此政策，你如何評價？

## 第三節　貨幣政策傳導機制理論

中央銀行在運用貨幣政策工具調節宏觀經濟時，從政策的實施到最終目標的實現並不是一蹴而就的，必須經過一個過程，這個過程就叫做貨幣傳導機制。不同的學派對貨幣政策如何影響經濟的過程作了不同的解釋和描述。

### 一、魏克塞爾的貨幣政策傳導機制理論

古典學派認為貨幣是中性的，貨幣與商品的交換實質上是商品與商品的交換，貨幣本身沒有價值，它只不過是一種便利交換的手段，對經濟不發生任何實質性的影響，貨幣就像罩在實物經濟上的一層面紗。因此，古典學派從來沒有對貨幣政策傳導機制做出過分析。而魏克塞爾在其《利息與價格》(1898) 一書中提出了著名的累積過程理論，開拓性地分析了貨幣政策傳導機制的理論。他認為，貨幣作為交易媒介是中性的，而作為資本累積與借貸媒介是非中性的；貨幣供給通過利率變動（即貨幣利率與自然利率的偏離）影響相對價格體系，進而影響一般價格水平。累積過程理論初步揭示了貨幣與實質經濟之間隱含的內在聯繫。他的貨幣政策傳導機制可以概括為貨幣政策 → 商業銀行準備金 → 貨幣利率（即金融市場利率）→ 貨幣利率與自然利率（即 S＝I 時的利率）的背離累積過程→一般物價水平和社會經濟活動的變動 → 貨幣利率＝自然利率

上述傳導過程可以理解為中央銀行如果採取擴張性貨幣政策，將會導致商業銀行的準備金的減少，準備金的減少又會導致銀行調整利率，銀行往往會提高利率以收縮信用，導致利率偏離自然利率，從而引起一般物價水平和社會經濟活動的變化。

### 二、凱恩斯學派的貨幣政策傳導機制理論

(一) 凱恩斯貨幣政策傳導機制理論

凱恩斯的貨幣政策傳導機制理論是利率傳導機制的先驅，其理論成立必須滿足兩個前提條件：第一，利率是可以自由浮動的，不存在任何管制；第二，投資對利率的變動是敏感的。當這兩種前提條件不存在時，這種傳導機制就不能成立了。凱恩斯的貨幣政策傳導機制理論用符號表示為：

$M\uparrow \to i\downarrow \to I\uparrow \to Y\uparrow$

其中，M 表示貨幣供給數量，i 表示利率，I 表示投資，Y 表示國民收入水平。

當貨幣供給增加以後，原來的貨幣供求平衡被打破，貨幣供給量大於貨幣需求量，表明人們手中能夠持有的貨幣數量大於他們希望持有的貨幣數量，於是人們會想辦法把多出來的貨幣轉化成其他形式的資產。凱恩斯假設只有兩種形式的資產，即貨幣和債券，也就是說貨幣供給量的增加使得人們會將超過意願持有的那部分貨幣用於購買債券，引起債券價格的上漲，利率的下跌；利率下跌又導致投資的增加，生產擴張，國民收入增加。

需要指出的是，在這裡影響支出的是實際利率而不是名義利率，因而即使是在通貨緊縮時期，名義利率接近於零，這一傳導過程仍然有效。因為當名義利率水平接近於零時，貨幣供給量的增加會提高預期物價水平和預期通貨膨脹率，所以實際利率也會降低。甚至當名義利率水平固定為零時，預期通貨膨脹率的變化也會導致實際利率的變化，對經濟起到刺激作用。

這一作用過程的實現必須滿足上面提到的兩個條件，但是仍然可能由於流動性陷阱的原因出現阻塞。凱恩斯認為，當貨幣供給量增加，導致利率下降，但是到達某一程度后，利率將不再下降，人們預期利率會上升，因此會無限量地持有貨幣，導致增加的貨幣供給被無限增大的貨幣需求吸收，從而未能對資產結構進行調整。

(二) 匯率傳導理論

如果一國實行對外開放政策，取消對貨幣的流入流出限制，外幣可以自由流入，本幣可以自由兌換，並且實行浮動匯率制的前提下，國際的因素也要被考慮進貨幣政策的傳導機制中。匯率傳導理論就是在此條件下分析貨幣政策的傳導問題。其作用過程如下：

$M\uparrow \rightarrow i\downarrow \rightarrow E\downarrow \rightarrow NX\uparrow \rightarrow Y\uparrow$

其中，M 表示貨幣供給，i 表示本國實際利率，E 表示本幣匯率，NX 表示本國淨出口，Y 表示總產出水平。

由於一國增加其貨幣供給，導致本國實際利率下降，本國貨幣存款的價值相對於其他外幣存款價值下降，外資流入減少，本國貨幣貶值，本幣匯率下降，導致淨出口增加，總產出增加。可以看出匯率傳導理論也是通過利率的變動間接影響總產出水平，因此它可以看做凱恩斯貨幣政策傳導機制的補充和延伸。

### 三、貨幣學派的貨幣政策傳導機制理論

貨幣學派反對凱恩斯主義者的關鍵在於，凱恩斯主義只注重利率這一種資產價格，而沒有考慮到其他眾多的資產的價格。

(一) 弗里德曼的貨幣政策傳導機制理論

弗里德曼認為利率在貨幣政策傳導機制中不起關鍵性作用，貨幣政策的傳導過程比凱恩斯學派簡單、直接。貨幣政策的傳導機制如下：

$M\uparrow \rightarrow E\uparrow \rightarrow I\uparrow \rightarrow Y\uparrow$

其中，M 表示貨幣供給量，E 表示支出，I 表示投資，Y 表示名義收入。

長期來看，由於貨幣需求具有內在穩定性，貨幣供給的增加不會導致貨幣需求的

變化，但貨幣供求均衡被打破，公眾能夠持有的貨幣量超過願意持有的貨幣量，於是購買金融資產或非金融資產，導致支出增加；不同取向的投資會相應引起不同資產相對收益率的變動，比如投資金融資產偏多，金融資產價格上漲，收益率下降，繼而導致非金融資產投資增加，如產業投資增加，產出增加，最終導致名義收入增加。

(二) Q 理論

Q 理論由美國經濟學家托賓提出。托賓認為，企業不僅能夠通過借款來籌集資金，也可以通過出售股票的方式來籌集資金。對投資者而言，所有未來收入的現值應不低於或至少要等於現在該企業的股票市場價格，他們才會決定購買該企業的股票；而對企業而言，未來收益的現值應不低於或者至少要等於產品市場上企業資本存量的價值才有投資的必要。於是，托賓定義 Q 等於股票持有者所要求的回報率（企業股票的市場價值）與企業重置資本的邊際效益之比。如果 Q 大於 1，意味著企業的市場價值高於資本的重置成本，企業會增加投資，追加資本存量；Q 等於 1 時，企業將停止增加投資。

用 Q 理論解釋貨幣政策傳導過程是這樣的：當貨幣供給增加時，貨幣供求平衡被打破，人們能夠持有的貨幣供給量超過了願意持有的貨幣供給量，於是投資企業的股票，使得股票價格上漲，企業的市場價值上升，Q 值增加，投資增加，引起總支出和國民收入的增加。傳導過程可表示如下：

M↑ → P↑ → Q↑ → I↑ → Y↑

其中，M 表示貨幣供給，P 表示股票價格，Q 表示股票持有者要求的回報率與企業重置資本的邊際效益之比，I 表示投資，Y 表示名義收入。

(三) 財富效應

財富效應與 Q 理論有著異曲同工之處。財富效應理論認為，在消費者可以利用的資源中，一個重要的組成部分是消費者的金融財富，主要是由普通股股票構成。與 Q 理論中的分析相同，財富效應理論同樣認為，貨幣供給增加導致人們對普通股的需求增加，股票價格上漲，人們的財富增加，消費支出增加，總產出 Y 增加。其用符號表示如下：

M↑ → P↑ → W↑ → C↑ → Y↑

其中，M 表示貨幣供給，P 表示股票價格，W 表示財富，C 表示消費支出，Y 表示總產出。

以上幾種貨幣政策傳導機制理論都是從宏觀的角度考察貨幣政策，在它們之後的一些經濟學家試圖通過微觀的角度來考察貨幣政策的傳導，包括銀行信貸傳導與資產負債表傳導。前者主要的過程是中央銀行增加貨幣供給可以選擇公開市場操作的形式，買入政府債券，使得商業銀行的準備金增加，乘數效應的結果導致存款貨幣數倍擴張，銀行貸款的供給增加，那些依賴銀行的貸款人的投資和消費都會增加，支出增加，總收入增加。后者主要是從貨幣供給對借款人的資產負債狀況的影響入手來分析的，其過程可表述為貨幣供給量增加，股票價格升高，企業淨值增加，會減少逆向選擇和道德風險問題，投資支出增加，總產出增加。

### 四、貨幣政策的一般傳導過程

貨幣政策作用或傳導過程包括經濟變量傳導和機構傳導。

經濟變量傳導的主線如下：

貨幣政策工具 → 貨幣政策操作目標 → 貨幣政策仲介目標 → 最終目標。

機構傳導的主線如下：

中央銀行 → 金融機構（金融市場）→ 投資者（消費者）→ 國民收入。

這兩條鏈條必須結合起來，即中央銀行通過各種貨幣政策工具，直接或間接調節各金融機構的超額準備和金融市場的融資條件（數量、利率、政策等），進而控制全社會貨幣供應量，使企業和個人調整自己的經濟行為，整個國民收入也隨之變動。

### 第二次世界大戰后美國貨幣政策傳導機制的發展

1941年，美聯儲為籌措軍費，採取了廉價的貨幣政策，即盯住二戰前的低利率：三個月期的國庫券利率為0.375%，長期財政債券利率2.4%。無論什麼時候，只要利率上升到高於上述水平，而且債券價格開始下跌時，美聯儲就進行公開市場購買，迫使利率下降。這一政策在大部分時間內是成功的，但當1950年朝鮮戰爭爆發時，引起了通貨膨脹。1951年3月，美聯儲和財政部達成「一致協議」，取消盯住利率，但美聯儲承諾將不讓利率急遽上升。同時，美聯儲正式獨立於財政部。此後貨幣政策才開始具有完全的獨立性，這也標誌著美國貨幣政策開始成為影響美國經濟的主導力量。

20世紀50~70年代，美國經濟週期性擴張和收縮的特徵非常突出，因此擴張性和緊縮性的貨幣政策交替也很明顯，貨幣政策目標經常變化。20世紀50年代，美聯儲控制的仲介指標有自由儲備金淨額、三個月期的國庫券利率和貨幣總量比，並按此次序來決定指標控制的重要性。結果表明，美聯儲對前兩個指標的控制較好，對貨幣總量控制較差，這導致最初的10年內竟發生了三次經濟危機。到了20世紀60年代，美聯儲又重新推行廉價的貨幣政策，同時重視財政政策的運用。貨幣供應量的增長率日趨上升，松的貨幣政策加之松的財政政策導致通貨膨脹率不斷上升，從1965年的2.3%到1969年的6.1%。這些政策進一步導致了20世紀70年代滯脹的發生。20世紀70年代，美聯儲將貨幣總量作為中間目標，從$M_1$和$M_2$的增長率來看，美聯儲以緊縮的貨幣政策為主，最終導致了1979年的經濟危機。

20世紀70年代后，隨著通貨膨脹被抑制，美聯儲又轉向了平穩利率政策，並獲得了極大成功。例如，20世紀90年代初，美國經濟陷入蕭條，美聯儲在1990年7月到1992年9月間連續逐步降息17次，將短期利率從8%降到3%，促進投資與消費上升，從而帶動了整個經濟的發展。在1994年到1995年7月，美國經濟過熱時，美聯儲又連續7次提高聯邦基金利率，成功地實現了經濟軟著陸。1994年，美聯儲主席格林斯潘指出，美聯儲將放棄以貨幣供應量的增減對經濟實行宏觀調控的做法，今後將以調控實際利率作為經濟調控的主要手段。這標誌著美國貨幣政策的重大轉變。

自1999年6月開始，為防止經濟過熱，美聯儲開始抽緊銀根，半年中先後三次提高利率。但美國經濟增長勢頭仍沒有減緩的跡象，於是美聯儲在2000年2月2日、

3月21日和5月16日又分別提高利率，使聯邦基金利率達到6.5%。美聯儲於2000年5月底公布的數據表明力度加大的宏觀調控開始見效，經濟增長逐步放緩。但2001年伊始，種種跡象表明，美國經濟已進入了明顯放慢的敏感時期。為刺激經濟回升，從2001年1月至6月底，美聯儲連續六次降息。在這麼短的時間內採取如此大的降息動作，是近20年來的第一次。美國聯邦基金利率和貼現率分別為3.75%和3.25%，均為7年多來的最低水平。美聯儲表示，美國經濟今後一段時期面臨的主要危險仍是疲軟，這意味著美聯儲可能還會降息。雖然目前美國經濟還沒有明顯好轉的跡象，但大多數經濟學家認為，2001年下半年美國經濟形勢將會出現好轉。因為，首先，利率調整通常需要6～9個月的時間才能對經濟產生全面影響。這意味著美聯儲2001年1月開始的降息行動將在下半年充分發揮作用。其次，政府已開始實施其大規模減稅計劃。根據這一計劃，美國家庭下半年可獲得450億美元的減稅。最后，美國的消費者信心已開始回升，個人消費開支可望繼續增加。

思考：
請就上述案例，梳理一下該期間美國貨幣政策傳導機制的演變概況。

## 第四節　貨幣政策效應

一項貨幣政策的推出，到底會對經濟產生多大的作用，這是貨幣當局非常重視，並要進行深入研究的內容。影響貨幣政策效應的因素很多，如貨幣政策時滯、貨幣流通速度、微觀經濟主體的預期、金融創新和其他經濟或政治因素等。

### 一、貨幣政策時滯對貨幣政策有效性的影響

貨幣政策時滯是指貨幣政策從研究、制定、實施，到實現其全部效應的過程所需要的時間。貨幣政策時滯包括內部時滯和外部時滯。

內部時滯又分成兩個階段：認識時滯和行動時滯。認識時滯是指從經濟發生變化到中央銀行認識到其需要採取行動所需要的時間。行動時滯是指從中央銀行認識到它必須採取行動，出抬政策，決定採取何種行動，調節何種變量對經濟有所幫助所需要的時間。因此，內部時滯是指從經濟形式發生變化，到中央銀行實際採取行動的整個過程。內部時滯的長短取決於中央銀行對經濟形勢變化的判斷和對未來經濟運行的預期能力、制定政策的效率和行動的決心。

外部時滯則是指從中央銀行出抬政策，採取措施調控經濟開始直到貨幣政策對最終目標產生影響為止所需要的時間，因此也叫做「影響時滯」。內部時滯的長短主要是由貨幣當局的主觀能力及因素影響，但是外部時滯主要是由客觀的經濟和金融條件決定。因為不論是基礎貨幣的調整還是利率的調整，它們都要經過一段時間才能影響到政策目標，而且在很多方面，中央銀行並不能直接控制，甚至無能力左右。

時滯的長短決定了貨幣當局對宏觀經濟調控的能力大小。如果貨幣政策的時滯較短，貨幣政策的效果能較快地體現出來，即使與貨幣當局事先的期望不一致，貨幣當

局仍可以迅速對政策的方向和力度作出必要的調整。但是如果貨幣政策的時滯較長，經濟形勢可能發生很大的變化，甚至可能會出現相反方向的變化，此時干擾經濟目標的因素也隨之增加，局面更加複雜，貨幣當局很難準確地判斷其貨幣政策是否起了作用以及效果究竟有多大。

## 二、貨幣流通速度對貨幣政策有效性的影響

影響貨幣政策有效性的一個主要因素是貨幣流通速度。在貨幣政策的執行階段，如果貨幣流通速度發生了變化，貨幣政策效果會發生巨大的變化。因此，貨幣政策的制定者在制定貨幣政策的時候必須考慮到貨幣流通速度的變化。例如，當經濟低迷時，貨幣當局增加貨幣供給以期刺激經濟增長，其所期望的經濟增長速度為10%，但此政策一經推出後，貨幣流通速度減慢，有可能經濟增長率達不到貨幣當局的目標。

在實際經濟中，貨幣當局對貨幣流通速度的估算，很難做到不發生誤差，這一弊端影響了貨幣政策的有效性。

## 三、微觀主體的預期對貨幣政策有效性的影響

微觀主體的預期也會對貨幣政策的效應產生影響。合理預期理論可以用來解釋微觀主體預期對貨幣政策的抵消作用。合理預期被定義為人們基於所有可得信息的最優預測。根據合理預期理論，既然人們對未來經濟行情的變化已經有了最優預測，那麼貨幣政策公布前後，貨幣政策的效果人們已經預測到了，他們就會採取相應措施，使得政策的預期效果被合理預期的作用所抵消或是大打折扣。

## 四、金融創新對貨幣政策有效性的影響

金融創新是指金融機構和金融管理當局出於對微觀利益和宏觀效益的考慮而對金融機構、金融業務、金融工具、金融技術及金融市場等方面所進行的金融業創造性變革和開發活動。

金融創新會改變整個金融業的面貌，對經濟社會的影響既有有利的方面，又有不利的方面。其中，金融創新會削弱中央銀行控制本國貨幣供給的能力，使得對貨幣的定義與計量變得困難和複雜，使得貨幣總量變化及其含義越來越不明朗，甚至金融創新會使貨幣政策工具部分失靈，使傳統的貨幣政策效力弱化。例如，回購協議和貨幣市場共同基金的創新，使得商業銀行以這種方式籌集的資金不需要繳納法定存款準備金，使得中央銀行通過法定存款準備金率來控制貨幣供給的能力削弱。金融創新還使金融體系穩定性下降，使得各種類型的金融機構之間的競爭加劇，增加了金融體系的潛在危機。金融創新還使金融機構的經營風險和表外業務風險加大。

除了以上幾種因素外，貨幣政策也會受到其他因素的影響，比如一項貨幣政策的推出有可能給不同的利益集團造成的影響不同，利益受損的集團往往會給貨幣當局施加壓力，如果該利益集團實力龐大，那麼其壓力可能會左右貨幣當局的決策。

### 流動性泛濫依然挑戰宏觀調控[1]

儘管2005年央行在宏觀調控方面的成績相當可觀，但一些關鍵數據依然超過了2005年年初制定的目標，這些數據足以說明，流動性泛濫問題依然是宏觀經濟管理部門必須面對的嚴峻挑戰。

2006年金融統計數據於1月15日如期發布了，儘管2005年央行在宏觀調控方面的成績相當可觀，但一些關鍵數據依然超過了2005年年初制定的目標，這些數據足以說明，流動性泛濫問題依然是宏觀經濟管理部門必須面對的嚴峻挑戰。

#### 流動性泛濫與潛在通脹壓力並存

2006年1月15日當天，商業銀行已上繳1,700億元存款準備金，中國人民銀行又宣布於翌日大規模發行1年期中央銀行票據，最高發行量高達2,100億元，但市場無動於衷，貨幣市場利率不升反降，深滬股市收盤分別大漲449點和126點。其中，雖然有1月5日宣布提高存款準備金率後市場業已消化政策反應的因素，但也進一步說明了市場流動性何其充裕。而$M_1$（狹義貨幣）增幅在23個月以來首次超過$M_2$（廣義貨幣），又表明潛在的通貨膨脹壓力加大。流動性泛濫外加潛在通貨膨脹壓力上升，2007年宏觀調控負擔難以令人輕鬆，為此需要採取多方面措施。

近年來中國流動性泛濫帶有明顯的外部輸入特徵，巨大的外匯占款成為貨幣供給增長超標的主渠道，以至於有人稱商務部已經成為中國的「事實中央銀行」。截至2006年12月末，國家外匯儲備餘額為10,663億美元，同比增長30.22%，增幅雖然比2005年下降4個百分點，但仍然非常驚人；全年外匯儲備增加2,473億美元，同比多增長384億美元。外匯儲備增長主要來自貿易順差和外商直接投資，兩項合計即給外匯儲備增量貢獻了2,469.38億美元，占2005年外匯儲備增量的99.85%。在這種情況下，遏制貿易順差增長失控和外資過度內流，就成為防止流動性泛濫的首要治本之策。

#### 中國國際收支的雙順差基本格局還將維持

然而，儘管如此，也不能對遏制貿易順差工作的效果寄予不切實際的過高期望。

2006年，中國國際收支雙順差擴大的局面，是對外貿易以加工貿易為主、人民幣升值的反向J曲線效應、國際生產持續向中國轉移、人民幣升值預期下的變相資本內流等因素共同作用的結果。而且，出口退稅制度改革雖在中長期內有助於減少貿易順差，但在短期內，卻會因為激勵企業趕在出口退稅新規生效之前搶關出口，而擴大了貿易順差。2006年10月、11月中國貿易順差之所以連續創造200多億美元的紀錄，原因就在於此。

其他一些因素也會部分抵消中國削減貿易順差的努力，如初級產品市場行情下跌，中國初級產品進口支出相應減少，對貿易順差有推高作用；儘管這一輪世界經濟景氣期已經走過頂峰，但2007年美國還不太可能出現深度蕭條，特別是一些發達國家即使經濟降溫，吸納進口商品和服務的能力降低，但對低檔次廉價商品的需求增長也會較

---

[1] 梅新育. 流動性泛濫依然挑戰宏觀調控 [EB/OL]. (2007-01-17) [2016-08-12]. http://finance.sina.com.cn/review/20070117/08333253607.shtml.

快，中國對其低檔廉價商品出口反而可望增長。2000年下半年起，美國經濟逐步滑入蕭條，但中國對美出口則逐年增長，就是這個原因。

在可預見的未來，中國國際收支的雙順差基本格局還將維持。即使中國2006年能夠將貿易順差壓縮一半，也仍有887.8億美元之多，由此增加的外匯占款仍然相當可觀。

**加息的可能性非常大**

第二選擇是繼續推進資本市場發展。2006年中國股市火爆，滬深兩市市值增長171%，2006年年末達8.8萬億元；滬深兩市代表性股指上漲130%，就已經對消化流動性增長做出了一定貢獻。2006年居民戶存款增加2.09萬億元，同比少增長1,125億元，應當歸功於此。

為此，可以選擇的措施包括適度降低企業上市門檻等，這樣也有助於境內資本市場吸納本土企業，避免海外上市成為境內企業上市融資主渠道格局所蘊藏的潛在風險。然而，這一策略使用也有限度，隨著股市上漲，泡沫成分膨脹，其中蘊藏的風險相應上升。

第三項選擇是繼續使用提高準備金率、加息等貨幣政策工具。目前存款類金融機構法定存款準備金率已經達到9.5%，可以提高到的上限在13%～15%之間。在調整準備金率「巨斧」已經日常化的現實下，2007年央行如果再數次提高存款準備金率，應該不令人驚奇。由於目前中國消費信貸並不發達，居民消費對利率並不十分敏感，加息不至於遏制消費，却有助於遏制投資，因此加息的可能性也非常大。

鑒於2006年1～11月城鎮固定資產投資完成79,312.10億元，同比增長26.6%，無論採取什麼調控措施，關鍵都在於降低投資增速。在中國的現實下，投資調控在很大程度上需要借助政治手段。就總體而言，降低投資增速效果在很大程度上取決於治理官商勾結；就局部而言，效果則取決於堵塞投資調控漏洞的情況，特別是對外資的調控漏洞。前幾年緊縮導向宏觀調控中都出現了這樣的局面，即調控壓縮了內資，却為外資創造了增長空間，這種局面不能再繼續下去了。

思考：
1. 什麼是流動性泛濫？近幾年中國流動性泛濫的原因有哪些？
2. 流動性泛濫在中國是一個較常見的問題，為什麼？如何從根本上予以解決？

## 思考與練習

### 一、名詞解釋

貨幣政策　貨幣政策中間目標　一般性貨幣政策工具　存款準備金政策　再貼現政策　公開市場業務　選擇性貨幣政策工具　證券市場信用控制　消費者信用控制　不動產信用控制　貨幣政策傳導機制　貨幣政策時滯

### 二、簡答題

1. 貨幣政策目標有哪些？如何正確理解它們之間的關係？

2. 為什麼要設立貨幣政策的中間目標？
3. 選擇性政策工具是如何發生作用的？
4. 貨幣政策傳導機制理論有哪些？
5. 貨幣政策效應的影響因素有哪些？

### 三、論述題

1. 試述貨幣政策仲介目標選擇的標準。
2. 試述再貼現政策、存款準備金政策和公開市場業務三大政策工具的作用機制，並比較其優缺點。

# 第十章 金融發展與金融創新

**本章要點**

  通過本章的學習,要求學生能夠較清晰地認識金融發展與經濟發展的概念及其相互關係,衡量金融發展的主要指標,金融深化與金融抑制理論,金融約束理論,金融創新的含義、產生的背景及其動因,金融創新的主要內容以及對社會經濟造成的影響等;能夠運用上述知識對發展中國家金融自由化改革、中國的金融發展和金融改革進行分析。本章的重點是金融發展與經濟發展的關係、金融深化與金融抑制理論、金融創新的概念和主要內容。本章的難點是正確理解金融深化與金融抑制理論,較客觀地認識金融自由化、金融創新對經濟的影響。

**拉美國家實施金融自由化的經驗與教訓**[①]

  正如世界銀行的《1998/1999 年世界發展報告》所指出的那樣:「如果說金融是一個經濟的神經,那麼金融體系就是其大腦。它們作出的決策影響到稀少的資金的流向,並且確保資金到位後以一種最為有效的方式得到使用。有關研究證實,擁有較為發達的金融體系的國家發展較快,而擁有軟弱的金融體系的國家則更有可能遇到金融危機,而且危機對增長的消極影響有時會延續數年。」

  確實,金融部門是一個重要而特殊的部門。首先,金融現象無所不在,因為個人、企業、組織和政府都需要金融服務。其次,金融對於經濟發展來說是至關重要的。金融部門是把資金從儲蓄變為投資的主要行為者。一個高效率的金融部門能將更多的儲蓄轉換為有利於經濟增長的投資。最後,金融部門是交易工具和支付機制的提供者,良好的交易工具和支付機制能加快和促進商品和服務的交換和流通。

  拉美國家實施金融自由化的目標主要是消除「金融壓抑」。「金融壓抑」是指政府利用金融管制、利率限制和配給信貸等非市場機制手段來管理金融部門的現象。在經濟發展的初期,「金融壓抑」似乎有一定的合理性,因為它能使政府在市場尚未發育以前有效地控制資源配置,為經濟起飛創造條件。然而,隨著經濟發展的加快和市場體制的日益健全,「金融壓抑」的弊端則越來越明顯,其中最大的弊端就是金融機構的效益得不到提高,從而限制了金融部門的發展,對經濟起飛構成了「瓶頸」。

  拉美國家實施過 2 次較大規模的金融自由化。第一次始於 20 世紀 70 年代中期,20 世紀 80 年代初的債務危機爆發後逐漸趨於停頓。第二次始於 20 世紀 80 年代末,20 世

---

[①] 吳慧萍. 拉美金融危機給中國提供寶貴經驗教訓[EB/OL]. (2007-06-08)[2016-08-12]. http://www.caijing.com.cn/2007-06-08/100021680.html.

紀90年代上半期達到高潮。

拉美國家的第一次金融自由化主要是在智利、阿根廷和烏拉圭等「南錐體國家」進行的。在二戰後至20世紀70年代中期，這些國家的人均收入年均增長率僅為1.5%，其他拉美國家則為3.4%。因此，20世紀70年代中期，這些國家在拉美地區GNP中所占的比重從三分之一下降到不足四分之一。儘管阿根廷的人均收入依然居拉美國家之首，但智利從第3名下降到第7名，烏拉圭從第2名跌至第5名。新保守主義者認為，「南錐體國家」在經濟發展方面的落伍應歸咎於政府的過度干預。而在金融領域，政府過度干預造成的后果就是「金融壓抑」。

根據新保守主義者的分析，「南錐體國家」的「金融壓抑」主要表現為以下幾個方面：第一，過低的利率（有時甚至是負利率）是造成儲蓄率低的主要原因之一，因為這樣的利率難以使消費者放棄消費，將節余存入銀行。第二，過低的利率不利於金融仲介的發展。由於有些企業得到了低利率的信貸，有些企業得不到，因此市場是分割的，從而使資源難以得到有效的配置。第三，金融資產的數量和種類十分有限。在「南錐體國家」，$M_2$相當於GNP的比重僅為20%，而韓國和墨西哥的這一比例在30%左右。新保守主義者認為，解決上述問題的有效途徑就是實施金融自由化。

「南錐體國家」實施的金融自由化主要包括建立國內資本市場，放開利率，大幅度減少、甚至取消對信貸的限制，降低進入金融部門的壁壘，降低銀行準備金要求，對一些國有銀行實施私有化，允許在國內開設外匯存款帳戶以及逐步放鬆對外資流入和流出的限制等。

上述措施的積極成效和消極影響都非常引人注目。一方面，金融仲介在國民經濟中的地位大幅度上升，儲蓄和信貸迅速增加，資本流入量（包括外債）大幅度增長；另一方面，利率快速上升，資產價格欠穩定，「金融壓抑」也沒有徹底消除。

拉美國家的第二次金融自由化是始於20世紀80年代后期的經濟改革的重要組成部分，涉及的國家較多。拉美國家普遍採取以下措施：第一，放鬆對利率的管制。第二，取消或減少政府對銀行放貸（尤其是定向放貸）的管制。第三，降低銀行的存款準備金要求。第四，對國有銀行實行私有化。

與第一次金融自由化相比，第二次金融自由化的特點是大力開展國有銀行私有化。在被稱作「私有化高潮」的1990—1995年期間，拉美國家從金融服務業私有化中獲得的收入高達146.8億美元，占私有化總收入的23%。換言之，將近四分之一的私有化收入是從金融服務業中獲得的。而在金融服務業私有化中，銀行私有化是主要組成部分。

美國學者B.艾琴格林曾說過：「對於那些希望通過加入開放的世界經濟體系來獲得較高的投資率、較快的增長和不斷提高的生活水平的國家來說，金融自由化是必不可少的。」但是，墨西哥金融危機表明，金融自由化的弊端不容忽視，有時甚至也是有危險的。從拉美國家的情況看，我們至少可以得出這樣一個重要的啟示：金融自由化並不意味著政府要拋棄或放鬆金融監管，而是要進一步加強這種監管。

拉美國家在金融監管方面的失誤主要體現在：第一，政府未能掌握足夠的信息，許多銀行的不當行為得不到及時的發現和抑制。例如，有些銀行為追求高利潤率而從

事風險過大的業務；有些銀行為應付政府有關部門的檢查而作虛帳或假帳；有些銀行則將大量貸款發放給少數人或企業。據估計，在委內瑞拉第二大銀行拉丁銀行倒閉前的一年時間內，該銀行70%的貸款發放給它的股東及「關係戶」。1994年3月，該銀行的83位高層管理人員被指控犯有各種罪行。在委內瑞拉，由於缺乏對銀行體系的有效監督，銀行成了經濟犯罪者的「天堂」。第二，金融部門借債和放貸的規模得不到有效控制。美洲開發銀行的研究表明，在每一次金融危機以前，總是有銀行信貸的膨脹。阿根廷（1981年）、智利（1981—1982年）、哥倫比亞（1982—1983年）、墨西哥（1985年）和烏拉圭（1982年）的情況就是如此。信貸膨脹與金融危機兩者之間之所以有密切的聯繫，主要是因為在信貸充裕和經濟較為景氣的時候，銀行很難區分「好」的風險和「壞」的風險，從而加劇「信息失靈」，最終使不良貸款不斷增加。第三，實施金融自由化後，一些拉美國家的政府對投資的流向也未能加以正確的引導，從而在一些部門中出現了「泡沫經濟」。

銀行在一個國家的金融體系中占據著舉足輕重的地位，因此在金融自由化的過程中加強監管更為必要。這一必要性來自以下幾個方面：第一，銀行業中存在著「信息不對稱」的問題。例如，銀行不瞭解它們的客戶償還貸款的願望和能力，而存款人在選擇銀行時也可能不瞭解他們所選擇的金融機構的資產情況，一般說來更不知道這些金融機構是否存在著詐欺行為或破產的風險。第二，銀行接受公眾的存款後，利用這些資金進行盈利活動是天經地義的，但這也鼓勵銀行從事高風險的投資活動，因為銀行會得到這些投資活動的全部好處，而存款人則會為銀行破產付出代價。第三，銀行倒閉不僅對存款人帶來損失，而且也會危害到一個國家的宏觀經濟穩定。如果大批銀行倒閉，銀行系統為投資融資的能力會降低，從而減少社會的總需求，使經濟陷入蕭條。

既然在許多情況下金融自由化增加了金融體系的脆弱性，那麼發展中國家是否應該放棄或停止金融自由化？答案顯然是否定的。20世紀80年代，墨西哥、秘魯和阿根廷等拉美國家的銀行體系受到了高度的管制，但同樣爆發了金融危機。當時，這幾個拉美國家都保持著較高的儲備金要求，對信貸配置有限制，阿根廷和秘魯甚至還規定了利率的上限。

可見，金融危機並非僅僅與金融自由化有關。事實上，在拉美國家，每當宏觀經濟政策不穩定或政府對金融部門進行超常的管制時，金融部門的脆弱性就增加。因此，正如美洲開發銀行所指出的那樣：「自由化金融政策之下的拉美金融體系比在高度管制下的金融體制穩定。」

思考：

1. 中國現實行的是金融自由化還是金融管制？請以客觀依據說明。
2. 結合上述案例，中國應否實行金融自由化？
3. 中國在實現金融深化過程中，應該吸取拉美國家哪些經驗教訓？

# 第一節　金融深化與經濟發展

## 一、金融發展與經濟發展

(一) 金融發展與經濟發展的概念

1. 經濟發展

經濟發展是指一個國家或地區從貧困落後狀態，逐步實現經濟和社會生活現代化的過程。因此，經濟發展不僅意味著國民經濟規模的擴大，更意味著經濟和社會生活質量的提高。

20 世紀 60 年代前，傳統理論認為，經濟發展意味著國家財富和勞務生產增加以及人均國民生產總值提高。20 世紀 60 年代後，這種觀點受到了若干國家現實的挑戰，一些國家人均國民生產總值迅速增長，但其社會、政治和經濟結構並未相應改善，貧困和收入分配不公正仍十分嚴重。因此，經濟學家將經濟發展同經濟增長加以區別，認為前者具有更加豐富的內涵，是一個長期、動態的進化過程。不僅涉及物質增長，而且涉及社會和經濟制度以及文化的演變。既著眼於經濟規模在數量上的擴大，還著重於經濟活動效率的提高。一般來說，經濟發展包括以下三層含義：

一是經濟總量的增長，即一個國家或地區商品和勞務的增加，構成經濟發展的物質基礎。

二是經濟結構的改進和優化，即一個國家或地區的技術結構、產業結構、收入分配結構、消費結構以及人口結構等經濟結構的變化和改善。

三是經濟和社會生活質量的改善和提高，即一個國家或地區經濟穩定和經濟效益的提高，醫療衛生狀況和自然生態環境的改善與生態平衡，政治、文化和人的現代化進程有了長足的進展。

2. 金融發展

金融發展是指發展中國家的金融深化（金融自由化）過程。也有人認為，金融發展還應該包括發達國家的金融創新過程。金融發展通常包括引進新的金融工具、金融機構的多樣化、金融新技術及相關技術的應用、開闢新的金融市場、實現金融機構的創新、實現金融監管的創新與金融管制的放鬆。

金融發展理論主要研究的是金融發展與經濟增長的關係，即研究金融體系（包括金融仲介和金融市場）在經濟發展中所發揮的作用，研究如何建立有效的金融體系和金融政策組合以最大限度地促進經濟增長及如何合理利用金融資源以實現金融的可持續發展並最終實現經濟的可持續發展。

金融發展的含義是逐步演進，逐步豐富的。雷蒙德·W. 戈德史密斯（1969）首先對金融發展的含義進行了闡述，他認為金融發展就是金融結構的變化，並對金融結構進行了深入的研究。然而他所研究的金融結構僅僅是從數量或者規模的變化的角度展開的，而當時大多數國家的金融是受政府嚴格管制的，數量或者規模的變化受到嚴格

限制。而后麥金農和肖（1973）從制度層面拓展了金融發展的含義，指出金融發展的過程就是放鬆管制、金融深化的過程，麥金農和肖的金融抑制與金融深化理論的提出，標誌著金融發展理論的正式形成。20世紀90年代以後，全球金融危機的頻繁爆發引起了人們對金融發展理論的反思，金融發展理論研究再次興起，建立一個什麼樣的金融體系以及「銀行主導型」和「市場主導型」哪個能更好地促進經濟增長成為爭論的焦點，出現了金融的「功能觀」（博迪和莫頓，1995），即把研究視角定位在金融功能上，認為金融發展就是金融功能的不斷完善和增強。在此基礎上，中國學者圍繞著與完善、拓展金融功能密切相連的金融發展環境因素展開了研究，提出了金融「生態環境觀」（周小川，2004），即金融發展就是金融生態環境不斷優化的過程。因此，金融發展的含義從金融結構的變化、金融深化向金融功能的提升和金融生態環境的優化逐步演進，不斷豐富與發展。

(二) 金融發展與經濟發展之間的關係

現代經濟社會中金融發展與經濟發展之間存在著一種相互影響和相互作用的關係。一個完善和健全的金融市場能有效地動員、引導資金轉化為投資，促進資本合理流動，合理配置資源，從而促進經濟發展；反之，經濟的蓬勃發展又通過國民收入的提高和經濟主體對金融服務需求的增長，刺激金融業的發展。在加快經濟貨幣化的進程中，金融發展和經濟發展就可以形成一種互相促進和互相推動的良性循環，這種狀態可稱做金融深化。

1. 金融發展對經濟發展的積極作用

(1) 金融是現代經濟的核心。一方面，資金是社會再生產的第一推動力，是經濟發展的先導因素，是企業生產經營和正常運轉的必要前提，金融作為籌集、融通和經營貨幣資金的部門，其融通資金的基本功能是促進儲蓄並將其順利轉化為投資，為經濟發展提供資金支持；另一方面，金融運作為經濟發展提供各種便利條件，節約交易成本，促進資金融通，便利經濟活動，合理配置資源，提高經濟發展的效率。

(2) 金融穩定是國民經濟健康發展的重要保證。金融是現代經濟的核心，具體表現為：一是金融發展有助於提高金融資產占GDP的比例，因而有助於提高社會的投資水平；二是金融穩定有利於信用的發展，促進資本的累積和集中，為實現現代化的大規模生產經營提供資金支持，實現規模經濟效益；三是金融穩定有利於保持貨幣價值的穩定，便於企業經濟核算，促進企業完善經營管理，提高經濟效益；四是金融穩定有利於微觀經濟主體持有的金融資產價值穩定，從而有利於維護社會穩定，為經濟發展提供良好的社會環境；五是通過金融業自身的產值增長直接為經濟發展做出貢獻。

(3) 金融是調節國民經濟的重要槓桿。在市場經濟條件下，市場機制是資源配置的主要方式，而市場配置資源的作用主要是通過資金的合理流動來實現的。金融的發展可改善社會融資條件，增大資本流量與投資規模，提高融資效率，降低資本成本，為資本的流動轉移與合理配置創造有利條件，提高資源的使用效率，從而提高社會經濟效率。中央銀行可通過金融的宏觀調控，調節市場貨幣供應量，引導資金的流向，調節社會總供求，調節產業結構，促進國民經濟穩定、協調和持續發展。

2. 經濟發展對金融發展的作用

在金融與經濟發展的基本關係上，經濟發展對金融發展起決定性作用。金融是依附於商品經濟的一種產業，是在商品經濟發展過程中產生並隨著商品經濟的發展而發展的。商品經濟的不同發展階段對金融的需求不同，由此決定了金融發展的結構、階段和層次。這種決定性作用說明了金融絕不能脫離經濟發展。只有為經濟發展服務並與之緊密結合，金融的發展才有堅實的基礎和持久的動力。例如，經濟的發展使社會的收入水平不斷提高，因而提高人們對金融投資和理財服務的需求，資金的供給量和需求量上升，從而促進金融發展，提高金融相關率（一定時期內金融資產總量與國民經濟總量的比例）。經濟發展形成越來越多的大企業集團，這些企業集團因其融資需求的規模較大，急需與之相匹配的現代金融機構為其提供金融服務等。

(三) 衡量金融發展的主要指標

衡量一國金融發展程度一般用金融相關比率。金融相關比率是指一定時期內金融活動總量與經濟活動總量的比值。金融相關比率的變化反應了金融發展的基本特點，即金融上層機構與經濟基礎結構在規模上的變化關係。

金融相關比率實際的簡化應用是以 GNP（或 GDP）代表經濟活動總量作為分母，以金融負債（一般以廣義貨幣供給量 $M_2$ 表示）和金融資產之和代表金融活動總量或金融工具總額為分子。金融資產分為銀行資產和有價證券市值，其中有價證券市值為股票市值和債券市值之和。

社會經濟活動中，反應和衡量金融活動量的指標包括：

（1）反應經濟貨幣化程度的金融存量指標，如人均貨幣（廣義貨幣）佔有量、廣義貨幣與 GNP（或 GDP）的比值、金融資產交易量與有形財富的比值。

（2）反應金融市場發達程度的指標，如金融資產交易量與商品交易量的比值。

（3）反應利率在引導資金流向從而引導資源流動方面的作用以及貨幣市場與外匯市場的平衡狀況的指標，如名義利率與實際利率的偏離程度、名義匯率與實際匯率的偏離程度。

（4）反應金融業在國民經濟中的地位和金融業發展程度的指標，如金融業收入占國民生產總值的比率。

## 二、金融發展理論的演變和發展

1973 年，美國經濟學家羅納德·麥金農和愛德華·肖先后出版的《經濟發展中的金融深化》和《貨幣、資本與經濟發展》，針對當時發展中國家普遍存在的金融市場不完全、資本市場嚴重扭曲和政府患有對金融的「干預綜合徵」等影響經濟發展的問題，首次提出了金融抑制理論（Financial Repression）和金融深化理論（Financial Deepening）。他們嚴密地論證了金融深化與儲蓄、就業與經濟增長的正向關係，深刻地指出「金融壓抑」的危害，認為發展中國家經濟欠發達是因為存在著金融壓抑現象，因此主張發展中國家以金融自由化的方式實現金融深化，促進經濟增長。他們的主張后經巴桑特·卡普爾（KaPur, 1976）、維森特·加爾比斯（Galbis, 1977）、弗萊（Fry,

1978，1980）等人從不同角度發展逐步完善。

金融抑制理論認為：

第一、金融體系和經濟發展之間能夠相互促進和相互影響。

第二、金融發展與經濟發展間的惡性循環的根本原因在於金融抑制。由於制度上的缺陷和政府政策上的失誤，發展中國家對經濟活動的各個領域都進行過多的行政干預，諸多的金融管制制約了金融業的發展，對經濟發展起了反方向的抑制作用。比如強制規定和控制利率和匯率，使其低於市場均衡水平，受到嚴格管制的官定利率和匯率，不能真實地反應市場供求，也不能有效地制止通貨膨脹，而是導致實際利率為負數，人們不願進行儲蓄，而造成投資減少，經濟增長受阻。

第三、發展中國家的金融抑制使政府可能累積財政赤字和加劇通貨膨脹，反過來又使政府進一步採取金融抑制的辦法，由此形成金融抑制與金融停滯的惡性循環。

針對上述情況，金融深化理論則認為，要使經濟發展，必須使金融得到發展。要發揮金融對經濟增長的作用，必須摒棄「金融抑制」政策，推行「金融深化」政策。為此，政府應盡量避免對金融體系和金融市場的過分干預；充分發揮市場機制的作用，放開對利率和匯率的限制，讓利率和匯率由市場決定，使利率和匯率能充分反應資金和外匯的供求狀況，從而有利於增加儲蓄和投資；放鬆對金融機構和金融活動的管制，鼓勵民間金融機構的發展（包括各種非銀行金融機構也能適應市場金融服務的需求而蓬勃發展起來）；在有效地控制通貨膨脹後，使金融體系，尤其是銀行體系一方面能以合理利率吸收大量儲蓄資金，另一方面也能在合理的利率水平上滿足各經濟部門的資金需求。這樣金融體系本身既能發展，也能推動經濟的增長，使金融發展和經濟發展之間形成良性循環。

顯而易見，「金融深化」的經濟，是貨幣化程度相當高的經濟。貨幣化是指在GNP中貨幣交易總值所占的比重。貨幣化程度越低，表示「自然經濟」的程度和物物交換總值的比重越高，經濟越不發達。因此，「金融深化」意味著：一是在經濟中金融資產的存量相當大；二是金融機構多元化；三是金融活動方式不斷更新變化，金融工具的種類也在不斷增多；四是金融資產的價格已基本上不受人為的控制，並開始成為資源調配和投資方向的指示器。

金融深化的實質是金融自由化，包括利率自由化、匯率自由化、金融機構准入自由化、經營業務範圍自由化以及資本自由流動，這實質上是新古典主義發展經濟學在金融領域的一種演繹。金融深化的次序如下：第一，平衡中央財政，並且政府必須有能力徵收稅基廣泛而稅率較低的稅收，以保證消除財政赤字，保持物價穩定；第二，開放國內資本市場，但要保持對貨幣的控制，並與政府穩定宏觀經濟方面的成效相適應；第三，匯率自由化和資本市場開放。

從20世紀70年代起，發展中國家掀起以「金融自由化」為核心內容的改革，后擴及發達國家。發展中國家的金融自由化進程，取得了很大的成就，但也有一些失敗的教訓，有的甚至釀發了金融危機。20世紀90年代，赫爾曼（Hellman）、斯蒂格利茨（Stiglitz）、羅伯特·金（King）和萊文（Levine）等人指出金融抑制模型存在諸多缺陷，金融自由化並不適宜發展中國家。他們根據內生增長理論的最新成果，將內生

增長和內生金融仲介引入金融發展模型，提出「金融約束論」。其主要觀點是選擇性的政府干預有助於金融發展，政府的當務之急是優先發展金融。在發展中國家暫不具備金融自由化條件時，可先推行「金融約束」政策，但其約束程度可隨金融發展不斷降低，直至過渡到「金融自由化」，即發展中國家金融發展實際上應經歷從金融抑制到金融約束再到金融深化的過程。

他們認為，金融仲介和金融市場在不同經濟發展階段的作用是不同的，金融自由化需要一定條件（如良好的宏觀經濟環境和微觀基礎），選擇性的政府干預有助於金融發展。由於信息不對稱、委託—代理行為、道德風險，市場機制難以使資金資源有效配置，因此政府有必要進行適當的干預，實行一系列金融政策，為金融部門和生產部門創造「租金機會」，通過「租金效應」和「激勵作用」，可以規避潛在的逆向選擇行為和道德風險，鼓勵創新，維護金融穩定，從而促進經濟穩定和發展。發展中經濟和轉型經濟適宜走「金融約束」的金融發展道路（淡儒勇，2000）。因此，發展中國家在暫不具備金融自由化條件時，可先行推行「金融約束」政策。但是「金融約束」並不是靜態的政策工具，其約束程度可隨金融發展不斷降低，即不斷為實現「金融深化」創造條件，直至過渡到「金融自由化」。

## 第二節　發展中國家金融自由化改革

前已述及，發展中國家都存在嚴重的金融抑制現象；貨幣化的程度，均較先進的工業國家低；金融體系具有二元結構的特徵，即現代金融部門同傳統金融部門同時並存；即使現代金融部門也存在著顯著的發展不平衡現象；政府當局通常對利率和匯率進行不同程度的管制和過多的干預；等等。因此，發展中國家必須由金融抑制向金融深化發展。

金融發展是一個非常複雜的問題，金融深化是金融發展的一種戰略，嚴格地說，金融自由化是金融深化的一種方法。對發展中國家來講，金融發展是其目的，金融深化和自由化却是一個長期的過程，其實施是有條件的，每個國家必須根據本國的具體金融情況，選擇合適的時機和方式，不斷推進金融自由化和金融深化，最終推進金融發展，促進經濟的增長及發展。20 世紀 70 年代后的發展中國家開始了不同程度的金融自由化進程，取得了很大的成就，但也有一些失敗的教訓，有的甚至釀發了金融危機。因此，對發展中國家金融自由化的認識及如何推進，仍是一個尚在深入研究的重要課題。

### 一、金融自由化的利與弊

（一）金融自由化的利

（1）金融自由化無疑增強了金融市場的競爭性，提高了各國金融市場和國際金融市場的效率，促進了世界銀行業的發展。金融自由化對所有金融市場上的供求雙方，

既構成了壓力也提供了機會,使其有可能,也有必要降低成本或提高收益。

(2) 金融自由化的條件下,金融信息更具公開性,更能迅速地反應市場的供求狀況,大大提高了金融市場的效率。尤為重要的是,金融自由化因摒棄了一些人為設計的制度藩籬,大大減少了產品間、產業間、銀行間的資金流動障礙,加速資金週轉、合理流動,從而使資源配置更為接近最優化。

(3) 金融自由化為金融機構提供了更廣闊的業務活動空間和更多的盈利機會。一方面,金融自由化極大地推動了金融資本的形成,促使金融向社會經濟各方面的滲透,為金融企業提供了更廣闊的業務活動空間;另一方面,分業管理制度的逐步解除,為金融機構(尤其是商業銀行)提供了更靈活的經營手段,尤其是銀行業競爭力的提高,為經濟的增長與發展予以強有力的支持。

(4) 由於金融自由化,商業銀行由分業經營逐步向混業經營發展,在盈利性與安全性之間的權衡選擇上有了更多的機會和手段。分業管理制度的建立原本著眼於商業銀行的安全性,然而在傳統的分業管理制度下,商業銀行一方面由於經營手段的匱乏,另一方面也要面對國內外同業的競爭,安全性並未真正得到保障,銀行破產倒閉現象依舊層出不窮。而在混業經營的條件下,商業銀行因業務空間的擴大和經營手段的大量增加,從而有可能將高風險高收益的產品與低風險低收益的產品進行合理地搭配,從而使商業銀行從原有的兩難局面中解脫出來。

(5) 金融自由化推動了全球金融一體化。隨著各國日益敞開本國金融市場的大門,資本流動的速度不斷加快,資本流動的自由化使資源配置能夠在世界範圍得到改善。而且,因此形成的國際金融競爭、國際金融合作和金融監管的國際化,進一步推動了各國金融體系的發展。

(二) 金融自由化的弊

(1) 金融自由化在某些方面提高金融市場效率的同時,卻在其他方面有降低金融市場效率的作用。例如,金融市場的一體化、數不勝數的金融創新、大量金融機構的出現降低了金融市場的透明度。銀行客戶面對極端複雜的衍生工具,只能聽從銀行的建議,從而使銀行對提高效率的積極性下降。此外,金融市場容量的擴張給銀行帶來了機會,同時也減弱了銀行降低成本、增加效益的壓力。

(2) 銀行致力於金融創新的動力明顯下降。在實行嚴厲金融管制的條件下,金融機構(尤其是商業銀行)被迫不斷推出新的金融產品,以便繞開金融管制,增強自身競爭實力。而在金融自由化已成氣候的今天,世界各國普遍實行利率、匯率自由化,分業管理的藩籬已基本拆除,金融創新的必要性也就不再那麼突出。近些年,金融創新的勢頭減緩,傳統業務的比重逐漸回升,便是根源於此。

(3) 金融自由化加大了客戶和金融業自身的風險。利率和匯率管制的解除導致市場波動幅度劇增。解除分業管理制度實行商業銀行全能化之後,商業銀行大量涉足高風險的業務領域,風險資產明顯增多。資本流動障礙的削減以及各國金融市場的日益對外開放,加快了資本的國際流動。雖然從理論上講,更為順暢的資本流動有助於資源的最優配置,但如果金融市場不完善和金融監管不力,遊資的衝擊可能會對一國經

濟造成巨大危害。另外，從宏觀層面看，由於政府對金融業的干預大大減少，加之金融自由化所引致的各種新現象、新問題、新矛盾，以致法規嚴重滯后，大大增加了金融監管的難度。

（4）在金融自由化之後，銀行之間，商業銀行與非銀行金融機構之間以及各國金融市場之間的聯繫更加密切，單一企業財務危機衝擊金融體系穩定性的危險加大。由於全球金融的一體化和金融業的國際化經營，金融監管因涉及母國和東道國，有效監管更加困難，一國的金融風險或金融危機可能會引發世界性的金融危機。

（5）由於銀行客戶面對極端複雜的衍生工具茫然不知所措，只能聽從銀行的建議，由此而生的銀行員工詐騙案件頻頻出現。而與此同時，在競爭加劇的條件下，為了追求效益，銀行普遍出現了忽視風險追求利潤的傾向，放鬆了對客戶的嚴格審查，客戶違約率不斷上升，銀行遭到詐騙的事件也屢見不鮮。事實證明，銀行業操作風險頻繁發生，已成為巴塞爾協議高度關注的金融風險。

（6）在實行金融自由化之後，儘管商業銀行獲得了更多的盈利機會，但壟斷地位的喪失和競爭的加劇却又導致商業銀行利潤率出現下降苗頭。

上述情況都表明，金融自由化絕非有利無害。金融自由化在增強金融市場效率的同時，往往在其他方面又具有降低金融市場效率的作用；在提供較安全性的金融工具的同時，往往又增加了風險的因素。即使是在金融體系相當完善的西方國家，金融自由化也是權衡利害之後的抉擇，有時甚至是不得已而為之。以取消金融分業管理為例，1995年美國旨在取消《格拉斯—斯蒂格爾法案》的《里奇法案》的主要背景，在相當大的程度上是由於在世界各國金融市場日益開放的條件下，採取分業管理的國家銀行業受到外資金融機構的嚴重衝擊，取消分業管理以提高本國銀行實力的呼聲日益高漲。

事實上，金融自由化之後金融風險加大的現象早已引起金融界，尤其是受到各國中央銀行以及國際清算銀行的高度重視，加強金融監管，強化商業銀行的風險自律的呼聲極為高漲。然而迄今却遲遲未見行之有效的監管措施和風險管理手段出抬。這一方面表明金融自由化以后（尤其是實行了商業銀行全能化以後）金融監管和風險管理的難度加大；另一方面也反應了各國中央銀行、商業銀行和非銀行金融機構投鼠忌器、躊躇不決的態度。就商業銀行和非銀行金融機構而言，不充分利用金融自由化之後所出現的寬鬆經營環境提高收益率，無視金融自由化後出現的機遇，一味退守傳統業務，就有可能在激烈的競爭之中敗下陣來。而對於中央銀行來說，一味加強監管，則有可能使金融自由化的成果付之東流，不僅對金融業，而且對國民經濟（尤其是對外經濟）將產生不可忽視的影響，因而不願驟然採取過於嚴厲的措施。處於兩難窘境之中的各國中央銀行都在試圖探索出一條兩全之策，但又一時難以有所突破。雖然從邏輯上講，金融自由化和強化金融監管並不衝突，但在實際運作中確實極難掌握。經過利害權衡，迄今為止，在金融自由化與金融監管之間產生不協調時，相當一些國家的金融監管部門採取了優先自由化、適當放鬆監管的態度，把控制金融風險的擔子放在金融機構自己身上。

20世紀70年代后的發展中國家開始了不同程度的金融自由化進程，取得了很大的成就，但也有一些失敗的教訓。原因在於，實現金融自由化需要一定的條件，即穩定

的宏觀經濟背景，要與其他管理體制的改革相配合，金融自由化並不完全是取消政府的對金融的干預，而主要是改變干預的方式。因此，無論是在金融市場較發達的國家，還是在金融市場較不發達的國家，只有用積極的、審慎的態度客觀地評估每一項具體措施的利弊，權衡利害，大膽推進金融體制改革才是根本出路。

## 二、拉美國家金融自由化

20世紀70年代以來，以拉美國家為代表的發展中國家首先進行了以金融自由化為核心的金融體制改革。由於拉美國家多年來曾一直是美國推行新自由主義的試驗場，美國和國際貨幣基金組織在拉美國家金融自由化改革中發揮著重要的影響，拉美國家的金融自由化具有典型的激進特徵。

拉美國家的金融自由化首先是在智利、阿根廷和烏拉圭等國進行。在二戰后至20世紀70年代中期，這些國家的經濟普遍落后於其他拉美國家，人均收入年均增長率僅為1.5%，其他拉美國家則為3.4%。20世紀70年代中期，它們在拉美地區GNP中所占的比重從1/3下降到不足1/4。智利等國實施的金融自由化主要包括實行利率市場化、取消定向貸款、降低銀行儲備金比率。上述措施的積極成效和消極影響都非常突出：第一，金融仲介在國民經濟中的地位大幅度上升，儲蓄和信貸迅速增加；第二，資本流入量（包括外債）增長幅度很大；第三，利率快速上升，如在1975—1981年期間，智利的實際利率高達41%；第四，資產價格欠穩定；第五，由於政府放松了對金融機構的管制，越來越多的金融機構從事高風險的金融業務。

到了20世紀80年代末90年代初，實施金融自由化的國家不再限於少數，而是幾乎遍布整個拉美大陸，只有海地、巴拿馬和蘇里南三國基本上很少或沒有採取金融自由化措施。除放松利率管制、取消定向貸款和降低銀行儲備金比率等措施以外，不少拉美國家還採取了對國有銀行實施私有化、積極引進外國銀行的參與及加強中央銀行的獨立性等措施。

拉美國家實施的金融自由化在一定程度上緩解了「金融抑制」。此外，金融自由化還使拉美國家吸引了大量外資，並增強了金融機構為投資項目融資的能力。但是，金融自由化在推動「金融深化」的過程中也加重了金融部門，尤其是銀行部門的脆弱性，甚至引致危機。國際貨幣基金組織的研究表明，金融自由化與銀行危機的頻繁爆發有著十分密切的關係。世界銀行的《1998/1999年世界發展報告》也認為，金融自由化后的這一時期與爆發銀行危機的可能性有著十分密切的關係。原因之一就是這種自由化損害了特許權價值，而且自由化沒有伴隨著適度的謹慎監督。20世紀80年代以來，拉美國家的確發生了多次銀行危機。拉美國家銀行危機的根源當然是多方面的，但就拉美國家遇到的大多數銀行危機而言，政府在實施金融自由化后對銀行部門放松監管無疑是最重要的根源之一。

## 三、東南亞國家金融自由化

東南亞國家的金融自由化主要採取漸進式的自由化戰略。相對於拉美國家，東南亞國家的金融改革起步較晚，成效較為顯著，曾被譽為成功的範例，但終因一些國家

改革進程過快和政策失誤而陷入嚴重的金融危機中。

第二次世界大戰后，東南亞五國（新加坡、秦國、馬來西亞、菲律賓、印度尼西亞）的金融發展與改革大致經歷了三個時期，即20世紀五六十年代政府主導型金融；20世紀60年代末70年代初新加坡、馬來西亞的金融改革；20世紀80年代以來泰國、印度尼西亞和菲律賓的金融改革。儘管東南亞五國金融自由化的具體措施略有不同，但各國金融自由化改革均以放寬政府管制、開放金融市場、加速金融國際化為特徵。從金融自由化的內容來看，東南亞國家金融制度的演進主要包括：

第一，逐步放松了對利率的控制；

第二，取消了一些金融領域的准入限制，以加強金融領域的競爭；

第三，減少了政府對金融機構包括銀行和非銀行金融機構的干預，在日常經營和資產管理方面給了金融機構更多的自主權；

第四，改變了傳統的金融分業經營方式，使金融機構向綜合化方向發展；

第五，放松了對外匯交易的限制；

第六，使資本跨國流動更加自由。

經過金融自由化改革，東南亞五國的貨幣化程度、金融資產相關率均達到相當水平，金融機構與金融市場也發生了一系列變化：

第一，經歷金融改革之後，東南亞五國的貨幣化過程加速發展，廣義貨幣（$M_2$）增長率大大超過國內生產總值增長率與通貨膨脹率之和。

第二，在金融自由化改革之後，各國金融資產的規模迅速擴大，金融相關率不斷提高。金融相關率（金融資產總額/GDP）的快速上升，反應了金融部門資產規模的擴大快於國內經濟增長。東南亞五國的銀行資產和債券等金融資產占GDP的比重，有些已接近或超過韓國，甚至與英、美、日、德等發達國家相當。

第三，各國儲蓄率和投資率普遍大幅提高。進入20世紀90年代，除菲律賓外的其他四個國家的國內儲蓄率和投資率一直維持在30%～40%的高水平，因而國內呈現旺盛的投資需求。

第四，在金融自由化改革中，中央銀行放棄了一些直接干預和參與金融領域的活動，注重推行市場導向的貨幣金融政策。因此，一些國家中央銀行資產的增長大大低於銀行和非銀行金融機構資產的增長，從而使中央銀行的資產比重趨於下降。商業銀行是東南亞國家金融機構的主體，隨著各國普遍放寬對商業銀行利率、信貸規模以及經營範圍的限制，使商業銀行得到較快的發展。近10多年來，東南亞國家的非銀行金融機構也有較快的發展。

第五，東南亞國家的貨幣市場、資本市場和衍生工具市場等有了飛速發展。

近年來，東南亞國家的金融自由化改革進展十分迅速，也取得明顯的成效。但是，隨著各國經濟逐漸步入轉型期，一些國家金融改革與經濟轉型不相適應，金融自由化進程過快，金融改革政策失誤，終於釀成嚴重的金融危機。

第一，對金融自由化缺乏足夠的準備，在國內宏觀經濟不夠穩定的情況下，倉促實施自由化改革措施。例如，菲律賓、泰國的金融自由化進程在20世紀80年代幾度中斷。

第二，國內金融制度與監管體系不健全，在中央銀行缺乏有效的金融監管的條件下，商業銀行與非銀行金融機構急遽擴張使金融運行風險大大增加。隨著金融自由化改革，除新加坡外，其他四個國家的商業銀行與非銀行金融機構迅速發展，而中央銀行的調控能力卻不斷降低。例如，泰國和印度尼西亞中央銀行的資產增長率要比商業銀行和非銀行金融機構低得多，因而中央銀行直接控制和管理的金融資產不斷下降，直接削弱中央銀行的調控能力。

第三，金融市場過度開放導致國際短期資本大量湧入。20世紀80年代中期以后，東南亞國家放寬金融管制，包括取消外匯管制、提高外資在上市公司的持股比率、放松外資銀行准入條件等，加快國內金融市場的對外開放，促使外國資本大量湧入。20世紀80年代下半期，外國資本的流入以直接投資形式為主。但到20世紀90年代初，以短期借貸和證券投資形式的外國資本大量增加。由於國內金融市場尚不規範，政府缺乏有效監管措施，這些國際短期資本流動性大、投機性強，容易對國內金融市場帶來較大的衝擊。

第四，自由化改革的注意力主要集中在利率自由化的改革上，忽視了利率的市場化改革要受到平均利潤水平等因素的制約。

第五，金融自由化缺乏一系列的相互配套改革。從東南亞國家金融自由化過程看，金融改革措施及其與非金融政策的改革不配套。這主要表現在國內金融市場開放與中央銀行調控能力不適應；放寬銀行金融機構限制與加強金融風險管理相脫節；匯率與利率政策調整滯后於資本項目開放；銀行自由化改革與國有企業私有化不同步；等等。這些缺乏系統性的金融改革措施，不僅降低了金融改革的成效，而且更易引起金融動盪。

### 四、發展中國家金融自由化改革的經驗借鑒

金融自由化促進了金融發展，金融發展促進了經濟增長；同時，金融自由化加劇了金融脆弱性，金融脆弱性引發的危機促使經濟衰退。在實踐中，由於經濟金融全球化的壓力，金融自由化又是一個不得不經歷的過程。因此，必須推進金融自由化。無疑，金融自由化政策的適當安排，將減低其金融脆弱性的一面，增大其收益性的一面，因此金融自由化必須講究策略和方式。

(一) 注重金融改革對經濟轉型的關鍵作用，科學地設計金融改革的政策和步驟，逐步穩健實施，並與其他體制的改革相配套

發展中國家經過一段時期的經濟發展后，其經濟將步入轉型期。在經濟轉型過程中，國內經濟的結構性矛盾日益突出，因為金融在社會經濟中的突出地位和作用，金融改革的成敗將直接影響國內經濟穩定和轉型。例如，泰國等國，由於金融自由化過快，改革政策失誤，不僅未能促進國內經濟結構的調整與升級，反而致使國內金融無序，最終導致金融危機的爆發。因此，發展中國家實行金融自由化，宜採取漸進式的金融深化戰略。具體說來，可以沿著貨幣市場→資本市場→金融自由化的思路進行。首先，應培育貨幣市場，形成富有彈性的利率機制，提高央行運用三大政策工具間接

調控金融的能力；其次，大力發展股票市場、企業債券市場、產權市場等資本市場，促成貨幣市場與資本市場的對接，完善金融市場體系和相應監管體系；最后，放松金融管制，實現匯率、利率自由化，資本流動自由化，金融市場國際化。

(二) 逐步開放資本市場，但開放的進程必須謹慎

在國家缺乏有效金融調控能力的條件下，若過早和過快地全面放開資本項目，對外資流出和流入不加任何約束，必然對一國的經濟安全造成巨大的衝擊。這是因為當前國際金融體系的監管和國際合作嚴重滯后於經濟全球化和金融一體化進程，國際社會在控制資本跨國流動所帶來的風險方面，並沒有形成有效的制度和方法。新興國家由於金融市場不完善，金融監管機制不健全以及缺乏經驗，開放國內資本市場后，更難以對大規模國際資本流動進行有效的調控。

(三) 進一步健全金融調控與風險管理體制，保持宏觀經濟穩定，強化有效金融監管

發展中國家金融自由化實踐證明，在缺乏監管或監管不力的情況下實施金融自由化，會產生許多嚴重的不良后果。東南亞金融危機爆發的深層次原因，是本國金融體系的不成熟和不健全。也就是說，國內金融開放速度與政府宏觀調控能力不相適應。在金融危機中，新加坡和泰國提供了正反兩方面的經驗與教訓。新加坡金融開放度大，但國內金融制度健全，金融法規體系完善，政府調控能力較強，因而能夠有效地減緩金融危機的影響程度；泰國金融市場開放過度，而國內金融體系與相應制度尚未建立健全，政府缺乏有效的調節和監管手段，結果泰國陷入嚴重的貨幣、銀行和債務等多重危機之中。因此，發展中國家實行金融自由化，一方面應努力控制通脹，穩定宏觀經濟，為金融改革創造良好的外部環境；另一方面在放松管制鼓勵競爭的同時，應強化金融業監管，主要是完善公共金融基礎設施、加強央行外部有效監管、健全金融機構內控機制、推進監管國際化等。由於銀行在一個國家的金融體系中占據著舉足輕重的地位，因此在金融自由化的過程中特別加強對銀行業的監管更為必要。

(四) 重視對引進外資的規模與結構的調控

東南亞金融危機已經表明，一國吸收外資的規模過大，外資、外債結構不合理，如長期直接投資過少、短期投資過多、本國對外負債依賴度過高、短期外債所占比重過大，將不利於國內經濟持續穩定的發展。

(五) 重視金融結構升級

東南亞國家通過實施金融自由化改革，使國內的金融結構不同程度地發生變化，非銀行金融機構增多，股票、證券等資本市場得到很大程度的發展。但從本質上說，東南亞國家的金融結構並未得到應有的提升，金融結構並未隨經濟的發展而得到相應的調整。東南亞國家並未對改革前的那種銀行主導型的金融結構進行相應的調整和改革，任由這種落后、單一的金融結構與政府的腐敗行為相結合，最終成為導致金融危機爆發的主要原因。因此，提升金融結構，大力發展資本市場和直接融資等多種投資、融資方式，改變企業融資過度依賴銀行的狀況，分散金融風險，促進金融機構的多元化競爭，是發展中國家金融改革和發展中應十分重視的問題。

(六) 審慎漸進地推行利率市場化

首先，應整頓現有的不合理的利率結構，杜絕負利率和存貸利率倒掛，保持適度利差。其次，建立以央行基準利率為導向的彈性利率體制。最後，在法規完善、制約機制強化的前提下實現利率市場化。另外，在實施金融自由化的過程中不能單純追求利率市場化，因為利率市場化不只是個利率問題，而是整個金融產品和服務價格體系市場化同步推進的系統工程，其挑戰在於銀行要成為以支付結算為基礎，能夠經營和管理風險的金融企業。

麥金農在《經濟自由化的順序》(1993) 中提出，發展中國家實行經濟和金融自由化改革，首先要有一個平衡的中央政府財政，國內物價水平穩定；然後可以實行開放國內資本市場的改革，包括利率市場化和國內金融體系改革；最後進行匯率自由化改革和資本項目的自由兌換。這樣一國才真正實現了金融部門的完全自由化。我們可以從中看出，每一步都必須以前面的步驟作為前提條件，在完成了前一個步驟之後，才能過渡到後一個步驟。國內宏觀經濟的穩定是進行改革的前提和基礎，有了這個前提之後，才能對國內資本市場進行改革。東南亞國家金融自由化所遇到的問題，用新古典經濟學的理論是很難發現和解決的，因為它是全球化背景下發展中國家的內外部平衡的問題。對發展中國家來說，經濟越發展，類似的問題就越可能遇到。在現存的國際貨幣制度中，利率市場化、匯率浮動、資本自由流動等金融自由化進程，對於發展中國家來說到底能走多遠，這需要做進一步的研究。

**俄羅斯金融危機的由來與啟示（節選）**[①]

一直到 1998 年上半年，人們常常把亞洲金融危機掛在嘴上。1998 年 8 月，俄羅斯匯率突然崩潰，震驚了世界，緊接著巴西又拉響了警報，越來越多的人認識到金融風暴絕不只是亞洲區域性危機，它是整個世界金融市場逐漸失去控制的表現。事實上，亞洲並不是金融風暴的起源。早在 1994 年金融風暴就衝擊了墨西哥，在 1996 年阿根廷和保加利亞相繼出現了金融危機，在 1997 年年初捷克也遭遇了金融危機，由於這些受衝擊的國家不大，解決問題相對來說比較容易，因此沒有引起人們的足夠重視。1997 年 7 月，金融風暴襲擊了泰國並且迅速蔓延到了馬來西亞、印度尼西亞、韓國，把世界第二大經濟體——日本也拖下了泥潭。金融風暴的規模和破壞力這才引起了人們的廣泛注意。如今，亞洲金融危機尚未平息，俄羅斯和巴西又先後陷入了危機，連帶著歐洲和拉丁美洲許多國家出現了危機的前兆。在最近舉行的國際會議上幾乎沒有一個經濟學家認為世界金融危機已經到了谷底，更為嚴峻的局勢隨時都會出現。

為什麼在俄羅斯爆發了嚴重的金融危機？中國應當從中吸取什麼教訓來防範金融風暴的襲擊呢？

20 世紀 90 年代初，俄羅斯在「休克療法」中吃了大虧，國民生產總值一路下滑。

---

[①] 徐滇慶. 俄國金融危機的由來與啟示 [EB/OL]. (2001-11-15) [2016-08-12]. http://www.modernchinastudies.org/us/issues/past-issues/65-mcs-1999-issue-2/497-2012-01-01-10-06-23.html.

據估計，俄羅斯工業生產下降了將近80％，固定投資下降了90％。到了1997年經濟增長率才扭負變正。雖然經濟增長率只有0.4％（其中工業產值增長1.9％），通貨膨脹率還有11％，但是相對於前些年生產大幅度下降和惡性通貨膨脹來說，已經看到了光明，俄羅斯政府上下都為之吐了一口氣，新聞媒體也都紛紛報導說俄羅斯經濟總算要走出谷底了。

從1997年1月到10月，亞洲各國股票市場嚴重受挫。就在這個時候，俄羅斯股票市場上漲了80％。在1997年10月前後，大量外國資本流入俄羅斯。俄羅斯的外匯儲備在1997年10中旬創造了歷史記錄，達到250億美元。在1997年1月，美元與盧布之間的匯率是1：5,629，到1997年10月，其匯率為1：5,887，匯率相當穩定。沒有人去仔細推敲為什麼外國資本突然垂青俄羅斯以及這些外國資本是從哪裡來的？反正有錢來就是好事，似乎亞洲金融危機對俄羅斯完全沒有影響。

可是到了1997年10月28日，俄羅斯經濟風雲突變。隨著紐約股票市場下跌，俄羅斯股票市場也劇烈下跌。到1997年11月10日，股票價格減少了30％；到1998年2月，股票價格跌到了1997年年初的水平。外國投資者見形勢危急，紛紛奪路而逃。由於俄羅斯盧布已經實行自由兌換，無論外國公司或者俄羅斯企業和居民都爭先恐後拋出股票和債券，兌換美元。洶湧而來的擠兌浪潮，迫使俄羅斯中央銀行不得不動用外匯儲備來保衛匯率，外匯儲備下降為160億美元。同時，債券價格急遽下跌，利率上升30％～42％。1998年2月，國際石油市場價格下降，每桶低於15美元，達到25年來最低水平。俄羅斯出口主要靠原材料，其中石油占40％，天然氣占10％。出口的產值嚴重地依賴於國際市場石油價格。能源價格下降如同雪上加霜，進一步加大了俄羅斯還債的困難。

在風雨飄搖之中，葉利欽在1998年3月撤換了總理切爾諾梅金，任命基里年科職掌政府。儘管基里年科政府採取了一系列措施但是仍然難以挽回頹勢，在1998年5月份再度爆發大規模資金外逃。俄羅斯中央銀行被迫動用所有的手段進行慘烈的匯率保衛戰。在1998年7月，俄羅斯政府要求國際貨幣基金組織救援，在談判過程中要求的救援資金不斷上升，最后開出的清單高達226億美元。

1998年8月17日，基里年科政府宣布鑒於政府財政嚴重困難，停止支付高達400億美元的短期國家債券，長期政府債券的價值被縮減了79％。俄羅斯政府在沒有與國際上主要的債權人商量的情況下，單方面宣布在90天內不支付外國投資的短期債務，引起了國際金融界一片抗議。1998年8月26日，俄羅斯中央銀行宣布由於已經使用了一半以上的硬通貨，沒有力量來繼續保衛匯率，放寬盧布浮動區間。盧布匯率應聲而落，貶值34％。俄羅斯外匯交易所見勢不妙索性關門三天，取消一切外匯交易。在20世紀80年代末，美元與盧布的匯率幾乎是1：1。在1997年匯率跌到1：5,600。為了省事，俄羅斯更改幣制，乾脆取消三個零。在1998年7月，美元與盧布之間的匯率是1：6，到了9月底匯率像自由落體一樣狂跌到1：20.8。

在這場風暴中，俄羅斯的黃金和外匯儲備從250億降為120億美元，下降了2倍多。每天的股票交易量從3,000萬～4,000萬美元降為100萬美元。政府財稅收入繼續下降，在1998年8月為120億盧布，1998年9月下降為93億盧布。

在金融風暴襲擊下，人們擔心自己的累積血本無歸，紛紛湧向銀行，擠提存款。由於許多企業無力歸還貸款，銀行出現大量壞帳。幾乎所有的大銀行和許多中小銀行都面臨破產。俄羅斯經濟好不容易才出現的一點轉機被金融風暴徹底摧毀了。1998年，俄羅斯的國民生產總值起碼下降8%。1998年8月，通貨膨脹率為43.5%，俄羅斯經濟部副部長謝姆瑞伊預測說，如果得不到外部救援的話，1998年的通貨膨脹率有可能達到230%；失業率上升1.5倍，據估計在莫斯科就有將近20萬銀行雇員被解雇了。

1998年8月底，葉利欽再度陣前換將，撤掉基里年科，打算重新任命切爾諾梅金擔任政府總理，卻遭到議會（國家杜馬）堅決反對。葉利欽兩次提名都遭到議會否決，雙方拉鋸很久，最后達成妥協，任命了普里馬可夫。葉利欽的威信和權力在金融風暴中嚴重受挫。由於沒有一個強有力的領導中心，俄羅斯的經濟和政治危機變得越來越糟糕。

普里馬可夫政府主張加強政府在經濟中的作用。他開出的藥方是印發120億盧布，先用來支付拖欠的工資、軍隊開支、養老金、維持煤礦等企業；實行酒類專營；增加國家財政收入；對出口企業的外匯實行管制，防止資本非法輸出；在藥物和基本食品上實行價格控制；實行工資和養老金指數化。政府的目標是爭取得到國際貨幣基金組織226億美元的救援資金，把1999年的通貨膨脹率控制在30%以下。擺在俄羅斯政府面前的是一個難於求解的悖論：如果大量印發鈔票必然導致惡性通貨膨脹，如果不增印鈔票，在嚴重的債務壓力之下，俄羅斯政府從什麼地方能夠得到足夠的資金來實現這些計劃？

思考：

為什麼在俄羅斯爆發了嚴重的金融危機？中國應當從中吸取什麼教訓來防範金融風暴的襲擊？

## 第三節　金融創新

### 一、金融創新的定義（Financial Innovation）

金融創新是指金融機構和金融管理當局出於對微觀利益和宏觀效益的考慮而對金融機構、金融業務、金融工具、金融市場、金融技術和金融機制等方面所進行的金融業創造性變革和開發活動。如果歸類的話，金融創新包括金融工具、金融業務、金融組織和金融制度的創新。

金融創新實質上是通過變更現有的金融體制和增加新的金融工具，以獲取現有的金融體制和金融工具所無法取得的潛在的利潤，是一個為盈利動機推動、競爭壓力促使、持續不斷的發展過程。關於金融創新的定義，目前國內外尚無統一的解釋，總括起來對於金融創新的理解無外乎有以下三個層面：

一是在宏觀層面，將金融創新與金融史上的重大歷史變革等同起來，即金融發展史上的每一次重大突破都視為金融創新。金融創新涉及的範圍相當廣泛，不僅包括金

融技術的創新、金融市場的創新、金融服務和金融產品的創新、金融企業組織和管理方式的創新、金融服務業結構上的創新，而且還包括現代銀行業產生以來有關銀行業務、銀行支付和清算體系、銀行的資產負債管理乃至金融機構、金融體系、國際貨幣制度等方面的歷次變革。

二是在中觀層面，金融創新是指20世紀50年代末60年代初以后，金融機構特別是銀行仲介功能的變化和發展，具體包括技術創新、產品創新以及制度創新。從這個層面上金融創新定義為金融當局和金融機構為適應經濟環境的變化，防範或轉移經營風險和降低成本，實現流動性、安全性和盈利性高水平的均衡，而逐步改變金融仲介功能，創造和組合一個新的高效率的資金營運方式或營運體系的過程。

三是在微觀層面，金融創新僅指金融工具的創新，大致可分為四種類型：信用創新型，如用短期信用來實現中期信用、分散投資者獨家承擔貸款風險的票據發行便利等；風險轉移創新型，如貨幣互換、利率互換等；提高流動性創新型，如長期貸款的證券化等；股權創造創新，如附有股權認購書的債券等。

現一般將大額可轉讓定期存單的出現稱為金融創新的萌芽，如以此為據，則中觀層次的金融創新概念不僅把研究的時間限制在20世紀60年代以後，而且研究對象也有明確的內涵。因此，大多數關於金融創新理論的研究均採用此概念。

## 二、金融創新的動因分析

（一）需求因素

20世紀七八十年代，通貨膨脹率急遽上升導致市場利率急遽上升和劇烈波動。以美元國庫券利率為例，20世紀50年代，3個月期的美元國庫券利率在1%～3.5%之間波動；到了20世紀70年代，其波幅達到4%～11.5%；而20世紀80年代這一波幅已擴大至5%～15%。利率的劇烈波動造成了巨額的資本利得或資本損失，並使投資回報率具有較大的不確定性。投資收益下降和風險增大，增加了對能夠降低利率風險的金融產品和服務的需求，從而刺激了微觀金融主體創造一些能夠降低利率風險的新的金融工具，在該需求的推動下，20世紀70年代開發出可變利率抵押貸款、金融期貨交易和金融工具的期權交易。這種由創新需求引致的誘致性金融創新成為基本的金融創新方式。

（二）供給因素

計算機和通信技術的改善是導致金融創新供給條件發生變化的最重要源泉，其有力地刺激了金融創新。當能夠大大降低金融交易成本的新計算機技術可以運用時，金融機構便可據以設計和推出可能對公眾具有較大吸引力的新金融產品和新金融工具，如銀行卡以及與之相應的電子貨幣等。計算機和通信技術的改善也改善了市場獲得證券信息的能力，這種由交易和信息技術的改善而引發的金融創新最重要的例證是證券化。此外，政府管理制度的變化也能夠導致供給條件改變而發生金融創新，如貼現經紀人和股票指數期貨的出現。

(三) 規避監管法規

　　金融創新與金融監管是一對矛盾，金融監管是金融創新的障礙，也是金融創新的動因。由於金融業較其他行業受到更為嚴格的管理，並且這種嚴格的管理束縛了金融業的競爭力以致不能順應社會經濟發展的趨勢時，政府管理法規就成為金融業創新的重要推動力量。當管理法規的某種約束可以合理地或被默認地予以規避，並可以帶來收益，創新就會發生。

　　對於金融業中的銀行業來說，這種感受可能更深。由於金融市場的發展，非銀行金融機構獲得了長足的發展，致使銀行業不僅要面對自己內部的激烈競爭，還要面對外部的非銀行機構的激烈競爭，銀行業的經營環境不斷惡化。過去美國銀行業在法定準備金與存款利率兩個方面受到嚴格限制，政府針對銀行業的嚴格監管，使銀行業經營受到嚴重的束縛。自20世紀60年代末期開始，由於通貨膨脹率引起的較高的利率水平同存款利率上限和存款準備金合在一起減少了銀行業的利潤。為了生存，迫使商業銀行進行創新，產生了歐洲美元、銀行商業票據、可轉讓提款通知書帳戶（NOW）、自動轉換儲蓄帳戶（ATS）、隔日回購協定、貨幣市場互助基金（MMM）等形式的金融工具。

(四) 金融競爭因素

　　金融競爭是金融創新的重要原因。隨著經濟、金融的發展，金融競爭的範圍、內容等均發生了較大變化。在金融創新過程中，提高創新者的市場競爭能力始終是創新的重要動力。商業銀行一直是最重要的金融機構，也是金融監管的主要對象。然而20世紀70年代后，一是為了突破利率管制需要，二是為了應對非銀行金融機構的競爭，金融創新遂成為商業銀行與非銀行金融機構的主要籌碼。進入20世紀90年代以後，商業銀行與非銀行金融機構之間的界限進一步打破，商業銀行在多功能、綜合化方向上的發展也取得了長足進展。因此，金融同業之間的市場競爭變成了全方位、多領域的競爭，與此相適應，金融創新也在不同領域全方位展開。此外，各國金融管制的陸續放松帶來了金融競爭的國際化。因此，金融機構紛紛借助於金融創新以適應國際金融市場一體化發展的需要，金融創新的範圍由國內市場擴展到國際市場，金融創新的內容則涵蓋了國際金融制度、國際金融工具和國際金融機構等方面。

### 三、金融創新的內容

(一) 金融工具和融資方式的創新

　　金融工具創新是指金融資源的分配形式與金融交易載體發生的變革與創新。金融工具創新是金融資源供給與需求各方金融要求日益多樣化、金融交易制度與金融技術創新的必然結果。一方面，通過金融工具的創新活動最大限度地動員和分配可支配的金融資源，滿足了社會經濟發展對金融資源的需要；另一方面，金融工具創新適應了社會財富不斷增長背景下，金融投資者對投資工具的多樣化需要和投資風險管理的各種要求。金融工具創新從金融資源供給與需求兩個方面改善了金融資源的分配狀況，提高了金融效率。此外，金融工具創新還使金融產業不斷適應金融交易對金融仲介服

務的需要，適時進行金融結構的調整，並在金融結構變化中獲得不斷發展。金融工具創新大致可以歸納為以下幾類：

1. 所有權憑證

股票是所有權的代表，傳統的股票主要有普通股和優先股。由於創新出現了許多變種，如以優先股為例，有可轉換可調節優先股、可轉換可交換優先股、再買賣優先股、可累積優先股、可調節股息率優先股、拍賣式股息率優先股等。

2. 融資工具

債務工具對借款人來說是債務憑證，對放款者則是債權憑證。最早的債務工具是借據，緊接著出現的是商業票據，以后又出現了銀行票據和企業、金融機構、政府發行的各種債券。由於創新債務工具又發生了許多新變化，如就個人債務工具而言，其變種主要表現為信用卡、可轉讓支付命令帳戶、可變或可調節利率抵押、可轉換抵押、可變人壽保險等。

3. 股權帳戶

就企業而言，金融工具創新就更多，主要表現為以下幾類：可調節的利率有浮動利率票據、利率重訂票據、可調節利率、可轉換債券、零息票可轉換債券。可變期限的有可展期票據、可賣出可展期票據、可變期限票據、可賣出可調節清償債務。可以外國通貨標值的有外國通貨標值債券、雙重通貨標值債券、歐洲通貨債券。可擔保的債務有以抵押為后盾債券、以應收項目為后盾債券、以不動產為后盾債券、有附屬擔保品抵押債券。

4. 衍生金融產品

最傳統的金融產品是商業票據、銀行票據等。由於創新，在此基礎上派生出許多具有新的價值的金融產品或金融工具，如期貨合同、期權合同互換及遠期協議合同。遠期合同和期貨近幾年又有新的創新，具體表現在遠期利率協議、利率期貨、外國通貨期貨、股票指數期貨等。此外，衍生金融產品近年來的杰作則為歐洲利率期貨、遠期外匯協議，前者為不同通貨的短期利率保值，后者為率差變動保值。

5. 組合金融工具

組合金融工具是指對種類不同的兩重以上（含兩重）的金融工具進行組合，使其成為一種新的金融工具。組合金融工具橫跨多個金融市場，在多個市場中，只要有兩個市場或兩個以上市場的產品結合，就能創造出一種綜合產品或一種組合工具，如可轉換債券、股票期權、定期美元固定利率等，都是組合金融工具。其他衍生金融工具還有票據發行便利、備用信用證、貸款承諾等。

(二) 金融制度和金融機構的創新

1. 金融制度的創新

金融制度的創新是為了適應金融效率提高的要求，而在金融資源分配制度方面發生的變革和創新，是一國經濟制度的必要組成部分。金融制度的創新是通過金融資源分配和金融交易的某種制度變革或制度安排，增強金融交易的活力，降低金融交易成本、改善金融資源分配狀況、擴大金融交易規模，最終達到提高金融效率的目的。金

融制度創新涉及金融體系的組織與構造、金融市場的組織與結構、金融活動的監管與調節等方面的變革。而且廣義上，金融制度創新還應包括金融交易主體的產權制度創新和內部組織制度創新。

金融制度的創新主要表現在以下三個方面：

(1) 分業管理制度的改變。長期以來，在世界各國的銀行體系中，歷來有兩種不同的銀行制度，即以德國為代表的「全能銀行制」和以美國為代表的「分業銀行制」。二者主要是在商業銀行業務與投資銀行業務的合併與分離問題上的區別。但自20世紀80年代以來，隨著金融自由化浪潮的不斷升級，這一相互之間不越雷池一步的管理制度已經發生改變，美國於1999年年底廢除了對銀行業經營嚴格限制60多年的《格拉斯—斯蒂格爾法案》，允許商業銀行混業經營。從目前來看，世界上大多數國家的商業銀行的上述兩個傳統特徵和分業界限已逐漸消失，商業銀行的經營範圍正不斷擴大，世界上的著名大銀行實際上已經成為「百貨公司」式的全能銀行，從其發展動向上看，商業銀行經營全能化、綜合化已經成為一種必然的趨勢。

(2) 對商業銀行與非銀行金融機構實施不同管理制度的改變。由於商業銀行具有信用創造的特殊功能，因此世界上的大多數國家都對商業銀行實行了比非銀行金融機構更為嚴格的管理制度。如對其市場准入的限制、存款最高利率的限制、不同存款準備金率的差別限制、活期存款不得支付利息的限制等。但是，在不斷發展、擴大的金融創新中，非銀行金融機構正是看準了這一制度上的薄弱環節，進行了大膽創新與發展，使非銀行金融機構的種類、規模、數量、業務範圍與形式等都得到了迅速發展，使商業銀行在新的市場競爭中處於明顯的弱勢。鑒於經濟環境、市場條件所發生的巨大變化，各國政府都先后縮小了對兩類金融機構在管理上的差別，使商業銀行與非銀行金融機構在市場競爭中的地位趨於平等。

(3) 金融市場准入制度趨向國民待遇，促使國際金融市場和跨國銀行大發展。在20世紀80年代以前，許多國家均採取了對非國民進入本國金融市場以及本國國民進入外國金融市場以種種限制，尤以日本為最。在金融自由化浪潮的衝擊下，這些限制正逐漸取消。經濟一體化和金融全球化的發展，為跨國銀行的出現以及國際金融中心的建立創造了條件。各國大銀行爭相在國際金融中心設立分支機構，同時在業務經營上加快電子化、專業化和全能化的步伐。由於金融創新使各國之間的經濟、金融聯繫更加緊密，經營的風險也在加大。從而使全球金融監管出現自由化、國際化傾向，各國政府在對國際金融中心、跨國銀行的監管問題上更加注重國際的協調與合作。

2. 金融機構的創新

金融機構的創新主要是指投資銀行、對沖基金、私募股權基金、貨幣市場基金、債券保險公司等非銀行金融機構發展，其資產規模占整個金融體系資產規模的比重大幅度提高。

例如，2007年年初，美國非銀行金融機構的資產規模高達10.5萬億美元，而美國五家銀行控股公司的資產總額超過6萬億美元，整個商業銀行體系資產約為10萬億美元，非銀行金融機構的資產規模已經超過了商業銀行體系。

非銀行金融機構的快速發展是20世紀70年代以后的事。20世紀70年代初，布雷

頓森林體系解體，匯率與利率的變動加大，金融衍生產品迅速發展，為非銀行金融機構的發展提供了良好的機遇。1999年11月4日，美國參眾兩院分別通過《金融服務現代法》，從法律上廢除了商業銀行、證券與保險分業經營的規定，允許並提倡商業銀行、投資銀行和保險公司合併成立金融控股公司。2000年年底，美國第106屆國會通過《大宗商品期貨現代化法》將場外交易排除在監管之外。這兩項法律的實施為非銀行金融機構的迅猛發展創造了條件。

（1）投資銀行。傳統意義上投資銀行是為企業融資和投資者服務的仲介機構，其主要業務是證券的承銷與經紀以及作為併購和融資業務的財務顧問。投資銀行利用自己的專業知識，為企業選擇證券發行的規模、條件、時機和價格提供諮詢服務。但投資銀行后來的發展遠遠超出傳統投資銀行的業務範圍，幾乎涉足了資本市場的所有業務，而且業務重點由從代客交易轉向自營交易，由股票市場交易轉向金融衍生品交易。投資銀行不僅大量從事發放貸款、大宗商品和貨幣交易、房地產融資、槓桿收購等業務，而且在證券化產品、信用衍生品、結構性融資和場外交易等領域占據主導。同時，投資銀行紛紛由合夥制轉變為有限責任公司和上市公司，其職業經理的高額報酬與投資的利潤直接相關。為了追逐高額的財務回報，除傳統的仲介業務外，投資銀行大量涉足高風險的衍生品投資，而且一般採取高槓桿比率運作。

（2）對沖基金。對沖的本意是指通過套利、做空和衍生品等不同的交易手段來規避投資中的風險，但對沖基金大多並不局限於通過對沖操作來規避投資中的風險，而是充分利用做空、衍生工具、套利、槓桿、程序交易等手段在市場上進行投機。對沖基金最大的特點是「黑箱」操作。每只基金的投資策略、類型和方式都屬於商業機密，不需要向監管當局報告其風險敞口，只對客戶提供一些有關基金規模和基金回報的籠統信息。對沖基金的另一特點是普遍運用銀行貸款、保證金帳戶等手段，提高財務槓桿比率。

（3）私募股權基金。私募股權基金是指投資非上市公司股權或槓桿收購已上市公司股權的基金。私募股權基金業務中利潤最豐厚而風險也最大的是槓桿收購。私募股權基金收購的債務通常會占到收購價格的60%～90%，有的甚至達到95%。

（4）貨幣市場基金。貨幣市場基金是指主要投資於政府債券、銀行定期存單、商業票據等短期、低風險證券的共同基金。自20世紀70年代初設立貨幣市場基金以來，貨幣市場基金很少跌破面值，投資貨幣市場基金可以獲得類似於銀行儲蓄帳戶的安全性和流動性，而且可以獲得高於銀行存款利息的投資收益。但是，貨幣市場基金的收益不受美國聯邦儲蓄保險公司的保護。

（5）結構投資載體（Structured Investmen Vehicle，SIV）。結構投資載體是商業銀行的資產負債表外業務。一般由銀行或其他金融機構以發行股份的方式設立SIV，購買其股份的投資者擁有SIV，並有權享受SIV帶來的利潤。SIV通過發行短期商業票據獲得短期資金，然后投資長期、高收益證券。SIV既不受美聯儲監管，也無資本充足率的要求。

投資銀行、對沖基金、私募股權基金、貨幣市場基金以及結構投資載體等非銀行金融機構的發展極大地促進了金融市場的發展和繁榮。如果沒有非銀行金融機構的迅

速發展，不可能有華爾街昔日的輝煌，也不可能有美國金融業20世紀80年代以來20多年的繁榮。但是，非銀行金融機構的迅速發展也增大了金融市場的風險。

## 四、金融創新的影響

(一) 金融創新的微觀效應

1. 金融創新為金融機構拓展了生存空間，降低了交易成本，提高了金融效率

金融創新促進了金融機構，特別是商業銀行業務的創新和多元化，使其擺脫困境，拓展了新的盈利空間。金融創新創造了一些新型的金融機構，促進了非銀行金融機構的快速發展。金融創新改變了金融仲介機構的分割局面，使得金融機構日趨同質化。

金融創新一方面充分激發金融機構逐利的動力，通過競爭迫使金融機構降低成本，提高效率、提升競爭力；另一方面通過金融資源分配和金融交易的某種制度變革或制度安排，增強金融交易的活力，降低金融交易成本，改善金融資源分配狀況，擴大金融交易規模，提高金融效率。

2. 金融創新為投資者提供了更多的投資選擇，增強了抗風險的能力

金融創新創造了很多新型金融工具，提供了多功能、多樣化和高效率的金融工具和金融服務，擴大投資者的選擇空間。金融創新降低了持有和保管金融工具的成本，同時也降低了發行成本。金融創新便利了金融工具的交易，各類資產之間轉換的便利，大大降低了金融工具的交易成本。金融創新使得金融工具多樣化，便於投資者進行組合投資，分散風險。另外，衍生金融工具的交易也為投資者避險創造了條件。

3. 金融創新可能使金融機構和投資者風險增大

金融創新加劇了金融業的競爭，競爭使金融機構的盈利下降，經營環境不斷惡化，經營風險增大。而且競爭可能迫使金融機構為追求利潤最大化，更加激進經營，不斷進行資產擴張，甚至從事一些高風險的金融業務，從而面臨巨大的風險。

金融創新雖為投資者提供了較多的風險轉移、風險分散和風險迴避的投資工具，但也為投機者創造了很多投機機會。一方面，投機者可能因為決策失誤而造成巨大損失；另一方面，因其投機行為所引致的金融市場的動盪，也會殃及其他投資者。

(二) 金融創新的宏觀效應

1. 金融創新對貨幣需求的影響

(1) 金融創新降低了貨幣需求總量，改變了廣義貨幣結構，從而可能改變貨幣需求的結構。金融創新中出現了大量貨幣性極強的金融工具，具有較好的變現功能和支付功能，有些金融工具還可能帶來較高的收益，相對提高了持幣的機會成本。人們在資產組合中可能盡量減少貨幣的持有量，而增加非貨幣資產的比重，從而引起對傳統貨幣需求的減少。

金融電子化和支付結算系統的改革，縮小了現金的使用範圍，而且活期存款的使用也在減少，加速了貨幣資金的週轉，從而導致貨幣需求不斷下降。

金融創新使金融資產日益多樣化，利率可能不再是人們持有金融資產權衡選擇的唯一或主要標準，貨幣需求的利率彈性不斷下降。

(2) 金融創新降低了貨幣需求的穩定性。金融創新產生了一系列既有流動性又有收益性的金融工具，從而改變了人們持有貨幣的動機，引起貨幣需求結構的變化。穩定性高的交易貨幣需求比重下降，投機性貨幣需求比重上升，從而使貨幣需求函數的穩定性下降。

金融創新使貨幣需求的決定因素變得複雜和不穩定。

金融創新使貨幣與其他金融工具之間的替代性增強。短期內經濟形勢稍有變化就會引起資金在各類金融資產之間的大規模轉移，從而導致狹義的貨幣需求變幻頻繁。

2. 金融創新對貨幣供給的影響

(1) 金融創新擴大了貨幣供給主體。金融創新模糊了銀行金融機構與非銀行金融機構的業務界限，非銀行金融機構也具有創造存款貨幣的能力。

(2) 金融創新增強了金融機構貨幣創造能力。金融創新通過作用於現金比率、定期存款比率、法定存款比率和超額存款比率四個因素來影響貨幣乘數，進而導致貨幣供應量的變化。

(3) 金融創新部分地削弱了中央銀行控制貨幣供給的能力。金融創新一方面通過減少貨幣需求，充分利用閒置資金、加快貨幣流通速度來改變貨幣供應量，另一方面又通過擴大貨幣供給主體，加大貨幣乘數、創造新型存款貨幣，貨幣供給的內生性越來越強，使得貨幣供給在一定程度上脫離中央銀行的控制。

(4) 金融創新使貨幣定義與計量變得十分困難和複雜，中央銀行運用貨幣政策工具調控貨幣供應量的難度越來越大。

3. 金融創新對貨幣政策的影響

(1) 金融創新使得貨幣控制的中間目標複雜化。這主要是因為貨幣與其他金融資產之間的替代性增強，使貨幣外延變得模糊，中央銀行很難把握貨幣總量的變化，降低了貨幣政策的效力。

(2) 金融創新降低了貨幣政策工具的效力。金融創新使金融機構能夠獲得大量的不用繳納存款準備金的資金，從而限制了存款準備金率這一工具的效力；金融創新使銀行融資渠道多樣化，不到萬不得已時，商業銀行不會向中央銀行申請再貼現或再貸款，從而貼現率工具的效力也會降低；金融創新為中央銀行公開市場業務提供了多種交易手段與場所，強化了公開市場業務的作用，但也同時增加了有效運用公開市場手段的難度。

(3) 金融創新擴大了貨幣政策效率的時滯。由於金融創新深刻地影響了金融運行的過程，中央銀行在制定貨幣政策時要多方面加以考慮，擴大了貨幣政策的內在時滯。金融創新改變了貨幣供給過程，影響了中央銀行控制貨幣供應量的能力，而且大量創新金融工具的存在，使居民和企業的經濟行為不一定能像中央銀行和金融機構預期的那樣，從而造成的貨幣政策的外在時滯。

4. 金融創新使金融體系穩定性下降，金融風險增大

如上所述，金融創新加劇了金融業競爭，競爭使金融機構的盈利下降，經營環境不斷惡化，經營風險增大，並因為金融機構相互之間的密切聯繫，一個金融機構的損失，可能通過傳遞效應，不斷放大風險，最後甚至可能引發金融危機。

金融創新為金融投機提供了新的手段與場所，可能導致投資猖獗，加劇了金融市場的波動，滋生金融泡沫，並可能導致金融危機。

金融創新對貨幣供求將產生巨大影響，進一步強化了貨幣供給的內生性因素，致使中央銀行貨幣政策的有效性大打折扣。此外，金融創新使得相應金融法規愈發滯后，從而加大金融監管的難度。

### 美國20世紀80年代規避既有管理法規的吸存創新

1970年，作為努力尋找法律管制漏洞的結果，馬薩諸塞州的一家互助儲蓄銀行發現了對支票存款禁止支付利息的法規的漏洞，從而發了橫財。實際上，只要把一種支票稱作可轉讓提款通知書（NOW），可簽發這種通知書的帳戶便可以在法律上不被作為支票帳戶看待了。這樣，NOW帳戶便不受有關支票帳戶法規之限，可以支付利息。在兩年的訟爭后，馬薩諸塞州的互助儲蓄銀行於1972年5月獲準發行支付利息的NOW帳戶。之后，1972年9月新罕布什爾州的法院確認了NOW帳戶在該州的合法性。由於商業銀行不願意在支票帳戶存款上受到來自其他金融仲介機構的競爭，它們發動了一場運動來阻止此類帳戶向其他州蔓延。結果是美國國會於1974年1月通過法令，把NOW帳戶限制在新英格蘭的各州之內。1980年，法律最終還是允許了全國各地的儲貸協會、互助儲蓄銀行和商業銀行開辦NOW帳戶，同時信貸協會的類似帳戶（股金匯票帳戶）也獲批准。

除了NOW帳戶以外，另一種能使銀行對支票帳戶支付利息的創新是自動轉換儲蓄帳戶（ATS）。在這種安排中，支票帳戶中一定金額之上的余額都能自動轉換為支付利息的儲蓄帳戶。當對自動轉換儲蓄帳戶簽發支票時，必要的兌付支票資金會自動地從儲蓄帳戶轉到支票帳戶上。這樣，可得利息的儲蓄帳戶上的金額實際上成為存款者支票帳戶的一部分，因為它們是可供簽發支票的。然而，從法律上說，這是一種儲蓄帳戶，而不是向存款者支付利息的支票帳戶。商業銀行向其公司存款者提供了另一種形式的ATS帳戶，即利用一種所謂的「清理帳戶」來從事隔日回購安排。在這種安排下，在一家公司營業終了時，其支票帳戶一定金額以上的存款都「全數清理出去」，投資於隔日回購協定上，而這項交易是向該公司支付利息的，即這家公司購買財政部債券，而銀行同意於第二天以稍高的價格回購這些債券。同樣，儘管支票帳戶在法律上不支付利息，但該公司實際上還是在它可以簽發支票的存款余額上獲得了利息。

貨幣市場互助基金（MMM）是為了規避存款利率上限和法定準備要求的管制而產生的。貨幣市場互助基金發行一種股份，這種股份可按固定價格（通常是1美元）以開支票的方式兌現。此外，客戶還能對這些以股份形式持有的存款簽發支票。儘管貨幣市場基金的股份實際上是有利息的支票帳戶，但它們在法律上並不是存款，因而不受法規限制，可以支付高於銀行存款的利率。第一家MMM是由華爾街兩名離經叛道者布魯斯本特和亨利布朗於1971年創設的。然而，1971—1977年，市場利率很低，使得它們不比銀行存款有特別優越之處。1978年年初，當市場利率攀升超過10%，比起Q項條款（Q條例）規定的上限5.5%高出許多時，情況就迅速發生了變化。1977年，貨幣市場互助基金的資產只有不到40億美元，1978年增至100億美元，1979年超過

400億美元，1982年則達到了2,300億美元。現在，它們的資產約為5,000億美元。至少可以說，貨幣市場互助基金是一項成功的創新。

思考：

1. 為什麼說NOW、ATS、MMM、隔日回購協議以及經紀人存款，這些膾炙人口的金融創新品種，雖然在法律上沒有任何位置，但美國商業銀行的這種創新沒有觸犯法律？

2. Q條例是在怎樣的背景下頒布的？這一條例對美國商業銀行的經營管理活動有怎樣的影響？

3. 美國商業銀行的存款創新是在怎樣的情況下進行的？

4. 這些創新的存款品種對商業銀行的業務經營有何重要意義？

5. 美國商業銀行的創新之舉對中國商業銀行的經營活動有何借鑑作用？

# 思考與練習

## 一、名詞解釋

金融發展　經濟發展　金融抑制　金融深化　金融約束　金融創新　對沖基金　私募股權基金　貨幣市場基金

## 二、簡答題

1. 簡述金融發展與經濟發展之間的關係。
2. 如何觀察和度量金融發展的水平？
3. 簡述「金融抑制」理論的內容。
4. 簡述「金融深化」理論的內容。
5. 簡述「金融約束」理論的內容。
6. 導致發展中國家出現「金融抑制」的主要原因是什麼？
7. 什麼是金融創新？金融創新的動因有哪些？
8. 金融創新的內容有哪些？

## 三、論述題

1. 試分析金融自由化的利弊。
2. 發展中國家金融自由化進程中有哪些值得借鑑的地方？
3. 試分析金融創新的微觀效應。
4. 試分析金融創新的宏觀效應。
5. 試從發展中國家金融壓抑和金融深化的角度論述中國的金融改革已取得的成就及以後改革應注意的問題。

# 第十一章 網路金融

**本章要點**

本章主要要求學生瞭解網路金融的產生與發展；熟悉和掌握網路金融的概念和特點，網路銀行、網路證券、網路保險的內涵及功能；理解網路金融創新模式以及網路金融的風險與監管。其中，本章的重點是網路金融的概念和特點、網路金融的風險與監管；難點是網路金融創新模式。

**網路金融詐騙案**[①]

瑞典最大的銀行北歐金融集團自2006年9月至今多次被一犯罪團伙利用互聯網進行詐騙，詐騙金額高達800萬瑞典克朗（1元人民幣約合1.27瑞典克朗）。這是瑞典有史以來情節最嚴重且金額最大的針對銀行的詐騙活動。

斯德哥爾摩警察局宣布，已有兩名重要嫌疑犯被逮捕，另有121人被列為嫌疑人。瑞典警方懷疑這次詐騙活動的幕後黑手是俄羅斯的有組織犯罪集團。

在這一系列的詐騙活動中，共有250多個個人儲戶被騙。罪犯的犯罪手法狡詐，他們通過電子郵件引誘用戶在他們偽造的銀行主頁上提供自己的銀行信息。儲戶在提供相應資料後，便會收到該頁面技術錯誤的提示，而罪犯則使用木馬病毒程序竊取儲戶信息。之後，罪犯迅速使用竊取來的儲戶信息，通過網上銀行登錄進入該儲戶的帳號並轉移全部資金。

瑞典警方和北歐金融集團已經聯合向公眾提出警告，提示人們在辦理網上銀行業務時，保持高度警惕，不要隨意提供個人信息。北歐金融集團表示，所有上當受騙的客戶都將得到賠償。

2003年2月，美國一名計算機黑客攻破了一家負責代表商家處理維薩（Visa）卡和萬事達卡交易業務的企業計算機系統，掌握了220萬個顧客的信用卡號。

在日本，黑客利用安裝在網吧中的特殊軟件非法竊取用戶網上銀行的密碼，使1,600萬日元（約合104萬元人民幣）不翼而飛。

2002年，中國公安部曾經破獲一起不法分子利用黑客手段在銀行的網銀服務器中植入木馬程序，竊取了多家銀行和證券客戶的帳號、密碼信息進行詐騙的案件，涉案金額達80多萬元。

---

[①] 馬世駿. 瑞典最大銀行遭遇網路詐騙受騙客戶都將獲賠 [EB/OL]．(2007-01-21) [2016-08-12]. http://news.qq.com/a/20070121/000389.htm.

思考：

1. 個人儲戶應該如何保護自己的金融資產的安全？
2. 金融機構應該如何加強安全管理，防禦網路金融詐騙？

## 第一節　網路金融概述

隨著計算機網路的廣泛應用，金融活動也開始在網上實現，進而形成了網路金融。網路金融不同於傳統的以物理形態存在的金融活動，是存在於電子空間中的金融活動，其存在形態是虛擬化的、運行方式是網路化的。網路金融是網路信息技術與現代金融相結合的產物，是未來金融業發展的一個重要方向。

### 一、網路金融的產生與發展

（一）網路金融的產生基礎

首先，網路和信息技術為網路金融提供了技術基礎。計算機技術、網路技術和信息技術的飛速發展以及網路的安全保密技術不斷完善，使上網越來越快捷、方便，從而給網路金融機構提供了生存和不斷發展的空間，同時也為金融服務帶來更加激烈的競爭。為了在競爭中謀求生存與發展，金融機構紛紛推出了網上服務品種。

其次，網路經濟的深化和電子商務的發展催生了網上銀行，進而產生網路金融。網路經濟的深化和電子商務的發展，既要求銀行為之提供相互配套的網上支付系統，也要求網上銀行提供與之相適應的虛擬金融服務，從而向傳統銀行支付體系提出了嚴峻的挑戰，極大地推動了金融創新。

最后，金融資本的集中為網路金融的發展提供了資本基礎。金融資本的集中是指金融業資本（包括商業銀行、投資銀行、證券投資基金、保險業等）通過資本市場形成大資本集團或聯盟，其實質是在全球範圍內尋求資本的最優配置以及超常規擴張的目的。這些規模巨大，以混業經營、跨國經營為特徵的資本集團或聯盟，必須以網路金融作為業務支撐，其雄厚的資金實力推動了網路金融的成長和壯大。

（二）網路金融的發展

互聯網商業性應用的發展誕生了網路金融。從20世紀90年代中期開始，傳統式金融開始向網路金融轉變。以銀行為例，世界上第一家網路銀行——美國安全第一網路銀行（Security First Network Bank）於1995年10月在美國亞特蘭大開業，美國最大的50家銀行中都已提供網上金融服務。繼美國之後，歐洲、亞洲等地也興起了網路金融。

隨后，網路金融界出現了傳統的金融機構和高新技術公司合作創辦的純虛擬金融機構，它在優勢互補、合作發展的基礎上促進了網路金融的發展。網路金融現在已發展成包括銀行、證券、保險、基金、期貨、電子支付、技術解決方案提供商等電子金融及相關行業。新出現的網路金融超市是金融服務創新的一種表現形式。

## 二、網路金融的概念和特點

(一) 網路金融的概念

網路金融 (Internet Finance, e-Finance) 簡單講就是網路技術與金融的高度結合而形成的一種新的金融形態。從狹義上說,網路金融是金融與網路技術全面發展的產物,包括網上銀行、網上證券、網上保險、網上支付等相關的金融業務內容。從廣義上說,網路金融包括網路金融活動涉及的所有業務和領域。

(二) 網路金融的特點

1. 信息化與全球化

網路金融是金融信息收集、整理、加工、傳輸、反饋的平臺,同時也是金融信息化的產物。網路金融市場是一個信息市場,也是一個虛擬的市場,在互聯網上將全球計算機聯結起來後,借助全球化,金融融為一體,實現金融業的國際化。在國際金融市場,一切信息、交易可以利用開放性環球網路來傳輸和實現。

2. 便捷性與高效性

網路技術的應用使得金融信息和業務處理的方式更加先進,大大提高了金融系統的自動化程度,突破了時間和空間的限制,能夠隨時隨地為客戶提供金融服務。此外,網路金融能在很大程度上降低金融機構的運作成本,同時也使地理位置的重要性降低。提高金融服務的速度與質量,能為客戶提供更豐富多樣、自主靈活、方便快捷的金融服務。

3. 綜合性與風險性

網路金融推動了客戶的銀行帳戶、證券帳戶、資金資產管理和保險管理等融合統一管理的趨勢,極大地推動了金融混業經營的發展,而且提高了金融市場透明度和非仲介化程度。但是,網路化的金融體系使得金融風險明顯增大。在網路金融活動中,詐欺和犯罪活動將變得更加隱蔽。例如,非法入侵金融機構的網路系統、攻擊金融組織的數據庫、通過網路改動數據盜取他人錢財的行為將使金融系統面臨巨大的潛在風險。

4. 互動性與創新性

網路使得客戶與金融機構的相互作用更為直接,解除了傳統條件下雙方活動的時間、空間制約,實現即時互動,完成個性化服務。網路金融以客戶為中心的性質決定了它的創新性特點。為了滿足客戶的需求、擴大市場份額和增強競爭實力,網路金融必須進行業務創新。這種創新在金融的各個領域都在發生,比如在信貸業務領域,銀行利用互聯網上的搜索引擎軟件,為客戶提供適合其個人需要的消費信貸、房屋抵押信貸、信用卡信貸、汽車消費信貸等服務。資本市場提供了一個可通過計算機網路直接交換信息和進行金融交易的平臺,買方和賣方可以通過計算機相互通信來尋找交易的對象,從而有效地消除了經紀人和交易商等傳統的金融仲介,大大降低了交易費用。

5. 管理整合化與監管國際化

網路金融的管理創新包括兩個方面:一方面,金融機構放棄過去那種以單個機構

的實力去拓展業務的戰略管理思想，充分重視與其他金融機構、信息技術服務商、資訊服務提供商、電子商務網站等的業務合作，達到在市場競爭中實現雙贏的局面；另一方面，網路金融機構的內部管理也趨於網路化，傳統商業模式下的垂直官僚式管理模式被一種網路化的扁平的組織結構所取代。

由於信息技術的發展，網路金融監管呈現自由化和國際合作兩方面的特點。一方面，過去分業經營和防止壟斷的傳統金融監管政策被市場開放、業務融合和機構集團化的新模式所取代；另一方面，隨著在網路上進行的跨國界金融交易量越發巨大，一國的金融監管部門已經不能完全控制本國的金融市場活動。因此，國際金融監管合作就成了網路金融時代監管的新特徵。

**網路金融不受時空限制**[①]

在美國，網路銀行開辦費只是傳統銀行開辦費的1/20甚至1/40。美國傳統銀行開設一個分支機構，平均需要200萬美元的成本，而一家「nFront」的網路服務公司的公開開價卻是收費5萬美元即可為任何商業銀行建立一個網路銀行。美國商務部1998年4月的調查表明：辦理一筆金融業務的成本，傳統櫃臺為1.08美元，電話方式為0.54美元，自動取款機（ATM）為0.27美元，個人電腦為0.15美元，而通過互聯網則只需0.01美元。對券商而言，網上股票交易的成本也僅為傳統交易的1/6，甚至更低。對保險公司而言，代理人從與客戶見面到簽訂保單，平均需要接觸27次，而通過網路進行，直接見面次數就大大減少，從而節約了大筆費用。另外，保險業務的網路理賠也大大降低了成本。過去，幾天、幾個禮拜甚至幾個月客戶才能辦好索賠手續，拿到賠款；現在以網路申請理賠的形式進行，最快的一單從客戶報案到拿到賠款僅花了25分鐘。如此的高效率、低成本，既是網路金融的重要特點之一，又是網路金融迅速崛起和蓬勃發展的重要原因之一。

## 第二節　網路金融的發展現狀

20世紀90年代中期以來，發達國家和地區的網路金融發展迅速，出現了從網路銀行到網路保險、從網路個人理財到網路企業理財、從網路證券交易到網路金融信息服務的全方位、多元化網路金融服務。

中國的金融電子化建設經歷了重要的、具有歷史意義的四個發展階段：第一階段，從20世紀70年代末到20世紀80年代，銀行的儲蓄、對公業務等以計算機處理代替手工操作；第二階段，從20世紀80年代到20世紀90年代中期，逐步完成銀行業務的聯網處理；第三階段，從20世紀90年代初到20世紀90年代末，實現全國範圍的銀行計算機處理聯網、互聯互通，支付清算、業務管理、辦公逐步實現計算機處理；第四階

---

① 網路金融不受時空限制［EB/OL］.（2013-04-25）［2016-08-12］. http://www.wangdaibangshou.com/info-876.html.

段，從 2000 年開始，完成業務的集中處理，利用互聯網技術與環境，加快金融創新，逐步開拓網上金融服務，包括網上銀行、網上支付等。

隨著網路技術的發展，網路銀行、網路證券、網路保險等開始在具體行業中拓展，同時網路金融也創新了一些新模式，如網路余額理財、P2P 借貸、眾籌等。

## 一、網路銀行

### （一）網路銀行的內涵

網路銀行（Internet Banking）又稱網上銀行、在線銀行，是利用網路（包括因特網及銀行內部網路）技術，為客戶提供綜合、統一、安全、即時的銀行服務，包括提供對私、對公的各種零售和批發的全方位銀行業務，還可以為客戶提供跨國的支付與清算等其他貿易、非貿易的銀行業務服務。

在 1998 年巴塞爾銀行監管委員會（BCBS）發表的題為《電子銀行與電子貨幣活動風險管理》的報告中，網路銀行被定義為：那些通過電子渠道，提供零售與小額產品和服務的銀行。這些產品包括存貸管理、帳戶管理、金融顧問、電子帳戶支付以及其他一些諸如電子貨幣等電子支付的產品和服務。

### （二）網路銀行的發展

隨著因特網的廣泛應用，1995 年 10 月 18 日美國誕生了第一家網路銀行，即美國安全第一網路銀行（SFNB），這是世界上第一家將其所有銀行業務都通過因特網交易處理的開放性銀行。受其影響，歐美其他商業銀行紛紛做出積極反應，絕大部分有影響的商業銀行都陸續建立了自己的網路銀行。

隨著中國經濟的快速發展，中國銀行業也在積極利用先進的信息網路技術工具並在經營理念上與國際接軌，這為網路銀行在中國的快速發展奠定了基礎。到現在為止，中國網路銀行在發展環境、服務水平等方面均有了顯著的提高，在面臨挑戰的同時也擁有很好的機遇。中國第一家「上網銀行」是中國銀行，時間是在 1996 年 10 月。招商銀行也是國內最早推出上網銀行業務的商業銀行。2000 年 6 月 29 日，由中國人民銀行牽頭，組織國內 12 家商業銀行聯合共建的中國金融認證中心全面開通，開始正式對外提供發證服務。中國金融認證中心作為一個權威的、可信賴的、公正的第三方信任機構，專門負責為金融業的各種認證需求提供證書服務，為參與網路交易的各方提供安全的基礎，建立彼此信任的機制。

**網路銀行業務蓬勃發展**

目前，國內商業銀行中招商銀行、中國銀行、中國建設銀行、上海浦東發展銀行和深圳發展銀行等多家銀行都擁有了具有支付功能的網上銀行。中國銀行的網上銀行與其 1,000 萬張長城卡相結合，推出「支付網上行」，形成了明顯的集成效益。中國建設銀行則在總行成立了網上銀行部，統籌經營，可逐步實現日處理業務 130 萬筆，同時允許 5 萬個客戶訪問和交易。1997 年，招商銀行在國內率先推出自己的網上銀行——「一網通」，構建起由企業銀行、個人銀行、網上證券、網上商城、網上支付組成

的功能較為完善的網路銀行服務系統，辦理信息查詢、銀企對帳、代發工資、定向轉帳及網上購物等業務。1999年9月，招商銀行全面啓動了網路銀行業務，推出網上支付的全國聯網，其中網上「企業銀行」可提供同城轉帳、異地電匯、信託、母公司與子公司帳務稽核等業務；「個人銀行」能為客戶提供網上查詢帳務、財務分析、轉帳等服務。招商銀行的網上業務使許多網民成為它的用戶，並在網路市場上超過了同行企業，其綜合實力明顯提高。據中國互聯網路信息中心（CNNIC）的統計，招商銀行的網上服務點覆蓋面涵蓋了國内近10萬個上網企業的79.02%以及1,000萬網民中的72.24%，其「企業銀行」業務實現了B2B功能。

（三）網路銀行的功能

除了傳統商業銀行的基本服務功能以外，網路銀行還提供了很多新型的服務功能，並且通過網路技術的先進性，還使得傳統業務增添了新的活力，使網路銀行的服務延伸到更多的領域，提高了網路銀行的競爭力。

1. 個人網銀業務功能

網路銀行的基礎服務功能主要是個人網上銀行業務，包括網上開戶、網上銷戶、密碼設置、密碼修改、帳戶餘額查詢、利息查詢、交易明細查詢、個人帳戶掛失、票據匯兌、電子轉帳業務等。個人網銀主要包括以下業務功能：帳戶管理業務、帳戶查詢業務、網上轉帳業務、代理繳費業務、其他服務功能等。

2. 企業網銀業務功能

企業網銀的主要服務對象是企業集團或企事業單位。其業務内容涵蓋查看帳戶餘額和歷史業務情況、不同帳戶間劃轉、外匯資金的匯入和匯出、核對帳戶、電子支付雇員工資、獲取帳戶信息明細、瞭解支票利益情況、打印顯示各種報告和報表（如每日資產負債表、餘額匯總表、詳細業務記錄表、付出支票報表、銀行明細表、歷史平均數表等）。另外，銀行同業的拆借、往來資金的清算和結算，也是一項主要的批發業務。企業網銀主要包括以下業務功能：帳戶查詢業務、帳務處理業務、代發工資業務、電子匯票業務和企業操作員管理業務等功能。

3. 網銀衍生業務功能

網銀衍生業務功能是指網路銀行在基本業務以外，純粹是因網路銀行營運而衍生的業務。這些業務覆蓋面廣、業務量大，已經成為網路銀行的核心業務。網銀衍生業務功能主要包括：

（1）網上支付。隨著電子商務發展的深入，許多商家已經意識到網上支付服務中所潛在的豐厚利潤，這使得提供網上支付服務的競爭異常激烈。個人網上支付服務已經成為個人用戶最常使用的網銀服務，對網路購物的推動作用明顯。在企業銀行服務方面，網銀支付服務主要是針對各類企業的經營活動推出的各類支付結算服務，由於大大簡化了支付流程、節省了時間，極大地方便了企業在網路經濟時代業務拓展的需求。

（2）網上信用卡業務。這種業務包括網上信用卡申辦、查詢信用卡帳單、銀行主動向持卡人發送電子郵件、信用卡授權和清算。例如，持卡人也可登錄網頁自行查詢

已出帳單、未出帳單以及瞭解信用卡消費情況及還款要求等。

（3）網上投資理財服務。網路銀行個人理財主要是指個人帳戶組合、家庭理財計劃、投資與保險等。企業理財是幫助企業制訂合理的資金計劃，有效投資理財等。

（4）網上金融信息諮詢服務。金融信息是個人、公司及政府機構進行投資決策、管理活動、制定經濟發展規劃的依據，如匯率、利率、股價、保險、期貨、金價、基金等以及政府的金融行業政策、法律法規等。網路銀行可以通過向用戶提供這些金融信息獲得收益，並贏得潛在的顧客群。

（5）網上消費貸款服務。消費貸款已經成為廣大居民最常用的金融產品服務，但是傳統的消費貸款在抵押擔保等手續方面異常繁瑣，嚴重影響貸款業務效率。因此，銀行推出了網路貸款業務，利用網路銀行用戶的良好信用記錄，在線提出貸款申請，簡化了貸款申請程序，縮短了貸款申請時間，極受用戶歡迎。

（6）網上企業信貸和融資服務。這是網上銀行專門為中小企業客戶打造的服務，通過「端對端」的工廠式「流水線」運作和專業化分工，提高服務效率，根據中小企業經營特點，設計融資產品組合與方案，為廣大中小企業客戶提供專業、高效、全面的金融服務。網上融資主要是通過第三方平臺所掌握的大量企業信息，解決銀行貸款信息不對稱的現狀，通常是由第三方平臺擔保，滿足企業融資需求。

除此之外，網路銀行的功能還包括網上購物業務、網路證券業務、網上外匯買賣服務等其他服務項目。

## 巴克萊銀行的網銀服務

巴克萊銀行是全球一流的綜合型金融機構，擁有世界領先的網路銀行業務，以先進的技術和強大的創新能力著稱。巴克萊銀行是世界上第一家使用ATM的銀行，是英國第一家推出信用卡、私人銀行並擁有銀行業務計算機中心的銀行，在英國擁有領先的基於網路的「虛擬銀行」。截至2011年年底，巴克萊銀行在英國擁有3,800萬在線活躍客戶，在網路銀行業務方面屢獲殊榮，在 *Profit& Loss* 雜誌的評比中，連續三年獲得網路銀行的創新獎，榮獲 *Euromoney* 評選的電子交易平臺第一名。

1. 以功能完整、操作簡便為目標，並對細分客戶提供差異化服務

巴克萊銀行注重電子渠道功能的完整性。在網上銀行方面，巴克萊銀行具備全面的功能，致力於將所有的櫃面業務電子化，並注重簡約、透明的操作流程以方便用戶使用。例如，簡潔的開戶流程和網上帳戶管理，提供極具吸引力的儲蓄利率等。在客戶細分方面，包括普通個人、高端客戶、中小型企業、大型企業、基金和資產管理、投資銀行等類型，巴克萊銀行對每類客戶有專門的網銀界面提供個性化的功能和服務。例如，針對中小型企業提供銀行帳戶透支、商業啟動資金支持計劃和現金流管理工具等，針對基金公司、私募股權投資（PE）公司等提供量身訂制的先進交易平臺「BARX」。在統一的平臺上，客戶可查看固定收益、股票、期貨、大宗商品、結構化產品的即時市場動態，並可以通過平臺交易和資產買賣。另外，該平臺附加下載研究報告、管理頭寸等功能。在手機銀行方面，巴克萊銀行的手機銀行功能覆蓋帳戶管理、轉帳付款、投資理財等基本功能，並提供其他工具包括最近的分行或櫃員機查詢、貨

幣匯率換算和各個證券交易所價格指數即時分析。

2. 以提供便捷性的體驗功能和推出區別於傳統的創新業務為特色

（1）網銀在個性化頁面設計、快捷鍵、匯款追蹤、各種下載和導出功能等方面提供便捷性的功能供客戶個性化設置，並提供了「虛擬帳戶」創新產品。

①個性化頁面設計：每個客戶可以根據自己的需要、偏好改變網銀的界面，挑選自己喜歡的功能並排序，對主頁進行完全地個性化頁面設計，還能通過上傳喜歡的照片和圖片，然後被印在客戶的信用卡上，使客戶擁有一張「豐富多彩」的信用卡。

②快捷鍵：增設各種快捷鍵，方便客戶快速完成各種功能，或同時操作多個功能或多個帳戶。

③匯款追蹤：客戶可隨時隨地查看匯款狀態和路徑。這項業務在極大地方便了客戶的同時，也節省了電話銀行和櫃臺查詢的工作。

④各種下載和導出功能：客戶可以通過網上銀行將帳戶信息和交易信息下載成為各種電子表格和圖表，或者使用會計軟件進行全面的數據分析。

⑤虛擬帳戶：強大的網路平臺可以為客戶提供「虛擬帳戶」的服務，並提供資金優化的解決方案。在虛擬帳戶業務中，客戶無須在巴克萊銀行開戶，只是在網上銀行開立虛擬帳戶，隨時隨地從虛擬帳戶上撥入資金或轉出資金，並享受更高的利息收入。巴克萊銀行在美國市場推出了虛擬帳戶，主要是考慮在美國物理分支機構較少，為節省成本，同時擴大美國市場份額，通過採用虛擬帳戶為美國客戶提供了豐富的理財產品和方便快捷的結算手段，推出後即在美國市場獲得了巨大的成功。

（2）手機銀行界面功能基本上繼承了網銀的一些客戶體驗功能，同時在業務特色上，主要體現在提供兩個特色產品「Pingit」和「PAYTag」。

①手機到手機的轉帳服務：客戶可使用手機下載客戶端「Pingit」，只要輸入對方手機號碼，無須輸入對方銀行帳號，在確認付款金額後，輕輕一點，即可向對方匯款。如果收款人在巴克萊銀行有帳戶，收款人會收到一條短信，確認收款；如果收款人在巴克萊銀行沒有帳戶，則可以憑藉巴克萊銀行發到手機上的收款代碼，將款項轉到其個人帳戶。「Pingit」在推出後立即獲得市場的極大歡迎，一份2012年2月的第三方調查報告指出，「Pingit」兩天之內下載到2萬部手機上，增加速度在英國遙遙領先。

②手機支付服務——「PAYTag」：「PAYTag」是一種信用卡，只有正常卡大小的三分之一，能夠貼在手機的背面，可以用於20英鎊（約合172元人民幣）以下的小額支付。客戶可以在麥當勞、超市和便利店使用「PAYTag」。2012年年底，倫敦的公共汽車也開始接受「PAYTag」支付。

思考：

1. 巴克萊銀行是如何創新它的網路銀行產品及服務的？
2. 巴克萊銀行在手機銀行業務上如何進行創新？

## 二、網路證券

（一）網路證券的內涵

網路證券，狹義上是指網上證券交易業務，即券商通過數據專線將證券交易所的

股市行情和信息資料即時發送到網上,投資者將自己的電腦通過網路接入設備連接上網,在線觀看股市即時行情、分析個股、查閱上市公司資料和其他信息、接受投資諮詢服務、委託下單買賣股票、進行資金轉帳等。而從廣義上看,網路證券包含通過網路進行證券投資的全過程,還涵蓋券商經營的網路化證券發行、承銷、推廣、一系列投資理財服務以及券商通過網路在證券交易所進行的報價、交易和結算過程。隨著移動上網的推廣,目前廣大投資者已經普遍通過移動設備上網進行證券交易活動,形成所謂的「移動證券」業務,這也是未來網路證券發展的方向。

(二) 網路證券的發展

1994 年,美國的查爾斯·斯沃伯公司最早開始辦理網上證券經紀業務。美國是網上證券交易最發達、規模最大的國家。到 2003 年,美國網上證券帳號超過 2,040 萬戶,網上帳戶資金超 6,880 億美元。網上證券交易額增加到 3 萬億美元。在中國,中國網路證券起步比國外稍晚。1997 年 3 月,廣東湛江的中國華融信託公司湛江營業部率先推出視聆通網路交易系統,標誌著中國網上證券的出現。由於因特網的迅猛發展,網上證券推出后的發展速度很快。剛推出網上交易的前三年,國外網上證券交易量的增長速度超過 100%,中國的這一增速則是 126%。以后幾年,每年的增長速度也在 50% 以上。

(三) 網路證券的功能

1. 網路證券的發行

網路證券的發行是利用證券交易所的交易系統,證券發行主承銷商在證券交易所掛牌銷售,通過證券營業部交易系統進行申購的發行方式。傳統證券發行方式存在著運作成本和發行費用較高、所確定的發行價格與上市后市場價格之間出現較大的反差等缺點。因此,在美國,從 20 世紀 90 年代后期開始,一些新型券商就開始嘗試運用網路證券業務平臺進行網上發行,至此網上證券發行業務得以快速發展。

2. 網路證券的交易

網路證券交易就是指投資者利用因特網網路資源,獲取國內外各交易所的即時報價,查找國際國內各類與投資者相關的經濟金融信息,分析市場行情,並通過互聯網進行網上的開戶、委託、支付、交割和清算等證券交易全過程,實現即時交易。

3. 網上路演

網上路演(Net Roadshow)是指證券發行人和網民通過互聯網進行互動交流的活動。通過即時、開放、交互的網上交流,一方面可以使證券發行人進一步展示所發行證券的價值,加深投資者的認知程度,並從中瞭解投資人的投資意向,對投資者進行答疑解惑;另一方面可以使各類投資者瞭解企業的內在價值和市場定位,瞭解企業高管人員的素質,從而更加準確地判斷公司的投資價值。

4. 網上證券信息服務

證券市場是一個信息化市場,信息的傳播、開發與應用對於提高證券市場效率、促進市場公開、公正與公平具有十分重要的作用,提供證券信息服務越來越離不開基於現代計算機技術之上的證券信息數據庫。在信息服務方面,網上證券信息服務平臺

主要包括信息、行情和交易等主要功能模塊。

除此之外，網路證券也開始進入到較高的發展層次。各種網路金融創新業務模式層出不窮，突破現有的各種制度及機制框架、尋求更大程度的發展空間成為必然的選擇，包括創新網上證券銷售通道，建立基金超市，向電商平臺的跨界發展等。

## 美國主要的網路證券服務商

1. 嘉信理財證券電子商務

美國嘉信理財公司（Charles Schwab）於1995年建立了第一個證券網上證券交易站點。在2001年一季度，嘉信理財公司網上客戶資產總額就達到了3,280億美元，網上證券交易額所占比例為81%。根據國際數據公司（IDC）的調查結果，嘉信理財公司在美國市場的相對滲透率達到了60%以上，品牌已經被成功地推廣。在市場規模一定的情況下，嘉信理財公司致力於為現有客戶提供更深入、全面的服務，使投資者能夠獲得更充分、準確的市場信息，得到更多的市場機會，增加交易量。在投資者成功的前提下，給嘉信理財公司帶來更多的利潤。

嘉信理財公司成功的主要原因有以下五點：

（1）有效的市場細分。嘉信理財公司將科技與人的作用完美地結合起來，以低成本方式服務於自助投資群體，以客戶的需求為發展動力，不斷利用新技術推出創新服務。

（2）優質的服務戰略。為了建立優良的服務體系，嘉信理財公司還徹底地改變了原有的績效評估體制。經紀人不僅要以他們獲得的佣金作為業績評估基礎，客戶滿意度也將作為核心指標。對於部門的客戶服務水平評估也不再以客戶的抱怨次數為依據，而是以客戶抱怨前後他們所接受的服務量為根據。此外，嘉信理財公司還要求每個部門認真分析客戶抱怨的原因和性質，從根本上解決問題，並建立服務補救機制。

（3）注重公司品牌的提升。嘉信理財公司自從開展網上證券交易以來，就積極地致力於把過去廣受歡迎、穩定的折扣經紀商品牌形象擴展到網上證券業務市場中。

（4）廣泛的合作策略。嘉信理財公司注意通過為客戶提供愉快的網路體驗來實現品牌的承諾，為此嘉信理財公司首創了一種與其他共同基金合作共創品牌的新方法。這種與第三方合作的方法表面上會失去對顧客的控制，弱化公司的自有品牌形象，但實際上嘉信理財公司向業界證明了這是提升公司品牌的好方法。當這些第三方合作夥伴有了發展時，嘉信理財公司也在不斷地擴大自有產品的種類。這樣，一方面擴大了顧客的金融產品選擇範圍，另一方面也擴展了顧客關係。

（5）穩定獲取的客戶資源。嘉信理財公司還認識到未來真正的競爭威脅其實來自顧客，他們的需求變化越來越快。例如，嘉信理財公司為了滿足部分富裕投資者對於信託和私人銀行業務的需求，兼併了這個行業中的領導者美國信託公司，彌補了嘉信理財公司在這一領域的空白。隨著全球一體化程度的加深，嘉信理財公司還在積極地開展國際化戰略。

2. 億創理財（E-Trade）網上證券交易

億創理財公司於1996年建立自己的證券交易網站（www.etrade.com），直接從事網上證券交易，目標是成為美國主要折扣經紀公司。為此，億創理財公司對信息技術

進行投資，使委託單錄入、顧客支持、交易執行、交易結算與確認等有關業務環節實現了自動化。隨著網路證券業務的快速發展，億創理財公司的業務規模和業務範圍不斷擴大。目前，億創理財公司的客戶已經遍及全美50個州和世界上100多個國家和地區。在國際各大機構近年來對證券經紀網站的評價中，億創理財公司多次名列榜首。

億創理財公司以電子化高折扣經紀商的市場定位經營，其目標客戶是那些通常能夠獨立作出投資決策且不願向全服務經紀商支付高額交易佣金的投資者。億創理財公司的服務價格在同行競爭中一直保持一定的優勢。億創理財公司重視信息技術的運用，節約了人工成本，是其低價格的主要原因。雖然億創理財公司平均每筆交易的營業收入低，但是億創理財公司的客戶交易更為頻繁，使得億創理財公司平均每一交易帳戶的營業收入還高於嘉信理財公司等主要競爭對手。

公司營銷是證券經紀業務的重要環節，它為經紀商創造品牌效應，從而吸引投資者成為客戶。億創理財公司近年來的營銷費用一直占經營成本的一半以上。最初，億創理財公司宣傳突出在電子化證券變革中的領先地位和低佣金服務等的特點，億創理財公司知名度迅速堤高。隨著億創理財公司的影響力與日俱增，在越來越多的投資者心目中樹立了品牌形象。在這種情況下，億創理財公司及時將營銷重點轉移到服務內容方面，強調投資者成為億創理財公司客戶以後能享受的各種增值服務和投資節約，加強公司的市場地位。

3. 美林證券網上證券交易

嘉信理財公司、億創理財公司在網上證券交易領域獲得了巨大的利潤後，美林證券公司才開始了在網上證券業務領域的探索。1999年12月，美林證券公司針對個人投資者推出了網上證券業務平臺「ML DIRECT」。該平臺的設計宗旨是保證股票交易的快捷、簡便和安全。

美林證券公司網上證券業務的經營目標是提供成本最低的網上證券交易最適合自主指導型投資者使用，為網上客戶提供最好的信息和研究報告。「ML DIRECT」為客戶提供的是成本最低而不是佣金最低的服務。交易成本除了交易佣金之外，還包括諮詢服務費用、信息費用（如購買投資報告）等。儘管「ML DIRECT」的交易佣金幾乎是所有知名網上證券交易公司中最高的，但是出於對其品牌以及服務質量與內容的認可，「ML DIRECT」還是最受網上投資者歡迎的交易網站之一。因此，在「ML DIRECT」平臺上，幫助客戶分析市場信息，為客戶理財諮詢和培訓成為區別於其他網上證券交易平臺的重要功能，而委託交易僅僅是投資者一個理財計劃的實施操作環節。

美林證券公司這種針對客戶不同需求提供不同層次服務的市場細分方式，可以說是20世紀最重要的金融創新之一。這既抵擋了折扣經紀商的強烈衝擊，挽留了部分對佣金敏感的自主指導型投資者，又能充分利用自己的投資諮詢優勢與經紀人隊伍，服務於高端客戶。

思考：
1. 嘉信理財公司是如何在網上證券交易業務中獲得成功的？
2. 億創理財公司網上證券交易的特色是什麼？
3. 美林證券公司網上證券交易成功的原因有哪些？

### 三、網路保險

(一) 網路保險的內涵

網路保險（Online Insurance）也稱保險電子商務，是指保險公司或新型的網路保險仲介機構以現代信息技術為基礎，以互聯網為主要渠道，以電子商務技術為工具來支持保險經營管理活動的經濟行為。

網路保險表現為通過互聯網實現保險業的電子化、網路化發展，其基本內容就是保險公司或新型的網路保險仲介機構建立網路化的經營管理體系，最終實現保險電子交易。其中，包括通過互聯網與客戶交流信息，利用網路進行保險產品的宣傳、營銷，並且提供整個保險各個環節的服務，根據保險的業務流程實現全過程的保險網路化（包括保險信息諮詢、保險計劃書設計、投保、核保、繳費、承保、保單信息查詢、續期繳費、理賠和給付等）。

(二) 網路保險的發展

美國是發展互聯網的先驅，也是網路保險的先行者。20世紀90年代初，美國的保險公司就開始提供網上保險諮詢。1995年2月，美籍埃及人侯賽因·安南在美國加州的紅杉城與人合辦了世界上第一個，也是目前全美最大的網路保險專業網站，為保險公司和客戶提供網上交易平臺。1996年，美國國民第一證券銀行首創網上保險直銷，前10個月，保費收入就達1,500萬美元。同年，全球最大的保險及資產管理公司法國安盛集團也緊隨其后推出了網上保險業務。

1997年11月28日，中國保險學會和北京維信投資顧問公司合作，正式開通了中國第一家保險信息網站，即中國保險網，並在當天就收到了國內客戶的第一份網上投保意向書。1999年3月，國內專門從事網路保險的網站——「東方網險」也推出。隨後，同年8月，中國太平洋保險公司、泰康人壽保險公司分別創建了「太保網」和「泰康在線」。自此，中國保險業開始逐步走進網路保險時代。

(三) 網路保險的功能

1. 在線交易功能

在線交易是網路保險的基本功能之一，只有具備了在線投保的完全功能，網路保險的形態才算完整。用戶在保險官網和第三方保險平臺上投保，只需像網上購物那樣，非常簡單地即可完成這個投保流程，通過在線支付完成保單定制服務。這個流程完全是通過在線銷售程序的支持完成的，基本上不需要人工的介入，是一種高效率的保險網路銷售模式。在線交易保證了最小的人工介入，簡化了交易環節，最大化地節省了銷售成本，可以讓利於用戶，也增加了保險產品的利潤。

2. 在線仲介功能

一些保險超市型網站產品齊全，但是網站本身卻並不具備銷售功能，而是僅僅向保險公司和保險產品提供業務展示平臺，用戶可在線向保險公司或保險代理商提出需求，平臺經過篩選，將合適的保險公司或代理商提供給用戶，用戶經過進一步在線、

離線溝通，與保險公司或代理商簽訂保險業務合同，仲介平臺即可得到保險公司或代理商支付的佣金。由於保險平臺具有巨大的會員流量，線上產品資源豐富，較容易滿足用戶的不同需求，撮合成功率較高。

3. 推廣宣傳功能

在線推廣宣傳指的是兩種情況：一種情況是保險產品的宣傳推廣活動，這個功能類似於網路廣告，通過平臺頁面的橫幅廣告（Banner）、分類連結等信息窗口，向用戶宣傳保險產品的特點；或者是通過在線搜索功能，向用戶推薦合適的保險產品。另一種情況是保險公司和保險業務員的在線推介，保險公司在一些仲介平臺推介業務，往往會以宣傳板塊等形式集中介紹公司概況及業務特色；保險業務員往往通過提供在線免費諮詢與用戶保持接觸，引導和標註用戶選擇合適的保險產品，吸引用戶與自己建立業務關係。

4. 售後服務功能

保險產品銷售後，仍有很多服務的問題，通過在線服務模式，可以使服務成本得到最大限度地降低，還能保證服務效率最大限度地得到提升，主要包括保單驗證、保單激活、保單狀態查詢、在線理賠等售後服務。

## 「壁虎」保險網站的特點分析

美國最大的車險網站「壁虎」是美國「股神」巴菲特投資的一家全資子公司，將具有標準化特性的車險搬到了網上，業務全部通過網路進行。目前，該網站一年有700萬張保單，銷量占美國市場的5%～6%，每年有數百億美元的代理額，淨利潤約有15億～20億美元。「壁虎」網站經營的成本很低，平均可以為每個保戶節省約500美元的費用，而美國的車險費用是1,500～2,500美元，差不多節省了1/3～1/4。「壁虎」網站的特點歸納起來有以下七個方面：

（1）界面友善和直覺式的網站導航方式。業務邏輯作為網站的架構邏輯主線，首頁重點突出報價、付費、索賠三個環節；產品和服務為網站邏輯分支。網站佈局清晰，邏輯清楚，客戶體驗很好。

（2）產品分類清晰、全面、標準化。有身分盜竊保險和收藏品保險等特殊種類的保險。

（3）移動應用，並和蘋果移動商店綁定應用。

（4）需求分析和教育工具幫助客戶瞭解保險的各種選擇因素，推薦特定保險覆蓋，由客戶決定選擇範圍。

（5）以卡通壁虎為網站形象代言，親和力好，客戶易於接受。

（6）首頁突出強調速度和價格為網站優勢，並強調網站、電話、人員三種服務方式。

（7）按照投保城市區域劃分保險代理人和仲介機構。

思考：

「壁虎」保險網站成功的原因有哪些？

## 四、網路金融創新發展

網路金融的縱深發展，已經突破了在傳統金融業務模式上進行簡單的網路化延伸的範疇，依靠網路、移動通信、雲計算等新技術，利用移動支付、P2P等新模式，突破傳統金融概念和貨幣創造模式，改變了交易、投資與信貸業務相關的產品和服務組合，使得網路金融業務不再局限於金融機構，非金融機構也在積極介入並推動著這個新生事物的發展。

從另一個角度看，其動搖了傳統金融業的格局。於是，出現了網路企業、電商平臺與商業銀行的業務跨界交流發展的突破，並對傳統金融業務格局產生了顛覆性的衝擊。例如，出現的支付結算（主要指第三方支付，是獨立於商戶和銀行為商戶和消費者提供的支付結算服務）、網路融資（包括P2P貸款、眾籌融資、電商小貸等）、虛擬貨幣（指以比特幣為代表的非實體貨幣，以提供多種選擇和拓展概念為主）、渠道業務（指金融營銷，為基金、券商等金融或理財產品的網路銷售）等。

### （一）網路余額理財

網路余額理財實際上是貨幣基金公司與網路支付平臺合作的一項創新業務，由於客戶支付帳戶裡小額資金不計利息，而余額理財就是把這類小額資金聚少成多，購買貨幣基金獲得收益，然后按照份額分配給客戶。

早在1999年，美國的第三方支付公司「PayPal」就設立了帳戶余額的貨幣基金，用戶只需簡單設置，原先存放在「PayPal」帳戶中不計算利息的余額就會自動轉入默認的貨幣基金。2007年，其規模曾經達到10億美元。但是2011年以後，由於美國連續數年實行零利率政策，貨幣基金整體業績急降，「PayPal」最終將該基金清盤。

國內的網路余額理財是由著名第三方支付平臺「支付寶」首先推出的一個網路理財服務產品「余額寶」推動起來的。

### 「余額寶」拉開中國網路余額理財序幕

2013年6月13日，「支付寶」上線了一項全新的余額增值理財服務——「余額寶」，實際上是在「支付寶」帳戶內嵌入了天弘基金旗下名為「增利寶」的貨幣基金。如果用戶將資金從「支付寶」帳戶轉入「余額寶」內，即相當於默認購買「增利寶」貨幣基金等理財產品，獲得相對較高的收益，同時「余額寶」內的資金還能隨時用於網上購物、「支付寶」轉帳等支付功能。貨幣基金主要投資於短期貨幣工具（一般期限在一年以內，平均期限120天），如國債、央行票據、商業票據、銀行定期存單、政府短期債券、企業債券（信用等級較高）、同業存款等短期有價證券，特點是本金安全、流動性強、收益率較高、投資成本低、分紅免稅。通過「余額寶」，用戶在「支付寶」的余額資金不僅能拿到投資收益，而且有較高的流動性。

2013年11月14日15：00，天弘「增利寶」貨幣基金（「余額寶」）的規模突破1,000億元，用戶人數近3,000萬人，成為國內基金史上首只規模突破千億元規模的基金，在全球貨幣基金中排名51位。截至2014年3月31日，「余額寶」的客戶數超過

5,000萬人，規模達5,413億元，自成立以來累計給用戶帶來57億元的收益，每萬份日收益在所有貨幣基金中最為穩定，自成立以來的總收益水平穩居同類貨幣基金的第二位。

思考：
1.「余額寶」理財成功的原因有哪些？
2. 簡單分析「余額寶」理財的風險。

### (二) P2P網貸

P2P（Personal to Personal）網貸也叫P2P金融、P2P網路信貸，是指個人與個人間通過網路渠道進行的小額借貸交易，一般需要借助電子商務專業平臺幫助借貸雙方確立借貸關係並完成相關交易手續，屬於一種「點對點」的信貸模式。借款者可自行發布借款信息，包括金額、利息、還款方式和時間，實現自助式借款；借出者根據借款人發布的信息，自行決定借出金額，實現自助式借貸。

P2P網貸模式依據的是《中華人民共和國合同法》，其實就是一種民間借貸方式，只要貸款利率不超過銀行同期貸款利率的4倍，就是合法的。但是，P2P操作過程中缺乏完整的指引規範，非合規操作往往缺乏監控，導致風險源暴露不夠，近年來頻頻發生P2P網站倒閉案例，使這個領域充滿著變數。

### (三) 眾籌

眾籌（Crowd Founding）這個概念來源於眾包（Crowd Souring）和微型金融（Micro-Finance），一般指融資者借助於網路融資平臺，為其項目向廣泛的投資者融資，每位投資者通過少量的投資金額可從融資者那裡獲得實物（預計產出的產品）或股權作為回報。與微型金融一樣，眾籌本身也是一種融資活動。

眾籌融資項目種類繁多，根據眾籌的服務對象進行分類，眾籌可以分為面向廣大創業群體、覆蓋領域廣、涉及專業多的綜合型眾籌和專注於某一領域、定位鮮明的垂直型眾籌。根據眾籌的參與性質進行分類，眾籌可以分為股權型眾籌和非股權型眾籌等。

### (四) 第三方支付

第三方支付（Third-Party Payment）是指獨立於電子商務商戶和銀行，為商戶和消費者（在交易過程中，消費者可能是其他商戶）提供支付服務的機構。這通常是具備一定實力和信譽保證的獨立機構，採用與各大銀行簽約的方式，基於網路提供網上和網下支付渠道，完成從用戶到商戶的在線貨幣支付、資金清算、查詢統計等系列過程的一種支付交易方式。

第三方支付平臺就是指提供第三方支付服務的交易支付平臺。在通過第三方支付平臺的交易中，買方選購商品後，使用第三方平臺提供的帳戶進行貨款支付，買家的資金直接付給第三方支付平臺，再由第三方支付平臺轉到賣家帳戶，買賣雙方的帳戶並不直接對接發生關係，因而保證了支付帳戶的安全。部分第三方支付平臺還具備擔保支付功能，通常是在買家付款后暫時保管貨款並告知賣家貨款已支付的信息，通知發貨；

買方檢驗物品無誤后，向第三方支付平臺確認收貨，平臺則隨之付款至賣家帳戶，交易結束。

(五) 移動支付

移動支付的定義可以分為廣義角度和狹義角度。廣義的移動支付是指進行交易的雙方以一定信用額度或一定金額的存款為了某種貨物或業務，通過移動設備從移動支付服務商處兌換代表相同金額的數據，以移動終端為媒介，將該數據轉移給支付對象，從而清償消費費用完成交易的支付方式。移動支付所使用的設備可以是手機、具備無線功能的平板電腦、移動電腦、移動消費終端（POS）機等。移動支付實施的基礎是金融電子化和網路化應用。

狹義的移動支付也稱為手機支付，就是允許用戶使用其移動終端（通常是手機）對所消費的商品或服務進行帳務支付的一種服務方式。

**眾貸網滿月即夭折**[①]

2013年4月2日，上線僅一個月的眾貸網宣布破產，成為史上最短命的P2P網貸公司。該公司在「致投資人的一封信」中表示，由於整個管理團隊經驗的缺失，造成了公司營運風險的發生，所有的投資都造成了無法挽回的經濟損失。該公告同時稱，對於投資者的損失，已經用自己的資金先行按照一定比例墊付給了投資人，墊付款已經通過網銀轉帳給投資者。

資料顯示，眾貸網註冊資金1,000萬元，隸屬於海南眾貸投資諮詢公司，總部在海口市，定位為中小微企業融資平臺。同時，眾貸網也自稱是「P2P網路金融服務平臺」，提供多種貸款仲介服務。據第三方網貸平臺統計，眾貸網營運期間共計融資交易近400萬元。眾貸網的投資模式與大部分P2P網貸一致，即投資人通過第三方支付寶或銀行將投資款打給眾貸網，拍標完成後再由眾貸網將此筆款打給借款人。

對於眾貸網倒閉的具體原因，該公司法定代表人盧儒化曾對媒體表示，眾貸網破產是「栽」在了一個項目上。由於缺乏行業經驗，審核工作沒有做到位，眾貸網未能及時發現一個300萬元左右的融資項目的抵押房產已經同時抵押給了多個人，到眾貸網這裡已經是第三次抵押了。在資金難以追回的情況下，眾貸網只能走向破產這一步。

思考：
1. 簡單分析眾貸網破產的原因。
2. 根據眾貸網的破產，分析P2P網貸的風險。

除了上述網路金融創新模式外，還有一些網路融資服務的延伸，如商業銀行的網路信貸服務，通過網路銀行實現在線申請貸款，銀行在線審批，提高貸款效率，降低貸款成本；基於大數據的網路貸款服務，如阿里巴巴的網路貸款服務等。

---

[①] 範京蓉. 眾貸網滿月即夭折 引發業界對新興網貸風險質疑 [EB/OL]. (2013-04-03)[2016-08-12]. http://finance.chinanews.com/it/2013/04-03/4701755.shtml.

## 第三節　網路金融的風險與監管

與傳統金融機構及其業務經營管理活動所面臨的風險相比，網路金融機構和業務所面臨的風險沒有什麼本質的區別，比如信用風險、流動性風險、利率風險和市場風險，在網路金融的交易中仍然存在，但是其特殊性在於引發風險的因素以及這些風險對傳統金融機構和網路金融機構的影響是很不相同的。目前網路金融風險可分為兩大類：基於網路金融業務特徵導致的業務風險和基於電子信息技術導致的技術風險。

### 一、網路金融風險的類型

（一）網路金融業務風險

1. 法律風險

法律風險來源於違反法律、規章的可能性，或者有關交易各方的法律權利和義務的不明確性。網路金融屬於新興事物，大多數國家尚未有配套的法律法規與之相適應，造成了金融機構在開展業務時無法可依。例如，有關互聯網金融市場的企業准入標準、運作方式的合法性、交易者的身分認證等方面，尚無詳細明確的法律規範。互聯網金融企業極易遊走於法律盲區和監管漏洞之間，進行非法經營，甚至出現非法吸收公眾存款、非法集資等現象，累積了不少風險。

2. 信用風險

信用風險是指網路金融交易者的任何一方不能如約履行其義務的風險。由於網路金融的虛擬性，交易的真實性驗證難度變得更大。如果金融機構不能持續地提供安全、準確和及時的網上金融服務，金融機構的信譽將受到損害。

3. 操作風險

操作風險來源於系統可靠性、穩定性和安全性的重大缺陷而導致潛在損失的可能性，可能來自網路金融客戶的疏忽，也可能來自網路金融安全系統和其產品的設計缺陷及操作失誤。操作風險主要涉及網路金融帳戶的授權使用、網路金融的風險管理系統、網路金融機構和客戶間的信息交流、真假電子貨幣識別等。

除此之外，網路金融業務風險還包括市場風險、支付結算風險和基於電子化的金融創新風險等。

（二）網路金融技術風險

1. 黑客攻擊

網路金融交易的運行必須依靠計算機和互聯網，所有交易資料都在計算機中存儲，網上信息的傳遞很容易成為眾多網路黑客的攻擊目標。另外，網頁訪問是互聯網服務形式的一種，也是網路金融機構提供交易和服務的平臺，然而其依賴的傳輸控制協議／因特網互聯協議（TCP/IP 協議）中存在很多安全漏洞，這就給黑客通過網路闖入金融機構的系統創造了條件。黑客只需要利用系統中本身存在的漏洞，「只需要修改幾個設

置」就可能讓金融機構癱瘓。

　　2. 技術選擇風險

　　要想開展網路金融業務，就必須選擇一種成熟的技術解決方案來支撐。而一旦存在選擇，就同樣會存在因選擇失誤而導致的風險。一種風險可能是選擇的技術系統與客戶終端軟件的兼容性差導致的信息傳輸中斷或速度降低；另一種風險就是選擇的技術方案已經被淘汰，造成技術相對落後、網路過時，導致巨大的技術和商業機會的損失。對網路金融而言，技術選擇失誤可能失去全部的市場，甚至失去生存的基礎。

## 二、網路金融監管

(一) 網路金融監管的定義

　　網路金融監管是金融管理部門對網路金融的業務經營機構實施的全面的、經常性的檢查和督促，並以此促使金融機構依法穩健地經營以及安全可靠和健康的發展。

(二) 網路金融監管的主要內容

　　對網路金融的監管可以分為兩個大的方面：一是針對網路金融機構提供的網路金融服務進行監管；二是針對網路金融對國家金融安全和其他管理領域形成的影響進行監管。

　　1. 加快網路金融的立法進程，強化法律監管

　　有關部門應修訂完善中國現行的金融法律，補充相關互聯網金融條款，明確法律與監管的紅線，依法打擊金融違法犯罪行為，為中國互聯網金融持續健康的發展提供重要的法律保證。同時，有關部門應積極探索實施互聯網金融行業准入制度，強化行業准入規制與標準，明確監管主體的界定，構建起多層次的監管體系。

　　2. 對網路金融的服務程式和真實性的監管

　　實際上，網路金融機構可以更準確地被定義為一種先進的網路金融服務系統，對該系統中金融服務的確切性、真實性、合規性的監管應是網路金融監管的重點。首先，網路金融機構的業務應符合國家的金融政策，尤其是要控制網路金融機構利用其相對於傳統金融服務方式的低成本優勢進行不正當競爭。其次，對於網路金融機構提供的各項金融服務，應形成一套標準的行業服務規範，如對在線支付、網上保險、網上證券交易等各種網路金融服務進行條例式的規定。

　　3. 對網路金融系統安全性的監管

　　網路金融發展最關鍵的因素是安全問題，如何確保交易安全是網路金融發展需要克服的最大障礙。對網路金融系統安全性的監管主要包括訪問控制監管、建立安全評估監管組織體制、日常監管維護、風險責任負責制等。

　　4. 對利用網路金融方式進行犯罪的監管

　　基於網路金融的飛速發展，犯罪分子無疑會進行充分的「網路犯罪創新」。各國央行及早防範並進行監管是整個網路安全健康發展的重要一環。為防範網路金融犯罪，央行應建立數字認證中心，以簽發代表網路主體身分的「網路身分證」，加強對參與網路金融交易的企業和個人進行識別，亦加強對進入網路系統的資金來源和流向的合法

性審核。

除此之外，對利用網路金融方式進行犯罪的監管還包括對消費者的權益進行監督、對網路金融跨境金融服務的監管和對網路金融的市場准入與市場退出的監管等。

### 麥道夫騙局案歐洲受害者獲賠 155 億美元[①]

麥道夫騙局受害者律師團 2010 年 5 月 25 日表示，已於近日與歐洲多家銀行達成和解協議，為在「金融巨騙」伯納德·麥道夫「龐氏騙局」詐欺案中蒙受損失的約 72 萬名美國以外的投資者，獲取了總額 155 億美元的賠償。

克勒馬德和卡爾沃—索特洛律師事務所高級合夥人哈維爾克勒馬德表示，該和解協議涵蓋了約 80% 被代理的受害者。該律師事務所從一年前開始協調全球 25 個國家、60 家律師行的 500 名律師，共同向麥道夫詐欺案提出索賠要求。據悉，155 億美元理論上是所有客戶的全部投資額，不包括騙局中虛假文件所聲稱的投資收益。

據報導，此和解協議不包含科威特銀行，該行的 20 名客戶已於 2009 年通過另一份和解協議取得了 5,000 萬美元的賠償。此前也有其他一些銀行通過不同方式與一些受害者達成了個別的賠償協議。西班牙最大的貸款商桑德爾銀行 2009 年以優先股的形式為該行私人銀行業務的客戶提供了補償，這些優先股的利息為 2%，目的是試圖借此修復與客戶之間的關係。桑德爾銀行曾向私人銀行業務客戶出售了與麥道夫詐騙案相關聯的產品，這些產品導致客戶損失 13.8 億歐元（約合 17 億美元）。

報導說，自麥道夫案發生以來，歐元區各大銀行始終承受著巨大的壓力，瑞士銀行和歐洲最大的銀行匯豐控股曾收到上百起的投資者訴訟。投資者對銀行提出指控，要求償還損失。麥道夫的龐氏騙局總共造成了 648 億美元的帳面損失，有 300 多萬名投資者受影響。此案罪魁禍首——納斯達克證交所前主席伯納德·麥道夫本人在 2009 年 6 月被判 150 年徒刑。

思考：
1. 試舉出網路金融詐騙的其他案例，分析其作案特點。
2. 在麥道夫案中，金融監管的哪些漏洞造成了此案？

## 思考與練習

### 一、名詞解釋

網路金融　網路銀行　網路證券　網路保險　P2P 網貸　眾籌　第三方支付　移動支付　網路金融風險　網路金融監管

---

[①] 陳聽雨. 麥道夫騙局案歐洲受害者獲賠 155 億美元 [EB/OL]. (2010-05-26)[2016-08-12]. http://finance.ifeng.com/stock/qqgs/zbsc/20100526/2238084.shtml.

## 二、簡答題

1. 簡述網路金融產生的基礎。
2. 簡述網路金融的特點。
3. 簡述網路銀行、網路證券和網路保險的內涵及功能。
4. 簡述網路金融創新方式。

## 三、論述題

論述網路金融的風險類型及其監管內容。

# 第十二章 金融危機

**本章要點**

本章主要讓學生掌握金融危機的基本知識，如金融危機的定義、分類及主要特徵；理解貨幣危機理論、銀行危機理論和債務危機理論；瞭解金融危機的成因以及如何防範與治理金融危機。其中，金融危機的定義、分類以及如何防範與治理金融危機是重點；難點是對金融危機相關理論的理解。

**東南亞金融危機**[①]

1996 年以來，東南亞不少國家出現經濟問題，國際投資基金把投機的目標轉移到了新興市場，東南亞各國中經濟問題最為嚴重的泰國就成為投機資金打擊的首選目標。1997 年 2 月，國際投機資金對泰銖發動了第一輪攻擊，泰國國內銀行出現擠兌，股指大幅回落。1997 年 5 月，投機資金卷土重來，泰銖對美元跌至 10 年以來的最低點 26.7 銖/美元。泰國央行聯合新加坡、中國香港支持泰銖，勉強平息了投機風潮。但是，投機商並未就此罷手。1997 年 6 月下旬，泰國財政部部長辭職又引發了新一輪更為猛烈的投機狂潮。這次在巨大的市場壓力下，泰國央行終於不得不於 1997 年 7 月 2 日宣布泰銖放棄與美元掛鉤，泰銖當日跌至 29.5 銖/美元，跌幅近 20%。由於東盟各國經濟存在很大的相似性與相關性，泰銖的貶值嚴重打擊了投資者對攻擊其他東盟國家的信心，投機者於是擴大了投機範圍。經濟狀況不佳的菲律賓和馬來西亞首當其衝，在投機狂潮的猛烈衝擊下，菲律賓比索、馬來西亞林吉特分別於 1997 年 7 月 11 日和 14 日宣布貶值並放寬浮動範圍。到 1997 年 7 月 25 日貨幣危機告一段落，此時東南亞各國的貨幣貶值幅度如下：泰銖貶值幅度為 29.5%，菲律賓比索貶值幅度為 11.9%，印度尼西亞盾貶值幅度為 8.3%，馬來西亞林吉特貶值幅度為 6.4%，新加坡元貶值幅度為 3.3%。泰國的國內生產總值損失了 15%，馬來西亞消耗了 12.5% 的外匯儲備，其他國家和地區也各有損失。

為防止貨幣危機蔓延和擴大，1997 年 8 月 11 日，國際貨幣基金組織和一些亞太國家在東京承諾向泰國提供 160 億美元的經濟援助。東盟各國央行在國內也紛紛實行入市干預及金融管制措施以打擊貨幣投機者。泰國央行將貼現率由 10.5% 提高到 12.5%；馬來西亞央行在一夜之間將利率從 9% 提高到 50%，同時規定本國銀行與外國客戶進行的林吉特掉期交易最高額為 200 萬美元；菲律賓央行向市場緊急拋售 20 億美元，同時 3 次提高利率，將隔夜拆借利率從 15% 提高到 32%，並宣布停止美元期貨交易 3 個月；

---

[①] 艾紅德，範立夫. 貨幣銀行學 [M]. 大連：東北財經大學出版社，2005.

印度尼西亞央行也制定了本國銀行從事外匯交易的限制措施。

上述種種措施並未能阻止東南亞匯市的跌勢。1997年8月18日、19日，東南亞多種貨幣跌至近年來最低點。其中，馬來西亞林吉特跌至3年來的最低點2.794林吉特/美元，印度尼西亞盾跌破3,000盾/美元的關口，菲律賓比索跌破30比索/美元，新加坡元創下1.517新元/美元的兩年來的新低，泰銖則達到自由浮動以來的最低點。

思考：
1. 什麼是金融危機？
2. 試分析東南亞金融危機的原因。

## 第一節　金融危機的定義、類型及特徵

金融危機作為一個世界性的理論課題，受到社會各方面的高度關注。早在18世紀20年代，理查德・坎蒂隆（Richard Cantillon）在其著作《論一般商業的危機》中就曾對金融危機進行過論述。20世紀70年代布雷頓森林體系崩潰以來，對金融危機的研究更是成為國際經濟學界、金融學界研究的熱點，2008年美國次貸危機引發的全球性的金融危機更是把對金融危機理論的研究推向了一個高潮。

### 一、金融危機的定義

在《新帕爾格雷夫經濟學大辭典》中，金融危機是指全部或大部分金融指標——短期利率、資產價格、商業破產數和金融機構倒閉數的急遽、短暫和超週期的惡化。

國內學者多數認為，金融危機是指起源於一國或一地區及至整個國際金融市場或金融系統的動盪超出金融監管部門的控制能力，造成金融制度混亂。其主要表現為所有或絕大部分金融指標在短期內急遽的超週期變化，其結果是金融市場不能有效地提供資金向最佳投資機會轉移的渠道，從而對整個經濟造成嚴重破壞。

金融危機往往與金融風險不斷累積但並未集中爆發的金融脆弱性緊密聯繫，後者通常被統稱為金融不穩定。

總之，儘管國內外學術界從表現形式、原因等方面對金融危機概念給出了不盡相同的定義，但對金融危機的共同特徵卻有大致一致的描述：持續快速的貨幣貶值、銀行發生擠兌、強制清理舊債、金融機構連鎖倒閉、股市崩潰、貨幣量嚴重缺乏、借貸資金枯竭、市場利率上升、匯率下降、金融市場劇烈動盪等。

### 二、金融危機的類型

根據金融危機爆發的領域不同，可以將金融危機分為五種類型：貨幣危機、銀行危機、債務危機、資本市場危機和系統性金融危機。

#### （一）貨幣危機

貨幣危機是指有關國家或地區貨幣的購買力或匯兌價值因過度投機等因素衝擊導

致貨幣幣值的急遽下降，迫使貨幣當局通過急遽提高利率、動用大量外匯儲備或直接現值兌換來保衛貨幣，致使外匯儲備大幅度下降。例如，1994年墨西哥比索兌美元的匯率和1997年泰銖兌美元的匯率驟然下跌，都屬於典型的貨幣危機。

貨幣危機可以看作與狹義金融危機並列的一個概念。一般而言，出現了貨幣危機也就意味著一國發生了金融危機；但是出現了金融危機却不一定會發生貨幣危機。貨幣危機主要是貨幣在流通、購買力、匯價等方面因風險的累積導致的巨大波動。金融危機則是指金融市場遭到潛在的嚴重破壞，市場有效運作的能力受到損害，從而對實際經濟產生較大的負面影響的系統性危機。

就貨幣危機而言，在危機前一般會出現信貸總量增長，與之相伴的是較高的通貨膨脹和過熱的經濟，資產價格會經歷上升與下跌的週期，金融部分通常都進行了自由化改革，並成為金融危機的直接誘因。

(二) 銀行危機

銀行危機是指實際或潛在的銀行運行障礙或違約導致銀行不能如期償付債務，終止其負債的內部轉換，以致儲戶對銀行喪失信心從而發生擠兌，銀行最終破產倒閉或需要政府提供大量援助。一家銀行的危機發展到一定程度，可能波及其他銀行，從而引起整個銀行系統的危機。

判斷是否出現銀行危機的依據如下：

(1) 銀行系統的不良資產占總資產的比重超過10%；

(2) 拯救失敗銀行的成本占國內生產總值的2%以上；

(3) 銀行出現問題而導致大規模銀行國有化；

(4) 出現範圍較廣的銀行擠兌或政府為此而採取凍結存款、銀行放假、擔保存款等措施。

只要出現以上四種情形之一就構成銀行危機。

例如，20世紀30年代的大蕭條，曾將金融危機推至頂峰。美國1930年銀行倒閉數量突破四位數，達到1,350家，占銀行總數的5.29%；1931年銀行倒閉了2,293家，占銀行總數的9.87%；1933年銀行倒閉達到高峰，銀行倒閉數量達到4,000家，占銀行總數的20%。20世紀90年代中期的日本和東南亞危機中的主要受損國和地區就曾發生大批金融機構的經營困境和破產倒閉。

(三) 債務危機

債務危機是指一國政府不能按照預先約定的承諾償付其國外債務，並且導致該國發放外債的金融機構遭受巨大的損失。債務危機往往是在本國借入大量外債，尤其是短期外債，償債期限過於集中，而原有的償債計劃失敗時突然爆發。一般發生貨幣危機的國家很容易發生債務危機。出現債務危機時的表現有：停止對外償付債務；要求外國債權人進行債務重議、債務重新安排或減免債務；危機發生時往往伴隨著資金迅速外逃，國際借貸條件的突然惡化。

20世紀80年代，拉丁美洲許多國家就爆發了債務危機。1982年，墨西哥宣布無力償還當年到期的國際債務。隨後，巴西、阿根廷、委內瑞拉等拉丁美洲債務國也相

繼發生償債困難，並導致其大批外國債務銀行陷入經營危機。

2009年10月，希臘新任首相喬治·帕潘德里歐宣布，其前任隱瞞了大量的財政赤字，隨即引發市場恐慌。截至同年12月，三大評級機構紛紛下調了希臘的主權債務評級，投資者在拋售希臘國債的同時，愛爾蘭、葡萄牙、西班牙等國的主權債券收益率也大幅上升，歐洲債務危機全面爆發。2011年6月，義大利政府債務問題使危機再度升級。這場危機不像美國次貸危機那樣一開始就來勢洶洶，但在其緩慢的進展過程中，隨著產生危機國家的增多與問題的不斷浮現，加之評級機構不時的評級下調行為，成為牽動全球經濟神經的重要事件。政府失職、過度舉債、制度缺陷等問題的累積效應最終導致了這場危機的爆發。在歐元區17國中，以葡萄牙、愛爾蘭、義大利、希臘與西班牙五個國家的債務問題最為嚴重。

(四) 資本市場危機

資本市場危機是指人們喪失了對資本市場的信心，爭先恐後拋售所持有的股票或債券，從而導致股票或債券價格急遽下跌的金融現象。

1929年10月28日，紐約股市日跌幅達到12.82%，史稱「黑色星期五」。從1929年9月到1933年7月，美國道瓊斯工業股票價格指數跌幅達87.4%。這場危機不僅使無數市場參與者傾家蕩產，也使美國金融、經濟遭受重創並波及全球。

1987年10月19日，道瓊斯指數一天內重挫了508.32點，創下自1941年以來單日跌幅的最高紀錄。不到7小時，紐約股指損失5,000億美元，價值相當於當時美國國內生產總值的1/8，全球股市均受到強烈衝擊，股票跌幅高達10%以上。這個美國金融史上著名的「黑色星期一」讓許多百萬富翁一夜間淪為貧民，數以千計的人精神崩潰，甚至跳樓自殺。

2015年的中國股市坐上了驚險而刺激的過山車。2015年6月15日，上證指數最高觸及5,178.19點后，隨即掉頭向下，並引發融資崩盤，到8月26日達到最低的2,850點，下跌了45%，中小板和創業板分別下跌44.6%和51.8%。下跌以多米諾骨牌式的反應上演，先是機構主動降槓桿，隨后前期大漲的個股開始暴跌，導致高比例配資帳戶開始爆倉，配資平臺為自保開始強制平倉，使得更多的股票暴跌，最後甚至連非配資帳戶也開始拋售股票，千股跌停，反覆出現。

根據學界的標準，在10個交易日連續累計下跌超過20%，一般就認為這個市場出現了危機，這是一般的學術概念和標準。雖然以前也有過大幅度的下跌，但是因為以前股市的市場化不明顯，並且也沒有達到這麼嚴重的程度，所以並不算是真正的危機。而這次是自1990年股市建立以來一次真正意義上的市場危機。在這次危機以後，引入了很多制度、辦法，所以說這也是第一次市場化的危機。[1]

(五) 系統性金融危機

系統性金融危機又稱為全面金融危機，是指主要的金融領域都出現嚴重混亂的局

---

[1] 吳曉求：2015中國股市危機的6大成因（警示與反思）[EB/OL].（2016-06-14）[2016-08-12]. http://finance.sina.com.cn/stock/marketresearch/2016-06-14/doc-ifxszkzy5273219.shtml.

面，如貨幣危機、銀行危機、外債危機同時或相繼發生，從而對實體經濟產生較大的破壞性影響。系統性金融危機往往發生在金融經濟、金融系統、金融資產比較繁榮的市場化國家和地區以及赤字和外債較為嚴重的國家，對世界經濟的發展具有巨大的破壞作用。

系統性金融危機是那些波及整個金融體系乃至整個經濟體系的危機，比如20世紀30年代引發西方經濟大蕭條的美國金融危機，20世紀90年代導致日本經濟萎靡不振的日本金融危機，1997年下半年襲擊東南亞的亞洲金融危機，2008年席捲全球的美國次貸危機等。這些危機都是從一種金融市場波及另外一種金融市場，如從股市到債市、外匯、房地產甚至整個經濟體系。

### 三、20世紀90年代以來金融危機的主要特徵

（一）金融危機發生的頻率有所加快

根據金德爾伯格編寫的金融危機年表可知，從1522—1987年的400多年時間來看，通常每隔10年就會出現一次金融危機。其中，1929年的大蕭條是僅有的一次由於經濟危機所引起，並且波及面較廣的金融危機。自20世紀80年代末到20世紀90年代，金融危機的頻率有所加快。1995年，因金融衍生品投機失利而發生「巴林銀行事件」和「大和銀行事件」。1985—1989年，以芬蘭、瑞典為代表的北歐國家出現了房價和股市價格呈倍數增長的現象，北歐國家為了解決經濟過熱問題，於1987—1992年陸續升息，導致經濟出現衰退及資產價格劇烈下跌，嚴重影響金融體系穩定及民間消費行為，實體經濟也遭受嚴重衝擊。此后不久便是新興市場的墨西哥發生的「新興市場時代的第一次危機」。1997年，爆發了「全球化時代的第一次危機」——亞洲金融危機。2001—2002年，阿根廷爆發了金融危機。2008年，美國爆發了次貸危機，並進一步蔓延到歐洲，發生主權債務危機。

（二）金融危機具有超週期性與超前性

傳統金融危機主要是由經濟週期波動所引起的，是經濟週期中長期潛伏的主要問題在危機爆發時所產生的某些后果。而現代金融危機與傳統的金融危機不同，更體現出它的超週期性與超前性。凱恩斯主義在20世紀30年代的經濟大危機中為各國政府干預經濟提供了理論支撐，各國紛紛加強宏觀調控，在某種程度上似乎控制住了經濟危機。但是，金融危機卻是此起彼伏，似乎有些脫離了經濟週期的軌道。隨著經濟全球化、資本化、貨幣化的進一步發展，虛擬經濟與實體經濟脫鉤，長期累積的經濟問題先在金融領域爆發，使得現代金融危機具有敏感性與超前性。相關學者在考察墨西哥金融危機、東南亞金融危機以及美國次貸危機時，均有這一認識。

（三）金融危機具有很強的綜合性與破壞性

20世紀90年代之前的金融危機更多地表現為單一形式。例如，20世紀60年代的英鎊危機為單一的貨幣危機；20世紀80年代的美國儲貸協會危機為單一的銀行業危機。而到了20世紀90年代之后，多數金融危機表現為很明顯的綜合性，即多種危機融

合在一起，對實體經濟具有較強的破壞性。現代金融危機比較明顯的表現為危機開始時外匯市場發生超常波動，由此發生貨幣危機，進而發展到貨幣市場與證券市場，最終影響到實體經濟的運行。例如，1994年的墨西哥金融危機與1997年的東南亞金融危機中，發生危機的國家貨幣大幅貶值並最終放棄原來的固定匯率制度，同時出現銀行壞帳嚴重、存款抽逃等銀行危機的表現，甚至在危機中還出現外匯儲備無法保證外債按期償還的債務危機。

（四）金融危機蔓延速度加快，呈現出全球性

20世紀90年代以後，信息技術發展迅速，促使經濟全球化速度加快，也使金融危機蔓延和傳染的範圍更廣。現代金融危機呈現雙向傳導的趨勢，即傳統的單向傳導（由發達國家傳遞到發展中國家）變成了雙向趨勢，發展中國家的金融危機會很快傳遞給發達國家。這在東南亞金融危機中已有所體現。

## 歷代金融危機[①]

1. 1637年鬱金香狂熱

1637年的早些時候，當鬱金香還在地裡生長時，價格就已上漲了幾百甚至幾千倍。一棵鬱金香可能是20個熟練工人一個月的收入總和。這被稱為世界上最早的泡沫經濟事件。

2. 1720年南海公司泡沫

17世紀，英國經濟興盛，使得私人資本集聚，社會儲蓄膨脹，投資機會却相應不足。當時，擁有股票還是一種特權。1720年，南海公司接受投資者分期付款購買股票，股票供不應求，價格狂飆到1,000英鎊以上。后來《反金融詐騙和投機法》通過，南海公司股價一落千丈，南海公司泡沫破滅。

3. 1837年經濟大恐慌

1837年，美國的經濟恐慌引起了銀行業的收縮，由於缺乏足夠的貴金屬，銀行無力兌付發行的貨幣，不得不一再推遲。這場恐慌帶來的經濟蕭條一直持續到1843年。

4. 1907年銀行危機

1907年10月，美國銀行危機爆發，紐約50%的銀行貸款都被高利息回報的信託投資公司作為抵押投在股市和債券上，整個金融市場陷入極度投機狀態。

5. 1929—1933年的金融危機

1929年10月28日，即歷史上著名的「黑色星期一」。這一天，紐約股票交易所的股票價格平均下降50點，引發了美國債券市場的大崩潰，並迅速蔓延到整個資本主義世界，揭開了20世紀首次金融危機和經濟危機的序幕。這次危機一直持續到1933年。期間出現了大批銀行倒閉風潮，而且引發了國際性的連鎖反應和整個金融體系的嚴重混亂；同時，造成西方金本位貨幣制度的崩潰，各國貨幣紛紛貶值，國際貨幣體系遭到極大破壞。

---

① 白玉珍. 后金融危機時代美國金融監管改革方向探析 [M]. 蘭州：甘肅人民出版社，2010.

6. 1944—1975 年的金融危機

1973 年年底，資本主義國家爆發了第二次世界大戰以後的最嚴重的經濟危機。在危機前期的 1973 年 10 月，美國已發生聖地亞哥國民銀行因貸款無法收回而倒閉的事件。在各國先後陷入經濟危機後，銀行倒閉停業接連發生。震動較大的是 1976 年 5 月、6 月聯邦德國最大的私人銀行之一的赫斯塔特銀行和美國第 20 大銀行富蘭克林國民銀行因經營遠期外匯投機蒙受損失被迫倒閉。在這次事件的衝擊下，西方外匯市場收縮，國際資金緊張。由於受影響而倒閉的還有以（色列）英銀行、開曼群島的幾家銀行以及義大利的幾家銀行，突出的是義大利辛杜那集團的破產，從而導致義大利股票，特別是安布魯西亞銀行股票猛跌。因牽涉這次銀行風潮而受損失的還有美國摩根銀行等十幾家歐美銀行。此後，除法國、日本外，在美國、聯邦德國、瑞士、英國、義大利等許多資本主義國家都發生了許多銀行破產或嚴重虧損的事件。據不完全統計，這場金融危機涉及的大大小小的銀行、金融公司有 100 多家。美國不少知名的大銀行，如花旗銀行和大通銀行都被列入美國問題銀行名單，引起國際金融界的震驚。

7. 1987 年的西歐金融危機

1987 年 10 月 19 日，紐約證券交易所道瓊斯股票指數一天內下跌了 508.32 點，跌幅為 22.62%，5,000 億美元的市值頃刻間化為烏有。與此同時，全球股市遭遇到毀滅性打擊。倫敦《金融時報》近百種股票全天暴跌 249.6 點，損失達 500 億英鎊；東京、巴黎、法蘭克福股票市場股指跌幅分別為 14.9%、10%、7.6%；中國香港聯合交易所的股指下跌了 420.81 點。這次股市崩盤迅速擴展到歐洲大陸和太平洋地區，並對西方的黃金市場和外匯市場造成嚴重衝擊，各國銀行的債務危機愈演愈烈，許多銀行相繼倒閉，美國就有 100 多家銀行倒閉。

8. 1992 年的歐洲貨幣危機

1989—1991 年，統一後的德國政府為振興東部經濟，解決失業問題，加大貨幣投放，通脹壓力隨之增大。德國政府從 1991 年起不斷提高貼現率，到 1992 年 6 月貼現率達到 8.75%，利率水平的提高使德國馬克幣值不斷升高，馬克在歐洲貨幣單位中的比重也相應提高，從而導致外匯市場上英鎊、里拉、法郎等貨幣被拋售，馬克成為「搶手貨」，引發了歐洲貨幣危機。

# 第二節 金融危機理論

## 一、貨幣危機理論

20 世紀 70 年代以來，西方金融學界對貨幣危機形成了三種不同的理論。

### (一) 第一代貨幣危機理論

第一代貨幣危機理論由美國經濟學家克魯格曼於 20 世紀 70 年代末提出。克魯格曼認為，貨幣危機源於擴張性經濟政策與試圖維持固定匯率的目標之間存在著根本性不協調。典型的情況是政府預算存在一個持續的財政赤字，為了彌補財政赤字，政府不

得不發行大量貨幣，結果導致國內物價持續上漲。如果在其他條件不變的情況下，本國貨幣增長率持續高於國際水平，本國貨幣將面臨貶值壓力。那麼為了維持本國貨幣的固定匯率，就只能動用外匯儲備來干預外匯市場。如果貨幣貶值壓力不大，而且是暫時的，貨幣貶值的壓力就有可能有效化解。但如果貨幣貶值壓力很大且持續很久，那本國中央銀行就將面臨外匯儲備耗盡的危險。此時，一些「深謀遠慮」的投機者將會在外匯儲備耗盡前賣出本國貨幣，形成對本國貨幣的突然性投機衝擊，從而迫使本國外匯儲備加速枯竭，導致貨幣危機提前到來。由上述分析可知，第一代貨幣危機理論認為，貨幣危機是財政赤字的產物。

該理論對貨幣危機的現實有較強的解釋力。首先，在現實中，很多貨幣危機反應了國內經濟政策與匯率政策之間的根本不協調，該理論對這種不協調狀況做了高度簡化，適用於由這種不協調所產生的貨幣危機。其次，該理論表明投資者放棄一種貨幣，在短時間內大規模抽逃貨幣與資本並不是一種非理性行為，不能歸因於市場操縱，是一國經濟發展到一定程度的合乎邏輯的結果。

(二) 第二代貨幣危機理論

第二代貨幣危機理論最早是由奧伯斯特菲爾提出的。該理論與第一代貨幣危機理論分析的出發點較接近，都將貨幣危機的爆發歸結於國內經濟政策與固定匯率制的矛盾上。而兩個理論的差別主要在於：第一代貨幣危機理論比較注重財政政策，第二代貨幣危機理論則比較注重貨幣政策。

政府使本國貨幣貶值的動機主要是出於以下兩個方面的考慮：一是政府試圖通過通貨膨脹的辦法來「銷蝕」大量以國內貨幣標價的債務，一國匯率固定不變則難以實現該目標。如果外匯投機者識破了政府的這種動機，他們就可能開始攻擊該國貨幣。例如，發生在20世紀20年代的法國法郎危機就是一個典型例子。當時國際投資者懷疑法國政府試圖通過通貨膨脹的途徑來消除其在第一次世界大戰中的債務，從而對法國法郎發起攻擊，從而導致法國放棄了固定匯率制。二是政府試圖採取擴張性的貨幣政策來解決國內嚴重的失業問題，這會導致「對內目標」與「對外目標」之間的衝突。如果政府想維持固定匯率制，那麼貨幣政策的擴張將受到限制；如果貨幣政策的擴張勢在必行，那麼固定匯率制便難以維持。

如果政府基於國內經濟狀況的考慮，出現貶值動機，但又要維持匯率的穩定，原因可能有兩個：一是政府認為固定匯率制對發展國際貿易與跨國投資都非常重要。考慮到對外因素，政府認為維持固定匯率制對自己是有利的。二是該國有通貨膨脹的歷史，因此保持匯率的穩定可以看成某種形式的信用保證。另外，某些國家將匯率看成是某種民族尊嚴的象徵，或者該國在某種國際條約的約束下有進行國際合作的義務。

那麼，為什麼人們對維持固定匯率失去信心會使得保衛匯率變得更加困難呢？其主要原因在於如果各種國內因素使得本國貨幣有貶值的壓力，那麼會提高維持固定匯率的成本。例如，外國債權人可能要求高利率，從而使得經常項目下的債務負擔更大；如果貨幣堅持不貶值，國外資金將不再流入，同樣也會使固定匯率難以維繫。又如，在人們普遍存在匯率貶值預期的情況下，國內工資水平可能提高，從而使得現行匯率

下的國內產業缺乏對外競爭力，導致匯率貶值壓力越來越大。再如，倘若一國政府由於各種原因決心保衛固定匯率，它可能提供短期利率，這會使得政府和企業的現金流惡化，從而導致衰退和失業。無論如何，貶值預期本身會改變維持固定匯率平價的成本與收益之間的平衡，使得維持固定匯率的成本增大，最終使政府重新考慮匯率調整的問題。

在克魯格曼看來，如果將這些因素綜合在一起，就可以產生一個類似於標準模型的理論。假定一國在維持現行匯率平價和放棄現行匯率平價之間進行平衡，如果前者的成本比較高，那麼在未來某個時候，即使沒有遇到國際資本的投機性攻擊，該國貨幣也會貶值。投機者在貨幣貶值之前就會開始放棄該國貨幣，使得貨幣貶值提前到來。

簡言之，第二代貨幣危機理論認為貨幣危機不是由經濟因素惡化引起的，相反至少在該國政府看來，維持貨幣匯率平價的基本經濟條件依然存在，並且政府做好了準備來維持該貨幣平價，只是由於投機攻擊，使得保衛固定匯率成本太高，不得不放棄維持固定匯率的努力。[1]

(三) 第三代貨幣危機理論

對近20多年來發生的金融危機進行研究的結果顯示，金融危機的爆發有一些現象相伴發生。例如，金融自由化、國際遊資流入、金融仲介信用擴張過度、投資過熱導致的資產價格泡沫化、銀行等金融業資本充足率較低、金融監管缺失等。因此，第三代貨幣危機理論的研究不再局限於對固定匯率制度、財政政策、貨幣政策、公共政策等宏觀層面經濟政策的研究，而是加入了以銀行業為代表的金融仲介、資產價格等因素的研究。

第三代貨幣危機理論把金融企業資本充足率低、信用過度擴張以及由此造成的投資過熱、資產價格泡沫化相聯繫。當資產價格泡沫破裂時，銀行採用緊縮政策加快了資產價格的下跌，會產生大量壞帳，引發銀行業危機並誘發貨幣危機。兩種危機的相互疊加和相互強化，會導致整個金融系統的惡化，可能發生全面金融危機甚至爆發影響到經濟實體的經濟危機。

三代貨幣危機理論研究的側重點各有不同，具體如下：

第一代貨幣危機理論認為，一國貨幣和匯率制度的崩潰是由於政府經濟政策之間的衝突造成的。第一代貨幣危機理論解釋20世紀70年代末80年代初的拉美式貨幣危機最有說服力，對1998年以來俄羅斯與巴西由財政問題引發的貨幣波動同樣適用。

第二代貨幣危機理論認為，政府在固定匯率制上始終存在動機衝突，公眾認識到政府的搖擺不定，如果公眾喪失信心，金融市場並非是天生有效的，而是存在種種缺陷的。這時，市場投機以及「羊群行為」會使固定匯率制崩潰，政府保衛固定匯率制的代價會隨著時間的延長而增大。第二代貨幣危機理論運用於實踐的最好例證是1992年英鎊退出歐洲匯率機制的情況。

第三代貨幣危機理論認為，企業、脆弱的金融體系以及親緣政治是東南亞貨幣危

---

[1] 夏丹陽, 胡丹, 馮莉, 等. 貨幣銀行學 [M]. 北京：經濟管理出版社, 2012.

機發生的原因之所在。

三代貨幣危機理論雖然從不同的角度回答了貨幣危機的發生、傳導等問題，但是關於這方面的研究還遠不是三代貨幣危機理論所能解決的。例如，三代貨幣危機理論對經濟基本變量在貨幣危機的累積、傳導機制中的作用，對信息、新聞、政治等短期影響投資者交易心理預期因素的研究，都顯得有很大的缺陷。同時，三代貨幣危機理論對於資本市場管制下貨幣危機爆發的可能性、傳導渠道等均未涉及。其中，第三代貨幣危機理論認為緊急資本管制是應付貨幣危機的手段之一。

(四) 過度交易理論

金德爾伯格認為，20世紀30年代貨幣危機的發生與危機前的「過度交易」分不開。所謂「過度交易」，就是人們瘋狂地追逐實物資產和金融資產，即投機家「急功近利」，這種狀況必然導致恐慌和經濟崩潰。金德爾伯格將貨幣危機爆發的過程歸納如下：經濟擴張→瘋狂投機行為產生→形成過度交易→出現資產價格泡沫→價格預期逆轉→拋售資產→金融恐慌→貨幣危機。他認為，減少此類貨幣危機的措施應該是理性投機、最后貸款人提供援助來維持信心以及提高利率以限制瘋狂性投機等。

## 二、銀行危機理論

(一) 貨幣政策失誤論

貨幣政策失誤論由弗里德曼提出，核心思想是貨幣需求是一個穩定的函數，貨幣供給是貨幣乘數與基礎貨幣的乘積，由於貨幣乘數相對穩定，貨幣數量決定物價和產出量，貨幣供給變動的原因在於貨幣政策，貨幣政策的失誤可導致一些小規模的、局部的金融問題發展為劇烈的、全面的金融危機。

也就是說，以弗里德曼為代表的貨幣主義認為，造成金融體系的內在脆弱性的原因是貨幣政策的失誤和過多的貨幣供給，正是由於貨幣政策的失誤導致了金融風險的產生和累積，並使得微小的和個別的金融災難演變為劇烈的金融動盪，進而演變成金融機構相繼破產的銀行業危機。

(二) 金融不穩定假說

金融不穩定假說由海曼·明斯基提出，他對金融內在脆弱性進行了系統性分析，提出了金融不穩定假說。明斯基認為，如果現金流不能得到維護，金融體系就不穩定，就會導致金融危機。他把這種不穩定稱作金融體系本身的缺陷，強調這種不穩定的不可避免性。明斯基將市場經濟中的經濟主體分為以下三類，以便於深入分析其不可避免性：

第一類是「套期保值」理財者。「套期保值」是指預測在未來的時期有多少現金流入、有多少現金支出，以預期的現金流入保證預期的現金支出。該類理財者比較穩健，主要靠自身的利潤和能收回的債權求得資產的流動性，不靠負債，財務槓桿率較低。也就是說，他們的預期收入不僅在總量上超過債務額，而且在每一時期內，現金流入都大於到期債務本息。

第二類是投機理財者。該類理財者也預期現金流入和現金支出，但預期的結果保證不了支出，要保證支出必須借助於負債，這樣就必須借新還舊來維持正常運轉。也就是說，他們的預期收入在總量上超過債務額，但在借款後的前一段時期內，其現金流入小於到期債務本息，而在這段時期后的每一時期內，其現金流入大於到期債務本息。

第三類是龐茲理財者。這類理財者現金流入都小於到期債務本息，只在最後一期，其收入才能足以償還所有債務本息。也就是說，他們不僅僅是借新還舊，而且把「后加入者的入伙費充作先來者的投資收益」。這種狀況持續下去，債務累計越來越多，潛伏的危機就越來越大。

隨著經濟的發展，第一類經濟主體在縮小，因為其假定總利潤等於總投資，如果總利潤減少，總投資便相應減少，在總投資減少的情況下，預期現金收入保持預期現金支出是不可能的，要保持資產的流動性，只有依靠負債。第二類經濟主體有發展的趨勢，即靠負債維持其經營是不可避免的。第三類經濟主體雖然不正常，但在市場競爭條件下，也是客觀存在。三種行為主體，三種不同的理財方式，使得負債經營、債務鏈的存在構成經濟發展和經濟運行的金融體系，在這種體系存在的狀況下，一旦遇到經濟危機，金融危機便不可避免。因此，明斯基認為金融體系的內在不穩定、經濟發展週期和經濟危機不是由外來衝擊或失敗的宏觀經濟政策導致的，而是經濟自身發展的必經之路。

(三) 銀行體系關鍵論

銀行體系關鍵論是1981年由托賓提出的。該理論認為，銀行體系在金融危機中起關鍵作用。其基本作用過程如下：企業過度負債會引起銀行風險增大，銀行為了規避風險會加強貸款管理，從而導致企業投資減少，經濟發展放緩；企業為了償還貸款而被迫出售資產，導致資產價格急遽下降，資產縮水，債務鏈條可能斷裂，進一步引起連鎖反應，從而發生銀行危機。若銀行能保持對企業的放貸，企業資金鏈就不會斷裂，銀行危機也不會發生。該理論強調銀行體系在金融危機中的關鍵作用，實際上是強調金融危機的「貨幣因素」。這裡包括貨幣的供給和「最后貸款人」問題，即在發生金融危機的情況下，要增加貨幣供給，由「最后貸款人」出來緩解危機。

與這一理論相近的是沃爾芬森強調大型非金融公司的違約、破產對金融體系以及對金融危機的惡化作用。他指出，大公司負債過度，按負債—通貨緊縮理論，必須更大、更集中地使資產價格急遽下降，這種狀況引起的連鎖反應更大，震動更強烈，使本來已經脆弱的金融體系崩潰更快。

(四) 金融恐慌理論

金融恐慌理論由戴爾蒙德和狄伯威格於1983年提出，他們認為，銀行體系的脆弱性主要源於存款者對流動性要求的不確定性以及銀行的資產較其負債缺乏流動性之間的矛盾。其基本思想是銀行的重要功能是將存款人的不具流動性的資產轉化為流動性的資產，以短貸長，實現資產增值。在正常情況下，依據大數定理，所有存款者不會同一時間取款。但當經濟中發生某些意外事件（如銀行破產或經濟醜聞）時就可能發

生銀行擠兌，銀行保留的資產流動性將可能很快耗盡。此時，理性的存款人會紛紛加入提款大軍中，因為每個人都會擔心來晚了而無法取到款。為了應對提款的要求，銀行只能出售流動性差的資產。當銀行在擠兌面前無法滿足提款時則面臨倒閉。一家銀行的倒閉可能會引起社會經濟主體對銀行體系的信心危機，從而使擠兌現象從一家銀行蔓延到其他銀行，甚至會引起整個銀行業的恐慌，金融危機的發生在所難免。

### 三、債務危機理論[1]

**（一）債務—通貨緊縮理論**

1933年，歐文·費雪發表了《大危機的債務—通貨緊縮理論》一文，對大危機進行了開創性的研究。該理論的核心思想是企業在經濟繁榮時期為追逐利潤過度負債，當經濟不景氣時，沒有足夠的資金去清償債務，會引起連鎖反應，導致貨幣緊縮。

其傳導機制如下：為清償債務廉價銷售商品（導致）→廉價銷售商品→存貨減少、貨幣流通速度降低→總體物價水平下降→企業債務負擔加重、淨值減少→破產、失業→社會成員悲觀和喪失信心→人們追求更多的貨幣儲藏、積蓄→名義利率下降、實際利率上升→資金盈餘者不願貸出、資金短缺者不願借入→通貨緊縮。

對於歐文·費雪的債務—通貨緊縮理論，後來的經濟學家進行了豐富和發展，主要有明斯基的金融不穩定假說、金德爾伯格的過度交易理論以及沃爾芬森的資產價格下降論、托賓的銀行體系關鍵論。

**（二）資產價格下降論**

資產價格下降論是由沃爾芬森在銀行體系關鍵論的基礎上提出的，其研究重點從銀行轉移到了企業。該理論的核心思想是由於企業過度負債，在銀行不願意提供貸款或減少貸款的情況下，被迫降價出售資產，導致資產價格急遽下降。資產降價出售會產生兩方面效應：一方面是負債資產率（負債/資產）提高；另一方面是使債務人擁有的財富減少，即按降價後的資產價格估價其淨資產減少。這兩方面效應都削弱了企業債務的承受力，增加了企業的債務負擔。費雪曾指出，「債務越還越多」，意思是負債欠得越多，資產降價變賣就越多，資產降價變賣越多，資產就越貶值，債務負擔就越重。托賓也認為，在債務—通貨緊縮的條件下，「債務人財富的邊際支出傾向往往高於債權人」，因為在通貨緊縮—貨幣升值的狀況下，債務人不僅出售的資產貶值，而且擁有的資產也貶值。在債務人預期物價繼續走低的情況下，變賣資產還債的傾向必然提前。

**（三）綜合性國際債務論**

蘇特從經濟週期的角度提出綜合性國際債務論。該理論認為，隨著經濟的繁榮，國際借貸規模擴張，中心國家（通常是資本充裕的發達國家）的資本追求更高回報流向資本不足的邊緣國家（通常是發展中國家），致使邊緣國家的投資外債增多。債務大

---

[1] 劉肖原，李中山. 中央銀行學教程 [M]. 2版. 北京：中國人民大學出版社，2011.

量累積導致債務國償債負擔的加重，當經濟週期進入低谷時，邊緣國家賴以還債的初級產品出口的收入下降導致其逐漸喪失償債能力，最終爆發債務危機。

## 美國次貸危機

美國次貸危機（Subprime Crisis）又稱次級房貸危機，也譯為次債危機。它是指一場發生在美國，因次級抵押貸款機構破產、投資基金被迫關閉、股市劇烈震盪引起的金融風暴。它致使全球主要金融市場出現流動性不足危機。美國次貸危機是從2006年春季開始逐步顯現的。2007年8月開始席捲美國、歐盟和日本等世界主要金融市場。

### 美國次貸的定義

次貸，即「次級按揭貸款」（Subprime Mortgage Loan），「次」的意思是指與「高」「優」相對應的，形容較差的一方，在「次貸危機」一詞中指的是信用低、還債能力低。

在美國，貸款是非常普遍的現象。當地人很少全款買房，通常都是長時間貸款。可是在這裡失業和再就業是很常見的現象。這些收入並不穩定甚至根本沒有收入的人，買房因為信用等級達不到標準，就被定義為次級信用貸款者，簡稱次級貸款者。

次級抵押貸款是一個高風險、高收益的行業，是指一些貸款機構向信用程度較差和收入不高的借款人提供的貸款。與傳統意義上的標準抵押貸款的區別在於，次級抵押貸款對貸款者信用記錄和還款能力要求不高，貸款利率相應地比一般抵押貸款高很多。那些因信用記錄不好或償還能力較弱而被銀行拒絕提供優質抵押貸款的人，會申請次級抵押貸款購買住房。

美國次級抵押貸款市場通常採用固定利率和浮動利率相結合的還款方式，即購房者在購房後頭幾年以固定利率償還貸款，其後以浮動利率償還貸款。

在2006年之前的5年裡，由於美國住房市場持續繁榮，加上前幾年美國利率水平較低，美國的次級抵押貸款市場迅速發展。

隨著美國住房市場的降溫尤其是短期利率的提高，次貸還款利率也大幅上升，購房者的還貸負擔大為加重。同時，住房市場的持續降溫也使購房者出售住房或者通過抵押住房再融資變得困難。這種局面直接導致大批次貸的借款人不能按期償還貸款，銀行收回房屋，卻賣不到高價，大面積虧損，引發了次貸危機。

### 美國次貸危機爆發

2007年2月13日，美國新世紀金融公司（New Century Finance）發出2006年第四季度盈利預警。匯豐控股宣布業績，並額外增加在美國次級房屋信貸的準備金額達70億美元，合共105.73億美元，升幅達33.6%。消息一出，令當日股市大跌，其中恒生指數下跌777點，跌幅達4%。

面對來自華爾街174億美元的逼債，美國第二大次級抵押貸款公司——新世紀金融公司（New Century Financial Corp）在2007年4月2日宣布申請破產保護，裁減54%的員工。

2007年8月2日，德國工業銀行宣布盈利預警，后來更估計出現了82億歐元的虧損，因為旗下的一個規模為127億歐元為「萊茵蘭基金」（Rhinel and Funding）以及銀

行本身少量地參與了美國房地產次級抵押貸款市場業務而遭到巨大損失。德國央行召集全國銀行同業商討拯救德國工業銀行的一攬子計劃。

美國第十大抵押貸款機構——美國住房抵押貸款投資公司於 2007 年 8 月 6 日正式向法院申請破產保護，成為繼新世紀金融公司之后美國又一家申請破產的大型抵押貸款機構。

2007 年 8 月 8 日，美國第五大投行貝爾斯登宣布旗下兩支基金倒閉，原因同樣是次貸風暴。

2007 年 8 月 9 日，法國第一大銀行巴黎銀行宣布凍結旗下三支基金，同樣是因為投資了美國次貸債券而蒙受巨大損失。此舉導致歐洲股市重挫。

2007 年 8 月 13 日，日本第二大銀行瑞穗銀行的母公司瑞穗集團宣布與美國次貸相關損失為 6 億日元。日、韓銀行已因美國次級房貸風暴產生損失。據瑞銀證券日本公司的估計，日本九大銀行持有美國次級房貸擔保證券已超過 10,000 億日元。此外，包括友利銀行（Woori）在內的五家韓國銀行總計投資 5.65 億美元的擔保債權憑證（CDO）。投資者擔心美國次貸問題會對全球金融市場帶來強大衝擊。不過日本分析師深信日本各銀行投資的擔保債權憑證絕大多數為最高信用評等，次貸危機影響有限。

其后花旗集團也宣布，2007 年 7 月份由次貸引起的損失達 7 億美元，不過對於一個年盈利 200 億美元的金融集團而言，這個也只是小數目。不過 2007 年的花旗集團的股價已由高位時的 23 美元跌倒了 2008 年的 3 美元多一點，也就是說 2007 年的花旗集團的身價相當於一家美國地區銀行的水平，根據當時最新排名花旗集團已經跌至 19 名，並且市值已經縮水 90%，其財務狀況也不樂觀。

思考：
1. 什麼是次級貸款和次級貸款危機？
2. 試分析美國爆發次級貸款危機的原因是什麼？
3. 美國次級貸款危機對全球經濟產生怎樣的影響？

## 第三節　金融危機的成因分析

20 世紀 90 年代以來，金融危機頻繁爆發，引起了世界各國的高度重視。對於金融危機爆發的原因，可以歸納為以下幾方面：

### 一、自身發展原因

一國經濟結構不合理以及政府採取不合理的政策措施會導致國家經濟基礎的惡化。其主要表現為經常項目逆差巨大、短期外債嚴重、信用過度擴張、金融體系脆弱等。克魯格曼認為，東南亞金融危機的爆發在於東南亞各國的宏觀經濟基礎存在根本問題。例如，亞洲一些國家的外匯政策不恰當，為了吸引外資，保持固定匯率的同時又擴大金融自由化，給國際炒家提供了可乘之機。一些國家長期動用外匯儲備來彌補逆差，使得外債的增加並進一步導致外債結構不合理。在中短期債務較多的情況下，一旦外

資流出超過外資流入，再加上本國的外匯儲備不能彌補其不足，該國便會發生貨幣貶值。

### 二、金融創新工具的投機操作

金融創新通過加速推動國際資金投機活動而加大了國際金融市場的動盪和風險，形成國際金融市場的脆弱性。金融創新原本是為了規避金融市場風險和迎合市場需求而出現的，但是對一種風險的規避，可能造成另一種風險的暴露。其具體表現是金融創新使大量資金滯留於金融市場，這些資產表現為增值資本。金融資產價格變動會成倍地放大實體經濟的變動幅度，其中有相當的泡沫成分，金融深化所動員的大量資金進入這種市場，會吹大泡沫並從中獲利。金融自由化發展促進了金融衍生工具的發展。而金融衍生工具具有高槓桿效應，可以以小博大，通過逐步套利演變為投機工具，促進了泡沫經濟的形成。

金融衍生產品是金融創新的重要組成部分，本身具有放大利潤與風險的特徵。金融衍生產品以前主要用於對沖和套期保值，但是現在更多地被用於投機和牟利行為。越來越多投資者進入金融衍生產品市場進行投機，甚至在傳統行業中面臨激烈競爭的商業銀行也利用衍生金融工具進行自營買賣，以增加利潤。金融市場的交易屬於零和交易，財富並未創造，只是在不同投機者之間相互轉移，此時市場上有盈利者，也有投機失敗者。如果投機失敗者在市場中占比重較大或影響力足夠大的話，那麼就會引起整個金融體系的失敗，最終爆發金融危機。

### 三、虛擬經濟與實體經濟相脫離

在傳統的國際金融體系下，主要用於媒介交易和貯藏財富的世界貨幣，必須有一定的貴金屬作為支撐，任何一種作為世界貨幣的主權貨幣與實體經濟之間，通常必須保持基本一致。美國的虛擬經濟與實體經濟相脫離是其金融危機爆發的原因之一。布雷頓森林體系解體後，由於美國利用其世界美元地位，主權信用不斷膨脹，產生巨大的流動性過剩，其虛擬經濟與實體經濟嚴重背離。美國政府及民眾因此而獲得巨大的美元鑄幣紅利，但同時也為金融危機的爆發埋下了隱患。隨著增長的預期壓力不斷加大，資金逃離房地產業就不可避免，以前埋下的定時炸彈——次貸危機爆發，並通過其以前構建的風險分散、利潤共享的網路擴散開來，從而使實體經濟受到嚴重衝擊，經濟陷入多重危機之中。

### 四、國際遊資的衝擊

所謂遊資，是指尚未投入或約定投入確定的經濟領域，處於遊動狀態的資本。根據《新帕爾格雷夫經濟學大辭典》的解釋，遊資是指在固定匯率制度下，資金持有者或出於對貨幣預期貶值（或升值）的投機心理，或者受國際利率差收益明顯高於外匯風險的刺激，在國際上掀起大規模的短期資本流動，這類移動的短期資本通常被稱為遊資。

隨著金融工具的日新月異，金融資產迅速膨脹，國際資本私人化以及大量資金在

境外流通，國際資本日益顯示出「遊資」的特徵。國際遊資就是為了追求高額投機利潤而在全球金融市場中頻繁流動、積聚和炒作的短期資金。20世紀90年代以來，遊資成為國際金融市場上常見的現象，並表現出以下一些新的特徵①：

第一，資本高速流動。隨著現代通信與電子技術的高度發展，巨額的資金調動只需要打個電話或按一下電鈕，巨額交易瞬間就能完成。遊資的這一特性使得它們能夠對任何瞬間出現暴利空間或機會發動閃電式襲擊，當管理當局發現時，它們早已逃之夭夭。

第二，國際遊資呈現集體化傾向。由於機構投資迅速發展，今日的「遊資」已不再是「散兵遊勇」，而是名副其實的「強力集團」。

第三，交易槓桿化。遊資慣常的投機做法是利用金融衍生工具，運用「槓桿原理」，以較少的資金買賣數倍甚至數十倍於其資金合約金額的金融商品。正是金融交易的槓桿化，使得一家金融機構的少量交易就可以牽動整個國際金融市場。簡言之，過去長期以「無政府」狀態存在的遊資現正被機構投資者「組織」起來，從而發揮了越來越大的威力。

雖然遊資在彌補短期資金不足、增強市場流動性等方面一直發揮著不可替代的作用，但是遊資的危害性日趨顯著。因為隨著金融全球化的加深，金融監管的國際合作跟不上全球化的步伐，遊資會引發一些不利后果，如經濟泡沫化、匯率無規則波動、貨幣政策失靈以及危機的傳播擴散效應。例如，在股票、期貨、房地產等極富投機性的市場上，巨額遊資可以輕易地在較短時間內吹起金融泡沫，引發市場的暴漲暴跌。而且這種狂熱的投機活動還會很快由一個地區波及其他地區，或由一種投機對象波及多種投機對象，從而引起市場的連鎖反應。國際遊資的這種「金錢游戲」，可能將一國經濟和金融形勢的不穩定迅速傳遞給所有其他有關國家。

## 歐債危機

歐洲債務危機，即歐洲主權債務危機，是指在2008年金融危機發生后，希臘等歐盟國家所發生的債務危機。2013年12月16日，愛爾蘭退出歐債危機紓困機制，成首個脫困國家。

### 歐債危機的基本定義

歐債危機全稱歐洲主權債務危機，是指自2009年以來在歐洲部分國家爆發的主權債務危機。歐債危機是美國次貸危機的延續和深化，其本質原因是政府的債務負擔超過了自身的承受範圍，而引起的違約風險。早在2008年10月華爾街金融風暴初期，北歐的冰島主權債務問題就浮出水面，而后中東債務危機爆發，鑒於這些國家經濟規模小，並且國際救助比較及時，其主權債務問題未釀成較大全球性金融動盪。

2009年12月，希臘的主權債務問題凸顯，2010年3月進一步發酵，開始向「歐洲五國」（葡萄牙、義大利、愛爾蘭、希臘、西班牙）蔓延。

美國三大評級機構則「落井下石」，連連下調希臘等債務國的信用評級。至此，國

---

① 劉肖原、李中山. 中央銀行學教程［M］. 2版. 北京：中國人民大學出版社，2011.

際社會開始擔心債務危機可能蔓延全歐，由此侵蝕脆弱復甦中的世界經濟。歐債危機的導火索是2009年10月20日希臘政府宣布當年財政赤字占國內生產總值的比例將超過12%，遠高於歐盟設定的3%的上限。隨後，全球三大評級公司相繼下調希臘主權信用評級。

**希臘危機**

歐洲主權債務危機率先在希臘爆發。2010年上半年，歐洲央行、國際貨幣基金組織（IMF）等一直致力於為希臘債務危機尋求解決辦法，但分歧不斷。歐元區成員國擔心，無條件救助希臘可能助長歐元區內部「揮霍無度」並引發本國納稅人的不滿。同時，歐元區內部協調機制運作不暢，致使救助希臘的計劃遲遲不能出抬，導致危機持續惡化。

葡萄牙、西班牙、愛爾蘭、義大利等國接連爆出財政問題，德國與法國等歐元區主要國家也受到拖累。歐洲穩定機制（ESM）執行董事、歐洲穩定基金首席執行官克勞斯·雷格林表示，歐債危機的發生歸結於三大原因：一是貨幣聯盟設計本身存在很多問題；二是各個歐盟成員國之間的政策協調性還有待提升；三是預防機制不健全。雷格林表示，這三個原因使得歐債危機發生之后的歐盟各國措手不及，歐元區國家經濟更是受到重創。

**歐債危機起因**

第一，整體經濟實力薄弱。遭受危機的國家大多財政狀況欠佳，政府收支不平衡。

第二，財務造假埋下隱患。希臘因無法達到《馬斯特里赫特條約》所規定的標準，即預算赤字占國內生產總值（GDP）的3%、政府負債占GDP的60%以內的標準，於是聘請高盛集團進行財務造假，以順利進入歐元區。2010年歐洲各國債務占GDP的比值如圖12.1所示：

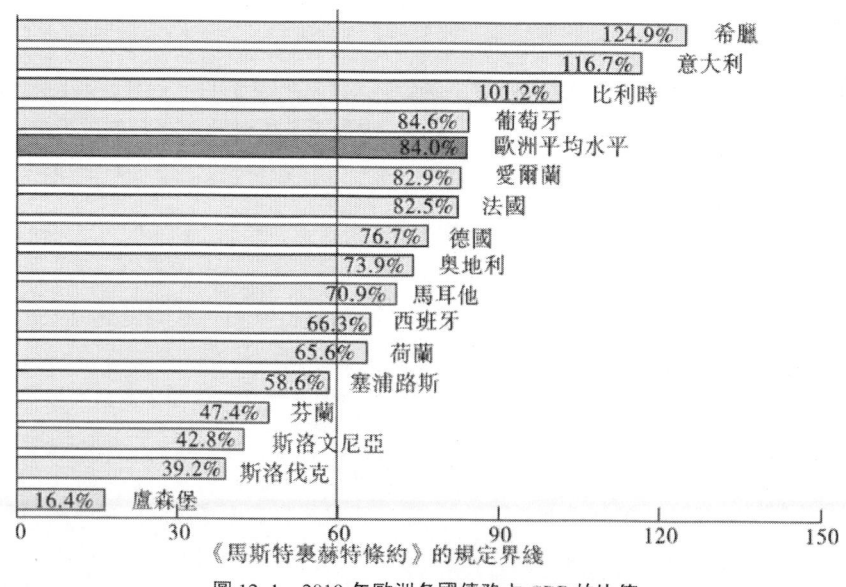

| 國家 | 債務占GDP比值 |
|---|---|
| 希臘 | 124.9% |
| 意大利 | 116.7% |
| 比利時 | 101.2% |
| 葡萄牙 | 84.6% |
| 歐洲平均水平 | 84.0% |
| 愛爾蘭 | 82.9% |
| 法國 | 82.5% |
| 德國 | 76.7% |
| 奧地利 | 73.9% |
| 馬耳他 | 70.9% |
| 西班牙 | 66.3% |
| 荷蘭 | 65.6% |
| 塞浦路斯 | 58.6% |
| 芬蘭 | 47.4% |
| 斯洛文尼亞 | 42.8% |
| 斯洛伐克 | 39.2% |
| 盧森堡 | 16.4% |

《馬斯特裏赫特條約》的規定界綫

圖12.1 2010年歐洲各國債務占GDP的比值

第三，歐元體制天生的弊端。作為歐洲經濟一體化組織，歐洲央行主導各國貨幣政策大權，歐元具有天生的弊端，經濟動盪時期，無法通過貨幣貶值等政策工具而只能通過舉債和擴大赤字來刺激經濟。

第四，歐式社會福利拖累。希臘等國高福利政策沒有建立在可持續的財政政策之上，歷屆政府為討好選民，盲目為選民增加福利，導致赤字擴大、公共債務激增，其償債能力遭到質疑。

第五，國際金融力量博弈。一旦經濟狀況出現問題，巨大的財政赤字和較差的經濟狀況會使整體實力偏弱的希臘等國成為國際金融力量的狙擊目標。

思考：
1. 為什麼歐債危機率先在希臘爆發？
2. 資料中對歐債危機發生原因的分析，你持什麼看法？為什麼？

## 第四節　金融危機的防範

金融危機對經濟的衝擊涉及方方面面，社會會因此而付出較大代價。隨著全球經濟一體化的推進，不確定的因素越來越多，金融危機發生的可能性越來越大。為防患於未然，各國應該十分重視對金融危機的研究，採取必要措施進行防範。

### 一、確保宏觀經濟的穩定

要實現金融體系的穩定，必須要實現國家宏觀經濟的穩定，確保政府的財政赤字在可控範圍內，私人部門（包括家庭與企業）經濟健康穩定運行。在國際收支方面要盡量實現國際收支基本平衡，不能使國際財政赤字成為長期的經常性現象。同時，要避免過高的失業率。另外，重視通貨膨脹的情況，一旦出現通貨膨脹現象，應該及時採取措施。

### 二、加強金融監管

在防範金融危機方面，金融機構的作用不容忽視。可通過金融監管來增強金融機構的穩定性，具體措施如下：

（一）建立金融機構經營的安全網

一國管理當局對本國金融機構提供「最后貸款人」的存款保險制度，這樣能有效消除銀行存款擠兌行為。許多國家已經有完整的存款保險制度，即使沒有明確的存款保險制度的國家，人們也相信政府有默示的存款保險，即在金融動盪時期，政府會採取措施拯救金融機構，減少儲蓄者的損失。

（二）盡量減少道德困境

減少道德困境的具體做法是作為最后貸款人的貨幣當局應該只貸款給那些陷入流動性危機的金融機構，而不是貸款給那些陷入清償性危機的金融機構。該做法的難點

在於不易區分流動性危機與清償性危機。

(三) 加強金融監管以限制銀行承擔過度的風險

加強金融監管以限制銀行承擔過度的風險一般有兩種不同的方法。一種是強調限制金融機構可能從事的活動，即金融機構的分業經營管理。該方法在20世紀70年代以前廣泛運用，但因為金融創新浪潮爆發無法維持下去。第二種是對金融機構進行資本充足率管制。目前西方國家普遍採用的就是保證銀行的資金充足率，並建立相當複雜的國內與國際監管機制。例如，巴塞爾委員會在國際範圍內就銀行資本充足率標準的協議確認了這種原則。

(四) 強化信息披露以增強金融機構經營透明度

信息披露可以減少信息不完全的程度，使金融機構更審慎地經營，進而促進市場穩定。在東南亞金融危機之後，有一種共識，即在一切金融活動中，若能提供更多、更及時、更準確、更有效的信息，可以引導經濟主體做出正確決策，也使監管者能進行有效的監管決策。當然，這樣的信息搜集耗時費資，政府及相關機構只能盡力而為。

### 三、選擇合理的匯率制度和資本項目開放

不合理的匯率制度與資本項目開放可能會帶來貨幣危機。例如，選擇固定匯率制與資本項目開放就是一組錯誤的搭配。在固定匯率制下，一國貨幣的匯率往往會被高估，但由於資本項目開放，當該國貨幣匯率被高估後，就很容易受到投機衝擊，從而使固定匯率制度崩潰，該國貨幣匯率大幅度的貶值，引發貨幣危機。

但是，如果允許匯率完全自由浮動，又會增大匯率風險，不利於吸引長期投資。在這樣的情況下，維持一定幅度的浮動匯率制度也許更可取，而且基準匯率宜選取一籃子實際有效匯率。如果能確保經常項目的基本平衡，那麼這樣的匯率制度將保證匯率的相對穩定，同時政府干預外匯市場的壓力也小很多。

東南亞金融危機發生後，克魯格曼提出了「永恆三角形」，也被稱為「克魯格曼三角」(見圖12.2)。克魯格曼認為，世界各國或地區的金融發展模式都可以概括進這個三角形框架，A是選擇國內貨幣獨立性和資本自由流動，美國及若干亞洲金融危機國家選擇了這一模式；B是選擇匯率穩定和資本自由流動，實行貨幣局制度的南美諸國選擇了這一模式；C是選擇貨幣政策獨立性和匯率穩定，採用這一模式最有代表性的國家是中國。克魯格曼認為，美國選擇A模式却不發生金融危機的原因是美國的金融體系十分健全與完善，而亞洲一些國家之所以發生金融危機，主要原因是沒有像中國那樣實行嚴格的資本管制。資本項目的管制斷絕了國際投機資本對本國貨幣的投機衝擊。[1]

---

[1] 夏丹陽，胡丹，馮莉，等. 貨幣銀行學 [M]. 北京：經濟管理出版社，2012.

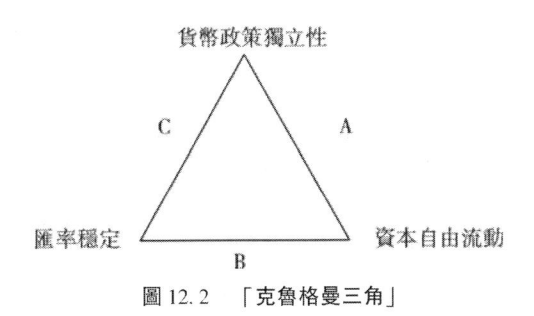

圖 12.2 「克魯格曼三角」

### 管理短期國際資本的方法——托賓稅[①]

在管理短期資本流動方面，最突出的建議就是對短期資本流動課稅。人們稱這種稅為托賓稅。托賓認為，由於流動性不同，商品和勞務依據國際價格信號做出反應的速度比金融資產價格變動緩慢得多。國際市場上由投機引起的國際金融市場震盪，會傳遞到商品和勞務市場。商品和勞務市場的反應速度慢，來不及做出合適的反應，於是導致商品和勞務市場的扭曲。為此，托賓於20世紀70年代末建議，在快速運轉的國際金融飛輪下面撒些沙子，即對短期資本流動課稅，使之轉得慢一些，對穩定經濟是絕對必要的。托賓稅的益處是有助於減輕國際投機對本國經濟的支配程度，而且對貿易和長期投資不會有太大的衝擊。

### 四、提高政府對金融市場的干預調控能力

（一）可以動用外匯儲備干預外匯市場

針對國際性投機資本的入侵，貨幣當局應該運用本外幣資金干預外匯市場，以穩定匯率。這種對沖性干預能在一定時期減少匯率的波動幅度和打擊投機。但是，對外匯市場的干預能維持多久，要受到該國或地區的外匯儲備規模、從國際金融市場上所能借到的外匯規模等因素的影響。一般來說，一國的外匯儲備規模的選擇要考慮對外貿易規模、資本流入流出狀況、本國居民的國內資產轉換外幣資產的需求量，還要考慮資產潛在外逃量等因素。

（二）可以動用財政資金來穩定股市

在股市大跌特別是市場信心不足的時候，政府可動用財政資金護盤，以此恢復市場信心，制止因恐慌而大量拋售的行為。例如，2008年的國際金融危機，各國政府都以這種方法積極救市。

---

[①] 夏丹陽，胡丹，馮莉，等. 貨幣銀行學 [M]. 北京：經濟管理出版社，2012.

### 五、加強國際安全協作

（一）加強各國間的宏觀經濟協作，重構與虛擬經濟相匹配的實體經濟

一國實體經濟與虛擬經濟嚴重脫離是金融危機發生的一個原因。例如，在歐美發達國家，一直以來注重服務業和金融業發展，而將製造業等轉移到發展中國家。一旦消費市場和資本市場出現問題，實體經濟因為過度依賴資本市場而受到影響。顯然，虛擬經濟與實體經濟失衡是長期累積的結果，短期內難以解決。那麼這就需要國家制定出實體經濟與虛擬經濟協調發展的機制，使虛擬經濟更好地服務於實體經濟，發現新的增長點。

（二）加強各國間的政策協調機制，循序漸進地調整全球經濟失衡

各國應該根據自身情況，擴大需求，削減赤字，進行結構調整與體制改革，相互開放市場，加強政策協調，推進國際經濟體制合理發展，促進世界經濟的均衡發展。各國應該加快建立雙邊或多邊協調機制，為經濟失衡的調節明確政策方向和發展重心。

（三）加強各國間配合，建立國際金融體系，共同抵禦金融風險

各國應積極配合，發揮各自作用，完善國際金融組織體系，改革國際金融監管體系，加快推進多元化的國際貨幣體系穩定。

### 歐盟向銀行體系注入流動性[1]

次貸危機后，歐盟迅速制訂了銀行救助方案，確保金融市場的穩定，盡力減少風險在歐盟成員國內部的傳遞。銀行救助主要集中在為銀行注入資本及流動性以及為銀行的債務提供擔保，以保證金融機構能夠履行正常的功能。

一是歐盟於2008年10月啟動了3.3萬億歐元（約占歐盟地區生產總值的1/3）的救助資金，主要用於以下四個方面：債務擔保、資本注入、流動性支持和不良資產處理。其中，債務擔保占了最主要的部分，達到了2.9萬億歐元。這些舉措避免了銀行間市場流動性的快速蒸發。

二是歐盟成員國分別採取了與歐盟類似的救助措施，各國批准了相當可觀的救助資金和擔保規模，但國家之間的救助規模差距不小。其中，愛爾蘭的救市資金規模最大，超過其GDP規模的兩倍，其次是英國和荷比盧經濟聯盟，占到其GDP規模的20%~40%。

三是救助重點放在提供銀行體系的流動性。僅2008年，希臘政府承諾為救助希臘銀行提供280億歐元；西班牙政府提供1,000億歐元的銀行債務擔保，並批准政府收購註資銀行的股份；德國政府推出5,000億歐元銀行業拯救計劃；法國政府拿出3,600億歐元幫助銀行渡過金融危機；英國政府向3家銀行共註資370億英鎊。

---

[1] 曾旻睿．歐洲應對次貸危機的經驗與教訓［EB/OL］．(2015-10-28)［2016-08-12］．http://www.bisf.cn/zbscyjw/yjbg/201510/f9fd0d5fccde42ea9ee6abfccd00d6b2.shtml.

此外，歐盟將國際收支援助的上限從 1988 年的 120 億歐元提高到 2009 年 5 月的 180 億歐元。主要有三個成員國從中獲益，分別為匈牙利（65 億歐元）、羅馬尼亞（50 億歐元）、拉脫維亞（31 億歐元）。

### 歐洲央行的流動性支持與低利率政策

歐洲央行（ECB）在雷曼兄弟銀行破產后，及時對市場的恐慌情緒做出了反應。在 2008 年 10 月初，歐洲央行將貸款利率降低了 50 個基點到 3.75%，英格蘭銀行、瑞典央行也做了相應調整。在此之后到 2009 年夏天，歐洲央行進行了一系列利率的調整，基準利率共計降低了 325 個基點到 1%，相應地，英格蘭銀行、瑞典央行降低了 400 個基點。

歐洲央行還擔負起主要流動性提供者的角色。歐洲央行以固定利率來滿足每週市場操作中的流動性需求，放寬了「利率走廊」（從 2009 年 4 月開始歐洲央行存款利率維持在 0.25% 的水平，致使隔夜拆借利率近乎為 0）以及為外匯提供流動性。此外，歐洲央行增加了可以為再融資提供擔保的資產種類，拓寬央行對商業銀行的資金供應渠道。除了短期的流動性支持，歐洲央行還擴大了 3 個月再融資操作的規模，並引入了 6 個月和 12 個月的再融資市場操作。2009 年 5 月，歐洲央行為了支持金融市場，使用了非傳統的政策手段：同意購買共計 600 億的以歐元計價的擔保債券。

由於這些增強流動性措施的實施，歐洲央行的資產負債表從 2007 年 8 月初的 1.2 萬億歐元，迅速擴張到 2008 年 7 月的近 1.85 萬億歐元，占歐元區地區生產總值的比重從 13% 提高到 21%。

### 經濟恢復與財政刺激：抬升政府債務總水平

為避免經濟深度下滑、維護金融市場的穩定，歐盟通過「歐洲經濟恢復計劃（European Ecomomic Recovery Programme，EERP）」制定了積極的財政政策與經濟結構改革相結合的框架以應對經濟下行。歐盟委員會於 2008 年 12 月通過了該計劃，財政支出規模達到了 2009—2010 年地區生產總值的 2%，其中包括由歐洲投資銀行（European Investment Bank）提供的 200 億歐元的貸款。

根據歐盟統計局數據顯示，2008—2010 年間歐洲總體債務水平從 69.4% 攀升至 84.7%，其中金融危機的刺激政策和金融支持政策使債務水平提高了約 1/4～1/3。應對次貸危機的過程中，歐洲各國都不同程度地實施了擴張性的財政政策，這對於暫時穩定經濟和刺激經濟增長起到了一定作用，但也為后來的主權債務危機埋下隱患。

思考：

1. 歐洲各國是如何應對美國次貸危機的？

2. 有觀點認為歐洲各國應對次貸危機及救助效果並不理想，並且為后來的歐洲主權債務危機埋下隱患。你對此有何看法，請說明。

# 思考與練習

## 一、名詞解釋

金融危機　貨幣危機　銀行危機　債務危機　系統性金融危機　國際遊資

## 二、簡答題

1. 金融危機有什麼特點？
2. 金融危機根據爆發的領域不同有哪些類型？
3. 外債危機理論有哪些？
4. 銀行危機理論有哪些？
5. 簡述貨幣政策失誤論。
6. 簡述金融危機的成因。
7. 如何防範與治理金融危機？

## 三、論述題

結合本章所學內容，試論述中國如何更好地開放金融市場而不至於引起金融危機？

國家圖書館出版品預行編目(CIP)資料

貨幣金融學 / 李庚寅 主編. -- 第一版.
-- 臺北市：崧燁文化，2018.08

　面；　公分

ISBN 978-957-681-480-8(平裝)

1.金融市場 2.金融貨幣 3.貨幣學

561.7　　　　107012834

書　名：貨幣金融學
作　者：李庚寅 主編
發行人：黃振庭
出版者：崧燁文化事業有限公司
發行者：崧燁文化事業有限公司
E-mail：sonbookservice@gmail.com
粉絲頁　　　　　　　網　址：
地　址：台北市中正區重慶南路一段六十一號八樓815室
8F.-815, No.61, Sec. 1, Chongqing S. Rd., Zhongzheng Dist., Taipei City 100, Taiwan (R.O.C.)
電　話：(02)2370-3310　傳　真：(02) 2370-3210
總經銷：紅螞蟻圖書有限公司
地　址：台北市內湖區舊宗路二段121巷19號
電　話：02-2795-3656　　傳真：02-2795-4100　網址：
印　刷：京峯彩色印刷有限公司（京峰數位）

　　本書版權為西南財經大學出版社所有授權崧博出版事業股份有限公司獨家發行電子書繁體字版。若有其他相關權利及授權需求請與本公司聯繫。

定價：550 元
發行日期：2018 年 8 月第一版
◎ 本書以POD印製發行